한국언론의 미국관

최진섭 지음

　10대 시절에는 좋아하는 것들이 많다. 그때 좋아했던 말, 사람, 사물들을 지금 다시 떠올려보아도 흐뭇한 느낌에 젖는다. 님의 침묵, 별, 서시, 우정, 라이너 마리아 릴케, 데미안, 젊은 베르테르의 슬픔, 생의 한가운데, 별이 빛나는 밤에, 엘리제를 위하여…. 사람마다 취향은 다르겠지만 10대 시절엔 고민도 많고 아름다운 꿈도 많은 시절이다. 그런데 스무 살 전후해서 사회의 구조악을 알게 되면서부터는 좋아하는 것보다 미워하는 것들이 더 많아지게 된다. 스무 살 되던 해인 1980년을 거치면서 나는 전두환, 군사정권, 독재, 쿠데타, 광주학살, 불의, 비겁한 지식인과 같은 구조악에 가위눌려 살아야 했다. 몇 달 동안은 매일 밤 습관적으로 누군가에게 테러를 가하는 몽상에 잠기기도 했다. 계란 하나 던질 줄도 모르는 꿈꾸는 테러리스트였다. 운동이 무엇인지 모르던 나로서는 술이 유일한 돌파구였다. 그러나 무절제한 음주는 몸과 의식을 더욱 황폐화시킬 뿐이었다. 특히 견딜 수 없었던 것은 세상을 흑백논리로 보는 나 자신에 대한 회의였다. 흑백논리에 빠져 밤마다 테러리스트가 되던 내게 한 줄기 빛을 비쳐준 것은 한 권의 책이었다.

　1982년에 봄에 읽은 한완상 교수의 『민중사회학』에 나오는 「민중의 흑백논리와 지배자의 흑백논리」는 나를 거대한 정신병동에서 구해 주었다. 한완상 교수는 이 책에서 흑백논리는 일반적으로는 독선의 논리, 차

별의 논리, 분열의 논리, 열등의식의 논리라 할 수 있지만 이는 반드시
"상황의 개방성 여부와 지배—피지배의 문제"를 고려하면서 판단해야
정당한 평가가 가능하다고 말하고 있다.

개방 사회, 열린 사회에서 어떤 사람이 흑백논리를 편다면 그 사람은
지극히 위험한 극단론자이다. 그러나 반대로 폐쇄적인 사회에서 중도통
합론을 편다는 것은 더욱 위험한 회색론자가 된다는 것이다.

그리고 닫힌 세계(독재정권)의 구조 자체는 흑백구조이기에 이를 거
부하고 새로운 사회를 제시해야 되는 민중은 "기존의 것은 안 되고 새것
으로 해야 한다"는 뜻에서 흑백논리를 사용하게 된다고 한다. 때문에 닫
힌 상황 아래서의 지배자의 흑백논리는 역사를 더욱 경직시키는 역할을
하지만, 민중의 흑백논리는 그것에 저항하는 희생정신, 용기와 정직성의
발현이 되는 것이다.

나는 이 글을 읽고 난 뒤 비로소 자학증세에서 벗어나 자신감을 되찾
을 수 있었다. 그 동안 '꿈꾸는 테러리스트'의 흑백논리는 중도논리가
들어설 수 없는 닫힌 사회에서 지배자의 흑백논리에 맞서기 위한 불가피
한 의식의 흐름이라는 것을 깨달은 것이다.

이십 년이 지난 지금 나는 여전히 흑백논리에 빠질 때가 많다. 흑백논
리를 정당화할 만큼의 전체주의 사회도 아닌데 왜 그럴까. 그 이유는 미
국에 있다. 나는 우리 사회는 여전히 미국에 대해 닫힌 사회라 여긴다.

작년 봄 남정현의 「분지」를 읽고 미국에 대해 무엇인가를 발언해야겠
다는 생각을 했다. 1965년에 발표된 이 소설은 공안검사에 의해 "미국의
예속식민지 · 군사기지로서 약탈과 착취, 부정과 불의에 항거하는 자들
은 미국의 가공한 강압과 보복을 받으면서도 굴복과 사멸함이 없이 최후
의 승리를 쟁취한다는 양 남한의 현실을 왜곡 · 허위선전"한 혐의로 기
소되어 법의 심판을 받기도 했다. 내가 보기에 「분지」가 고발한 60년대
의 미국과 2000년의 미국은 크게 달라진 바가 없으며, 그때나 지금이나
민중들은 여전히 친미적이다. 60년대와 달리 미국의 제국주의적 속성이
폭로되었음에도 친미노선을 견지한다는 점에서 그 문제의 심각성이 더
크다 하겠다. 쟝 보드리야르라는 포스트모더니즘 계열의 철학자는 「아

메리카」라는 기행문에서 이런 말을 남겼다.

　그것은 부, 권력, 무관심, 청교도주의와 정신위생, 가난과 쓰레기, 기술적 무익성과 목적 없는 폭력으로 완전히 썩은 세계이다. 하지만 아직도 나는 그것이 그 주위에 우주의 여명 같은 어떤 것을 가지고 있다고 느끼지 않을 수 없다. 그것은 아마도 비록 뉴욕이 세계를 지배하고 착취한다 하더라도 전 세계가 계속해서 뉴욕을 꿈꾸고 있기 때문이다.

　프랑스의 내로라하는 한 지성인이 '완전히 썩은 세계'를 꿈꾸듯이 한국의 현대인들은 설령 아메리카가 "한국을 지배하고 착취한다 하더라도" 계속해서 아메리카를 꿈꾼다. 뉴욕을 아메리카를 꿈꾸는 이유는 무엇일까. 2000년 2월 2일호 뉴스위크 한국판에 실린 기사 「반미의 두 얼굴, 손가락질하면서도 본받으려 한다」는 "미국을 싫어하는 사람들은 자신을 싫어하는 것과 마찬가지"라는 말로 끝을 맺는다. 이 말은 이미 미국은 스스로의 언어, 문화, 정치, 군사를 세계화시켰기에 미국의 꿈은 곧 세계인의 꿈이 되었고, 결국 '착취' 당하면서도 아메리카를 꿈꾸게 됐다는 뜻으로 이해할 수도 있다.

　이처럼 가치관의 뒤바뀜 현상을 초래한 주요인은 무엇일까. 이는 외적으로는 미국이 교육, 문화, 언론 등의 분야에 걸친 전방위적인 아메리카화 전략의 결과이겠으나 내적으로는 한국언론들의 사대주의, 친미주의를 지목하지 않을 수 없다. 지난 세기에 한국언론은 미국이념의 전파자였으며, 동맹관계(실제로는 주종관계)의 대변인이었으며, 때로는 미국의 언론보다 더 백악관의 정책을 옹호하는 친미언론이었다. 평생 동안 이런 신문 속에서 아침을 맞고 의식화가 된 민중들은 친미주의로 '세뇌' 될 수밖에 없었다. 그 결과 한국인들은 설령 아메리카가 "한국을 지배하고 착취한다 하더라도" 계속해서 아메리카를 꿈꾸는 기막힌 사고체계를 갖게 된 것이다.

　미국을 제대로 알기 위해서는 지난 시기 언론에 의해 잘못 그려진 미국의 허상을 파악하는 것이 선결과제라 여겨진다. 원래 의도는 일제시대

와 해방 정국의 진보언론들, 그리고 80년대의 재야언론의 미국관과 제도
언론의 미국관을 중심으로 구성하려 했으나 제한된 시간 안에 자료를 구
하는 것이 힘들어 결국은 보수언론 중심의 구성이 되고 말았다. 특히 미
군정에 의해 폐간된 진보적(반미적) 시각의 신문, 잡지들은 도서관에서
도 쉽게 찾아볼 수가 없어서 이 책에서는 언급을 하지 못한 것이 못내 아
쉽다. 결국은 후세의 사가들 역시 친미적인 사료에 기초해서 역사를 기
술할 수밖에 없을 것이라는 생각에 이르러서는 일말의 '두려움'마저 들
었다. 이 같은 아쉬움과 두려움을 조금이라도 메우고자 하는 뜻에서 60
년대 진보적 지식인들의 목소리가 담긴 『민족일보』와 『청맥』의 원문들
을 많이 소개했다.

　의욕은 앞서 용의 머리를 그리려 했으나 결과적으로는 뱀의 머리를 그
린 것이 아닌가 싶다. 부족한 점은 언론을 전공하는 분들에 의해 비판적
으로 채워졌으면 하는 바람이다. 그리고 미국에 대한 '흑백논리' 때문에
고민하고 있는 사람 중에 단 한 사람이라도 이 책을 읽고 자신감을 되찾
는다면 더 바랄 나위가 없겠다.

제1장

2000년 1월 1일의 신문과 반미소설 「분지」

美國과 米國

2000년 1월 1일의 신문과 반미소설 「분지」

1. 21세기에도 조선, 동아인가

「21세기에도 3김인가」.

『동아일보』 1999년 7월 23일자 사설의 제목이다. "이념이나 정책, 신념보다도 정략이나 임기응변의 힘겨루기가 특징"인 3김시대가 21세기까지 연장될 것을 우려해 쓴 글이다. 필자는 "결국 남은 한 김씨, JP까지 집권해야 지겨운 3김시대가 끝나는 것이냐"며 탄식한다. 타당한 지적이다. 그런데 3김보다 더 두려운 것이 있다. 보수정치인 3김은 자연적인 수명이 다해가기 때문에 시간이 지나면 저절로 3김시대는 저물게 되어 있다. 문제는 '21세기에도 『조선일보』· 『동아일보』인가?' 이다. 희망의 21세기가 와도 보수신문의 시대는 사라질 기미가 보이지 않으며, 이것이 국민들을 더 우울하게 만들 수도 있다.

2. 숙정 대상 1호

「위험한 '인적 청산' 발상」.

『중앙일보』 1999년 8월 18일자 사설 제목이다. 이 사설은 김태동 대통

령정책자문기획위원장이 국민회의 정책위원회 세미나에서 '인적 청산론'을 제기했던 것에 대해 시비를 걸었다

"민주사회에서는 인물교체도 '청산'이란 방식으로 하는 게 아니다. 인사에 관한 법과 제도가 있고 임면권자의 인사기준이 있는 법이다. '청산'이란 말에 섬뜩한 느낌을 받는 것은 우리가 꼭 과민하기 때문일까."

청산이란 말에 왜 섬뜩한 느낌을 받을까? 아마도 '숙청'이나 '숙정'이 떠올랐을 것이다. 『중앙일보』를 비롯한 보수신문이 애용하는 말 중의 하나가 '3김 청산론'이다. 이때의 청산은 섬뜩한 느낌이 아니라 상큼한 느낌이 드는지 궁금하다.

어느 사회고 청산, 숙청, 숙정은 필요하다. 대장에 쌓인 숙변을 청산해야 하듯이. 우리 사회의 청산 대상 1호는 무엇일까. 근래의 여론조사를 보면 제1호는 정치인이다. 그러나 아는 사람은 다 안다. 청산 대상 영순위는 언론이라는 것을. 정치인들은 부정선거, 금권선거를 하더라도 4, 5년마다 교체가 된다. 그러나 정권, 정치인은 교체되더라도 신문은 권력을 이어간다. 그야말로 숙청 없는 무관의 제왕이다.

3. 김종필의 좌파 청산론

"나는 우리 사회가 더 이상 왼쪽으로 가는 것을 용납 않겠다."[1]

김종필 총리가 1999년 12월 31일, 20세기를 마감하는 총리정책자문위원회 만찬에서 남긴 명언이다. 한국사회는 얼마만큼 왼쪽으로 와 있는가? 김종필이 보기에 청산을 주장하는 세력은 왼쪽에 서 있는 좌파이며, 보수주의 신문이 필요할 때마다 선별적으로 주장하는 '3김 청산론'을 제외한 모든 청산론은 좌파적 발상이다. 군사유물 청산, 5공 청산, 친일잔재 청산….

친일잔재 청산에 한 평생을 바친 조문기 선생(74 · 광복회 경기도지부

---

1) 『문화일보』, 2000년 1월 3일

장)은 '사이버 민족법정'을 추진하면서 그 취지를 다음과 같이 밝혔다.

"친일파를 청산하지 않고는 남북문제를 풀 수 없고 민족정기도 바로 세울 수 없다. 지금까지 친일인사를 단 한 명이라도 제대로 처벌한 적이 있는가."

아마도 조문기 선생 눈에는 김종필이야말로 대표적인 친일파로 보일 것이다. 1999년 9월 일본을 방문한 김 총리는 각종 환영 행사장에서 '일본 대망론'을 주창해 빈축을 샀는데, 급기야는 독립선언서의 내용을 빌어 일본과의 화해친선을 강조했다.

한국의 애국선열들께서도 1919년 독립선언서에서 한국인의 꿈은 "결코 구원과 일시적 강점으로 타를 질축배척함이 아니라 동양평화를 중요한 일부로 하는 세계평화, 인류행복에 이바지 하는 데 있다"고 만방에 천명했다.[2]

'일본 대망론'을 주창하는 김종필이 볼 때는 '친일파 청산'을 부르짖는 조문기 옹도 좌파다. 청산이 필요한 좌파다. 그러나 김종필은 우리 사회가 왼쪽으로 가는 것을 걱정하지 않아도 될 것이다. 전통적인 언론들은 모두 다 오른쪽에 서서 충성스럽게 국기에 대한 맹세를 하고 있으니까.

4. 역사를 뒷걸음질치는 신문

역사는 진보하는가? 21세기는 20세기에 비해 필연적으로 진보하는가? 적어도 신문의 진화발전은 꼭 그렇지만은 않은 듯하다. 1967년 5월 26일 『조선일보』는 반미소설 「분지」가 법정의 심판대에 오른 뒤 사설 「'계급의식'과 '반미감정'의 표현론」을 통해 이런 변론을 한다.

대한민국에서는 '계급의식'과 '반미감정'이 범죄의식과 범죄행위와의 구

---

2) 『문화일보』, 1999년 9월 3일

체적인 인과관계의 증명도 없이 곧바로 반국가 반사회적 법리요건으로 직결되는 것 같은 인상을 지금 일반에게 풍겨주고 있는 것이다. 첫째로, 계급의식이 대한민국에서 법적으로 배척될 근거는 전혀 없다.… 둘째로, 반미감정을 어째서 불법으로 속단할 수 있는가.…

북괴가 반미한다고 하여 대한민국 국민이 반미감정을 가져서는 안 된다는 논법이 선다면 지금 한창 반미노선을 걷고 있는 프랑스의 드골 대통령을 추켜올려도 북괴동조라는 삼단논법이 성립되지 않는가… 우리의 민주주의를 스스로 창살 없는 감옥으로 만드는 우(愚)만은 절대로 범해서는 안 되겠기에 감히 일언하는 바이다.

과연 2000년 1월 1일 신춘문예 당선작에서 「분지」 같은 소설을 볼 수 있을까? 『조선일보』뿐만 아니라 어느 신문도 「분지」를 본선에 올리지 않을 것이다. 그래서 역사는 때때로 퇴보한다. 특히 신문은 역사를 뒷걸음질치며 배회한다.

5. 「분지」와의 늦은 만남

「분지」를 처음 읽은 것은 이 소설이 쓰여진 지 이미 30여 년이 지난 1999년 봄의 어느 날이었다. 1965년에 쓰여진 이 소설을 읽은 느낌은 전율이자 전의였다. 미군한테 겁탈당하고 미쳐버린 어머니, "이 죽일 놈들아! 날 죽여다오"라고 외마디소리 지르며 영영 눈을 감아버린 「분지」의 주인공인 홍만수의 어머니의 참상에 대한 전율이었으며, 어머니를 죽게 만든 자들에 대한 전의였다.

내가 이해하는 한 이 세상은 선과 악의 싸움터이다. 인간은 태어나면서부터 자기 내부에서, 그리고 세계 속에서 벌어지는 선과 악의 싸움의 그 어느 편엔가 서게 된다. 대부분의 경우 평상시에는 양발을 걸치더라도 결정적인 순간에는 어느 편에든 줄을 서게 된다.

이 선악의 화해할 수 없는 싸움에서 지식인들은 대개 펜을 무기삼아 싸운다. 그런데 불행하게도 지식인들이 선의 고지를 사수하는 경우는 찾아보기 힘들다. 한국전쟁 이후 정의의 진지에서 끝까지 자리를 지킨 시인으로는 김수영, 신동엽, 김남주를 꼽을 수 있다. 이들은 모두 우리 곁을 떠났다. 만약 이들 세 시인이 없었다면 20세기를 살아온 우리들은 얼마나 허기졌을까. 만약 이들 세 명의 시인이 없었다면, 20세기 후반 우리의 정신사는 얼마나 궁핍하고, 또한 수치스러울까.

소설 「분지」 역시 자주를 갈망하는 인간들에게는 생명의 양식과도 같은 것이다. 수천, 수만 권의 소설이 채워주지 못하는 갈증을 「분지」는 채워준다. 「분지」는 표피가 아닌 심층의 모순을 보여주며, 현상의 선악이 아닌 본질의 선악에 대해 보여주기 때문이다. 더군다나 이 소설이 박정희 파시스트 정권의 총칼이 난무하던 1960년대에 쓰여졌기에 더욱 그러하다.

이 소설은 영예롭게도 검찰에 의해 기소됐다. 검찰은 공소장에서 「분지」의 범죄사실을 이렇게 고발한다.(고딕글자는 공소사실과 관련 있을 것으로 추정되는 소설의 예문)

대한민국이 마치 미국의 식민통치에 예속되어 주한미군들은 갖은 야만적인 학살과 난행 등을 자행하고 우리 국민의 생명재산을 무한히 위협하여

참 망측스럽게도 당신은 우선 옷을 벗더군요. 연방 숨을 거칠게 몰아쉬면서 갈갈이 찌어진 치마와 저고리는 물론, 속곳이며 내의 그리고 구겨진 팬티까지를 훌렁 벗어 던진 당신은 알몸이었습니다. 처음 보는 여인의, 아니 엄마의 알몸. 저는 무서운 것도 무서운 것이었지만 공연히 부끄러워서 고만 온몸이 착하고 눌어붙는 기분이더군요. 땀이 났습니다. 그러나 당신은 저희들의 이 난처한 사정은 조금도 돌아보지 않으시고 그 환히 들여다보이는 가랑이 사이의 그것을 마구 쥐어뜯으시더니, 고만 벽이 흔들리게 고함을 치시더군요.

"아이구, 이 천하에 때려 죽일 놈들앗, 내가 뭐 너희들을 위해서 밑구멍을 지킨 줄 아나! 엉! 이 벼락을 맞을 되지 못한 것들앗. 흥! 어림없다 어림없어, 아이고 내사 원통해, 그러니 우리 남편만 불쌍하지, 아 글쎄 나도 사위스러워서 한 번 만져보지

않은 밑구멍을 아 어떤 놈 맘대로 찔러! 이 더러운 놈들앗, 아이고 더럽다 더러워."

　몇몇 고관, 예속자본가 등과 결탁하여 국민대중을 착취하여
　비천한 피해 대중들은 참담한 기아선상에서 연명만을 하고 있으면서도

　민중을 위해서 투쟁한 별다른 경험이나 경륜이 없어도 어떻게 '반공' 과 '친미' 만
을 열심히 부르짖다 보면 쉽사리 애국자며 위정자가 될 수 있는 것 같은 세상이란
것도 알고요, 오로지 정치자금을 제공한 몇몇분들의 이익과 번영만을 위해서 입법
이며 행정이 민첩하게 움직이는 것 같다는 사실도 잘 알고 있지 않습니까.

　이런 극심한 것을 말할 자유도 없는 이 나라에서는
　이런 민중을 버리고 오직 자본가 · 정치자금 제공자들의 이익을 위하여 입
법 · 행정을 하고 있으며
　국민대중들은 물론, 국회의원마저 미국에 아부 · 예속되고 약탈의 수단인
원조로서 경제의 명맥을 틀어쥐고

　이 견딜 수 없이 썩어 빠진 국회여 정부여, 나 같은 것을 다 빽으로 알고 붙잡고
늘어지려는 주변의 이 허기진 눈깔들을 보아라. 호소와 원망과 저주의 불길로 활활
타는 저 환장한 눈깔들을 보아라. 너희들은 도대체 뭣을 믿고 밤낮없이 주지육림 속
에서 헤게모니 쟁탈전에만 부심하고 있는가. 나오라, 요정에서 호텔에서 관사에서,
그리고 민중들의 선두에 서서 배때기를 깔고 전세계를 향하여 일대 찬란한 데몬스
트레이션을 전개할 용의는 없는가.

　미국의 예속시민지 · 군사기지로서 약탈과 착취, 부정과 불의에 항거하는
자들은 미국의 가공한 강압과 보복을 받으면서도 굴복과 사멸함이 없이 최
후의 승리를 쟁취한다는 양 남한의 현실을 왜곡 · 허위선전하며 빈민대중에
게 계급 및 반정부의식을 부식조장하고 북괴의 6 · 25 남침을 은폐하고 군복
무를 모독하여 방공의식을 해이하는 동시 반미감정을 조성, 격화시켜 반미
사상을 고취하여 한미유대를 이간함을 표현하는 등을 주요내용으로 하는 단

검사가 쓴 공소사실 중에 무엇이 범죄사실에 해당되는 거짓말인가? 대한민국의 검사가 쓰는 공소장에서는 종종 선이 악으로, 진실이 거짓으로 취급된다. "국회의원들은 이런 민중을 버리고 오직 자본가·정치자금 제공자들의 이익을 위하여 입법·행정을 하고 있으며…." 이 말이 거짓이란 말인가?

6. 한국식 변소보다 '현대적'인 요강?

"이 소설은 우화적 수법으로 쓴 것이므로 친미도 반미도 아니다."
이어령 씨가 피고 남정현을 위해 법정에서 증언한 내용이다. 실정법을 피해 가기 위한 변론이라 하겠다. 「분지」는 반미 팜플렛은 아니지만 분명 반미소설이다. 작가는 「분지」에서 "어디까지나 성조기의 편에 서서 미국의 번영과 그리고 인류의 자유를 확장시키는 작업에 뜻을 같이한 자유세계의 시민 여러분"의 어리석음을 조롱하고 있으며, "두더지도 아닌 인간"이면서 "백의민족 특유의 인내력을 최대한 발휘하여 신(神)의 어깨에라도 매달리는 기분으로 펜타곤 당국이 수시로 발송하는 지시서에 순종"하는 가련한 백성들의 노예근성을 큰소리로 꾸짖는다.
이처럼 남정현의 소설 곳곳에는 미국화되고 허위의식으로 가득찬 대중들이 풍자대상으로 등장한다. 그의 대표작 중의 하나인 「너는 뭐냐」(1961년 동인문학상 수상작)를 봐도 그렇다. 주인공 관수의 아내는 현대병에 걸린 친미주의자의 표본이다.

그러더니 아내는 "미국 좀 보세요, 미국!" 하고, 느닷없이 미국을 내세우는 것이었다. 미국이야말로 '현대'의 그 무서운 생리를 가장 잘 표현하고 있는 견본이란 투의 말이다.
"뭐 미국?"

"그래요. 미국이 뭐, 공연히 잘살게 되었는 줄 아세요? 아, 미국이 공연히 남의 나라들을 지배할 수 있게 되었는 줄 아시느냐 이 말이에요. 그게 다 현대의 질서에 가장 잘 순응한 대가라는 사실을 아셔야 해요. 자기 이익을 위해선 무슨 짓을 해도 좋다는 그런 비정한 현대의 질서 말예요. 그런데도 당신처럼 맨날 그저 무엇이 안됐느니, 불쌍하다느니 하는 따위의 그 실용성도 없는 전근대적인 잡념에 사로잡혀 있는한, 우리나라는 생전가야 그저 억울하게 남의 예속권에서 남의 나라 시장 노릇밖엔 못한단 말예요. 아시겠죠. 네?"

'현대'를 강조하는 관수의 아내 신옥은 위생을 위해 요강에다 똥 오줌을 싼다. 위생이 불결한 '한국식 변소'를 피하기 위해서다. 수세식 변소가 없는 상황에서는 '박테리아의 아지트'인 한국식 변소보다는 요강에다 일을 보는 것이 더 위생적이라는 것이 신옥의 논리다. 작가가 보기에 대중들의 가치관이 전도된 주원인은 대중매체에 있다. 하찮아 빠진 배우의 이력까지 줄줄줄 외워대는 식모 인숙이도 그렇다. 인숙이가 예술가가 되기 위해 텍스트로 삼고 있는 책의 대부분은 한결같이 색동저고리처럼 그 표지가 고운 색깔로 장정되어 있었다. 그렇게도 인숙이가 꿈에도 놓지 못하는 무슨 '야화'니 '도라지'니 '양산도'니 하는 유의 잡지가 관수가 보기에는 타기할 만큼 우리의 미풍양속을 해치는 천한 오락물에 지나지 않았지만 인숙이는 그런 책 이외에 또 예술을 담은 책이 이 세상에 존재한다는 사실을 도무지 신임하려 하지 않았다.

7. 2000년 신춘문예

평론가 김윤식(서울대 · 국문학) 교수는 2000년 신춘문예 응모작품에 대해 총평하면서 "지난해까지 두드러졌던 '젊고 날카로운 자의식을 쏟아내는 실험적인 작품' 대신 올해에는 어두운 현실을 차분히 털어놓는 작품이 흐름을 주도했다"고 분석했다.[3]

올해 신춘문예 소설 당선작들의 주인공들은 대부분 어지러움·메스꺼움·간질·가려움·귀울림과 같은 원인불명의 '통증'을 호소한다. 경제적 위기가 초래한 가정의 파괴, 정신의 파괴가 그 원인이다. 그리고 이러한 어두운 현실은 소설 전개과정에서 죽음을 동반한다.『동아일보』「바늘」의 어머니의 죽음,『한국일보』「후레쉬 피쉬 맨」의 친구의 죽음,『세계일보』「폭염」의 어머니와 형의 죽음 등은 소설의 주요한 모티브로 작용했다.

이런 소설들이「너는 뭐냐」에서 주인공이 힐난한 것처럼 "우리의 미풍양속을 해치는 천한 오락물"은 아닐 것이다. 그렇지만 주제나 소재가 일상의 오른쪽으로만 치우친 작품들이라 할 수 있다. 신춘문예 당선작품만 놓고 본다면 김종필이 우려하는 우리 사회의 왼쪽 경도는 기우임에 분명하다. 다양성을 중시하는 새로운 세기에 어쩌면 그렇게도 한결같이 탈정치화된 작품만 선을 보이는지. 이 또한 획일화 아닐까. 분단의 비극적 세기를 마감하면서 그 아픔을 묘사한 작품 하나 없고, 외세에 의한 민족의 수난으로 시작해서 그 압박의 고삐를 풀지 못한 채 새로운 세기를 맞이하는 마당에 그 서글픔을 형상화한 작품 하나 실리지 않는 것이 바로 우리 언론의 현실이고, 문단의 현주소다. 거짓말 같은 현실이다.

8. 식민지 반봉건을 위한 소수의견

'남한은 미제의 식민지'라는 주사파의 살벌한 구호를 애써 부정하다가도 무참하게 짓이겨져 피범벅이 된 광주 시민군의 사진 앞에서 고개를 숙여야 했던 그 치욕. 아, 나는 이미 식민지 백성일뿐이었다.…

'강철'이 주사파로 단련됐다고 해서 주체사상이 진리일 수 없는 것과 마찬가지로, 그가 썼다는 반성문 한 장과 함께 우리 사회의 식민지 반봉건성이 '강철 녹듯이' 사라지지는 않는다는 것, 이것이 내가 식민지 반봉건 사회론

---

3)『중앙일보』, 2000년 1월 6일

의 법정에 소수의견을 던지는 까닭이다.[4]

신문에서 이런 '소수의견'을 듣는 것만큼 즐거운 일도 없다. 신문 가판대에서 2000년 1월 1일자 신문을 싹쓸이해 왔다. 그리고 '식민지 반봉건을 위한 소수의견'이나 「분지」류의 미국관이 있는지 뒤져봤다.

정의채 (신부·서강대 석좌 교수)
오늘날 세계 도처에서 세계화, 지구화 논의가 고조되고 있다. 그것은 또한 미국화라고도 한다. 그러나 만일 미국이 이기적으로 그 앞서 있는 기술과 풍부한 자본으로 독주하며 세계를 좌지우지한다면 얼마 안가 인류 양식의 강력한 저항과 역사의 준엄한 심판에 직면하게 될 것이다. 미국은 이제 그 기술과 자본으로 인류 공동발전에 이바지해야 할 의무가 있다. (『문화일보』 3면)

마르크 오제(파리 사회과학대학원 교수·인류학)
이런 현실을 은폐하려는 이데올로기가 '세계화 이데올로기'다. 미국을 중심으로 해 시장과 통신기술을 통해 전지구적으로 자기의 시스템을 투사한다. 현재 세계정부는 없지만 지배적 강대국은 있으며 유엔이나 나토 같은 수단을 통해서 그의 잠재력을 현실화한다. 세계화 이데올로기는 일종의 추상으로서 통신기술과 세계경제시장의 일면만 가지고 세계사를 추리하고 결론을 내린다. (『한겨레』 5면)

제대로 된 '소수의견'은 아마도 김종필에 의해 왼쪽으로 분류될 신문의 독자발언에서 찾을 수 있었다. 『한겨레』 29면의 「독자발언―내가 살고 싶은 나라」에는 우리 사회의 식민성을 꼬집는 의견들이 눈에 띄었다. '의사당 의원들 명패 왜 한자만 고집하나' (이주형), '힘센 나라 눈치 안 보고 소신대로 우리 길 가야' (정순택) 등이 그런 글이다.
보다 직설적인 '소수의견'은 의견광고란에서 만날 수 있었다. 『한겨

---

4) 류동민(충남대 교수·경제학), 『한겨레』, 1999년 11월 5일

레』17면에 게재된 새 천년에 즈음한 한국청년 2000인 선언 '민족자주와 대단결에 빛나는 통일조국의 찬란한 새 천년을 열어가자'의 일부 내용을 소개한다.

돌이켜 보면 지난 20세기는 일제에 의한 식민지배와 미국의 한반도 분할 통치정책에 의한 민족분단의 역사였다. 식민지배와 민족분단으로 이어진 지난 세기는 우리 민중에게 수많은 고통과 고난을 강요하였다. 그러나 우리 겨레는 그 어떤 예속과 지배에도 굴하지 않고 일제로부터 민족해방과 자주독립을 쟁취하기 위한 투쟁을 한순간도 멈추지 않았고, 미국에 의한 민족분단을 거부하고 자주통일 조국건설을 위한 거룩한 진군을 굽힘 없이 전개하였다.

후세 사가들은 이 '의견광고'를 주요한 사료로 삼을 것이다. 신문사마다 수십 면의 분량으로 제작한 밀레니엄 특집호의 기사더미 속에서 이같은 '소수의견'이라도 없었다면 역사가들은 문자에 대해 허무감을 느끼고 수치심을 느꼈을지도 모른다.

9. 홍길동의 후예들

『민』은 민주주의민족통일전국연합에서 매달 발행하는 시사잡지이다. 『민』에서는 '식민지 반봉건론'이 소수의견이 아니고 다수의견인 듯하다. 『민』 2000년 1월호는 시종일관 민족문제에 대해 언급하고 있다. 민주주의민족통일전국연합의 오종렬 상임의장은 권두언에서 '주한미군철수'를 힘주어 말한다.

우리는 특히 주한미군철수를 위해 힘을 쏟아야 합니다. 미국은 자기들의 이익을 위해 이 땅을 둘로 갈랐습니다. 그리하여 우리는 동족상잔의 처참한 비극을 겪어야 했습니다. 주한미군, 그들이 없다면 분단도 없었으며 전쟁도

없었습니다. 주한미군, 그들이 사라지면 분단의 고통도 전쟁의 위험도 말끔
해집니다.

그렇다고 오종렬 의장이 미국을 혐오하는 것은 아니다. "미국과 호혜
평등하기를 원하며" 그러기에 "주한미군의 철수와 북미평화협정 체결"
을 요구하는 것이다. 박세길 『민』지 편집위원장도 「전국연합에 부여된
역사적 책무」라는 글에서 "미군철수 투쟁을 2000년의 핵심적 투쟁과제
로 상정해야 할 것"이라고 제안하고 있다.

바야흐로 전국연합이 앞장서서 주한미군철수 요구를 전면에 내걸 때가 왔
다. 전국연합의 투쟁은 한동안 외로운 외침이 될 수도 있을 것이다. 그러나
결코 외로운 투쟁으로 일관하지 않을 것이다.… 다행히도(?) 대중 속에서
"말도 안돼! 미군은 가라!"는 자발적 외침이 터져나올 수 있는 생생한 선동
재료들은 어디를 가든 지천에 깔려 있다. 현재 미군 양민학살 진상규명과 배
상요구투쟁은 그러한 선동재료 중 하나이다.

"미군은 가라"는 선동재료가 지천으로 널려 있는 나라, 그러나 이 나
라 언론들은 남의 나라 언론이 폭로하기 전에는 미군을 향해 펜대를 겨
누지 않는다. AP통신이 6·25전쟁중에 벌어진 미군의 양민학살을 보도
하자 울며겨자먹기 식으로 흉내만 낼 뿐이다.
이 밖에도 『민』지 2000년 1월호에는 미국에 관한 기사로 가득 차 있
다. 「미군은 가라-고엽제 살포, 30년간 은폐되었던 미군반행의 신실」,
「오종렬 상임의장 미주 순방 보고서」, 「우리는 아메리카 원주민이 아니
다」, 「민족자주의 관점에서 본 미국 이야기」, 「오끼나와에서의 9박 10일」
등 기사의 반이 '반미'에 맞춰져 있다 해도 과언이 아니다. 이들 기사 중
에 인상적인 대목들을 인용해 본다.

"21세기를 마감하면서 미국은 어디에 와 있는가에 대해 진지하게 자성의
시간을 가져야 한다. 1950년 6월 미국은 전쟁준비를 하면서 얼마나 많은 이

들을 학살했는가? 또한 이라크에서 얼마나 많은 이들을 학살했는가? 우리는 우리 자신을 이해하기 힘들 정도의 상황에 와 있다." (램지 클라크 전 법무부장관, 35쪽)

"일본놈들보다 더 징한 놈들이여. 이 땅에서 전쟁까지 했으면 됐지, 사람 말려 죽이는 약까지 뿌려서 무슨 병인지도 모르고 이렇게 평생을 앓게 만들어? 보상, 그까짓 거 해주든지 말든지. 그런 놈들한테 돈 몇푼 받아봤자 뭐 해? 우방은 무슨 우방이여? 그놈들 사람 죽여서 피 빨아먹는 놈들이여, 그 놈들이. 세계를 다 돌아다니며 자기들 이익만 되면 무슨 짓이건 하는 놈들. 내가 그놈들이 뿌린 고엽제 때문에 이렇게 되었다는 걸 알고 나니까 울화가 치밀어서 잠이 더 안 와요." (고엽제 피해자 곽판수 씨, 87쪽)

"우리말의 영어 대체화 문제는 요즘 들어서 더욱 극성이다. 어처구니없게 영어 공용화 주장까지 등장하는 판이다.… 최근 복거일, 김영환을 비롯한 몇몇 얼빠진(따라서 제정신이 아닌) 사람들의 영어 공용화 주장을 굳이 들먹일 필요가 없다. 일제 때 이광수를 비롯한 친일민족반역자들은 민족개조론을 외치며 창씨개명과 일본어 사용에 앞장섰다. 미국의 신식민지로 살며 몇몇 쓸개빠진 사람들이 주장하는 영어 공용화 주장은 일제 때 민족개조론을 주장했던 자들의 정신상태와 하등 차이가 없다. 아니, 그것들은 이란성 쌍둥이일뿐이다." (정기열 목사, 99쪽)

공공연하게 반미투쟁을 '선동' 하는 『민』의 필자들은 「분지」의 주인공처럼 보인다. 홍길동의 후예 홍만수는 펜타곤의 핵공격을 1분 앞두고 "예수의 기적만 귀에 익힌 저들에게 제 선조인 홍길동이 베푼 그 엄청난 기적을 통쾌하게 재연함으로써 저들의 심령을 한번 뿌리째 흔들어 놓을 생각"이라며 어머니에게 큰소리친다.

믿어주십시오. 어머니, 거짓말이 아닙니다. 아 그래도 당신은 저를 못 믿으시고 몸을 떠시는군요. 참 딱도 하십니다. 자 보십시오. 저의 이 툭 솟아나온 눈깔을 말입니다. 글쎄 이 자식이 그렇게 용이하게 죽을 것 같습니까. 하하하.

10. 2000년 1월 1일의 스포츠신문

박세길 『민』지 편집위원장은 "전국연합의 반미투쟁은 한동안 외로운 투쟁일 것"이라고 했다. 대중들은 지금 "미군은 가라"가 아니고 "양키 컴 홈"이라고 외치고 있기 때문이다. 그리고 '영어 대체론'은 일부 얼빠진 논객들의 주장에 머무는 것이 아니고 사회의 목탁이라고 하는 언론에 의해 주도되고 있다.

유식한 매스컴 덕분에 영어는 양반의 말, 한글은 상놈의 말로 전락되고 있다. 찻집이 다방, 다방이 커피숍, 카페로 바뀌더니 이제는 거의 모든 상호와 상품이 외래어로 채워지고 있다. 조선사람이 입고 다니는 옷 중에 한글을 찾기란 가뭄에 콩보듯 하는 일이고, 너나할 것 없이 영어가 쓰여진 옷을 입고 다닌다.

2000년 1월 1일자 스포츠신문의 영어병을 살펴본다. 『스포츠투데이』 (SPORTS TODAY). 연예란의 제목은 '연예스투Like'이다. 귀신 신나락 까먹는 소리라는 게 이런 때 쓰는 말인 듯하다. 카툰이 실린 지면의 제목은 '카툰스투Like-international comic'이다. 『일간스포츠』(17면)의 토막기사를 읽어보면 그 오염의 상태를 느낄 수 있다. 수질로 따지자면 공업용수에도 못 미칠 것이다.

인디밴드 '에브리…' 물 위로, 'Kiss' 발표 뒤
서울 홍익대 앞 인디밴드 출신그룹 '에브리 싱글 데이(Every Single Day)'가 오버그라운드로 급부상하고 있다. 지난 1997년 7월 지금은 사라진 홍익대 앞의 유명 클럽 '블루 데블'에서 결성해 부산 등지의 클럽을 돌며 언더그라운드에서 이름을 날리던 에브리 싱글 데이가 데뷔엘범 'Kiss'를 내놓고 강한 개성을 과시하고 있다. 보컬과 베이스를 맡고 있는 문성남, 기타 정

재우, 드럼 강문철로 이루어진 에브리 싱글 데이는 레게와 스카, 펑크 등 리
듬감에 블루스 사이키델릭한 곡을 다양하게 선보이고 있다.… (홍성규 기자)

중금속으로 오염된 물 속에서 태어난 물고기는 자신이 오염된 물을 아
가미로 빨아들이고 있는지도 모르면서 헤엄쳐 다닐 것이다. 조성모—한
고은이 한복을 곱게 입고 새해인사를 드리는『스포츠조선』(25면)의 인사
말은 "Happy New Millennium"이다. "해피 뉴 밀레니엄"도 아니고
"Happy New Millennium."

신문에 소개된 2000년 1월 1일의 각 방송사 TV프로를 보아도 마찬가
지이다.

'희망토크' '굿모닝 2000' '이소라의 프로포즈' '2000 Today' '굿모닝
밀레니엄' '밀레니엄 페스티벌' 'EBS 와이드저널' 처럼 외래어와 외국
어를 섞어 쓰는 게 다반사다.

이처럼 영어를 자연스럽게 호흡하는 스포츠신문의 독자들이 "양키 고
홈"의 감정을 갖는 것을 기대하기는 어렵다. 은연중에 영어숭배, 미국숭
배 사상에 물든 사람들이 무슨 의식이 있어 갑자기 "YANKEE GO
HOME"을 외치겠는가.

스포츠신문도 이따끔씩 미국에 대해 '분노' 할 때도 있긴 있다. 1999년
12월 31일자『스포츠조선』의 1면을 장식한 사람은 야구선수 이상훈이다.
아랫입술 꽉 깨물은 이상훈의 비장한 얼굴과 함께『스포츠조선』은 "美
언론 평가절하" "이상훈 분노" "실력으로 ML 정복"이라는 제목을 달았
다. 특히 '분노' 라는 활자는 대문짝만하게 뽑았다. 마치도 조국수호의
성전에 나선 전사의 비장함이 감도는 얼굴 표정과 제목이다.

사연인즉슨 미국언론은 이상훈의 보스턴 입단 소식을 단신으로 전해
왔으며, 12월 29일에는 미국 유력 스포츠 잡지인『스포팅뉴스』가 "보스
턴은 이상훈으로부터 많은 것을 기대하지 않는다"고 보도했다는 것이
다. 분노할 일이 그렇게도 없을까?『스포츠조선』은 친절하게도『스포팅
뉴스』의 보도내용을 원문과 함께 실었다. "The Red Sox don't need
much from Lee." 『스포팅뉴스』의 또 다른 보도내용은 "부상중이던 베

테랑 릴리프 렐 코미에르가 복귀, 불펜에 믿을 만한 왼손 투수가 있다"
는 내용이었다. 스포츠신문은 어디를 들쳐봐도 이처럼 외래어 천국이다.
「분지」에서도 몇 차례 외래어가 등장한다.

'갓뎀'–주인공의 여동생 분이는 스피드 상사에게 밤마다 타박을 듣
는다. "본국에 있는 제마누라 것은 그렇지가 않다면서" 분이의 풍만한
하반신을 탓하는 것이다. 그래서 분이의 오빠 홍만수는 스피드 상사를
찾아서 코리아까지 온 그의 부인 비취를 찾아간다. 비취 여사가 지닌
"국부의 그 비밀스런 구조를 확인함으로써 그 됨됨을 분이에게 알려주
어, 분이가 자신의 육체적인 결함이 어디에 있는가를 자각케" 하기 위해
서다. 홍만수가 자신이 찾아온 목적을 설명하고 "미안하지만 옷을 좀 잠
깐 벗어주셔야 하겠습니다"라고 말하자 눈이 휘둥그래진 비취 여사가
몸을 부르르 떨면서 홍만수의 뺨을 후려친다. "갓뎀!" 소리를 내지르며.

'원더풀'–비취 여사의 배에 올라탄 뒤 얼마만에 이마의 땀을 훔치며
내려오는 만수가 내뱉는다. "원더풀!"

'헬프 미 헬프 미'–헝클어진 머리며 찢어진 옷으로 달아나는 비취 여
사의 비명소리가 다급하다. "헬프 미! 헬프 미!"

영어를 쓰려면 이렇게 적재적소에 써야 되는 것 아닐까?
"갓뎀!"

11. 1970년 1월 1일에는

2000년의 한국사회를 '식민지' 사회로 보는 것은 '극소수 의견'이다.
그러나 박정희 정권이 통치한 남한사회를 식민지사회로 규정하는 데는
상당수 사회과학자들이 동의를 한다. 칠흑 같은 박정희 군사정권을 남정
현은 단편소설 「광태」에서 이렇게 풍자적으로 고발했다.

아 참, 씨원하구나. 자유. 헌법은 우리 아기 잡기장. 생각날 때마다 지우고

또 쓰고 하면 되는 것이다.

아 참, 씨원하구나. 자유. 오줌을 쌀 수 있는 자유가 아무데나 대고 총대를 내밀 수 있는 자유가 노상 흘러 넘치는 것이다. 그런데 얼마를 싸야만 내 오줌보는 바닥이 보일 것인가.

자유를 갈망하는 주인공, 그러나 기껏해야 오줌을 쌀 자유밖에 없는 주인공의 소망은 이런 것이었다.

그렇다. 내 주먹의 소원은 결국 이렇게 모든 사물의 중량이 하나의 제국이 무너지듯, 아니 파쇼체제가 무너지듯 '나'를 향하여 통쾌하게 무너져 내리는 절경을 한번 꼭 구경하고 싶은지도 모르는 것이다.

작가 남정현이 무너져 내리기를 갈망하던 박정희 '파쇼체제'는 권력의 탑을 하늘 높은 줄 모르고 쌓아갔다. 드디어는 60년대를 '통쾌하게' 지배하고 대망의 70년대를 맞이했다. 1970년 1월 1일자 신문은 어떤 자유를 말하고 있는가. 1970년 1월 1일자 신문들은 박정희의 휘호를 훈장처럼 하나씩 달고 있다.

『중앙일보』-자조 자립 자위
『한국일보』-착실한 전진
『경향신문』-자조정신

그리고 "친애하는 국민 여러분!"으로 시작하는 박정희 대통령 각하의 신년사 전문(혹은 요지)이 눈에 잘 띄는 곳에 실려 있다. 박정희가 말하는 '자조 자립 자위'는 여기에서도 강조되고 있다.

또한 70년대에는 국토 통일방안을 적극적으로 모색추구해 나가는 일방, 평화적인 방법이든, 비평화적 방법이든 어떤한 방식의 통일방안에 대해서도 즉각적으로 대처하고 대응할 수 있게끔 북괴에 비해 절대우위의 힘을 확보해야 하며, 특히 북괴 단독의 침공에 대해서는 우리 단독의 힘만으로써도 능히 이를 분쇄할 수 있는 자주국방력을 언제든지 확보하고 있어야 합니다.

이러한 모든 것이 내가 항상 말하는 자주 자립 자위의 정신인 것입니다.

이런 '자주 자립 자위'의 대통령을 『경향신문』 사설은 칭송해 마지 않는다. 동학혁명, 4·19혁명이 모두 미완의 혁명이며 "오직 5·16혁명만이 완성으로 향한 궤도 위에 놓여져" 있다고 보는 논설자는 60년대와 70년대를 우리 모두의 '박정희 시대'라고 부르자고 권한다.

60년대의 한국을 주도했고 또 70년대에도 한국을 주도하게 될 박 대통령의 몸은 아직 젊고 그 의지와 총명은 점점 더 건강하다. 시대가 사람을 낳고 사람은 또 시대를 만든다. 우리 겨레는 지난날의 역사에 있어서 고무와 자랑을 느낄 수 있는 시대를 별로 갖지 못했다. 어느 민족이든 자랑할 수 있는 시대를 갖고 있거늘 우리의 역사는 메마르고 앙상한 형태뿐이었다. 그랬던 우리에게 알찬 내용과 의미를 부여할 수 있는 시대가 지금 와 있는 것이다.

논설자에겐 단군조선, 고구려, 통일신라, 고려, 조선의 역사가 모두 허무하기 짝이 없는 '앙상한' 역사인 것이다. '젊고 총명한' 박정희 대통령이 이끈 60년대는 자랑할 만한 시대인가. 『동아일보』는 연두사에서 '정신적 빈곤'에 대하여 말하고 있다.

60년대에는 너무도 일그러진 데가 많았었다. 경제번영으로 자랑할 만도 하지만 정치적 성장과 사회적 발전이 균형을 잡지 못했기 때문이다. 아무리 경제가 번영했다 하더라도 정치적으로 또는 사회적으로 민주발전을 이룩하지 못했다면 이는 국민들을 한낱 '에코노믹 애니멀'로 만든 것밖에 안 된다. 사람은 떡으로만 살 수 없는 것이 아닌가.

1970년 1월 1일에 던진 질문을 30년이 지난 뒤 우리들 자신에게, 우리들 자신의 미래와 현재와 과거를 향하여 다시 되물어 본다. 사람은 떡으로만 살 수 없는 것이 아니가?

12. 2000년 1월 1일자 『조선일보』와 영화 〈거짓말〉

　2000년이 되어도 『조선일보』 논조는 역시 변함이 없다. 『조선일보』는 신년사설 「3재를 걷어내자」에서 "이처럼 우리 사회는 지금 혼과 정신의 부재, 민족단위 전략의 부재와 함께, 정치 사회 전반의 '막가파식' 풍조라는 3재에 걸려 있다"며 이 3재를 걷어내는 것이 "우리의 퇴화와 퇴영을 막는 핵심적 요체"임을 강조했다.

　그런데 새 천년 첫날 아침에 선보인 이 사설이야말로 언어폭력의 전형이며, 변함없는 『조선일보』의 '막가파식' 입질이라 할 수 있다. 『조선일보』가 예로 든 우리 사회의 막가파식 풍조란 무엇인가.

　2000년대에 절실한 또 하나의 과제는 오늘의 우리 민족사회의 심각한 유행병인 중우현상을 불식하는 일이다. 권위주의 독재도 나쁘지만 예컨대 경찰관이 불법시위대한테 두들겨맞는 데도 최루탄 한 방 쏘지 못하는 것도 민주주의는 아니다. 민주주의는 엄정한 규칙의 토대 위에서만 누릴 수 있는 것이지, 수틀리면 규칙이건 약속이건 아랑곳없이 멋대로 밀어붙이는 것이 '민주' 가 아니다.

　논설자가 말하는 '중우현상' 은 1999년 12월 10일 서울역 광장에서 열린 민중대회에서 발생한 일이다. 이날 민중대회는 민중생존권 사수, 경제주권 수호, 국가보안법 철폐, 농가부채 완전해결, 노동시간 단축 등을 주장하는 노동자, 농민, 학생 등 3만여 명이 모였다. 그리고 최루탄 없는 평화집회의 원년을 이루려는 경찰의 의지와 맞물려 시위대와 경찰의 충돌은 직접적인 몸싸움으로 전개됐으며 이 과정에서 양측에 많은 부상자가 발생했다.

　10년 전이나 20년 전이나 시위가 벌어지면 애써 본질이 아닌 현상만

보려고 하는 『조선일보』와 이 날의 시위사건을 두고서 왈가왈부하는 것
은 소모적인 일이다. 그런데 새 천년 첫날부터 독재의 하수인 노릇을 해
온 자들이 '민주주의'를 팔아먹고, 민중의 운동을 '중우현상'으로 매도
하고, 막가파에 비교하는 작태는 도저히 묵과할 수 없는 일이다. 『조선
일보』가 트집잡는 것도 단지 최루탄 없는 민중대회의 폭력사태가 아니
라 민중들의 운동 그 자체라 할 수 있다.

　20세기 후반의 한국 현대사에서 막가파식 행위의 전형은 무엇이었나?
"수틀리면 규칙이건 약속이건 아랑곳없이 멋대로 밀어붙이는"는 반민주
적 행위를 한 자들은 누구인가? 바로 권력에 눈이 멀어 국민을 위협하며
개헌을 하고 쿠데타를 일으키고 내란을 꾀한 이승만, 박정희, 전두환 파
시스트 정권 아닌가? 그리고 이들에 대항해 맨몸으로 싸운 사람들이 바
로 『조선일보』가 말하는 '중우(衆愚)'들이다. 그리고 참다 참다 못해 맨
주먹으로 항거한 민중들의 투쟁이 『조선일보』가 말하는 '막가파식 풍
조'인 것이다.

　『조선일보』의 정견이나 사상이 그렇듯 21세기에도 변함없는 것은 고리
타분한 한자어 이름이다. 의사당에 앉아 있는 구태의연한 정치인들이 자
신들의 명패를 한자 이름으로 사용하듯이 『조선일보』는 나랏말을 버리
고 한자를 애용한다. 대국의 문자를 숭상하는 『朝鮮日報』는 미국에 대해
서도 20세기와 다름없이 사대적인 입장을 취하고 있다.

　신년호에는 미국 하버드대학의 스탠리 호프먼 교수와의 특별인터뷰를
싣고 있다. 힘차게 펄럭이는 성조기를 배경으로 한 자유의 여신이 한 손
에는 횃불을 또 한 손에는 지구를 움켜쥐고 있는 모습을 그래픽으로 깔
고 있는 이 기사의 제목은 「'팍스 아메리카나'는 계속된다」이고 편집자
가 제일 큰 활자로 뽑아서 강조한 내용은 "한국, 미 스스로 한반도 떠나
는 일 경계해야"이다.

　"미국이 힘깨나 쓰는 악동처럼 행동한 것은 사실"이라고 말하는 스탠
리 호프먼 교수는 한미관계에 대해 이렇게 조언한다.

　"한국은 미국의 주요한 동맹국으로 존재해 왔다. 내 생각으로 가장 중
요한 것은, 미국이 한반도 상황으로부터 손을 떼게 하는 상황을 피하는

것이다. 미국내 지도층 이나 일반 여론이 '그것이 한국이 원하는 일이라면, 그들 스스로 알아서 하도록 하라'는 쪽으로 돌게 해서는 안 된다."

『조선일보』가 원하는 대답이 나온 것이다. "한국, 미 스스로 한반도 떠나는 일 경계해야."

「분지」의 주인공 만수는 말한다.

"민중을 위해서 투쟁한 별다른 경험이나 경륜이 없어도 어떻게 '반공'과 '친미'만을 열심히 부르짖다 보면 쉽사리 애국자며 위정자가 될 수 있는 것 같은 세상이란 것도 알고요."

이 말은 20세가 후반의 남한사회에만 적용되는 말이 아닌 듯하다. 21세기에도 애국자 대우받을 사람들은 민중을 '중우'라 칭하고, "양키 컴홈" 노선을 견지하면 될 것이다. 2000년 1월 1일의『조선일보』를 보니 충분히 '애국자' 대우받을 만한 대목이 많다. '막가파식 풍조' 척결을 주장하는 사설이 그렇고, 팍스 아메리카의 계속 주둔을 원하는 속마음이 그렇다. 그리고『조선일보』이한우 기자가 쓴「『트러스트』저자 후쿠야마 선생께」란 글도 그렇다. "미국 일본 독일은 고신뢰사회고 한국 중국 이탈리아 프랑스는 저신뢰사회"라고 분류한 후쿠야마의 궤변에 전적으로 동조한다는 이한우 기자는『트러스트』의 다음과 같은 마지막 문장을 잊지 않겠다는 말로 편지글을 끝맺는다.

"이제 이데올로기와 제도의 문제가 해결되었기 때문에 남은 핵심문제는 사회적 자본의 보존과 축적이다."

여기서 사회적 자본은 문화라는 말과 비슷한 개념으로 사용된다. 이한우 기자에 의하면 후쿠야마는 "경제가 문화(사회적 자본)를 지배하는 게 아니라 문화가 경제의 특성을 지배한다"라는 맥락의 주장을 하고 있다고 한다.

여기서『조선일보』의 또 다른 독선을 느낄 수 있다.『조선일보』(이한우 기자)는 후쿠야마의 입을 빌어 "이제 이데올로기와 제도의 문제가 해결되었다"고 주장하고 있는 것이다. 이 말은 친미·반공·자본주의가 21세기에도 살아남아 진화할 것이며, 반미·민족주의·사회주의는 자연도태했다는 뜻으로 해석할 수 있다. 아마도 여기에 동의하지 않는 자들은

‘중우’나 ‘막가파’로 매장될 수도 있을 것이다.

나는 “이제 이데올로기와 제도의 문제가 해결되었다”는 대목에서 영화 〈거짓말〉이 떠올랐다. 1월 1일 신문에 실린 〈거짓말〉의 광고내용은 거창하다.

“2000년 1월 8일, 표현의 역사가 바뀐다!!”

〈거짓말〉과 『조선일보』, 이 둘 사이에 무슨 연관이 있나?

불완전한 형태이긴 하지만 〈거짓말〉의 상영은 영화에 있어서의 표현의 자유를 의미한다. 이를 놓고 보면 후쿠야마가 말한 “이데올로기와 제도의 문제가 해결”된 사회, 즉 자유민주사회의 실현이라고 볼 수도 있다.

그러나 〈거짓말〉의 상영은 표현의 자유이긴 하지만 육적인 표현의 자유일 뿐이다. 이는 단지 공공의 장소에서 성기를 최대한 드러낼 수 있는 자유일뿐인 것이다. 표현의 자유에는 이보다 더 중요한 정신적인 표현의 자유가 있다. 즉 나의 사상이 빨갛든 파랗든 노랗든 관계없이 자유롭게 드러낼 수 있는 자유가 진정한 표현의 자유이며 이를 실현한 사회가 자유민주사회인 것이다. 더군다나 자유민주사회의 이데올로기와 제도를 신봉하는 사람한테는 더더욱 그렇다. 그러나 21세기 우리 사회를 한번 둘러보라. ‘거짓말’ 하지 않고 침묵하지 않고 표현할 자유가 있는가? 거짓말쟁이라면 “그렇다”라고 말할 것이다.

(모자이크 된) 성기를 마음껏 드러낼 자유만 있고 심장 속의 사상을 표현할 자유가 없는 사회에서 “이데올로기와 제도의 문제가 해결”됐다고 강변할 수 있겠는가.

나는 글을 쓸때면 스스로 김열관이 되어 나의 말을 모자이크 한다.

13. 너는 뭐냐!

“새 천년엔 천지에서 통일 해맞이를…”

2000년 1월 1일 ‘조선만평’에는 천지에 올라 해돋이 하는 사람들 그림과 함께 이 같은 글귀가 적혀 있다. 이때의 통일은 어떤 통일인가? 『조

선일보』가 국부로 추앙하는 이승만의 북진무력통일인가, 아니면 자본주
의체제로의 흡수통일인가. "이데올로기와 제도가 해결됐다"고 보는 사
람에게는 무력이든 평화적이든 흡수통일 이외의 다른 방법은 고려하지
않을 것이다.

「달우물역 철마가 간다」. 2000년 『조선일보』 신춘문예 동화 당선작의
제목이다.

달우물역은 분단의 철조망 가까이에 있는 역이다. 달우물역에 이르면
"철마가 쌩쌩 거침없이 달리던 철길엔 높이 쌓인 담이 턱 가로막고" 있
으며 "담장 위엔 가시철조망이 촘촘이 쳐지고, 총을 든 군인들이 망을
보고" 있다. 달우물역에는 기세좋게 달리던 철마의 옛 모습이 그려진 그
림판이 있고 승강장 구석엔 녹슨 철마가 웅크리고 누워 있다. 이 녹슨 철
마를 매일같이 찾아오는 할머니가 있었다. 북녘 땅에 작은아들을 둔 이
할머니는 매일같이 달우물에서 물을 떠와서 철마의 몸에 골고루 떠다주
곤 했다. 달우물은 달님이 만들어 놓은 우물로 효성스런 처녀가 병든 아
버지에게 이 물을 손에 담아 천 모금을 마시게 해서 낳게 했다는 전설이
깃든 우물이다. 설을 하루 앞둔 날 증손자 새한이와 함께 철마를 찾아온
할머니는 철마의 잔등을 쓸어주며 달우물의 물을 골고루 발라주었다. 그
러자,

그때입니다.
그림판 속의 철마가, 누워 있는 철마에게로 철커덩 내려앉으며 '뿌우-뿌-
욱' 기적소리를 냅니다.
흰 연기가 뭉턱뭉턱 피어오르며 가시철조망과 담장을 휘덮더니, 철마가
털컹털컹 달리기 시작합니다.

달우물역의 철마는 북을 향해 줄달음질쳐 달린다. 통일이 된 것이다.
그런데 문제는 어떤 통일이냐 하는 것이다. '친미, 반공, 자본주의'에 의
한 『조선일보』식의 무력흡수통일인가? 작가가 꿈꾼 동화 속의 통일이
『조선일보』식의 흡수통일이 아니기를 바라는 마음 간절하다.

작가 남정현이 1961년에 쓴 「너는 뭐냐」는 주인공 관수가 미국화된 아내 신옥의 멱살을 잡고는 '하하하하' 하며 통쾌하게 웃는 장면으로 끝난다. "민중을 압박하고 학대하던 일체의 건물과 일체의 제복"이 산산이 부서져 버리던 날, 민중들이 세단차를 타고 있던 신옥에게 "너는 뭐냐"고 소리치자 신옥은 손이 발이 되도록 비비며 용서를 구한다. 관수는 "위대한 진리라도 찾아낸 느낌으로 사뭇 감격하여" 아내가 '현대'라는 언어의 방망이를 휘두르기 전에 신옥의 멱살을 움켜쥐고 소리친다.

"너는 뭐냐!"

반공, 친미를 신주단지로 모시는 보수언론,

"너는 뭐냐!"

신기할 정도로 "시대의 구령에 발 한 번 안 틀리고 착착 들어맞는"(남정현 작 「허허선생·1」 중) 야누스의 얼굴을 한 언론,

"너는 뭐냐!"

민중을 '중우'로 비하하고 미군에게 매달리는 『조선일보』,

"너는 뭐냐!"

美國과 米國

한국사람들은 미국을 한자로 표기할 때 아름다울 미자를 써서 美國이라 적는다. 그런데 일본에서는 미국의 미자를 쌀 米자로 쓴다. 우리 나라에서도 처음부터 미국을 '아름다운 나라' 라고 부른 것은 아니다. 일제시대에 쓰여진 글들은 쌀 미와 아름다울 미를 혼용했는데, 대체로 쌀 미자가 주류를 이루었다.

과거 대전에 대수확을 어든 美國은 금일 세계에 경제적 제국이요 세계산업의 자본주이요 세계시장의 독점자이다.[5]

영국은 무력과 자본으로써 동아를 침략한 대신 米國은 인도주의라는 미명 아래 그 대한한 자본으로써 침입을 꾀하였습니다.[6]

일제시대에 米자를 빈번하게 쓴 탓인지 해방 직후의 신문들은 좌와 우를 가릴 것 없이 대개가 米國이라고 적었다. 아름다울 미자로 바꾸기 시작한 것은 아마도 한국전쟁 전후한 시기가 아닐까 싶다.

---

5) 「미국의 부를 소개하여 본국동포의 각성을 촉함」, 『개벽』, 1921년 5월호
6) 『조광』 8권 1호, 1942년 신년호

일제 식민지 이전에도 아름다울 미자와 쌀 미자가 함께 사용되었는데, 쌀 미자가 더 자주 사용되었다.『한성순보』창간호(1883년 10월 31일)에서는 미국을 처음에는 米國이라 번역했다는 기사가 실려 있기도 하다.

미국지략

미국은 북아메리카 주에 있다. 원래 국호가 따로 없이 북아메리카라고만 하였다가 독립한 후부터 특별히 합중국이라고 불렀다. 합중이란 함께 다스린다는 뜻이다. 이 나라는 북아메리카의 중앙에 위치하면서 서방 인근의 국가들보다 유독 부강하였기 때문에 한역하는 사람들은 그냥 米國이라고도 불렀다. 이는 곧 亞米利加(아메리카)의 약칭이고, 지금은 美字로 대신하지만 본국 정부가 개정한 호칭은 아니다. (1884년 2월 17일)

이처럼 미국은 원래부터 美國은 아니었으며, 미국이 조선에 소개된 초기에는 美國이나 米國이 아닌 '彌利堅國(미리견국)' 또는 '米利堅合衆國(미리견합중국)' 등으로 불렸다. 그러던 것이 미군이 남한에 주둔한 직후부터 美國으로 불리게 된 것이다. 이와 같이 아메리카를 '美國'이라고 번역하는 풍토에 대해 문학평론가 김상일 씨는 저항감을 표시했다. 그는 역사적 실례를 들어 아메리카는 '米國'이라고 옮겨져야 한다고 역설했다. "근대 최초의 역사서이고 또한 아메리카가 최초로 등장하는" 박은식 선생의『한국통사』에도 '米國商船'이라고 적혀 있다는 것이다. 그리고 땅 넓고 식량 많은 나라이기에 米國이라 표기하는 것이 과학적인 인식법이라고 보았다.

그런데 궁금한 것은 발견자들의 이름에서 비롯했다는 이 '아메리카'를 왜 하필이면 '미국'이어야 했을까. 박 선생은 정녕 알고 있었다. 이 나라가 세계 유수의 식량 생산국이란 사실을 익히 알고 있었던 것이다. 그렇게 많은 밀가루나 쌀을 생산하려면 넉넉한 노동력 외에도 광대 무변한 토지를 소유하고 있었으리란 것도 상식이었다. 그리하여 '미국'으로 표기된 것이지만 박 선생의 그러한 인식법, 그러니까 대상을 물질적 토대부터 포착하려는 역

　사관이 필자를 사로잡고 있었던 것이다.[7]

　문학평론가 김상일 씨가 '美國'이라는 이름에 저항감을 느끼는 또 하나의 이유는 중국에서는 1930년대에 매판군벌세력이 미영 등의 외세를 끌어들이고자 아메리카를 '미국'으로 부르기 시작했다는 역사적 사실 때문이다.

　그러나 이제 미국을 아름다운 나라라고 번역하는 것에 대해 이의를 제기하는 사람은 거의 없다. 80년대 유인물에 쌀 미(米), 꼬리 미(尾)자를 사용한 미국이라는 표기가 눈에 띄었고, '한라산'이라는 시에 "尾帝의 각을 뜨다"라는 표현이 등장하기도 했다. 그런나 제도권 언론에서 아름다울 미자 이외의 미자가 사용된 예는 찾아보기 힘들다.

　『경향신문』(1989년 4월 29일)은 연속기획「대학 이대로 좋은가」의 네 번째 기사 제목을 「反米」라고 잡았다. 이 기사는 "친미로 망한 나라 반미로 되살리자"라는 구호를 외치는 좌경학생들이 "美國이란 한자표기도 2차대전 당시 일본이 썼던 '米國'으로 표현하고 있다"면서 학생들의 '극렬성'을 비판하는 내용을 담고 있다. 학생들의 주장을 "북괴측 주장과도 같은 외침"이라며 매도하는 『경향신문』은 학생들이 사용하는 '反米'라는 표기를 일본 제국주의와 연결시킴으로써 은연중에 학생들이 내건 반미 슬로건의 순수성을 훼손하고 있는 것이다.

　米國이 일본에서 표기하는 방식이라 부적절하다면 美國은 중국식 표기라 문제가 있을 것이니, 차라리 未國이나 '아메리카'란 말을 사용하는 것은 어떨까?

---

7) 『반미소설선』, 혼겨레, 1988년

제2장

『조선일보』와 박정희의 반민족적 '반미주의'
『조선일보』의 대미관 변천사와 카멜레온
『거대한 생애-이승만 90년』과 『조선일보』의 용미론

『조선일보』와 박정희의 반민족적 '반미주의'

1. 꺼삐딴 리, 친일에서 친미로

1962년 7월 『사상계』에 발표되고 그해 동인문학상을 수상한 작품인 단편소설 『꺼삐딴 리』(전광용 지음)는 처세에 능한 기회주의 군상의 모습을 생생하게 그리고 있다. 꺼삐딴은 러시아어 까삐딴의 발음이 와전된 것이고 까삐딴은 영어의 Captain(우두머리, 최고)에 해당한다. 꺼삐딴 리는 주인공 이인국 박사를 말하는데, 이 자는 일장기, 적기, 성조기 아래서도 자신의 이득을 챙기며 변신을 거듭하는 카멜레온 같은 의사이다. 이인국의 독백 한 대목을 들어본다.

흥 그 사마귀 같은 일본놈들 틈에서도 살았고, 닥싸귀 같은 로스케 속에서도 살아났는데, 양키라고 다를까…. 혁명이 일겠으면 일구, 나라가 바뀌겠으면 바뀌구, 아직 이 이인국의 살 구멍은 막히지 않았다. 나보다 얼마든지 날뛰던 놈들도 있는데, 나쯤이야….

친일파, 민족반역자 딱지가 붙어 취조실에 갇혀 있으면서도 이인국은 "그럼, 어쩐단 말이야. 식민지 백성이 별 수 있었어. 날구 띈들 소용이 있었느냐 말이야. 어느 놈은 일본놈한테 아첨을 안 했어. 주는 떡을 안 먹은 놈이 바보지. 흥, 다 그놈이 그놈이었지"라며 자기합리화를 시킨다.

그런데 이처럼 변신과 자기합리화에 능한 '꺼삐딴 리'는 우리 사회에서 별난 인물상이 아니다. 이는 어찌 보면 우리 모두의 자화상이다. 실제로 대한민국 사람이 20세기 최고의 인물쯤으로 여기는 박정희가 바로 '꺼삐딴 리' 아닌가. 일장기 밑에서는 일본군 장교로, 적기가 위세를 떨치자 남로당 간부로, 다시 성조기 밑에서는 친미장군으로 변신에 변신을 거듭하는 박정희, 그야말로 우리 시대의 대표적인 '꺼삐딴 리'인 것이다. 그리고 박정희를 애국자로 둔갑시키는 『조선일보』역시 희대의 '꺼삐딴 리'인 것이다.

2. 박정희, 그는 반미주의자였는가

조선일보사에서 발행한 책 중에 『박정희 시대, 그것은 우리에게 무엇이었는가』라는 책이 있다. 이 책에는 김성진 전 청와대 대변인이 쓴 「그는 반미주의자였는가」라는 글이 실려 있다. 언뜻 보아서는 '웬 뚱딴지 같은 제목이야' 하는 의아함을 불러일으키는 제목이다. 학계의 정설로 본다면 박정희 정권은 '친미사대정권' 아닌가? 그런 박정희가 반미주의자라는 게 가당키나 한 얘긴가? 「그는 반미주의자였는가」의 서두는 이렇다.

박정희 대통령이 김재규 중앙정보부장에 의해 사살된 지도 벌써 15년이 지났다. 그런데 그 당시 무슨 비밀인 양 소리 없이 떠돌던 소문, 즉 미국이 김재규를 시켜서 박 대통령을 사살했다는 풍문은 아직도 풀리지 않는 수수께끼로 지금도 사람의 입에서 입으로 이어져 오고 있다. 마치 정조의 독살설과도 같이…. 그러면 박 대통령은 반미주의자였던가?

김성진은 박정희를 "민주주의를 위해서 독재정치를 해야 한다"는 형용모순을 이해한 '근대화 혁명가'로 규정한다. 그리고 이 '근대화 혁명가'는 "반미주의자가 아닌 현대사의 이순신"이라고 결론짓는다.

　박정희는 결단코 서구적 보편성의 주변부에 머물러 있기를 거부했다. 전통문화와 근대적 과학사상이 접목되어 이 땅에 피어났던 소박한 민족주의자였으며 한국의 근대화를 위해 신념을 갖고 국난기의 한국을 이끌어 왔던 혁명전사였다. 그는 강대국의 문화적 패권주의와 오만과 독선을 최대한의 인내로 새겨 나가면서 민족의 자존과 발전을 키워나가다 전사한 현대사의 이순신 장군이다.

　왜적의 침입으로부터 민족을 지킨 '성웅' 이순신 장군과 독립군 때려잡던 일본군 장교출신 박정희를 어떻게 등치시킬 수 있는지 그 논리적 비약이 놀라울 따름이다. 하여튼 박정희의 측근이었던 김성진도 자신의 '상전'이 '소박한 민족주의자'이긴 했으나 '반미주의자'는 아니었다고 밝히고 있는 것이다. 그런데 최근『조선일보』가 의욕적으로 연재하고 있는 박정희 전기「내 무덤에 침을 뱉어라」를 보면 박정희를 '반미주의자'로 각색하고 있다는 생각이 든다. 단행본으로 엮어낸『내 무덤에 침을 뱉어라』(1999년 12월 현재 5권까지 발간)의 머릿글 '한 소박한 초인의 생애'에는 이런 말이 나온다.

　당대의 대다수 지식인들이 하느님처럼 모시려고 했던 서구식 민주주의를 감히 한국식으로 변형시키려고 했던 점에 박정희의 위대성과 이단성이 있다. 주자학을 받아들여 주자교로 교조화했던 한국 지식인의 사대성은 미국식 민주주의를 민주교로 만들었고 이를 주체적으로 수정하려는 박정희를 이단으로 몰아붙였다. 물론 미국은 미제(美製)이념을 위해서 충성을 다짐하는 기특한 지식인들에게 강력한 지원을 아끼지 않았다.

　박정희를 '자주혼'을 지닌 혁명가로 그리는 조선일보사의 '사상가' 조갑제는『내 무덤에 침을 뱉어라』에서 이처럼 박정희를 미국에 의해 탄압받고 항거하는 혁명가로 형상화시키고 있다. 조선일보사의 '홍위병'인

조갑제 기자는 이미 오래 전부터 박정희를 '반미주의자' 로 묘사해 왔다. 『월간조선』 1989년 12월호에 실린 「남로당과 박정희 소령 연구」도 그런 글 중의 하나다. 이 글에 소개된 박정희에 대한 평들을 인용해 본다. '반일에서 반미로' 라는 중간제목이 달린 내용 중에서 뽑은 글이다.

해방 뒤 미군이 들어왔을 때 많은 한국인은 해방자로 맞이하였으나 박정희는 일본을 대신한 또 하나의 외세라고 생각했던 것 같습니다.(황용주 · 전 문화방송 사장)

대통령을 만나고 나온 뒤 가슴이 아팠다. 미국으로부터 소외당하고, 포위당한 박 대통령의 고독감, 그리고 쌓인 한이 나에게도 전염돼 오는 듯했다.(박갑동)

조갑제는 『네 무덤에 침을 뱉어라』(「포병학교장」)에서도 박정희가 대통령이 되기 이전부터 다른 친미적인 군인들과 달리 '반미적' 인 장교였음을 누차 강조한다.

흔히 반미적이라고 평가되는 박정희의 태도도 한국인의 자주성에 대한 미국측의 부당한 간섭에 대한 반발이었지 카스트로나 나세르형(型)의 이념적 반미는 아니었다.

『조선일보』는 무엇 때문에 친미정권의 대명사인 박정희를 '이념적 반미' 는 아니라는 토를 달았지만 '반미주의자' (최소한 민족주의자)로 승격시키려는 것일까? 『조선일보』의 공식적인 대미관은 친미적 용미를 기조로 하고 필요에 따라 비미하기도 하나, 경우에 따라서는 감성적인 차원이지만 반미의 외피를 입기도 한다. 조갑제가 수년간 연재하고 있는 박정희 특집이 그 대표적인 예이다. 사진 한 장, 제목 하나까지도 집요한 목적의식 아래 편집하는 신문사가 수년간의 연재물을 지면 때우기 식으로 실을 리는 만무하다. 박정희를 민족주의자, 반미주의자로 '미화' 하는 이유는 아마도 박정희와 『조선일보』가 지닌 원죄라 할 수 있는 친일성, 사대주의, 매판성의 이미지를 벗겨내기 위한 주도면밀한 계산 아래 진행되는 것이 아닌가 싶다.

3. 아전인수식 논법과 볼테르

'반미'를 말하면 '매국노' '빨갱이' 취급하던 『조선일보』가 어떻게 박정희에게 '반미성'까지 부여할 생각을 했을까? 그것은 『조선일보』의 대표적인 논법이 '아전인수식 논법'이기 때문에 가능하다. 자기 논에 물대기식의 논법은 일상적인 것이지만, 1988년 9월 22일자 사설 「의견 다르다고 몰아내?」에서 그 전범을 찾아볼 수 있다. 정신문화연구원의 양동안 교수가 「우익은 죽었는가」라는 글을 썼다는 이유로 '핍박' 받는 것에 대해 사설은 고전을 인용해 방어해 준다.

볼테르가 갈파했듯이 우리는 어떤 사람의 의견에 찬성을 할 수는 없을 경우라도 그가 그런 의견을 발표할 권리만은 철저히 존중해야 한다고 믿는다.

이 얼마나 놀라운 일갈인가? 나는 만약 『조선일보』가 평상시 이런 입장을 견지했다면 이 신문의 논조가 설령 극우라 해도 개의치 않았을 것이다. 그렇지만 『조선일보』는 자신의 정견과 다른 사람들에 대해서 얼마나 모욕적인 매도와 극언을 일삼아왔는가.(그 예문만으로도 책 한 권을 쓰고도 남을 것이다.)

아전인수의 논리를 펼치는 『조선일보』 반미주의의 특징은 세계적인 반미주의의 보편성과는 엄청난 차이가 있다. 세계적으로도 반미주의는 각 나라마다 특수성은 있지만 보편성도 있다. 반미주의의 요체는 민족해방, 반전반핵, 평화, 미군철수, 양키 고 홈 등의 슬로건에 압축된다. 그리고 결정적인 차이는 『조선일보』식 반미(비미)는 오직 정권과 그에 기생한 언론의 반미였으며, 민중들과 연대한 반미는 아니었다는 것이다. 진짜 반미가 무엇인지 확인하고 넘어갈 필요가 있다.

멕시코 정부는 1981년 9월 내정간섭 국립박물관을 세웠다. 아즈텍인들이 한때 그들의 전쟁신인 '불길한 별새'(left-handed hummingsbird)를 달래기 위해 고동치는 인간의 심장을 바쳤던 장소에 세워진 이 박물관은 멕시코가 1810년 독립한 이래 외세로부터 당한 멸시, 모욕, 침입, 약탈, 점령 등을 폭로하는 사진, 실록, 기타 기록물 등을 전시하고 있다. 그 첫번째 방은 미국 주재 초대 멕시코 대사인 후세 마누엘 조자야의 논평과 함께, 먼로주의의 실상을 보여준다. "미국인들의 지나친 거만은 우리를 평등한 인간으로 보기를 거부하고 열등한 어떤 존재로 볼 지경에 이르렀다. 시간이 지나면 미국은 우리가 가장 경멸하는 적이 될 것이다." 그 방에 걸린 지도와 해설은 제퍼슨의 팽창주의와 미국이 멕시코를 이용하여 서부를 정복하려 한 상황을 묘사한다.[1]

우리는 우리를 감히 모욕하면 어느 누구라도 혀를 잘라버리겠다.… 우리는 압력을 참지 않을 것이고 굴욕을 받지 않을 것이다. 우리는 우리의 존엄성이 희생될 수 없는 국민이다.[2]

4백만 명뿐인 리비아는 5개의 미군기지를 없애버렸다. 4천4백만의 한국민이 4만 명의 미군을 못 몰아내고 있는 것은 수치다. 미군 1명당 1천 명의 한국인이 달려들 수 있지 않는가. 빙 둘러싸더라도 미군기지와 미군들을 몰아낼 수 있겠다.… 나도 미군에게 조카를 잃은 사람이다.… 미제국주의는 그들의 이익을 위해 당신 땅을 유린하고 있는 것이다. 따라서 죽여도 아무런 죄가 되지 않는다. 그것은 살인이 아니라 투쟁이다.… 우리 선배들은 20년간 대추야자와 물만 먹으면서 이탈리아 제국주의를 이겨낸 역사를 갖고 있다.

---

1) 이재봉, 「멕시코─역사적인 반미의식」, 『반미주의』, 들녘, 1988, 61쪽
2) 이재봉, 「아랍 민족지도자의 말」, 앞의 책, 120쪽

그때 인구의 절반인 70만 명쯤이 죽었다. 카다피 혁명지도자는 우리에게 늘 말씀하신다. "더, 더욱 많이 대추야자 나무를 심어라. 미국이 아무리 우리를 경제적으로 고립시키려 발버둥치더라도 우리는 대추야자만 있으면 죽지 않고 살 수 있다"고. 미국이 왜 이 4백만의 나라를 굴복시키지 못하는가의 해답은 여기에 있다. 미국이 그들의 목표를 달성하려면 리비아 국민 전체를 죽여야 하기 때문이다.[3]

박정희가 거리에서 미국을 규탄하는 사람들을 어떻게 대했나. 『조선일보』가 꿈엔들 반미투쟁을 기념할 박물관을 세우자고 주장하겠나. 박정희가 카터의 혀를 잘라버리겠다고 공언하겠는가.

오히려 이런 슬로건들과 행위는 박정희와 『조선일보』가 혐오하고 억압했던 것들이다. 『조선일보』와와 박정희는 보편적인 반미주의를 억압하면서도 때로는 반미주의자, 민족주의자 행세를 하려는 것이다. 아전인수의 논리는 얼핏 보면 그럴듯해 보일 때도 있지만 결국은 이율배반의 논리로 빠져버린다. 서로 모순되고 대립하여 양립할 수 없는 두 명제가 동등한 타당성을 가지고 주장되는 이율배반의 논리, 우리말로는 소가 웃을 말을 하는 것이다.

4. 『조선일보』의 이율배반적 반미주의

가) 미군철수 반대하는 반미 자주?

『조선일보』식 반미주의의 첫번째 특징은 미군철수, 양키 고 홈 반대하는 반미주의라는 것이다. 박정희와 미국의 갈등이 첨예화된 것도 바로 이 미군철수 문제에서 비롯된 것이다. 『조선일보』식 '반미의 실체'는 1988년 5월 25일자 사설 「반미의 실체」에도 함축되어 있다. 이 사설은 운

---

3) 오연호, 「반미의 나라 리비아를 가다—리비아에서 만난 쥬마 모하맛 아부아인(79)」, 월간 『말』, 1991년 8월호, 75쪽

동권 학생 및 재야의 반미 주장이 "광주사태에 있어 미국의 작전권이 이용되었으며, 미국은 궁극적으로 군부독재정권을 지원해 왔으며, 농축산물-양담배 등에 대한 고압적인 수입개방압력을 가함으로써 한국을 제국주의적 방식으로 예속화하려 한다는 것"과 같은 이유에 얹혀 국민들에게 설득력 있게 전파된다는 점을 '우려'하면서, 국민들에게 이들의 주장에 현혹되지 말라는 뜻으로 반미세력의 본심을 일러준다.

학생들은 반미라는 포괄적 구호 속에 주한미군철수 주장을 애써 감추고 있는 듯하다. 미국 대사관이나 미국 문화원에는 화염병과 돌을 던지면서, 미군 시설에는 일체의 행동을 삼가고 있기 때문이다. 그러나 그것은 '미군철수'에 대한 국민의 안보인식을 피해가려는 속임수일 뿐이다. 그들의 주장이 '반미이기는 하나 미군철수는 아니다'라는 것이 아님은 분명하다.
그들은 그 말의 뜻이 포괄적인 "양키 고 홈"은 외쳐도 주한미군철수를 매일의 구호로 내세우지는 않는다. 하지만 그들의 궁극적 주장인 '미국의 축출'은 곧 미군의 축출을 의미하는 것이며, 우리가 명백하게 반대하는 것은 미군의 철수이며 한반도 평화의 파괴이다.

"지식인들이 반미의 실체를 분명히 부각시킴으로써 한반도의 평화가 걸린 문제가 감정과 감상으로, 또 반정부의 논리로 다루어지는 비극을 막아야 한다"는 점을 강조하는 필자가 내세우는 '미군철수' 반대논리는 유구한 역사를 지닌 전통적인 것이다. "미군이 철수하면 한반도가 민족의 역량에 의해 자주적으로 통일되기보다는 남북한의 무력에 의한 혈전장이 될 것이 뻔하다."라는 고전적인 이유다.
사실 『조선일보』는 미군철수는커녕 용산 미군기지 이전문제도 내심 반대한다. 드러내놓고 반대야 않지만 자칫 미군기지 이전이 미군철수로 연결되는 것을 우려하는 것이다. 1990년 6월 28일자 '용산기지가 이전된다는 데'에 그 솔직한 심정이 일부나마 표현되어 있다.
사설은 1990년 6월 25일 한미간에 용산 미군기지 이전에 관한 합의각서를 교환한 사실을 전하면서도 '비용문제' 등의 이유를 들어 "순조롭게 기지 이전이 되는 것인지 의심스럽다"는 심정을 피력한다. 그리고 한 걸음 더 나아가 기지 이전을 반대하는 속마음을 슬쩍 내비친다.

마지막으로 용산기지를 시민공원으로 조성한다는 것인데, 여기에 지나치게 잡다하고 의욕 과잉적인 시설물을 만드는 것도 재고 있기 바란다. 지금도 남산에서 내려다보이는 8군기지는 인접 육본자리에 비해 이미 훌륭한 녹지대이다. 공연히 잘못 건드려 기왕의 역사적 병둔(兵屯) 기념지를 훼손할까 염려스러워 하는 말이다.

대대로 외세 점령군의 주둔지였던 용산 미군기지는 '역사적 병둔 기념지'이기에 문화유적처럼 보존해야 하는 건가? 때문에 이런 언론을 믿고 주한 미군사령부 대변인은 억지를 부리는 것이다.

미8군 용산기지는 일본에게서 미국이 직접 접수받은 땅이므로 한국의 땅이 아니다. 이것에 길을 만들고 건물을 지을 때 한국은 한푼도 도와주지 않았다.[4]

나) 미군범죄는 '국지화' 해야 할 단순사건

'미군범죄' 앞에서는 모든 신문이 반미적이다. 『조선일보』 역시 미군범죄가 생길 때마다 '우려'를 표하면서 한미행정협정의 개정을 촉구하곤 한다. 그런데 그 '우려'의 방향성에는 항상 단서가 있다. 1989년 2월 24일 사설 「법 앞에 평등한 미군범죄」에서도 그런 단서조항들을 읽을 수 있다. "최근 군산지역에서 잇달아 발생하고 있는 미군병사의 대민 범죄는 가뜩이나 전환기를 맞고 있는 한미관계에 대단한 악재로 작용하고 있다"는 우려감으로 시작한 이 사설은 "이것은(미군 범법자의 신병에 관한 문제) 아주 직접적으로 민족적 차별감을 자극하는 악성소재라는 것을

---

4) 주한 미군사령부 대변인 짐 콜스, 「미8군 용산기지 이전 물건너갔나」, 『말』, 1996년 8월호, 84쪽

한미 당국은 깊이 인식해야 한다"라는 당부성 말로 끝을 맺는다. 그런데 필자가 전달하고자 하는 핵심적인 내용은 다른 데 있다.

한미관계의 본질이나 '반미'의 정치적 뿌리는 별개로 하고, 미군들의 일반 범죄행위는 엄중히 다스리도록 하되, 상호간에 사실을 과장하거나 감정적으로 대응하는 태도는 한미관계 유지에 중요한 흠을 남길 수 있다는 의미에서 바람직하지 않다. 특히 이런 사건들이 단순·우발성에서 조직·음모성으로 변하는 과정을 적극적으로 이용하고 조장하는 동기 역시 경계해야 할 것이다.

『조선일보』식 반미주의의 관점에서 볼 때 미군범죄는 '단순 우발성' 사건이다. 그리고 미군범죄를 '조직 음모성'으로 만드는 사람들은 재야라는 것이다. 미군범죄의 의미를 축소하려는 경향은 『조선일보』의 일관된 논조이다.

1990년 4월 14일의 사설 「이태원사건」도 이 같은 논조의 대표적인 사설이다. 이 사설은 이태원에서 미군 헌병들이 한국의 민간인들을 폭행한 사건을 보도하면서 '우발적 사건', '단순 사건'임을 강조하고 있다.

한미간에 취할 태도는 이번 사건이나 앞으로 있을 수 있는 유사한 사건을 되도록 국지화하고 단순 사건화 하는 것이다. 도저히 일상적인 일로 볼 수 없는 인종차별적 저의가 분명한 것을 제외하고는 '미군이 한국인을 때렸고 한국인이 미국인을 폭행했다'는 식이 아니라, '존이 김을 때렸고 김이 존을 밀쳤다'는 식의 접근방법이 그 어느 때보다 요구되는 때다.

『조선일보』는 경찰이 피의자를 고문 폭행했을 때도 "김이 이를 고문 폭행했다"라고 보도하려나? 국제적인 휴머니즘에 놀랄 지경이다. 한국인들의 '감성적' 반미감정이 가장 고조되고 대중화됐다는 88올림픽 시기의 보도태도 또한 이와 동일하다. 1988년 9월 27일자 사설 「성난 한국인」은 그 서두에서 당시 국민들의 심정을 사실적으로 반영했다.

한국인들은 지금 한국에 와 있는 미국인들로 인해 몹시 감정이 상해 있다. 감정이 상했다기보다 화가 나 있다는 표현이 더 적절할는지도 모른다. 이런 감정은 한국에 와 있는 일부 지각 없는 미국인들에게 국한되지 않고, 미국인 전체로 일반화되는 감정의 몰입상태로까지 번지고 있는 느낌마저 든다.

이제 한국인들은 지난 수십 년 동안 "참고 눌러왔던 자존심을 더 이상 감추고 살려고 하지 않는다는 사실을 감지"할 것을 미국인들이 인식해야 한다고 말하는 이 사설은 예의 '국지화' '단순화' 논리를 펴고 있다.

우리는 오늘날 한국인들이 가진 감정과 분노가 이번 몇 가지 사건에 국한되기를 바란다. 우리는 지금 세계의 사정이 감정만으로 처리되기에는 너무도 복잡하게 얽혀 있다는 것도 잘 안다. 우리는 궁극적으로 이번 사태로 감정이 응어리로 남지 않았으면 한다. 그러기 위해서는 우리가 이 사건을 **국지화**하는 지혜를 가져야 하는 동시에 미국인들이 한국인들의 심경을 자기들 기분내키는 대로 덧들이는 오만을 시정하고 한국인을 진정한 동반자로 대접해 주는 인식의 전환을 해야한다.

이런 국지화 전략에 의해 1992년에 발생한 대표적인 미군범죄인 윤금이 사건에 대해서는 철저히 축소 은폐 무시로 일관했던 것이다.

다) 운동권 반미는 '민족적 수치'?

한국국민들, 그리고 대다수 사회운동가들이 미국이 한국의 우방, 민주주의 수호신이 아니라는 점을 경험적으로 깨닫게 된 것은 광주항쟁 이후다. 1982년 문부식 등에 의한 부산 미문화원방화사건은 광주학살에 대한 미국의 묵인, 지원에 대한 직접적인 타격이었다. 문부식은 현장에 뿌린 유인물을 통해 "이제야 우리 민족의 장래는 우리들 스스로가 결단하지 않으면 안 된다는 신념을 가지고 이 땅에서 주인행세를 하는 미국세력을 완전히 배제하기 위하여 반미투쟁을 끊임없이 전개하자. 우선… 미문화원을 불태워 버림으로써 반미투쟁의 봉화를 올려 민족적 자각을 호소한다"고 주장했다.

그런데 『조선일보』는 1982년 3월 21일자 사설 「누구를 위한 방화인가—미문화원 소실과 민족적 수치」를 통해 이 같은 '반미' 행위를 "한미관계를 이간"하려는 행위이며, "민족적 수치"라고 폄하했다.

미 국무성도 정치테러를 규탄하는 성명을 발표하면서 "이 같은 폭력행위가 한국국민들이나 현재의 한미관계를 대표하는 것으로는 보지 않는다"라고 밝혔다. 누가 보아도 지금의 한미관계는 어떤 폭력적 호소나 충격에 영향을 받을 허약한 기반 위에 있지는 않다. 올해는 양국의 수교 백주년을 기념하는 다채로운 행사가 마련되고 있다. '팀스피리트 82' 한미합동군사훈련이 이 땅에서 진행되고 있고, 이 달 말께는 한미연례안보협의회의가 서울에서 열리는 등 그 어느 때보다도 양국간의 안보협력체제는 공고하고 긴밀한 형편이다. 이런 까닭으로 해서 더욱더 한미관계를 이간하려 했을는지 모른다. 그러나 계란으로 바위를 깨려는 망상과 다름없다.

미국에게 반감을 표시한 박정희는 '자주혼'을 지닌 혁명가이지만, 미국을 불지른 남자는 한미관계를 이간질하려는 '민족반역자'인 것이다. 그리고 『조선일보』 눈에는 이들 '반미혁명가'들이 "계란으로 바위를 깨려는" 망상가들로 보이는 것이다. 그렇다면 안중근, 윤봉길은 누구인가? 혹시 『조선일보』는 내심 이들 역시 "계란으로 바위를 깨려는" 망상가로 보지 않을까. 무장투쟁을 손가락질했던 이승만, 바위인 일제에 저항하기보다 일제를 엄폐물로 삼았던 박정희의 숭배자들이니 그럴 만하지 않을까.

라) 미국 침략전쟁에 동의하는 민족주의자

박정희의 인권탄압을 지적하는 미국에 대해서는 '내정간섭'이라며 격렬하게 항의하는 『조선일보』지만 막상 미국이 군사력을 동원해서 제3세계 국가에 대한 침략전쟁, 내정간섭을 벌일 때는 미국 편을 든다. 미국의 국가폭력이라는 사실이 너무도 명백할 때는 우회적으로 미국의 정책을 지지한다. 미국은 세계 각국의 반대여론을 무릅쓰고 1983년 10월 해병대를 앞세워 그레나다를 침공했다. 그런데 1983년 10월 27일자『조선일보』사설 「미국은 왜 그레나다를—레이건 행정부의 결단과 시련」은 레이건에 대한 배려, 혹은 일편단심의 충정이 곳곳에 묻어난다.

그럼에도 불구하고 레이건이 그와 같은 결단으로 사태에 대비하고자 한 것은 중남미에서 대소를 막론하고 새로운 쿠바의 출현을 용허할 수 없다는 결심에서였을 것이 명백하다.… 이러한 대소투쟁의 관점에서 레이건은 만난을 무릅쓰고 그레나다에 상륙명령을 내렸을 것이 확실하다.

미국에 간섭당하는 박정희에게서 약소민족의 비애를 느끼는『조선일보』와 강대국의 침공을 당한 그레나다 사태 앞에서는 미국의 세계지배전략을 이해하는『조선일보』, 하나의 입에서 두 말이 나올 수 있음을 여실히 보여주고 있는 것이다. 미국에 의해 악마국가로 지정된 이라크전에서는 더 노골적으로 미국의 침공을 미화한다.

페르시아만의 전쟁은 바로 그 지역에만 국한되는 남의 일로만 끝나지는 않는다. 페르시아만의 전쟁에 가담하는 다국적군은 나름대로 국익을 갖고 있다. 한국도 매 한가지다. 유엔의 결의를 이행하려는 미국의 전쟁목표가 성공될 때 미국의 공약과 미국의 안보우산이 강력함을 입증할 수 있다. 그래서 유엔과 미국을 도와야 한다. 무력으로 침략하려는 독재자의 야욕은 반드시 분쇄되어야 하고 반드시 분쇄된다는 역사적 교훈이 살아 숨쉴 때 한반도의 일차적인 안보도 튼튼해질 수 있다.[5]

당시 서울대생 2백여 명은 21일 오후 1시반경 교내 학생회관 앞 광장에서 '걸프전쟁 반대, 예속정권 규탄대회'를 갖고 자신들이 제작한 성조기를 불태우며 교내시위를 벌였는데 이들은" 노태우 정권은 미국의 강요에 따라 군의료진을 파견하는 등 예속된 정권의 속성을 드러내고 있

---

5) 사설 「전쟁이 터졌다」,『조선일보』, 1991년 1월 17일

다"고 비판했다.[6]

　너무도 명백한 미국의 '국가폭력'인 경우는 구색맞추기식으로 미국을 나무라고 나서기도 하지만 미국의 대외정책에 관한 한 『조선일보』는 미국의 언론보다도 더 충실하게 대변지 역할을 한다. 이때 가장 흔하게 동원되는 논리가 테러국가, 테러범에 대한 미국의 '응징론'이다. 1998년 8월 10일자 사설 「미국 대테러의 귀결」은 케냐와 탄자니아의 미국 대사관 폭탄테러사건을 거론하면서 "모든 악의 근원이 '미국적인 것'에 있다"고 보는 회교 근본주의자들의 테러행위에 대해 무력응징을 선언하고 나선 클린턴의 손을 높이 들어주었다. 『조선일보』는 사설에서 "아무리 명분이 거창하다 해도 테러는 결국 '인간성'을 거부하는 폭력행위 그 이상이 아니기 때문이다"라고 밝히고 있다. 그런데 이 논리는 언제나 이중잣대에서 나온다. 미국의 국가폭력에 대해서는 관대한 것이 이 이중잣대이다. 세계의 양심이 규탄한 미국의 베트남테러에 대해서 『조선일보』는 무어라 고발했나. 최소한 "아무리 명분이 거창하다 해도 테러는 결국 인간성을 거부하는 폭력행위 그 이상이 아니"라며 미국을 나무라야 하지 않았나. 이럴 때면 『조선일보』는 또 다른 비밀병기를 들이댄다.

　"악한 자본주의 국가보다 선한 사회주의 국가가 더 악하다."

　이는 다름 아닌 미국의 레이건 정부의 이론가인 전 유엔대사 커크 패트릭 교수의 "우익독재정권은 좌익전체주의에 비해서 억압의 강도도 덜할 뿐 아니라, 미국의 국가이익에도 우호적인 정권이기 때문에 이들 나라의 반민주성에 크게 구애받지 말아야 한다"는 외교원칙 노선과도 일치하는 것이다. 이런 원칙이 있기에 아무리 이중잣대를 휘두르고 위선적인 정책을 펼쳐도 당당할 수 있는 것이다. 1980년대 말 콰테말라의 언론인 훌리오 고도이(Julio Godoy)는 미국의 위선을 이렇게 비판했다.

　모스크바가 강요한 프라하의 정부는 혁명가들을 무시하고 모욕했지만, 워싱턴이 세운 과테말라의 정부는 혁명가들을 살해했다.(국제사면위원회의 표

---

6) 『동아일보』, 1991년 1월 22일

현대로) "정부가 주관하는 정치적 살인 계획"에 따라 1만5천 명 이상의 희생
자를 낸 엄청난 학살은 지금도 여전히 계속되고 있다.[7]

사실은 이런데도 미국은 인권을 말하고, 테러를 응징하겠다고 말한다.
예언자 행세하는 사탄과 같이.

마) 주전론 주장하는 민족주의자

남한의 극우세력이 미국의 정책에 노골적으로 반기를 든 것은 세 차례
정도 된다. 북미간의 휴전협정을 반대하고 북진통일을 주장한 것이 첫번
째요, 미군철수 정책에 저항한 것이 두번째라 할 수 있다. 그리고 세번째
로 꼽을 수 있는 것은 클린턴 정부의 대북 햇빛정책에 대해 '몽니'를 부
리는 것이라 할 수 있다. 결국 우익이 내세우는 반미의 주요한 측면은 대
북정책과 연관이 있다.

『조선일보』 주필 김대중이 쓴 1994년 9월 11일자에 실린 칼럼 「미국의
북행 버스」에는 미국의 대북정책에 대한 『조선일보』의 불편한 심기가 그
대로 담겨 있다.

요즘 세종로에 있는 미국 대사관 앞을 지날 때마다 '전경들이 저렇게 삼
엄하게 지키지 않아도 될 텐데…' 라는 생각을 갖곤 한다. 아마도 상당기간
좌파 운동권 학생들이 더 이상 '반미'를 외치지도 않을 것이며 더 이상 미국
대사관으로 돌진하지도 않을 것으로 보기 때문이다. 어쩌면 이번에는 우익
쪽 사람들이 몰려올 가능성이 있을지는 몰라도 말이다.

『조선일보』 쪽' 사람들의 미국에 대한 반감을 확연히 느낄 수 있는 글
이다. 여기다 한술 더 떠 김대중 주필은 미국의 대북정책 햇빛론자들을
'친북' 이라고 몰아간다.

---

7) 노엄 촘스키, 「도살장이 되어버린 과테말라」, 『미국이 진정 원하는 것』, 한울, 1996, 84
쪽

더욱이 친북적이거나 북한 로비스트 성격이 강한 어떤 연대가 워싱턴을 중심으로 형성되고 있다는 관찰도 있다. 전통적인 한미 우호에 눌려 기를 못 펴던 이런 요소들이 카터의 방북, 김일성의 사망 등으로 점차 표면에 나서 그러지 않아도 리버럴하다는 클린턴 민주당 정부의 정책 전환을 도모하고 있다는 것이 한국정부 요로의 분석이다.

남한 극우세력의 눈에는 클린턴 정부마저 '친북적'이요, 좌경적으로 보이는 것이다. 미국에는 북한정책을 둘러싸고 두 가지 노선이 있다. 하나는 강경파이고 하나는 온건파이다. 그런데 강경파의 입장이란 다름 아닌 북침, 북폭을 서슴없이 주장하는 주전론자들이다. 결국 『조선일보』가 클린턴 정부의 대북 햇볕정책을 반대한다는 것은 주전론을 주장하는 것과 다름없다고 할 수 있다.

여기서 한 가지 짚고 넘어갈 점이 있다. 미국의 강경파든 온건파든 그들은 미국의 국익을 위해 채찍과 당근을 사용한다는 사실이다. 미국의 대화론자들이 결코 북한을 이롭게 하기 위하여 당근을 주려는 것은 아니다. 미국은 자신들의 국익을 위해서라면 이라크나 리비아, 파나마나 그레나다는 물론이고 같은 백인종 국가인 유고까지도 거침없이 무력침공하는 무서울 것 없는 제국주의 국가다. 그런 미국이 북한을 침공하지 못하는 데는 다 그럴 만한 이유가 있는 것이다. 그런데 『조선일보』 쪽' 사람들은 미국의 '햇볕정책'에 대해 "도대체 왜 그런지 모르겠다"며 심통을 부리고 있는 것이다.

북한은 미국이 생각하는 그런 연착륙성 정권이 아니라는 얘기이며 미국의 대북자세가 너무 가상적이고 나이브하다는 얘기다. 우리가 보기에 미국은 북한을 잘 모르고 있는 것 같다. 북한은 언제나 뒷다리를 잡고 뒤통수를 치는 것으로 세상을 헤엄치면 되는 것으로 알고 있다.[8]

---

8) 사설 「클린턴 '연착륙' 잘못됐다」, 『조선일보』, 1996년 9월 23일

미국이 북한에 대해 유화론을 쓰는 것에 대해 『조선일보』의 논객 류근일 논설실장은 "적대자는 남아 있는데 혈맹은 없어져 가고 있는 형국"[9]이라고 정리했다.

이처럼 간혹 미국과의 관계를 '식어가는 혈맹'으로 묘사하는 경우도 있지만, 『조선일보』는 여전히 미국을 혈맹이자 동맹으로 여기고 있다. '동맹의 논리'는 그 어떤 논리보다도, 심지어는 한 핏줄간의 화해를 꾀하는 '민족의 논리'보다도 우위에 놓는다. 사설 「외교 위기론의 실체」는 이를 단적으로 보여주고 있다.

그럼에도 우리에게 가장 중요한 것은 뭐니뭐니해도 대미관계인데, 우리의 대미관계가 이제 와서 상당히 간격을 나타내고 있는 것은 외교적 실책의 핵심이 아닐 수 없다. 그것은 정책에 대한 시각차 때문이 아니다. 그것은 '동맹의 논리'보다 '민족의 논리'가 우선한다는 정권 초기의 노선이 크게 작용한 결과이며, 국제적 탈냉전과 한반도적 냉전지속의 2중적 상황에 대해 '당근'과 '채찍' 중 어느 하나에만 치중하는 듯이, 그것도 시기를 놓치며 임했기 때문이다. (1994년 9월 13일)

따지고 보면 미국이 남한을 무시하고 북한과 협상을 하는 것은 남한 정부의 사대적인 외교정책이 초래한 자업자득이다. 『조선일보』역시 평시에는 혈맹을 강조하다가 미국이 무시하면 그때서야 발끈하며 목청을 높이는 것이다.

이처럼 '미국의 북행 버스'에 열받아 반미감정 느끼는 우익 주필, 동맹의 논리보다 민족의 논리가 우선하는 현실에 노심초사하는 논설위원이 있기에 오히려 미국은 안심인 것이다.

바) 반공 반미주의

대한민국의 실질적인 국시는 그 동안 '반공'이었다. 박정희 정권 역시

---

9) 류근일, 「한반도 냉온탕」, 『조선일보』, 1994년 9월 17일

마찬가지다. 박정희가 5·16쿠데타 직후 발표한 「혁명공약」(일. 반공을 국시의 제일의로 삼고 지금까지 형식적이고 구호에만 그친 반공태세를 재정비 강화한다…)은 ‘반공공약’이었으며, 미국에 대한 충성맹세문이 었다. 대한민국의 반공정책은 남한의 ‘대부’였던 미국에 의해 수립된 것 이며, 미국이야말로 반공의 원조라 할 수 있다. 때문에 미국에 반대하는 대부분의 제3세계 국가들은 반공에 대한 역작용으로 친소, 친공으로 기 울었던 것이 사실이다.

반미정권 운운하면서도 반공을 내세우는 예는 찾아보기 힘들다.『조선 일보』가 이따끔식 표출하는 정략적, 감성적 ‘반미’의 특징은 세계적으로 그 예를 찾아보기 힘든 반공 반미주의라 할 수 있다.『조선일보』는 미국 의 반공정책이 완화될 때면 ‘반미’ 성향이 된다. 그 점에서는 이승만과 박정희도 동일하다. 이승만과 박정희는 미국이 세계지배전략의 필요성 에 의해 전술적으로 한반도의 대결적 반공정책을 완화하면 이에 반기를 들고 ‘반미전사’가 되었다.

『조선일보』는 ‘반공’에 있어서는 미국보다 자신들이 한 수 위라는 망 상을 갖고 있다. 이들은 미국이 자신들의 국익을 위해 북미관계를 유화 적으로 끌고 나가면 이를 훼방하지 못해 안달을 한다.

미국이 북핵문제를 힘이 아닌 대화로 다루는 것에 대해서도『조선일 보』는 불평불만을 늘어놓는다. “북한에 대해선 섣부른 합리주의의 잣대 는 통하지 않”으므로 “서구식 합리주의와 리버럴 논리로” 대처하기보다 는, “힘에 바탕한 단호함”으로 대처해야 한다는 것이다. 북의 정체를 파 악하지 못하고 “한반도 비핵화의 유일한 길은 북의 새 정권과 타협뿐이 며 한국은 미북회담을 방해하지 말라”고 주장하는 사설을 실은『뉴욕 타 임스』에 대해선 ‘위선’이며 ‘편의주의’라며 발끈 비판하고 나섰다.

미국의 편의주의자들에게는 북한의 일관된 대남전략과 한미 이간책에 원 론적인 단호함을 표시하는 한국사회의 대북 경계론자들의 목소리가 성가신 훼방꾼으로 여겨질지도 모른다. 그리하여 그런 대북 경계론이나 ‘과거핵’ 규명 같은 것을 북한의 50년에 걸친 대남 적대행위에 대한 당연한 경계적 반응으로 알기보다는 거꾸로, 그것이 마치 한반도 긴장의 최초 원인이라는 식의 논리적 왜곡을 범하는 것이다. 이것은 미국 일각의 편의주의자들이 흔히 드러내는 지적 단견과 무책임한 편견이 만들어내는 대단히 위선적인 논리 중의 하나일 뿐이다.[10]

이처럼 미국의 대북 유화정책에 대해 『조선일보』가 격렬하게 맞불을 놓는 것은 순진한 미국(민주당)이 혹시라도 북한의 '속임수'에 넘어갈 것을 우려하는 것이다.

다만 걱정스러운 것은 아무래도 북한 당국자들의 사고방식 행동양식에 우리보다는 덜 익숙한 미국이 김일성주의자들의 속임수에 말려들까 하는 점이다.[11]

걱정도 팔자인 것이다. 미국은 매카시에 의해 세계 유래가 없는 빨갱이 사냥을 한 나라이며, 한국에 반공주의를 심어준 나라인 것이다. 그리고 지금처럼 개명한 사회에서도 미국은 사회주의를 표방하는 나라들을 정치, 경제, 군사적으로 완전 포위한 채 일망타진할 기회만 노리고 있는 것이다. 미국에게 카다피, 카스트로, 김정일은 단지 깡패두목일뿐이다. 그리고 미국은 『조선일보』가 창간되기 이전부터 아메리카니즘의 이름으로 공산당을 박살낸 나라이다. 1919년 10월 17일자 『뉴욕 타임스』는 "무질서의 독, 혁명의 독, 혼란의 독"을 박멸하지 못하고 있는 미합중국 법무장관에게 따끔한 비판을 가했다.

지금 이 나라에는 볼세비키를 비롯한 외국인 급진주의자가 득실거리고 있다. 이해할 수 없는 애매한 언어로 쓰여진 약 500종 이상의 급진적 선전물들이 범람하며 미국정부 타도를 부르짖고 있다.… 볼세비즘과 이들의 동조자

---

10) 사설 「미국 내의 위선론」, 『조선일보』, 1994년 9월 18일
11) 사설 「미북 접촉 주시해야—휴전협정의 전철 밟지 않게」, 『조선일보』, 1989년 10월 8
   일

와 선동가를 체포하여 추방시킴으로써 미국을 방어하고자 하는 것은 이제 국민 대다수의 생각이며 이것도 매일같이 강화되고 있다. 당신이 지금 해야 할 일은 정부를 파괴시키고자 하는 외국인 선동가, 아나키스트, 음모자를 체포하여 추방시키는 일이며, 이것은 미합중국 법무장관의 업무이다.

미국이 이런 나라인데 『조선일보』가 무얼 걱정하는 걸까. 『조선일보』가 미국에게 '반공 잘하라'고 훈수하는 것을 보면, 꼭 파란띠 맨 유급자가 검은띠의 유단자에게 옆차기 하는 것처럼 어설퍼 보인다.

5. 친일파의 반미주의

『조선일보』와 조갑제 기자가 억지로 박정희에게 민족주의자, 반미주의자의 갑옷을 입혀놓다 보니 구색이 안 맞는 일이 하나 생겼다. 그것은 박정희가 변명할 여지없는 친일파라는 것이다. 그의 의식을 지배한 것은 일본 군국주의였다.

박정희는 5·16을 앞두고 자형에게 보낸 시에서 "일편단심 굳은 결의 소원 성취 못하오면 쾌도할복 맹세하고 일거귀향 못하리라"고 하거나, 5·16 직후의 일본 방문에서 군관학교 동기들을 만나서 회포를 즐겼다든지, 청와대 시절 일본의 사무라이 영화를 즐겨 보았고 10월유신의 모넬을 명치유신에서 찾고 있다는 점에서 일본에 대한 친밀감을 엿볼 수 있다.[12]

5·16군사쿠데타 직후 일본인들은 주모자가 박정희라는 사실을 알고는 쾌재를 불렀다. 박정희는 일본을 위해 하늘이 보내준 인물이었다.

일본사람들이 볼 때 박정희는 어떠한 인물이었을까. 5·16이 일어나 주모

---

12) 『역사비평』, 1990년 가을호

자의 이름과 사진이 일본 각 신문 제1면에 보도되자, "만군 출신의 박정희
라—그렇다면 그가 '도꾸또오 니뽄징(特等日本人)' 다카기 마사오(高本正
雄)가 아니겠느냐", 한편으론 놀라고 한편으론 무릎을 치며 환호성을 울린
일본사람들이 적잖이 있었을 것이다.[13]

　　일본 수상 이케다는 5·16쿠데타 직후 케네디와 만난 자리에서 "쿠데
타로 성립된 남한의 군사정권은 비록 민주적 정권은 아닐망정 적어도 형
식상으로는 합법정권이며 반공체제를 견지하기 위해서도 일본은 경제원
조를 하지 않을 수 없으므로 하루 속히 국교정상화를 실현시켜야만 된
다"고 말했다고 한다. 일본으로서는 만군 출신의 박정희, 즉 다카기 마
사오 이상의 선택이 없다고 봤으며, 그 기회를 결단코 놓치고 싶지 않았
을 것이다.
　　박정희는 집권하자마자 일본과 미국이 오매불망 그리던 한일회담을
성사시키고 국교정상화를 이룬다. 이 회담에 대해 역사가들은 "국민의
대일감정은 아랑곳하지 않고 굴욕적 자세"로 일관한 회담이라고 평가한
다.

　　군사정부는 경제개발계획 추진을 위해 외자가 절대로 필요하였기 때문에
국민의 대일감정은 아랑곳하지 않고 굴욕적 저자세로 대일회담을 진행하였
다. 그리하여 1962년 10월과 11월 두 차례에 걸친 한국의 중앙정보부장 김종
필과 일본의 외상 오히라(大平正芳) 사이의 회담에서 청구문제에 관한 기본
원칙이 합의되었다. 그 합의내용을 보면 한국의 대일청구 명분이 식민통치
에 대한 배상도 아니고 약취해 간 한국재산의 반환도 아닌 청구권의 해결 및
경제협력이었다. 일본이 제공하는 외자규모는 무상으로 3억 달러(10년간 분
할지급), 정부간 차관으로 2억 달러, 민간차관으로 1억 달러 이상을 제공하
는 것이었다. 유상 3억 달러를 제외하면 3억 달러에 불과한 셈이다.[14]

---

13) 정경모, 「권력부상에서 비극적 종말까지」, 『역사비평』, 1991년 5월호, 215쪽
14) 정일용, 『한국사 19』, 한길사, 1994년, 199~200쪽

박정희가 친미적이면서도 이따끔 미국에 대해 "노"라고 말해 보고 싶었는지는 모르겠으나 일본에 대해서는 흠모하는 마음을 버리지 않았다. 소설가 이병주가 『월간조선』(1991년 7월호)에 쓴 「박정희 소장, 그 청렴한 유아독존」은 박정희의 의식세계를 적나라하게 보여준다.

박 장군은 꼭이라고 할 만큼 안주인에게, 일주(日酒)가 있느냐고 묻곤 했다. 일주란 일본에서 만든 정종이다. 당시 정식 루트론 들어오지 못했기 때문에 선원들을 통해서 그 술을 구할 수밖에 없었다.
주인이 일주가 있다고 하면 그의 비쩍 마른 얼굴에 보일 듯 말 듯 미소가 일고, 없다고 하면 그의 표정이 단번에 굳어졌다.

박정희는 TV에 나올 때면 막걸리를 마시곤 했다. 그런데 그가 마지막 날 마신 술은 시바스리갈이었다. 박정희가 시버스리갈을 좋아하는 줄은 알았으나 일주도 좋아하는지는 예전에 미처 몰랐다. 이병주는 자기가 낀 술자리에서 박정희가 구체적인 인명을 거론하는 것을 한 번도 들은 적이 없다고 한다. 구체적인 인명이 나왔다 하면 그것은 일본인의 이름이었다는 것이다. 박정희는 5·15, 2·26사건을 일으킨 일본의 국수주의 장교들에게 심취하고 있는 것으로 보였다.

한번은 박 장군과 H 사이에 격론이 벌어졌다. 박 장군이 또 일본의 5·15, 2·26사건을 일으킨 일본의 국수주의 장교 이름을 들먹이며 잔사를 늘어놓자 H가 "너 무슨 소릴 하노. 놈들은 천황절대주의자들이고 퀘퀘묵은 국수주의자들이다. 그놈들이 일본을 망쳤다는 사실을 모르고 하는 소린가, 알고 하는 소린가" 하고 반박하자 박 장군은 "일본의 군인이 천황절대주의 하는 게 왜 나쁜가. 그리고 국수주의가 어째서 나쁜가" 하고 흥분했다.… "아까 너 일본의 국수주의 장교들이 일본을 망쳤다고 했는데 일본이 망한 게 뭐꼬. 지금 잘해 나가고 있지 않나. 역사를 바로봐야 해. 패전 후 얼마 되지 않아 일본은 일어서지 않았나."

박정희는 영락없는 일본 군국주의자의 후예였으며, 국수주의자였던 것이다. 그것도 조선을 위하는 국수주의자가 아니라 친일하는 국수주의자였다. 그런 국수주의자가, 친일파가 이따끔씩 미국에 불평불만 늘어놓는 것을 두고 '현대사의 이순신 장군'이니 '소박한 민족주의자'니 '근대화 혁명가'니 하며 칭송하는 것은 너무한 일이 아닌가.

6. "노?"

"한국을 20년쯤 더 지배했더라면 좋았다."(다카스키 신이치 · 한일회담 대표, 1965년)

"안중근은 살인자인데 영웅화하고 있다."(오쿠노 세이스케 · 국토청장관, 1988년)

"과거 전쟁은 침략전쟁이 아니다."(사쿠라이 신 · 환경청장관, 1994년)

"식민지 시대에 좋은 일도 했다."(에토 다카미 · 총무청장관, 1995년)

『조선일보』는 이 같은 일본 관료들의 망언을 신랄하게 비판한다. 그러나 박정희에 대한 보도행태는 일본인의 망언을 능가한다. 『조선일보』식의 극우적 사고를 지닌 사람들은 '박정희가 20년쯤 더 지배했더라면 좋았다', '5 · 16은 쿠데타가 아니라 혁명이다', '박정희 시대가 더 좋았다'라는 '망언'을 꿈꾸고 사는 복고주의자들이다. 이들은 박정희를 미화하는 데 필요하다면 그를 반미주의자로 '미화'하는 일도 서슴지 않는다.

일본의 무식한 국수주의자들은 "미국에 노라고 말하자"라고 주장하고 다닌다. 박정희에게 만약에 반미기질이 있었다면 이들 국수주의자들의 반미주의와 일맥상통하는 점이 있어 보인다. 그런데 이들 국수주의자들은 미국에만 "노"라고 말하지 않는다.

이들은 베트남 민중의 민족해방운동에 대해 "노"라고 말한다.

이들은 반전평화운동에 대해 "노"라고 말한다.

그리고 이들은 일본의 재무장에 대해 "예스" "오, 예스"라고 말한다.

『조선일보』의 대미관 변천사와 카멜레온

『조선일보』는 반미이념이 대중적으로 확산되던 80년대에 자신의 이념적 노선을 '리버럴'이라며 공개적으로 천명한 적이 있다.

　이러한 경향에 논평하기에 앞서 우리는 먼저 우리 자신의 입장부터 명확하게 천명할 필요를 느낀다. 우리는 극우독재와 극좌독재를 다같이 배격하는 광의의 리버럴 또는 광의의 정치적 민주주의의 입장에 서고자 한다.…
　우리가 이러한 기본 입장을 먼저 제시하는 이유는 학생운동 내의 특정 그룹의 노선을 비판하려는 우리의 행위를 행여 극우파적 수구파적 자세로 곡해할 가능성을 미리 봉쇄하기 위함이다. [15]

　이 말의 진위를 판단하는 문제는 논외로 하자. (한국에서 극우파시스트들은 오랫동안 리버럴리스트, 자유주의자, 자유민주주의자는 대외용 직힘을 사용했다.) 여기서 주목하려는 것은 그들이 스스로를 리버럴리스트로 규정했다는 점이다.
　그런데 그들이 선천적으로 리버럴한 것은 아니었다. 지금은 유물론과

---

15) 사설 「최근 학생구호를 보고—운동권 소수분파의 극좌편향」, 『조선일보』, 1986년 4월 29일

공산주의를 '철천지 원수'로 여기는 『조선일보』도 한때는 유물론의 전파자였으며 공산주의의 보급자였다. 한 언론학자는 1920년대 『조선일보』의 지면을 가르켜 '공산주의 이념의 교과서'와 같은 인상을 강하게 준다라고 평하기도 했다.[16]

『조선일보』의 창간을 주도한 것은 친일상공인 단체인 대정실업친목회이다. 이후 1924년에 이르러 민족진영의 신석우 등이 송병준으로부터 8만5천 원에 경영권을 인수하고 같은 해 9월 13일에 이상재가 사장에 취임함으로써 민족지로 탈바꿈하게 된다. 1920년대 『조선일보』의 논조는 대체로 사회주의, 공산주의를 수용하고 있는데, 그 색채는 당시의 진보적 운동단체에 대한 사설에서 분명히 드러난다. 해방 이후 『조선일보』가 진보적 운동단체를 백안시한 것에 비한다면 하늘과 땅 사이의 차이를 느낄 수 있다.

맑스는 공산당선언서에서 이러한 절규를 하였다. "만국의 노동자여! 단결하여라"고. 이것은 세계무산대중의 최후승리가 오즉 단결에 있다는 것이다.… 조선의 민중이 모두 무산대중인 이상 조선에 민중의 운동이 있다 할 것 같으면 마땅히 무산대중의 운동이 아닐 수 없을 것이다. 이와 같은 의미에 있어서 오인은 조선의 무산대중의 금회운동이 이곳 조선민중의 생활운동이라는 것을 주저치 아니한다.[17]

그리고 1925년 11월에 일어난 조선공산당사건(세칭 신의주사건)을 다룬 사설을 보면 '격세지감'을 아니 느낄 수 없다. 『조선일보』는 치안유지법 등으로 공산당을 금지한 것에 대해 "현재 서양 선진제국에 있어서 공산당이 한 정당으로 당당하게 기치를 들고 나옴을 대비해 볼 때 참으로 격세의 감이 없을 수 없다"며 최소한 결사의 자유는 용인해야 함을

---

16) 유재천, 「일제하 한국신문의 공산주의 수용」, 『한국언론과 이데올로기』, 문학과 지성사, 1990년, 349쪽

17) 사설 「조선노농총동맹의 성립을 문(聞)하고」, 『조선일보』, 1924년 4월 21일

주장하고 있다.[18] 이와 함께 『조선일보』는 "일본에서 공개한 공산당 공판을 조선에서 금지한다는 것도 알 수 없거니와 신문기자의 방청까지 금하면서 경관에게는 다수의 특별 방청권을 발행"한 당국의 처사를 비판하면서 공개재판을 촉구했다.[19]

이와 같이 『조선일보』는 공산당, 공산주의에 대해 우호적이었으며 1924년부터 1933년까지의 『조선일보』는 사회주의 신문이라는 것이 당시의 세론이었다. 이는 당시 지식인층의 이념적 추세를 반영하는 것이기도 했는데 "1924년부터 1931년까지를 '공산주의 시대'라고 부를 만큼 공산주의 사상이 이 시대를 풍미했"다. 『조선일보』에 비해 우파적 입장을 견지했던 『동아일보』조차 「니콜라이 레닌은 어떤 사람인가」라는 제목의 레닌의 전기를 61회에 걸쳐 연재했으며, 그가 죽었을 때에는 영웅으로 추켜세웠다. 이 당시 『조선일보』 편집진의 대다수도 사회주의 계열이거나 좌파 민족주의로 분류되었다.[20] 이 같은 친사회주의 경향은 1930년대 들어 일본의 탄압이 거세지고 1933년 방응모가 『조선일보』 사장에 취임한 시기를 고비로 약화된다.

이처럼 『조선일보』는 원래 '리버럴'한 것이 아니었으며 한때는 시쳇말로 '운동권' 신문에 가까웠던 적도 있었던 것이다. 사회주의, 공산당 문제에 대한 『조선일보』의 논조 변화만큼이나 기복이 심한 것이 대미관의 변화이다. 『조선일보』 대미관의 변화를 개괄적으로 살펴본다면 1920년대의 『조선일보』는 지금과 달리 이념적 반제반미의 노선을 취했으며, 미일전쟁기에는 영미귀축론에 근거한 친일적 반미론, 그리고 해방직후에는 사대주의적 친미론, 그리고 70년대 전후해서 지금까지는 친미적 용미론이라고 규정할 수 있다. 『조선일보』의 이 같은 대미관의 변화는 때로는 시대상의 객관적 반영이기도 하고, 때로는 시대의 흐름을 왜곡한 것이기도 하다. 나무는 곧게 자라기도 하지만 뒤틀리면서 성장하기도 한

---

18) 사설 「개인과 결사」, 『조선일보』, 1927년 9월 14일
19) 사설 「공산당사건 결심을 보고서」, 『조선일보』, 1928년 1월 16일
20) 유재천, 앞의 책, 348쪽

다. 『조선일보』의 변천사(변절사)는 어찌 보면 왜곡되기도 하고 뒤틀리기도 하면서 변천해 온 우리 시대의 부끄러운 자화상일지도 모른다. 『조선일보』 대미관의 변천을 좇아가면서 우리 사회의 내면을 들여다본다.

1. 1920년 미의원단 방문과 「자연의 화(化)」

1918년 1월 8일 윌슨 미국 대통령은 미국의회에 제출한 이른바 14개조항 선언 중에서 '민족자결의 원칙'을 선언했다. 이에 영향을 받은 미국 내 일부 한인들은 윌슨 대통령에게 독립승인을 요구하자느니, 일본에 대해 독립전쟁을 하자느니 의견이 분분했다.[21] 이 같은 견해에 대해 안창호는 "우리가 윌슨 대통령에게 교섭함으로써 미국이 박애의 덕으로 아무 다른 이유 없이 오직 대한의 독립을 위하여 미일전쟁을 일으키겠는가", "자기의 일을 자기가 스스로 아니하고 가만히 앉아 있다가 말 몇 마디나 글 몇 줄로써 독립을 찾겠다 하는 것이 어느 이치에 허락하리요"라며 그 어리석음을 질타했다.[22]

사실 윌슨의 민족자결 원칙에는 조선의 독립에 대한 어떠한 구체적인 언급도 없이 추상적 문구만 나열하고 있을 뿐이었다. 1차대전 이후 미국은 현상유지정책을 고수하고 있었다. 그러나 러시아에서의 볼셰비키혁명 소식과 함께 윌슨의 민족자결 원칙의 발표 등은 일반 민중들에게 미국이 조선의 독립을 후언해 줄 것이라는 기대감에 부풀게 했다. 미국에 대한 호소 중에 가장 애절한 편지로는 '여학생들이 파리평화회의에 보내는 글'이 있는데 당시 한국인들의 친미감정을 여실히 보여주고 있다.

아메리카합중국 대통령 윌슨 씨여, 우리는 당신을 아버지처럼 보고 있습니다. 우리의 독립선언을 받아들여 세계 여러 나라에 선포해 주시기 바랍니

---

21) 양호민, 「일제시대의 대미인식」, 『한국인의 대미인식』, 민음사, 1994년, 162쪽
22) 주요한 편저, 『안도산회서』, 1979년, 520~521쪽

다. 이것이 우리들의 간절한 기원입니다.[23]

이 같은 조선민중들의 미국에 대한 열화와 같은 기대감은 3·1 운동 직후에는 많이 누그러진다. 일부 식자층은 미국을 제국주의 국가 중의 하나로 여기고 환멸을 느끼기도 했으며, 『동아일보』는 윌슨을 "침략주의의 범위를 완전히 탈각치 못하여 구(口)로는 정의 인도주의를 창(唱)하"지만 인종차별을 당연시하고, "내막에는 자기 세력을 부식하여 탐탐한 야욕을 교묘히 운용코저 하는 야심에 출(出)한자"인가 하며 실망의 목소리를 높였다.[24]

그렇지만 1920년 8월 24일 미국 의원단이 내한하자 언론은 「미국 의원단을 환영하노라」라는 사설을 발표하고, 조선민중들은 휴점하고 독립을 청원하러 거리로 몰려 나왔다. 이때 『조선일보』도 「자연의 화」라는 사설을 발표했다. 『조선일보』는 미국 의원단의 입경에 대해 "일반 조선인은 가뭄 끝의 비와, 목마름 끝의 물을 얻음과 같도다"라는 말로 그 의의를 밝히고, 이들 미국인을 맞이하면서 "시외시내의 만천 주민이 발연히 일어나는 심리와 행동은 이 모두 자연의 소치"라고 선언했다. 그리고 이들의 방한이 종국에는 조선독립운동으로 귀결될 것을 기대했다.

> 1920년 미국 의원단 방한 – 자연의 화
> 모름지기 담화가 한번 사람의 이막(耳膜)에 들어가고 사실이 한번 사람의 사상에 전염되면 힘이 있다 해도 이를 어쩌지 못하노라. 그들 의원단 일행의 이목으로써 자연의 화와 전조선민중의 행동을 시찰한 것만으로도 후일 귀국 뒤에 반드시 무심치 아니한 사상과 적지 아니한 문제가 있을지어다. (1920년 8월 27일)

『조선일보』는 이 사설로 처음으로 일주일간 정간을 맞게 된다. 그런데

---

23) 양호민, 앞의 책, 175쪽
24) 사설 「전쟁의 종식은 하시에 재하소 2」, 『동아일보』, 1920년 4월 28일

『조선일보』가 항일의 증거물로 금과옥조로 여기는 이 사설에 대해 김동민 교수는 일침을 가한다.

그러나 보라. 미국 국회의원들의 방문이 대단한 일도 아닌데 희망을 잃은 조선민중이 잠시 들썩인 것을 두고 '자연의 화'니 '천리의 순(循)'이니 하며 흥분하는 꼴이 우습지 않은가. 유유상종이라고 상호 식민지배를 용인하고 있는 제국주의 국가 국회의원들의 친선방문이 조선에 무슨 희망이라도 되는 양 기대하는 것이 의식 없는 민중들에게는 가능한 일이겠으나 언론이 부화뇌동해서야 되겠는가.[25]

2. 워싱턴회의와 모스크바 극동제민족대회

1921년 11월 12일부터 1922년 2월 6일까지 미국에서는 워싱턴회의(일명 태평양회의)가 열렸다. 독립의 지푸라기라도 잡는 심정으로 조선민중들은 다시금 이 회의에 큰 기대를 걸었다. 그러나 결과는 태평양의 현상유지를 약속한 미·영·일·불의 4개국 조약으로 끝났다. 이 워싱턴회의에 대한 실망감 이후 독립운동가들은 더 이상 미국을 바라볼 수가 없게 되었다. 1922년 1월 모스크바에서는 제1차 극동민족문제대회가 소집되었다. 워싱턴회의에 분개한 조선의 독립운동가들은 대거 이 회의에 참가했는데, 이 회의는 1922년 1월 30일 채택된 '워싱턴회의의 결과와 극동의 결의'라는 선언문을 채택했다.

워싱턴에서는 지독한 고통 속에서 신음하고 있는 조선에 대해서는 한마디의 언급도 없었다. 필리핀을 강도적인 솜씨로 정복하고 또한 중국의 약탈에 직접 참가하고 있는 미제국주의도 역시 조선인민의 운명에 대해서는 완전한

---

25) 김동민, 「역사가 말하는 『조선일보』의 진실」, 『조선일보』를 아십니까』, 개마고원, 1999년, 71쪽

무관심을 보였다.[26]

모스크바 극동제민족대회 이후 조선의 지식인들은 사회주의를 급속히
수용했으며, 『조선일보』의 미국에 대한 논조는 비판일색이었다.

1923년 5월 21일자 『조선일보』 논설기사 「열강의 국방과 외교 1」은 윌
슨이 말하는 국제협력이니 워싱턴회의의 군비제한조약이니 하는 것은
"역사상 일개 미명을 표창(表彰)함에 과함이 없는 것으로 다만 자기의
국토를 확장코저 할 뿐이요, 평화와 비평화에 하등 관계가 없으며 자기
의 국방을 공고코저 할 뿐이요… 평화의 천사라 함은 영악한 전신(戰神)
이 됨에 과함이 없나니"라며 미국의 평화정책의 허위성을 꼬집었다.[27]

안재홍은 1925년 1월 4일부터 5회에 걸쳐 「금년의 세계 ─ 미국사관(私
觀)」이라는 제목의 글을 연재했다. 그 내용은 "미국이 세계적 패권을 장
악하고 서서히 그 고답적인 미국 제일주의를 내두르면서 자못 세계적 대
풍진을 일으킬 의사와 실력을 갖춘 것은 부인할 수 없는 사실이다"라는
첫번째 글의 요지처럼 미국에 비판적인 것이다.

1925년 6월 제네바에서는 미국의 발기에 의해 제2회 군비축소회의가
열렸다. 이 회의에 대해서 『조선일보』는 「제2군축회의 ─ 신무장평화의
가면극」이라는 사설을 싣고 미국을 비판했다.

소위 제2회 군비축소회의는 아름다운 정의와 평화라는 구실 아래서 사실
에 있어 米國의 군비를 확장하는 회의에 불과한 것이오 또 일면으로는 신무
장평화에다가 신가면을 씌워가지고 현재의 우월한 지위를 영구히 보전하자
는 강폭자들의 음험한 계획에 불과한 것을 안다… 아아 살벌의 참화와 폭력
지배의 사실은 언제나 지상에서 영멸할 것인가?

이 같은 준엄한 비판은 3·1운동 당시의 미국관에 비쳐볼 때 실로 코페

---

26) 양호민, 앞의 책, 184쪽
27) 양호민, 앞의 책, 194쪽

르니쿠스적 대전환이 아닐 수 없다.[28] 1920~1930년대 초『조선일보』에 실린 미국관련 기사는 대부분 비판일색이었는데 몇 가지 예문을 들어본다.

米國人은 기독교를 신봉하고 또 정의 인도를 역설한다. 그들은 현실을 향략하려는 피상적인 인도주의자들이다.[29]

영미양국이 지금 기(其) 필요에 의하야 혹은 평화와 인도의 가면하에서 협조적 정책을 운위하나 경제적 각축전이 점차 심각 구체화됨에 따라 세계 자본주의는 최후 몰락의 운명로로 질주하게 될 것이다.[30]

이 당시『조선일보』의 미국 비판은 단순한 감성적 비판이 아닌 레닌주의와 사회주의에 근거한 이념적 비판이었다. 이 같은 '이념적 반미' 양상은 다른 언론에서도 비슷하게 나타났는데,『시대일보』는 "미국인이 천사인지 일본인이 악마인지" 구별하는 것은 마치 암까마귀와 수까마귀를 가르는 것처럼 어려우므로 "가를 필요가 없다"[31]며 미일 제국주의를 같은 반열에 올려놓았다.

1920년대부터 대략 1931년경까지의 한국언론의 대미인식은 '반제' 노선에 기초하고 있었다. 크게 볼 때는 미국이나 일본이나 다같은 까마귀이고, 제국주의라는 판단을 했지만 또 한편으로는 "미일을 동일한 제국주의 차원이 아니라 군국주의 일본에 대해서는 혐오감을 '자본제국주의'이지만 동시에 민주주의인 미국에 대해서는 단연 우호감을 가지고 관찰"하는 경향도 있었다.[32]

---

28) 양호민, 앞의 책, 198쪽

29) 사설「조선과 기독교전—동대문부인병원사건에 감(鑑)하여」,『조선일보』, 1926년 3월 7일

30) 사설「장래할 영미 자본주의의 충돌」,『조선일보』, 1925년 7월 6일

31) 사설「미국의 동점과 동아의 정도 (하)」,『시대일보』, 1924년 4월 26일

32) 양호민, 앞의 책, 208쪽

우익민족주의에 가까웠던 『동아일보』는 미국에 대해 '반제' 입장을 견지했지만 『조선일보』처럼 레닌주의에 기초한 이념적 비판을 하는 경우는 상대적으로 적었다. 『동아일보』는 일본의 침략적 군국주의에 비해 미국은 식민지 필리핀에 대해 관대한 태도를 취하고 있다고 보았는데 "미국정치가는 비율빈인이 그 독립운동을 미국에 가서 당당히 주장할지라도 그대로 보고 듣는 아량이 있지만은 일본 정치가는 조선인의 입에서 독립 운운을 허락하지 아니함은 물론이요 그 사상에까지 공포심을 가지고 조선인의 당하는 사실의 발표까지 말살을 하려고 급급한다"는 내용을 담은 사설도 그 한 예이다.[33] 『조선일보』도 일본 군국주의가 1931년 9월 만주를 점령하고 조선 내에서의 탄압을 강화한 1930년대 들어서는 미국에 대한 비판을 억제했다. 1931년 7월 12일자 시평 「미국의 공명」 이후 미국에 대한 극단적 비판은 사라졌다.

3. 꿈나라 같은 미국

1930년대 『조선일보』의 대미관을 판단하는 데 특기할 만한 자료는 1934년 7월 16일부터 100회에 걸쳐 소개된 문일평의 연재물 「한미 오십년사―교섭의 기원과 변천」이다. 이 분야의 한국인 저술로는 최초의 종합적이고 체계적인 저술이었다.

이 글의 특이사항 중의 하나는 미국 선교사에 대해 "어쨌든지 미국인 선교사들은 여명기의 조선을 지도 및 계발하여 준 은인이었다"는 표현에 잘 드러나 있듯이 친기독교적이고, 미국인에 대해 이념적인 비판을 가하지 않았다는 것이다. 대체로 미국의 외교정책을 객관적으로 서술하고 있는 문일평은 "러일전쟁 때부터는 미국정부는 종래의 '엄정중립' 정책을 포기하고 일본의 한반도 지배에 호응한 사실을 검토하면서 한국정부의 어리석은 대미의뢰심"을 비판했다.

---

33) 사설 「米人과 일인의 정치적 기능」, 『조선일보』, 1926년 8월 24일

한국에서는 시세의 변천과 미국정책이 어떠한 것인지를 알지 못하고 한갓 그네에게 의뢰하려고만 하여 미국인을 궁내부 고문으로 초빙하여 온다. 또는 미국인에게 이권을 많이 양여한다. 그리하여 아무쪼록 미국인의 환심을 잃지 않으려고 노력한 것은 다른 까닭이 아니라 미국정부의 원조를 크게 기대하였음이다.

1940년 3월 6일자 『조선일보』는 불야성을 이룬 뉴욕시 전경을 '카메라 순례' 란에 담았다. 이는 식민지 조선의 민중들에게 '이상향' 으로 비춰지기에 충분한 광경이었다.

米國… '센트럴파-크' 의 어느 높직한 '아파-트' 에서 내다본 불야성(不野城)을 이룬 '뉴-욕' 시가입니다. 창마다 불비치 현활찬란한 '삘딩' 은 보기만 하여도 흡삼히 꿈나라에 온 것 같습니다.

김진송 씨는 이 사진을 『서울에 땐스홀을 許하라』에 실으면서 "서구의 도시는 모던 조선의 이상향이었다" 는 토를 달았다. 1940년경 『조선일보』, 조선의 일반 민중이 바라본 미국의 모습도 이와 같았을 것이다.

4. 영미귀축론

근근히 명맥을 유지해 오던 『조선일보』는 1940년 8월 일제에 의해 폐간되고, 그 뒤로는 관제언론만 난무하게 된다. 그리고 1941년 12월 7일 일본은 진주만 공격을 감행하고 천황의 이름으로 대미 선전포고를 했다.

동양을 지배하려는 과도한 야망의 실현에 광분한 미영 양국은 장개석 정권에 지지를 보내며 동아시아에 혼란을 가중시켰다.… 생존과 자위를 위해 우리 제국은 무력에 호소하는 수밖에 다른 도리가 없다.[34]

이때부터 언론의 미국관은 영미귀축론에 입각한 대미관이었는데, 이는 일본 군국주의의 대미관이라 하겠다. 조선일보사에서 발행한 잡지 『조광』에는 영미귀축론에 의거한 글들이 많은데, 『조광』 8권 1호(1942년 1월호)에 실린 다음 글도 그런 예 중의 하나다.

대米英전과 우리의 각오

인도에는 삼백 년 지나에는 백 년 일본에는 칠십 년 이래 영제국의 검은 손길이 뻗혀 있었고 또 뻗히려고 했습니다. 영국은 무력과 자본으로써 동아를 침략한 대신 米國은 인도주의라는 미명 아래 그 거대한 자본으로써 침입을 꾀하였습니다. 그들 영미의 제국주의는 일언으로써 말하면 동양을 노예화하고 착취를 마음대로 하려는 것이었습니다. 이제 동양은 영미의 착취제압의 철제 밑에서 해방되지 않으면 안 됩니다. 이 해방운동은 정의인 것입니다. 말하자면 전동양이 일어서서 싸와야 할 전쟁을 일본이 도맡아 가지고 하는 것입니다. (이화여고 교장 辛島純氏談)

5. 해방 이후 『조선일보』의 대미성향

해방 이후의 『조선일보』의 대미관은 큰 틀에서 보면 친미론의 범주를 벗어나지 않는다. 그러나 시기별, 사안별로는 다소의 입장 차이가 있다. 해방 이후 한국언론의 대미 보도성향을 체계적으로 분석해 놓은 황우권 씨의 논문 「미국에 대한 한국신문의 보도성향에 관한 연구―『동아일보』·『조선일보』 사설을 중심으로」(중앙대 신문학과 박사학위논문, 1992)는 시기별, 사안별 차이를 이해하는 데 도움을 준다.

이 논문은 1945년부터 1990년 사이에 실린 사설 중 24개년도의 『조선일보』와 『동아일보』의 미국관련 사설 1,142개를 뽑아서 분석했는데, 그 결과를 다음과 같이 정리했다. (『조선일보』의 사설 숫자는 519이며 동아

---

34) 김영흠, 『미국의 아시아외교 100년사』, 1988년, 161쪽

는 623개이다. 논조에는 큰 차이가 없다)

　—미국관련 사설 총 1,142개 중 호의적 사설 48.4%, 비호의적 사설 19.1%, 나머지 32.5%가 중립적인 것으로 집계됐다.
　—미국관련 군사·안보관계 사설의 대미 호의적 내용에는 80년 광주민주화운동 이전이나 이후에도 게재건수·게재비율에 큰 변화가 없다.
　—미국관련 경제·무역관계 사설의 대미 비호의적인 사설은 5공화국·6공화국에 접어들어 급격하게 늘어 각각 40%와 50%를 차지하고 있다.
　—6·29선언 이후에 비호의적인 사설이 크게 늘고 있는데 그 중에서도 특히 경제·무역관계의 비호의적인 사설은 6·29선언 이전보다 36.5%나 늘어나 82.9%나 차지하고 있어 비호의적인 반응이 두드러진 것으로 나타났다.
　—정권별 호의적 사설 대 비호의적 사설의 비율(나머지는 중립적)은 제1공화국(67.83 : 8.70), 제3공화국 (47.57 : 8.95), 제5공화국(46.87 : 26.05) 제6공화국(35.83 : 39.17)으로 조사됐다.

　이 같은 연구결과를 참조해 볼 때 『조선일보』(『동아일보』도 포함하여)에 게재된 미국에 대한 비호의적인 사설의 숫자는 1950년대 이후 꾸준히 증가했으며, 단 군사·안보관계에서는 큰 변화가 없음을 확인할 수 있다. 이는 경제·무역 등에 있어서는 미국에 대하여 상대적으로 자율성이 강화된 측면이 있으나 군사·안보에 있어서는 여전히 대미 종속적인 관계에 있는 현실을 반영하고 있는 것이라고 해석할 수 있다. 그리고 이 논문은 1990년까지의 사설만 조사된 것이라 그 뒤의 대미 보도성향에 대해서는 별도의 연구조사가 필요하다. 그런데 클린턴 정부가 들어선 이후 대미갈등이 잦았던 것을 고려하면 군사·안보에 있어서의 비우호적인 사설의 비율이 다소 늘었을 것으로 추정된다.
　그런데 이 논문에서 '비호의적'이라고 하는 표현이 '반미'를 의미하는 것은 아니다. 「미국에 대한 한국신문의 보도성향」에서 예를 든 비호의적이라는 사설을 놓고 볼 때 전통적인 의미의 반미 사설은 단 한 편도 찾아볼 수 없었다. 여기서 비호의적이라 함은 단지 친미론의 테두리 안에서

이루어지는 비미, 혹은 용미라 하겠다. 필자가 비호의적인 사설의 하나
로 예를 든 「미국의 조급한 통상압력」(『동아일보』, 1990년 11월 15일)도
"미국이 지나치게 많은 것을 요구할 경우, 일부 젊은 학생층에 반미운동
의 구실이나 주지 않을까 우려하는 글"이다. 이처럼 비호의적인 사설의
상당수조차도 미국과 대립되기보다는 반미주의와 대립관계에 위치했다.

6. 미국의 반공노선과 4·3 항쟁

1945년 9월 미군은 스스로 이름 붙였듯이 '점령군'으로 남한에 진주했
다. 하지만 대부분의 한국인들은 그들을 해방군으로 맞이했다. 정견이나
이념에 따라 정도 차이는 있었겠지만 미군에 대해 우호친선의 마음가짐
으로 한국인들은 미군을 환영했던 것이다. 그러나 동시에 많은 한국인들
은 남북한에 미소 양군이 주둔한 사실에 대해 우려를 금치 못했다. 1945
년 9월 『뉴욕 타임스』의 특파원으로 남한에 왔던 J. H. 존스턴 기자는
「38선의 슬픈 결과」라는 기사에서 다음과 같이 썼다.

오늘날 모든 한국인의 입에 오르내리는 우려는 이것이다. 왜 우리는 양분
됐는가. 소련인도 미국인도 대답을 못한다. 연합국들의 통치가 끝날 때는 남
는 것은 과연 무엇인가. 혹시 상반된 2개의 이데올로기를 구축함으로써 나
라가 2개로 쪼개져 버리는 것은 아닐까.[35]

당시 미국 대통령은 트루먼이었다. 그는 자서전에서 38선은 "단순히
일본군의 항복을 접수한 당사국을 결정하기 위한 편의로 그었던 선이었
다. 이 선이 한국의 분단을 초래할 줄은 정말 몰랐다"고 말했다. 미국이
처음부터 분단을 위해 38선을 설정하지는 않았을 것이다. 그런데 한 가
지 분명한 것은 그렇다고 미국이 남북한의 통일과 자주독립을 바라지도

---

35) 오경환, 「양반나라에 상륙한 키 큰 사나이들」, 『자유공론』, 1985년 7월호, 131쪽

않았다는 사실이다. 굳리치(Leland M. Goodrich)는 다음과 같이 말했다.

> 만일 미국정책이 한국의 독립을 달성하게 하는 것이었다면 군정을 수립하는 대신에 미군사령부도 그 존재를 인정했던 사실상의 한국의 권력—조선민주주의인민공화국—을 승인하고 이것과 협력하였을 가능성이 크다. 이 경우에 공산주의자의 최종적 지배가 예상된다고 하더라도 한국의 독립과 통일은 초기에 달성했을 것이다.[36]

미군이 남한을 '점령'한 보다 주요한 목적은 다른 데 있었다. 미군정의 제1목적은 일본과 함께 남한을 '공산주의에 대한 방파제'로 굳히는 것이었다. 때문에 미군정에게 독립운동을 했다 해도 좌파는 척결대상이었고 친일파라 해도 연합대상이었던 것이다. 이 같은 미군정의 반공노선에 힘입어 『조선일보』는 『동아일보』와 함께 대중적인 입지를 넓혀갈 수 있었다.

미군정에서는 군정시기에 발행되던 신문의 발행부수와 논조를 조사했다. 미군정 『조사월보』(1947년 9월, 제24호)에 따르면 『조선일보』는 미군정에 대해서는 중립, 조선사정에 대해서는 우익으로, 『동아일보』는 미군정에 대해 우익, 조선사정에 대해 극우로 표기했다. 1945년 11월 23일 복간된 『조선일보』는 복간초기에는 김구의 민족주의 노선에 동조했고, 『동아일보』(1945년 12월 1일 복간)는 한민당 및 이승만의 정치노선과 가까웠다. 그러나 찬탁, 남한 단독정부 등의 주요한 정견에서는 별다른 차이를 보이지 않았다.

『조선일보』는 이념적인 사건에 있어서는 미군정의 반공정책에서 조금도 어긋나지 않았다. 1948년 제주도 4·3에 대한 보도태도가 이를 입증해주고 있다. 1948년 좌파는 미국을 어떻게 보았나. 남조선노동당 중앙위

---

36) 데이비드 콩드, 『분단과 미국』, 사계절, 1988, 32쪽

원회기관지인 『노력인민』 제90호(1948년 5월 8일)에 실린 박헌영의 보고문 「남조선정치정세」를 보면 그 흐름을 파악할 수 있다. 「남조선정치정세」 중에서 미국에 관한 부분만 따로 인용해 본다.

남조선에 있어서 미국인의 정책은 그 시초부터 반공적이었습니다. 미국군이 남조선에 상륙하던 날 첫발에 발포된 태평양연합군 사령관 맥아더 장군 포고에는 다음과 같은 말이 써 있습니다.

"…점령군에 대하여 반항행동을 하거나 또한 질서 보안을 교란하는 행위를 하는 자는 용서 없이 엄벌에 처함…"

이 포고는 문자 그대로 실천에 옮기었습니다. 미국인들은 이 포고 실천을 인민위원회의 탄압과 조선인민공화국의 해산으로부터 시작하였습니다.

이렇게 남조선에 있어 그 첫걸음부터 미국군은 조선인민의 민족적 권리와 자주권을 난폭하게 유린하였습니다. 지금 와서 명백하여진 바와 같이 미국인의 이러한 태도는 조선을 식민지화하며 동방침략의 군사기지로 만들려는 계획과 결부되었던 것입니다.

미국인들이 친일파를 조장한 것은 그들이 한국민주당을 지지한 사실에서 또한 명백히 볼 수 있습니다. 이 당이 친일파의 집단이며 대지주 대자본가의 정당인 것은 누구나 다 아는 바입니다. 이것은 미국인 신문기자들도 지적하는 바입니다.

미국인들은 1945년 11월에 미국으로부터 남조선에 이승만을 데려왔습니다. 미국인의 정책외 대변자로 그는 첫걸음부터 친일파의 옹호자로 나섰습니다. 귀국 후 그는 "덮어놓고 뭉치자"는 구호를 내세웠습니다. 이 구호는 친일파를 인민으로부터 분리치 못하게 하여 그 숙청을 방지하려는 것이 목적이었습니다.

우리 조국에는 커다란 위험이 닥쳐왔습니다. 미국은 소련을 종국적으로 분열하고 남조선을 완전히 자기 식민지로 만들려는 목적을 세우고 있습니다. 미국인들은 남조선에서 우리 국토를 식민지로 전환할 경제적 조건을 준비하였습니다. 또한 이것을 외교적으로 준비하여 놓았습니다. 이것은 단선실시로 남조선 단독정부를 수립하는 것으로 완성시키려는 것입니다. 단선은 남조선이 미국 식민지로 전환되는 가장 결정적이며 최종적 계단이 됩니다. 그러므로 우리 조국의 자유와 독립을 사랑하며 다시 외국의 통치의 노예가 되기를 원치 않는 모든 애국동포들을 모두 일어나서 선거를 보이콧 해야 합니다.

그런즉, '조선의 내란'이 아니라 미군이 조선에 주둔하고 있는 그것이 바로 이제 조선의 불안을 일으키며 우리에게 독립을 주지 않는 것입니다. 만일 남조선에서 미군이 철거하였다면 조선은 완전독립을 달하여 평화적으로 벌써 자기국가를 건설하였을 것이 명백합니다.

『노력인민』의 이 글은 해방정국 좌파의 미국관을 압축하여 보여주고 있다. 다소 길게 인용을 한 것은 좌파계열의 신문들을 찾아보기 어려운 까닭이다. 도서관에 비치된 것은 우파계열의 신문들뿐이다.

이 같은 미국관을 지닌 『노력인민』은 "미제의 분할침략으로부터 조국의 민족주권을 방어하기 위해 싸우는" 제주도 민중들에게 영광을 표하며 제주도 4·3항쟁을 상세히 보도했다. 그러나 『조선일보』에서는 4·3에 대한 심층기사를 거의 찾아볼 수 없다. 어쩌다 보도되는 기사들은 미군정의 입장을 대변하는 내용이거나 단신보도들이었다. 1948년 6월 5일자 사설 「제주사태 수습에 관하여」가 그나마 4·3에 대해 진지하게 다룬 것이다. 그러나 이 사설에는 제주도민들이 주장하는 단선반대주장이나 미군철수 등에 대한 직접적인 언급은 없으며, 항쟁의 원인과 진압의 참상에 대해서도 거론하지 않은 채 단지 "뜻하지 않은 불상사로 인한 경찰관이며 인민이며 생명재산의 손실을 슬퍼할수록 사태가 조급히 진정되기를 바라는 바"라고 결론을 맺고 있다. 사설 중의 한 대목을 읽어본다.

그리고 통위부장(統衛部長) 발표문 중 다시 우리의 주의를 끄는 바는 폭도측에서는 '단선폐지, 경찰 무장해제 등 무리한 요구를 표방'하였다고 했으니, 그 많은 폭도 청년들이 과연 어느 정도로 단선반대론에 투철했을까. 과연 남로당 계열의 책동이랄까 또 공산세력이란 것이 제주도에 그렇게 집중적으로 생사를 결(決)하려고 할 만큼 열렬하게 침투되어 있었을까. 우리는 그러했으리라고는 섣큼 생각키 어렵다. 그런데 어째서 '날로 증세(增勢)' 해 갔을까. 거기에 무엇이 있었는가. 일반은 이에 크게 궁금한 생각을 가질 것이다.

제주도에서는 주의주장에는 동의하지 않는 우파의 일반 사람이 볼 때도 이해 안 가는 사건이 벌어지고 있었던 것이다. 제주도에 내려간 한 변호사는 "역사적인 조선의 축도판이 금번의 제주도다. 끄트로 한마디만. 꾸중할 게 아니라 왜 우는지 그 울게 된 원인을 없애주어야 할 것이다"라고 기자들에게 말했다. 왜 울게 된 것인가? 제주도의 산사람들이 주장은 "무장경관 해산, 테러단체 즉시 해산, 단정반대, 미군철수, 통일정부 수립" 등이었다. 이 중에 정치적인 슬로건만이 아니라 '경관'과 '테러단'에 대한 불만이 전도민의 항쟁으로 확산했음을 짐작할 수 있는 일이다.

이인 검찰총장은 "제주도에서 일어나고 있는 소요사건의 원인"으로 "결국 관공리의 부패가 원인"이라는 견해를 발표하기도 했다. 약 2주일간에 걸쳐 제주도를 시찰한 서울지방심리원 양원일 판사는 제주항쟁에 대해 보다 심도 깊은 분석을 했는데, 그가 말한 원인은 다음의 여섯 가지다.[37]

1) 해방 후 그 세력이 강대하였고, 사실상 정부행세를 하여왔든 인민위원회를 도민들이 너무나 과대히 평가하였다는 점.

2) 경찰이 가혹한 행동을 함으로써 인심을 잃었다는 점.

3) 청년단원들이 경찰에 협력하는 반면 경찰 이상의 경찰권을 행사하는

---

37) 『조선일보』, 1946년 8월 17일

혹독한 짓을 함으로써 도민의 원망을 샀다는 점.

4) 중국, 일본 등지와의 밀무역 기지가 되는 관계상 정치에는 등한하고 모리에만 열중하였기 때문에 관공리는 일반 도민으로부터 멸시를 당하여 왔다는 점.

5) 도민들은 타산적이고 기회주의적인 경향이 있어 강대한 세력에 아부하고 지위와 재산을 보존하려는 심리가 있다는 점.

6) 남북협상을 과대 평가하고 이에 많이 의지해 왔다는 점 등을 열거할 수가 있다.

양원일 판사는 이러한 정세하에서 좌익이 단선, 단정 반대를 구호로 들고 나오면서 4·3사건을 촉발했다고 분석했다. 그는 "제주도의 치안을 담당하고 있는 미국인측에서 제주도의 실정을 잘 파악하여 경찰의 압박을 완화시키는 동시에 군경과의 마찰을 제거"할 것을 제주도 사태에 대한 대책으로 제시했다. 그렇다면 "제주도의 치안을 담당하고 있는 미국인"은 4·3 때 무엇을 했나?

제주도 소요확대 – 경비대와 미군도 출동

지난 13일부터는 국방경비대 제9연대의 특별부대가 제주읍과 서귀포 등지에 출동하여 경찰과 협조하여 물샐틈 없는 경계를 하고 있다 하며, 한편 근일 중 미군 당국에서도 군대를 파견하여 치안에….[38]

제주도 소요 의연 계속 – 군·민정 양장관 공로로 현지시찰

…과도정부측에서는 소요사건의 실정을 시찰코저 딘 군정장관과 조 경무부장이 5일 오전 7시 비행기로 김포공항을 출발하여 제주도 현지에 향하여 실정을 시찰 후 동일 오후 5시경 귀착하였는바, 제주도 소요사건의 금후 귀추는 각 방면의 심대한 주시를 받고 있다.[39]

---

38) 『서울신문』, 1948년 4월 23일
39) 『조선일보』, 1948년 5월 6일

살해, 방화는 외지서 온 공산당 소행 - 딘 장관 제주도 시찰담

5일 아침 안 민정장관, 조 경무부장, 송 국방경비대 사령관과 함께 제주도를 시찰하고 각각 다른 각도에서 폭동사태를 조사하였다.

서울서 발행하는 공산주의자들의 신문보도에 의할 것 같으면 제주도는 인민의 피로 물들이고 있다고 하는데, 그대로 믿는다면 경찰과 관공서에서는 밤이면 인민을 살육하고 있는 듯, 오해하게 될 것이다.

그러나 현지의 사태는 그렇지 않다. 우리들의 종합적 조사결과에 의하면 제주도 외에서 들어온 공산주의자들의 선동과 모략과 위협에 잘못 인도된 청년들이 선량한 선거공무원, 경찰관, 선량한 애국적 도민들을 살해하고 방화하고 있는 것으로 판명되었다.[40]

4월 중의 사망 1백54명 - 제주도 게릴라대 재차 피습 (미군당국 보고)

미군당국의 보고에 의하면… 평양방송은 "미제국주의는 조선을 식민지화하기 위하여 우리 국민을 기만하기에 갖은 노력을 다하고 있으며 그들은 해방의 이름으로 일본인을 계승한 데 불과하다"고 방송하고 있는데 이는 일본인에 대한 조선인의 불식(拂拭)할 수 없는 적개심에 비추어 미국인에 대한 조선인으로부터의 최대의 모욕이다.

미군사령관 하지 중장은 미국이 조선을 식민지화하려는 의도와 주장은 허구망언이라고 말하였다.[41]

제주도 경비대 박 대령 피살 - 딘 장관 급히 제주 향발

공보부 발표에 의하면 조선경비대 제11연대 대장 박진경 대령은 6월 18일 오전 3시 십오분 제주연대 본부 숙사에서 취침중 암살당하였다는데, 아직 범인은 판명되지 안 했다 한다. 이에 딘 군정장관은 사건을 직접 조사하기 위하여 경찰의 총포연구 권위자 2명을 대동하고 작 18일 정오 공로로 제주 현지에 향하였다.[42]

---

40) 『동아일보』, 1948년 5월 7일

41) 『조선일보』, 1948년 5월 6일

42) 『서울신문』, 1948년 6월 18일

4명 총살언도 - 암살사건 군재

박 대령 암살사건에 대한고등군법재판은 드디어 14일 오전 11시 반 문상
길(23) 중위, 신상우(20), 손선호(22), 배경용(19) 등 4명의 하사관에 대하여
총살을 언도하고 또 양회천(25) 이등병에는 무기, 강승기(22) 1등병에는 5개
년 징역을 언도하였다.

손 피고는 12일 공판에서 태연자약하게 암살동기와 목격한 사실을 다음과
같이 말하였다. 박 대령의 작전공격은 불만하였다. 사격연습을 한다고 하여
부락의 소 기타 가축을 박살하였으며 폭도의 처소를 안내하는 양민을 총살
한 예도 많다. 또한 매일 한 사람이 한 사람의 폭도를 체포하라는 등 부하에
대한 애정이 없었다. 한편 이 판결은 통위부장을 거쳐 군정장관의 인준이 있
은 후 비로소 집행될 것으로 보인다.[43]

위에 인용한 기사를 통해 미군이 4·3항쟁에 대해 어떤 활동을 했는지
그 내막까지는 알 수 없다. 그러나 당시는 미군정시기였기에 제주사태에
대한 조사, 상황판단, 대책수립 등이 미군의 관할이었음을 확인할 수는
있다. 양민을 학살한 지휘관을 처형한 군인에 대한 총살권도 미군에게
있었던 것이다. "제주도의 치안을 담당하고 있는 미국인측에서" 제주도
의 문제를 어떻게 해결했는지는 4·3사건의 참혹한 결과가 그대로 보여
주고 있다.

도내 4백 부락 중에 2백95 부락이 전소되고, 1만2천2백5십 호가 소실된 외
에 면사무소 12개 소, 학교분실 34개 소, 우체국 분실 1개 소, 기타 통신기관
을 비롯하여 각관서의 전면적 파괴는 이루….[44]

이처럼 미군정장관의 직접적 지휘 아래 자행된 대규모 학살에 대해
『조선일보』는 예나 지금이나 사태의 본질을 외면하고 있다. 일제시대 때

---

43) 『조선일보』, 1948년 8월 15일
44) 『서울신문』, 1949년 3월 30일

『조선일보』에 비해 우파적인 성향이 강했던『동아일보』는 4·3에 대해서는 한층 더 친미반공 우파적 색채를 짙게 풍겼다. 4·3사태 당시『동아일보』는 똑같은 내용에 대해서도 '회개한 도민 증가, 반동분자는 소탕중' '살해, 방화는 외지서 온 공산당 소행' 처럼 선정적이거나 사태의 본질을 왜곡하는 제목을 뽑는 경우가 많았다. 그리고 "반도를 체포하여다 문초하여 보면 대개 백정들로 좌익계열에서는 일부로 잔학한 살인을 감행하기 위하여 남조선 각지로부터 백정을 모집하여다 경찰관과 그 가족, 선거위원 등을 살해하는 도구로 쓰고 있는 형편"이라며 진실을 호도하는 내용의 보도를 일삼았다.

7. 친미 전성시대

1948년 단독정부 수립 전후해서는 이념분쟁이 더욱 격화되고 한국전쟁을 거치면서 남한에는 우익의 목소리만이 남게 된다. 김동리의 시「젊은 미국의 기빨―벤 프리트 장군에게 보내는 예상(禮狀)」이라는 시를 썼는데, 당시 식자층의 대미관을 엿볼 수 있다. 이 시의 일부를 감상해 보자.

> 일찍이 한국의 어느 항구에 들어왔던 외인의 선박에서도
> 당신의 아드님을 비롯한 만흔 부하들이
> 이 고장에 뿌려주신 선혈에 비하여 더 고귀한
> 빠이블과 십자가를 우리는 그 속에서 본 적이 없었읍니다

『조선일보』 1953년 1월 26일자 사설「밴 프리트 사령관의 이임에 제하여」를 보면 미국에 대한 호의적인 반응이 극치에 달한 느낌을 받는다. 1957년 5월 19일자 사설「미군의 날에 제하여」와 비슷한 시기에 쓰여진『조선일보』 1957년 9월 15일자 사설「맥아더 장군의 동상제막에 즈음하여」는 맥아더 상군의 인천상륙작전 성공으로 한국민들이 공산지옥에서 해방되어 자유를 찾았다는 무한한 감격을 되새기고 맥아더 장군의 동상

은 공산침략에 대한 자유의 상징이라고 극찬하고 있다. 이 사설은 한국
민들의 대미호의적 반응이 최상점에 있는 것을 나타내고 있다.

　이 같은 봉건적 친미관은 60년대까지 이어지는데, 1964년 4월 7일자 사
설「맥아더 원사의 서거를 애도한다」도 그 대표적인 글의 하나다.

　"노병은 죽지 않고 다만 영광 속에 사라져갈 뿐이다"라는 명구를 남긴 더
글러스 맥아더 장군은 최후의 끈덕진 투병도 보람없이 6일 새벽 (한국시간)
마침내 84세를 일기(一期)로 고요히 이 땅을 떠났다. 우리는 이 미육군 최초
의 최고위 장성이자 한국전쟁의 영웅이며 또한 비율빈 해방의 은인이었던
맥아더 원수의 서거를 못내 슬퍼한다.…

　이렇게 아쉬워하는 맥아더 장군은 가고 말았다. 비록 불귀의 몸은 되었지
만 그의 공적은 길이길이 미국과 극동에 빛날 것이다. 더구나 그가 극동 미
군총사령관으로 있을 당시 한국의 독립정권이 수립되었으므로 우리의 감회
는 더욱 깊은 바 있다. 삼가 이 위대한 노병의 명복을 빈다.

8. 혈맹의 배신

　6·25를 전후해서 피로써 다져진 한미간의 혈맹관계는 60년대 후반 들
면서 금이 가기 시작한다. 사실 이러한 균열은 국제관계에서는 일상적인
것이지만 '부자유친'의 봉건적 관계 속에서 미국을 대해 왔던 한국으로
서는 받아들이기 힘든 '배신'이었던 것이다.

　참호 속에서 맺어진 '혈맹', '형제' 관계(실제로는 주종관계)에 갈등을 불
러일으킨 것들은 68년의 푸에블로호사건과 닉슨 미대통령이 1969년 6월 괌
에서 '아시아의 방위는 아시아인에게'라는 닉슨독트린을 발표한 사건들이
다.

　이런 사건들이 중복되면서 한미관계가 갈등관계에 들어서자 한국인들은
당혹해하면서 '배신감'을 느꼈다. 역시 인간은 망각의 동물인가. 이미 한국

인들은 1920년대에 미국에게 쓰라린 '배신감'을 느꼈다. 일반 민중들은 눈이 어두워서 그렇다치고, 민중을 계도한다는 언론은 왜 '부화뇌동'하는 걸까. 닉슨독트린 등에 타격받은 한국인의 '배신감'은 다름 아닌 봉건적 주종관계의 발로였다.

이러한 우리의 대미인식에 타격이 들이닥친 것이 극히 최근의 일이다. 이른바 닉슨 행정부의 일련의 새로운 외교정책이란 것이 우리가 생활 속에 지녀온 천하(天下)개념과 어긋난 것이다. 닉슨독트린이라든가 섬유류 규제라든가 더 크게는 중공과의 외교관계 수립은 모두가 한결같이 '큰집'으로서의 '작은집'에 대한 천하질서의 예를 어기는 것이었다. 이러한 일련의 정책에 전초주변국가로서 또 천하관념에 가장 충실한 태도를 가진 우리 사회의 일반인들의 반응이란 것은 솔직하게 말하여 '배신'이란 것이었다.[45]

필자는 말한다. "미국은 미국의 미국이고 한국은 한국의 한국이다"라고. 아마도 한국인들은 자기도 모르는 사이에 "미국은 미국의 미국이고 한국은 미국의 한국이다"라고 인식해 왔는지도 모르겠다. 1968년 발생한 푸에블로호사건이야말로 한국의 집권층에게 "미국은 미국의 미국이고 한국은 한국의 한국이다"라는 말을 곱씹게 만든 일대사건이었다.

그와 함께, 대한민국을 끝까지 지킬 자는 우리 대한민국 자유시민이지, 대한민국 아닌 다른 나라 사람들이 아니라는 것을 우리는 똑똑히 깨달아야 한다. 둘도 없는 동맹국으로 믿고 있는 미국만 해도 그렇지 않은가. 푸에블로호 사건을 판문점 비밀회담에까지 끌고 가는 것만 보아도, 미국은 우선 미국 국민 83명의 인명이 더 중하고 미국의 군사력이 현재 매달려 있는 월남 전선 이외의 곳으로 확대되는 것을 극도로 회피하고 있는 눈치다. 우리의 입장에서는 한 나라의 수도에, 그것도 국가원수가 기거하는 처소에서 불과 3백m 떨어진 지근의 곳까지 무장공비가 침입해 왔다는 엄청난 사실과 푸에블로호 사건과를 비교해 보아 어느 쪽이 더 중대한 문제냐고 마땅히 미국에 따져묻

---

45) 노재봉, 「한국에 있어서의 미국」, 『신동아』, 1973년 7월호

고 싶지만, 이것은 어디까지나 우리의 견해요, 미국정부가 미국시민을 더 중시하는 정책의 발상법 자체를 덮어놓고 불평할 수 없는 형편이다.[46]

이치상 미국에 따져묻기를 포기한 논설자는 "미국의 방위원조만 믿고, 우리 태세에 너무나 안일한 생각을 가지는 경향은 없었는가?" "일에 십까지 미국을 대한민국과 일심동체라고 과신한 흠은 없었는가?" 하며 자책의 목소리를 높인다. 사실 미군정 이후의 한미관계라는 것은 미국의 대한반도정책을 의미하는 것이지 한국의 대미정책은 그다지 중요하지 않은 변수였다. 아예 대한정책이라는 것이 없었는지도 모른다. 왜냐하면 '일심동체' 였기에.

미국의 대한정책은 있어도 한국의 대미정책은 없었다는 애기도 결국은 한국이 아직 미국을 남으로 보고 있지 않았기 때문이라 할 것이다.… 바로 그렇기 때문에 미국의 대한정책의 변화, 아니 다만 미국의 한국평가의 변화조차도 한국측에는 충격적인 것이 될 수 있다. 그것은 단순한 변화가 아니라 배신을 의미할 수 있기 때문이다. 그러나 이 같은 모든 충격과 씁쓸한 배신감이 밀물진 다음 우리는 비로소 미국을 하나의 '타아' 로서 인식하는 눈이 뜨일지도 모른다.[47]

70년대 들어서면서 발표된 미국의 닉슨독트린은 한국민에게 뼈저린 배신감을 안겨준다. 미국은 새로운 세계질서의 구축을 모색하기 위해 닉슨독트린을 발표했으며, 그 결과물로 나타난 것이 중화인민공화국과의 국교수립이고, 한반도에서의 주한미군 감축이다. 미국은 한반도에서 긴장을 완화시키고, 두 개의 한국정책을 통해 한반도의 안정을 유지하기 위해 주한미군의 감축을 추진했으나, 미군부와 한국정부의 강력한 반발 등에 부딪쳐 포기하고 말았다.

---

46) 사설 「지혜로운 각성단계 ─ 이때 국가의 자주성이 필요한 것」, 『조선일보』, 1968년 2월 6일
47) 최정호, 「신미국론」, 『신동아』, 1970년 11월호

　이 같은 변화하는 동북아정세를 접하며 한국정부와 한국민(언론이 말하는)들은 우방 미국이 신의를 저버리고 배신행위를 했다고 본 것이다. 애그뉴 미부통령이 박 대통령과 서울에서 회담을 가진 뒤 쓰여진 사설 「한미간 이견의 저변」은 이 같은 심리를 잘 드러내주고 있다.

　　한국민의 전통적 기질은 언제나 신의를 제1의로 삼고 있으며 한미간의 유대는 말할 것도 없고 특히 월남파병 같은 것은 다른 어떤 이유보다도 우방 미국의 고경(苦境)을 구원하겠다는 동양적 신의의 발로였던 것이다. 만일 이러한 우리의 신의가 상대방의 타산에 의한 냉대로 반향될 때 배신당한 듯한 한국민의 노여움은 손바닥을 들여다본 듯한 빤한 것이다.[48]

　「한미간 이견의 저변」은 주한미군 감축문제와 관련해 '선안전보장 후 미군 감축'을 주장하는 것은 "우리의 신의와 신뢰에 대한 미국의 같은 감각과 호흡을 기대하는 것이지, 언제까지 남에게 의존해서 살려는 사대주의적 호소가 아님을 미국은 정시해야" 함을 강변한다.

　그런데 『조선일보』가 '배신감'을 느끼는 대상은 '미국 일반'은 아니다. 「한미간 이견의 저변」을 잘 읽어보면 그 화살의 초점은 "미국 내의 반전론자들, 그것도 우리가 보기에는 다분히 환상적인 평화주의자들"에게 맞혀져 있다.

　이는 애그뉴가 방문하던 날에 실린 사설 「애 미부통령의 내한」(1970년 8월 24일)을 보아도 알 수 있다. 이 사설은 애그뉴 부통령이 "반전사상에 불들고 있는 일부 학생층과 이에 호응하는 일부 유화론자늘 및 매스콤늘을 패배주의나 다름없다고 꾸짖는 용기와 고매한 식견"을 지닌 점을 높이 평가하고 있다. 애그뉴 미부통령은 제2의 메카시라는 혹평을 받던 인물인데 그는 "반전데모를 자극하는 정치인들은 '이데올로기적인 환관'들이다. 이들이 젊은 층을 오도하고 있다. 이들이 미국사회에서 격리될 수 있다면 우리는 썩은 사과를 내버리는 것보다 아깝지 않을 것이다"라

---

48) 『조선일보』, 1970년 8월

는 독설을 남기기도 했다.

애그뉴 미부통령은 이처럼 『조선일보』 입맛에 딱 맞는 정치가였다. 그러나 그는 어디까지나 미국의 국익을 위해 일할 뿐이었다. 애그뉴는 박정희와 두 차례에 걸친 회담을 가졌으나 한국은 안보, 미국은 긴장완화를 강조하는 서로의 이견만 확인했으며, 결국 공동선언문 한 장 발표하지 않고 한국을 떠났다.

미국에게 "씁쓸한 배신감"을 맛볼 일은 또 있었다. 닉슨 대통령이 중국 방문을 앞두고 캐나다, 서독, 영국, 프랑스 및 일본의 우방국 수상과는 연쇄 정상회담을 마련하면서도 중국과 밀접한 이해관계가 있는 한국, 월남과 같은 나라들과는 "약소국이라는 단 하나의 이유 때문에" 사전협의에서 제외된 것이다.

> 우리는 이제 미국에서 정상회담을 새삼 애걸하려 하지도 않는다. 이 기회에 우리는 국제적 권력정치가 얼마나 비정하고 이기주의적인가를 재인식할 때가 온 것임을 강조하는 바이다.[49]

그런데 "국제적 권력정치가 얼마나 비정하고 이기적인가"를 새삼 확인한 사건은 먼 곳의 일이 아니라 바로 청와대 안방에서 일어났다. 미국이 청와대를 도청한 것이다.

> 이는 한미간에 도사리고 있는 어쩔 수 없는 역학관계 때문인 것으로 봐야 할 것 같다. 깰 수 없는 '현실적 벽'에 도전하는 용기보다는 한미 우호관계의 회복이라는 실리에 집착하는 게 더 낫다는 판단인 것 같다.

그러나 이는 '외교 당국자'의 실무적 입장이며 국민적 자존심의 차원에서는 다른 얘기가 나올 수밖에 없을 것 같다. 한 관계자는 과거 이광요 싱가포르 수상이 미기관의 도청 사실을 TV에 나가 전국민에게 공개, 결국 미국이 '엎드려 빌었던' 사실을 지적, 우리도 국회 등에서 공청회를 열어 당시의 주

---

49) 「대국주의 외교에의 항의」, 『조선일보』, 1971년

한미대사관 고용원이나 도청관계 전문가들을 동원 조사를 해야 되지 않겠느냐는 주장을 하고 있다. 이것이 '국민감정'의 실체라면 정부측에서도 무언가 해야 되지 않겠느냐는 얘기다.[50]

청와대 도청까지 당한 박 정권이 너무도 굴욕적인 대응을 한 탓일까? 『조선일보』가 박 정권에게 "무언가 시늉은 해야 하지 않느냐"며 훈계를 한다. 그러나 『조선일보』가 도청사건으로 물러난 닉슨 대통령을 다룬 사설을 놓고 볼 때 이 말에 얼마나 힘이 실린 것인지 의심스럽다. 『조선일보』는 이 사설에서 "우리의 상식으로는 대통령이 워터게이트 도청사건쯤으로 그만두어야 한다는 것은 잘 납득이 가지 않는 또 하나의 닉슨 쇼크"라며 도청문제를 사소하게 여겼고, 한술 더 떠서 그까짓 일로 정부가 여론의 지탄을 받는 것은 당치 않은 일이라는 반응을 보였다.

위정자의 자의에 의한 전행(專行)도 큰 문제이지만, 여론의 무정부적 자의의 지나친 압력도 사회의 건전한 운영에는 아주 해로운 것이 분명하다고 하면 주제넘은 노파심이라 할 것인가.
역사상 자의적인 여론이 빗나가 극성을 떤 나머지 사회가 지탱할 중심을 잃고 나라를 망쳐버린 예는 드물지 않은 것이다.[51]

닉슨의 워터게이트 파문에 대한 『조선일보』의 반응을 『르 몽드 디플로마띠끄』의 편집장이었던 끌로드 줄리앙이 1974년 10월에 쓴 논평과 비교해 보면 극적인 대비를 이룬다. "닉슨을 제거했다고 해서 워터게이트사건을 가능케 한 모든 구조와 거짓된 가치기준이 없어진 것은 아니다." 줄리앙은 닉슨 정부의 국무장관 헨리 키신저는 여전히 그 자리에 있게 될 것—다시 말하면 닉슨의 외교정책은 계속될 것—이라고 지적하였다. "바꿔 말하면 워싱턴은 칠레의 피노체트 장군, 브라질의 게이셀 장군,

---

50) 사설 「청와대 도청 — 다시 붙은 꺼진 불」, 『조선일보』, 1978년 4월 5일
51) 『조선일보』, 1974년 8월 10일자 사설

파라과이의 스트뢰스너 장군 등을 계속 지원할 것"이라는 것이다.[52]

　주한미군철수정책, 푸에블로호사건, 청와대도청설, 박동선사건 등은 한국정부로 하여금 '배신감'을 맛보게 했다. 이 배신감에서 갈등이 야기됐고 불편한 관계가 형성됐으며 이로 인해 언론은 비호의적 사설을 썼다. 그런데 여기서 한 가지 짚고 넘어갈 할 점이 있다. 대체로『조선일보』의 배신감과 비호의적 사설의 수준은 박정희 정권과 미국 사이의 갈등의 정도에 비례하지만 이것이 (역사적인)민중들의 대미관과 일치하는 것은 아니라는 사실이다. 미군철수를 대하는 박정권과『조선일보』의 정서와 민족자주를 추구한 민중들의 정서는 같을 수가 없기 때문이다. 그러나 1970년대까지 대다수 민중들은『조선일보』의 대미관, 즉 친미주의를 뛰어넘지 못했다. 그들은『조선일보』가 화내면 같이 화내고,『조선일보』가 배신감을 느끼면 같이 배신감에 젖어들었던 것이며, 정작 배신감을 느껴야 할 대목에서는 침묵하였다.

　미국이 남북민중의 희망이었던 자주통일국가 수립을 방해한 것에 대해, 그리고 독재정권을 지원한 것에 대해 쓰디 쓴 배신감을 느껴야 했으나 신문들이 목탁을 잘못 두드리는 바람에 사리판단을 그르치게 된 것이다.

9. 70년대의 '불편한 관계'

　미국과 불편한 관계가 지속된 박정희 정권과 미국에 대한 배신감을 종종 토로한 당시 언론의 대미관을 친미적이라고 규정할 수가 있을까? 선뜻 대답하기 어려운 질문이다. 대다수 사회과학자들과 역사가들이 '친미예속정권'이라 규정했듯이 그 본질은 친미적일 텐데 종종 미국과 '불편한 관계'를 유지해 온 것도 사실이니 무조건 친미적이라 하기도 어렵다. 심지어 일부 논객들은 '불편한 관계'를 근거로 박정희(즉『조선일보』)를 '반미적'이었다고 하지 않나.

---

52) 하워드 진,『미국민중저항사』2권, 일월서각, 1986년, 307쪽

이 문제를 풀려면 박정희(『조선일보』)가 친미적인가 아닌가를 판단하기 전에 먼저 '불편한 관계'의 대립점이 무엇인지를 파악해야 한다. 박정희(『조선일보』)는 자주통일, 반미자주화, 민족자주, 자립경제를 실현하려다 미국과 '불편한 관계'를 형성한 것이 아니다. 미국과『조선일보』(박정희)는 이 점에 있어서는 '일심동체'였다.(핵문제를 놓고 갈등이 있었던 걸로 알려져 있으나 최근의 평가는 박정희의 정치적 쇼라는 의견이 지배적임). 결국『조선일보』는 민족자주의 관점에서 배신감을 느낀 적은 없으며, 자기가 원하는 방식대로의 친미예속을 지속하지 못한 배신감만 있는 것이다.

그렇다면 '불편한 관계'의 실체는 무엇인가. 그 대립의 핵심은 친미를 하되 안정적으로 통치하라는 카터의 인권외교정책과 친미는 하겠지만 정권유지를 위해서는 인권 정도는 희생할 수 있다는 박 정권과의 갈등에 있는 것이다. 이 같은 상황에서 발생한 '반미'에 대해 장달중 씨는 「한국정치와 반미운동」(『월간조선』 1988년 7월호)에서 "민중적 지원이나 동원을 수반하지 않은 것이기 때문에 하나의 운동으로까지 발전하지 않았던" 정권차원의 반미라고 평가하고 있다.

보호국으로서의 역할부재에 대한 비판적 미국관은 70년대의 인권논쟁을 통한 국수주의적 대결을 거치면서 정권적 차원의 반미감정으로 발전되어 나타나기 시작했다. 유신체제하의 독재정권에 대한 카터 행정부의 인권정책은 한국내정에 대한 미국의 개입을 비판하는, 주로 정권적 차원에서의 반미감정으로 표출되어 나타났던 것이다.

때문에 박 정권에 반대해 온 반정부적 인사들도 "반미적 입상보나는 카터 행정부의 인권정책에 고무되어 유신체제의 타도를 위한 미국의 개입을 촉구"했던 것이다. 이런 상황을 가리켜 김성진 전 청와대 대변인은 "민족주의를 내세우는 정권을 민족주의적 지식인들이 반대하는 기이한 정치투쟁의 양상"이라고 표현했던 것이다.

'기이한 정치투쟁'을 낳기도 했던 한미간의 '불편한 관계'는 언제쯤 해소가 되나. 『조선일보』가 판단할 때 양국간에 심각한 불편함이 사라진 것은 1981년 한미정상회담을 통해서이다. 미국의 레이건 대통령은 취임

26시간 만인 1월 22일, 전두환 대통령과의 정상회담을 1월 28일 미국에서 갖게 된다는 사실을 발표했다. 『조선일보』는 미국이 첫번째 정상회담 상대로 전두환을 택한 사실에 흥분하면서 이는 '근래의 양국관계와 우리 외교사상 일찍이 볼 수 없었던 일대 쾌거'이며 '불편한 관계'를 청산할 획기적 전환점이라고 적었다.

이것을 보면 이번 정상회담은 최근 수년간에 있었던 양국간의 몇 가지 '불편한 관계'를 청산하고 그 토대 위에서 새로운 협력관계를 다져나가기 위한 획기적인 전환점을 이룰 것 같다.

이 사설은 이어서 전두환 대통령에 대한 레이건 대통령의 초청은 또한 "전 대통령이 이끄는 한국의 현정부와 그 시책을 미국이 확고히 지지하고 있다는 사실을 내외에 과시함으로써 한국의 정치안정과 당면의 정치발전에도 기여할 것"이라는 기대감도 표시했다. 그리고 이와 함께 과거 "카터 전 행정부의 주관적인 '인권정책'은 나아가 한국고유의 문화전통과 안보현실을 도외시한 내정간섭의 형태로까지 일탈하여 결과적으로 양국공동의 이익과 안보유대에까지 적잖은 손상을 입혔음을 지적하지 않을 수 없다"며 카터에 대한 유감을 피력했다. 아울러 "우방의 자주성을 침해하지 않겠다"고 한 레이건 대통령의 말은 충분히 공감과 신뢰를 불러일으키기에 족한 것이라며 치하했다.

이쯤해서 다시 한 번 『조선일보』가 말하는 '불편한 관계'가 무엇을 의미하는지 생각해 보자. 그것은 "한국의 자주성을 침해한" 카터와의 불편한 관계를 말한다. 그렇다면 이때 말하는 '한국의 자주성'이란 무엇인가?

이는 『조선일보』가 말하는 "한국고유의 문화전통"에 기반한 통치, 즉 '한국적 민주주의', '유신통치'를 하며 마음대로 인권 유린할 '자주성'을 말한다.

그리고 "우방의 자주성을 침해하지 않겠다"는 레이건의 말은 한국의 상황에서는 무엇을 의미하는가. 그것은 곧 "전두환 군사정권의 자주성을 인정하겠다"는 의미이며, 이는 다름 아닌 "광주학살을 할 자주성이 있음을 인정한다"는 뜻이다.

이렇게 해서 레이건과 전두환의 불편한 관계가 해소됐을 때 진정한 한 미간의 불편한 관계가 해소된 것인가? 아니면 한국민중과 레이건 사이에 해소할 수 없는 불편한 관계가 형성된 것인가.

10. 친미주의자의 비미와 용미

70년대까지만 해도 스스로 거리낌없이 친미론을 내세우던 『조선일보』는 80년대 들어서면서 민중들의 반미의식, 민족자주의식이 높아지자 슬쩍 본심을 감추고 비미, 혹은 용미라는 말을 앞에 내세웠다.

그런데 이 비미, 용미라는 것이 어감상으로는 중도적이고, 합리적인 인상을 자아내지만 실제로는 친미론의 한 유파일 뿐이다. 왜냐하면 『조선일보』 스스로도 "반미는 아니고 비미다"라고 말하고 있기 때문이다. 반미가 아닌 비미, 용미라면 결국 친미적 비미, 친미적 용미일 수밖에 없는 것이다.

친미론의 전형은 "주한미군은 한반도의 평화와 안전을 지키는 본연의 임무를 다하고 있으며 주한미군의 철수는 곧 적화통일을 의미한다"[53]는 입장에 철저하다. "주한미군철수 운운하는 자는 이 땅을 떠나라"는 플래카드를 붙이고 다니는 극우파들뿐만 아니라 『조선일보』의 주한미군 관련 기사는 이 입장에서 일보의 후퇴도 없다. 미군정시기에도 그랬고, 1990년대에도 그랬으며, 2000년대에도 그러할 것이다. 『조선일보』는 바로 이 같은 전형적인 친미론의 입장에 서 있기에 주한미군이 일부 철수한다고 하거나 주한미군의 지위를 변경할 수도 있다는 말이 나오면 목청 높여 '비미'를 한다. 이는 친미관이 아니고 무엇이겠는가?

---

53) 김광무, 「주한미군에 대한 한국민의 인식태도」, 한양대 행정대학원 석사논문, 1990년, 31쪽

『조선일보』가 주한미군의 철수를 주장하거나, 박정희 정권이 미군철
수를 주장해 한미간에 갈등이 발생했다면 '반미'를 논할 자격이 있을 것
이다. 몸으로는 사대를 하면서 입으로만 "우리의 신의와 신뢰에 대한 미
국의 같은 감각과 호흡을 기대하는 것인가. 언제까지 남에게 의존해서
살려는 사대주의적 호소가 아님을 미국은 정시해야"한다고 '자주혼'이
되는 것은 아닐 것이다.

글이라는 것의 속성이 위장과 위선이 용이한 것이라 글만 보아서는 그
속셈을 파악하기 어렵다. 글쓰는 이는 대개의 경우 자신의 속셈을 다 드
러내놓지 않는다. 친미주의자라 해도 손해 볼 것 같으면 노골적인 친미
는 삼가고 우회적 친미론을 펴거나 온건한 민족주의자 행세를 한다. 불
필요한 공세를 사전에 차단하기 위한 계산일 것이다. 그러나 결정적 순
간에는 때로는 의도적으로, 혹은 불가피하게 자신의 속내를 발설한다.

부산 미문화원방화사건 직후에 발표된 사설 「얻을 것과 잃은 것 – 사회
선교협의회의 성명이 뜻하는 것」(1982년 4월 21일)에는『조선일보』미국
관의 솔직한 표현과 그들이 반미에 대해 어떤 논리로 대응하는지가 잘
담겨져 있다.

이 사설은 사회선교협의회가 "방화사건이 '미국을 향해 가한 직접적
인 적대행위'라고 지적하면서 그것이 미국의 일련의 대한정책의 소산이
라는 논지를 펴고" 있는데, 이와 같은 논리전개에 "우리의 상식은 당혹
감"을 지닌다며 '상식론'을 펼쳤다. 이 사설이 말하는 '우리의 상식'은
무엇인가? 그것은 바로 갈등이 상존하는 국제관계인 것이다.

오늘날의 국제사회는 국가이익 추구가 그 주조로 돼 있다. 우리(한국)도
그런 기조에서 여러 나라들과 갖가지 성격의 관계를 유지하고 있다. 미국 또
한 예외가 아닐 것이다. 그리하여 국가와 국가 사이에는 언제나 국익을 앞세
운 마찰과 갈등이 그치는 날이 없다. 이른바 '불편한 관계'로 이름지어진 70
년대의 우리와 미국과의 관계가 바로 그러한 마찰과 갈등의 관계였음을 우
리 스스로 경험하기도 했다.

'우리의 상식'에 비추어 볼 때 70년대의 한미간의 '불편한 관계'는 허허하며 웃어넘길 수 있는 국제적 상례인 것이다. 그것은 따지고 보면 '배신감'을 느낄 만큼의 사안도 아닐 것이다. 아니면 『조선일보』는 배신을 당하고도 꾹 참고 적대행위를 하지 않는다. 『조선일보』는 청와대 도청에 대한 관제반미데모까지는 상식에 포함시키겠지만, 만약에 대학생들이 미국의 공공시설물에 화염병을 던졌다면 "우리의 상식은 당혹감에 직면하게 됐다"라고 말할 것이다.

그러나 지나간 그러한 관계까지를 포함해서 미국의 대한정책에 있어서 우리 국민이 직접적인 적대행위를 가해야 할 만큼 그들이 우리에게 적대적이었다고 할 수 있을까. 아니면 최소한도 '적대행위'를 우발할 만큼 우리에게 일방적인 불이익을 강요했다 할 수 있을까. 아무래도 성명의 입론의 근거는 박약하고 논리의 비약이란 비판을 면할 수 없을 것같다.

『조선일보』의 눈에는 한국에서 미국이 "우리에게 일방적인 불이익을 강요"한 점들이 보이지 않는다. 미군 감축하는 일만이 "우리에게 일방적인 불이익을 강요"하는 일로 보일 뿐이다. 사회선교협의회의 성명에 대해 "근거는 박약하고 논리의 비약"이 있다며 비판하는 『조선일보』가 애용하는 논리는 두 가지다. 하나는 "한미간의 대립관계로까지" 몰아가지 말라, 즉 혈맹의 관계인 한미관계를 이간시키지 말라는 것이고, 또 하나는 "얻는 자는 우리 아닌 다른 집단"이라는 것, 즉 "북한 공산집단의 남침야욕을 경계하라"는 사실이다. 『조선일보』는 늘 이 논리로 '비약'해서 상대방의 입을 막아버린다.

…감정에 사로잡혀 문제를 필요 이상으로 확대 한미간의 대립관계로까지 몰아가는 발상이 극히 일부라 해도 우리 사회에 온존돼 있다면 실로 얻는 자는 우리 아닌 다른 집단이요, 우리는 송두리째 잃기만 하는 입장이 될 것이라는 것을 명심하기 때문이다. 그렇게까지 되기를 원하는 이성은 우리 사회에 결코 없을 것임을 우리는 우리의 상식으로 확신한다.

『조선일보』가 생각하는 '우리의 상식'을 좀더 풀어쓰면 이렇다.

대한민국은 분명히 적지 않은 사람들에게 불편하고 답답한 나라인지 모른다. 하지만 그 정도의 불편과 답답함을 못 참고 견디지 못해서 이 체제를 '까부순다' 거나 '박살낸다' 거나 또는 '철천지 원수 같은 미제국주의자'를 내쫓는다면 그 다음에 무엇이 올까를 생각해 보아야 한다.

그 다음에 올 것은 분명히 '혁명대열에 방해가 되는 요소들'의 대량숙청이요 살육이다.[54]

'반미' 는 어떠한 반미라도 곧바로 '대량숙청과 살육' 으로 비약한다. 또 다른 비약의 어지러움을 느껴본다.

일부 학생들은 "미제국주의가 제3세계 민중의 체제변혁투쟁을 저지하고 민중혁명의 완성을 분쇄하려 하고 있다"고 규탄한 모양이다. 만약에 대다수 한국인이 그렇게 생각하고 있다면 미국은 무엇이 답답하여 이 땅에 머물겠는가. 만약에 미국이, 대다수 한국인이 그렇게 생각한다고 믿고, 북한 당국자들이 남한의 민중을 숙청하고 탄압할지는 몰라도 미국에게만은 적대하지 않는다는 확신이 섰을 때 한국에서 철수해 버린다면 '양키 고 홈'을 외치던 학생들은 '해방' 되리라고 믿는가. 만약 그렇게 믿는다면 그들은 경찰의 수배를 피해 도망다니지 말고 정정당당하게 나와서 싸울 일이다.

양키가 고 홈 하면 남한의 민중은 북한 당국자들의 숙청대상이 되는가? 미국은 무엇이 답답하여 이 땅에 머물겠는가? 정정당당하게 나와서 싸워라? 어찌 보면 황당하고 또 어찌 보면 유리한 이런 논리 앞에서는 유구무언이 된다. 그런데 희한하게도 극우논객들은 논리에 약하다. 『조선일보』 최고의 논객이라는 김대중 주필만 해도 그렇다. 미디어오늘의 김종배 기자는 논리적 구조가 허약한 김대중 주필의 글을 가리켜 "주장

---

54) 이도형 (『조선일보』 논설위원), 「왜 반미인가」, 『월간조선』, 1986년 6월호

은 있지만 근거가 없다"는 비판을 가했다.[55] 논리가 없는 곳에 "양키 고
홈 하면 남한의 민중은 북한 당국자들의 숙청대상이 된다"는 황당한 주
장과 억지만이 난무하게 되는 것이다.

11. 『조선일보』는 백악관 대변인?

1989년 들어서는 반미시위가 그 어느 때보다 전면적으로 전개됐다. 그
런데 반미운동이 고조되거나 한미간의 구조적 갈등이 증폭될 사안이 발
생할 때 『조선일보』의 관련기사를 읽으면 마치 미국 백악관이나 국무부,
혹은 주한 미대사관의 외교적인 성명서를 접하는 기분이 든다. 반미사건
을 해설하는 미국언론의 보도 수준도 아니고, 미국관리들이 완곡어법으
로 하는 논평과 흡사하다는 느낌을 지울 수가 없다. 이처럼 미국을 대변
하는 친미적인 글들도 대개는 용미론의 외피를 입고 있다

1989년 1월 말 미국은 화염병 습격이 잦은 광주 미문화원을 잠정 폐쇄
할 것이라는 발표를 했다. 이 같은 발표에 접한 『조선일보』는 학생들이
주장하는 '비미'의 내용이 무엇인지는 알려주지 않으면서 "미국도 잘못
한 점이 있으므로 그것을 분명하게 비판, 시정케 하는 것은 백 번 좋고
옳은 일이지만, 그렇다고 해서 한미 우호협력의 밑둥까지 부정하거나 부
수어버리는 식의 근본적 반미는 온당치 않다"면서 미국을 감싼다.

우리는 이것이 광주시민을 비롯한 대다수 한국인들의 생각이라고 확신한
다. 비미는 좋으나 반미는 불필요한 것이요, 무익한 것이다. 이런 인식의 공
김대 위에서 우리는 광주의 미문회원 문제가 '한미 우호협력관계가 화염병
에 밀리는 식'으로 처리되지 않기를 희망한다.[56]

---

55) 강준만, 『한국의 언론인』, 인물과 사상사, 167쪽
56) 사설 「광주 미문화원 문제」, 『조선일보』, 1989년 2월 1일

1989년 10월 노태우 미국 대통령이 방미한 시기에 쓰여진 「방위비 부담과 분담」은 노태우 대통령이 "한국의 경제성장에 맞추어 그 기여도를 점차 늘려나가겠다"고 부시 미대통령에게 약속한 것이 불가피한 점이 있음을 피력하면서, 미군을 철수하느니 방위비 분담을 늘려 가는 것이 바람직하다는 논리를 펴고 있다.

우리는 방위비 분담문제가 보도될 때마다 지나치게 단순히 감정적인 대응을 보이는 수가 있지만, 방위비 문제는 그렇게 단순한 게 아니다. 진정한 국익을 생각한다면 우리는 방위비의 독자적인 과중한 부담보다 미군을 붙잡아 두고 적절한 분담을 하는 것이 바람직하다. 이것은 물론 남북한간의 평화정착 노력이 마음대로 안 될 때의 차선책임은 말할 것도 없다. (10월 19일)

주한미군이 철수하면 하늘이 무너져 내릴 것으로 알고 있는 『조선일보』로서는 미국의 방위비 부담 증액요구를 결단코 반대할 수가 없는 것이다. 주한미군을 이용해서 한국민들은 어떤 이득을 보는 걸까. 『조선일보』는 "미군철수시 우리의 부담은 금액으로 약 1백억 달러가 는다"고 분석한다. 주한미군이 철수하면 남북간의 감축도 가능해지고, 상호교류의 증가 등으로 "우리의 이득이 약 1백억 달러가 는다"는 분석이 나올 수도 있지 않을까.

미국과 이라크 간의 전쟁이 끝난 뒤 쓰여진 사설 「대미관계 이대로 좋은가」는 "우리가 다행히도 압도적인 힘의 위력을 지닌 미국을 우리의 강력한 지원세력으로 갖고 있다는 데 대한 안도감"을 피력하면서 한편으로는 미국과의 관계를 다시 생각해 볼 필요가 있음을 강조한다. 그것은 "최근 고조되고 있는 북방외교와의 관계에서 오는 불안감 때문"인 것이다.

여러 가지 요인들이 복합 작용된 면도 없지 않지만 솔직히 말해 우리 정부나 국민의 일반적인 경향은 88년 서울올림픽을 고비로 전통적 우방인 미국, 일본보다 소련, 중국에 대한 관심의 고조와 우호친선으로까지 기울어졌다.

그것은 우리가 가장 두려워했던 북한의 군사적 위협을 미국의 군사적 억지
력에만 의존하다가 더욱 평화적이고 효과적인 억지력을 소련, 중국으로부터
찾으려는 의욕 때문이기도 했다. (1991년 3월 4일)

　사설은 한국이 북방외교에 주력하는 동안 "한미관계는 악화일로"였으
며, 미국이 한국에 대해 "견디기 힘든 압력"을 가하는 것도 시중에 떠도
는 말처럼 "미국서 벌어다가 소련-중국에 보태주는 우리의 태도를 못마
땅히" 여긴 탓일 수도 있으니 "대미관계를 근본부터 바로잡아야 할" 것
임을 주장하고 있다. 다시 말하면 북방외교보다 친미외교에 주력하라는
주문인 것이다. 이를 류근일 칼럼 「미국의 이상한 거동들」(1995년 2월 3
일)에서는 "한미 우호관계의 기틀 위에서의 한국외교의 폭넓히기"란 말
로 표현하기도 한다.
　미국의 대변인 역할은 최근의 노근리사건 보도에서 두드러진다. 『조선
일보』 시론 「노근리 어떻게 볼 것인가」는 군사평론가인 외부 필자가 쓴
글이지만 『조선일보』의 시각을 대변한다고 봐도 무관할 것이다. 필자는
학살을 자행하기 직전의 미군은 "농민 복장으로 변장, 피란민과 함께 남
하하다가 미군을 기습 공격하는 기만전술을 '관용전술'로 사용하고" 있
는 "북괴군에 대해 극도의 공포감을 느끼고 있었"다는 점을 강조한다.
정상참작의 여지를 남겨두자는 것이다.

　미군 지휘관의 판단착오 또는 실수 이상의 의미를 부여하는 것은 경계해
야 할 것이다. 보다 중요한 것은 이 사건은 조직적인 범죄가 아니라 하나의
불행한 개별사건으로 취급하여야 하며, 다른 문제로 비화되는 것을 막아야
한다는 점이다. 북괴의 침략으로 붕괴직전에 있던 한국을 방어하고 민주주
의를 지켜 오늘날의 번영을 누릴 수 있는 기틀을 마련한 미군의 공로를 이
사건을 이유로 격하시켜서는 안 되기 때문이다.
　이 사건이 반미감정을 유발하거나 미군철수를 주장하는 근거로 이용되어
서도 안 된다. 이것은 북괴의 심리전과 전략에 말려드는 것에 지나지 않는
다. 이 모든 불행은 김일성의 전쟁도발로부터 시작된 것이며, 모든 책임은

김일성에게 있다는 것을 잊지 말아야 한다. 더더욱 상기해야 할 점은 북괴군이 저지른 조직적인 민간인 학살은 훨씬 더 처참하고 광범위했다는 사실이다. (1999년 10월 21일)

이 글은 『조선일보』가 한미갈등을 다룰 때 상투적으로 쓰는 기법 즉, 단순화 국지화하고, 반미운동으로의 발전을 차단하고, 동맹국 미국의 공로를 강조하고, 이적행위를 경고하는 전형적인 논리를 구사하고 있다.

12. '우는 아이'

왜 『조선일보』는 미국의 대변인 노릇을 하는 걸까. 그것은 지금의 『조선일보』(이승만 – 박정희로 이어진 남한정권)의 은인이자 '형님'이기 때문에 그런 것일까.

"미국이 남한을 점령하였을 때 한국사람들은 미국에 '형님 노릇'을 기대하였습니다. 형님이 된다는 것은 일련의 책임을 떠맡는다는 것을 뜻하는데 미국사람들은 이런 유교적인 세계질서의식을 전혀 이해 못했습니다."[57]

형과 아우는 집에서는 빵 한 조각 더 먹으려고 토닥이다가도 밖에 나가면 '혈맹'의 관계가 된다. 『조선일보』는 빵을 나눠먹는 경제문제에 있어서는 점차 제 목소리를 내기 시작했지만(국민의 다수 여론이기에) 미국이 전쟁을 벌이면 자진해서 '용병'이 되었다. 그런데 더 냉정하게 바라다보면 적어도 20세기의 한미관계(『조선일보』와 미국의 관계이기도 하다)는 형과 아우 사이가 아니라, 군주와 신하, 양아버지와 아이의 관계라 해야 맞을 것이다. 6·25 직전에 미군사고문단장을 맡은 로버트 준

---

57) 미국인 정치학자 맥도널드의 말. 박권상, 『미국을 생각한다』, 동아일보사, 1985, 416쪽 중에서 재인용

장은 임병직 당시 외무장관에게 "우리는 아버지격이고 당신네(한국)는 아들격이니 아버지 말을 들어야 한다"는 말을 서슴없이 하기도 했다.[58]

　미국이 우유를 물려줄 때 아이는 가만히 순종하면서 잘 논다. 그러다가 미국이 우유량을 줄이거나 다른 데 우는 아이가 있어 우유병을 잠시 뺏을라 치면 아이는 사정없이 울어댄다.『조선일보』가 미국에 대해 떼를 쓰는 것은 이처럼 유치한 아이의 단세포적인 대응인 것이다. 아이가 '아빠'에게 보채는 것을 반미한다고 말하지 않는다. 다시 우유를 물려주면 울음을 그칠 것이기에.

　아이가 자라나 배고파도 허리띠 조르며 참거나, 우유 대신에 강냉이라도 먹고 물배라도 채울 줄 알 때 비로소 '반미'를 논할 자격이 있는 것이다. 이제 한국사회와『조선일보』는 그럴 연륜이 쌓이지 않았는가. 백 보 양보해서 미국이 은인이라 치자. 지난 50년 동안 우리는 그것을 충분히 갚지 않았는가. 1988년 6월 28일자『한겨레신문』은 말한다.

　그러나 미국이 우리에게 베푼 '은혜'를 계산할 시효는 지났다고 본다. 미국은 베푼 것에 몇 갑절 가는 이득을 국제정치 · 군사 · 경제 · 외교… 면에서 이미 원금에 보태어서 이자까지 거두어 갔다고는 생각지 않는가?

　그리고 또 말한다.

　가쓰라-테프트 비밀협약의 의미에서부터, 전후 처리방안으로서의 40년 신탁통치 제안, 모스크바에서의 5년 신탁통치 결정, 신생독립국가 칭긴단게에서의 친일파 · 민족반역자들과의 결탁, 단독정부 수립과 민족분단, 그 결과로서의 6 · 25와 그후 광주사태까지의 역사에서 미국은 스스로 주장하는 '은인'의 얼굴만을 내세울 수는 없음이 확실하다.

　역사의 교훈이 그러함에도『조선일보』는 억지로 혈맹의 관계에 머무

---

58) 노가원, 「미군 총에 살륙된 남북한 양민의 피바다」, 월간『다리』, 1990년 6월호, 212쪽

르려 한다.『조선일보』는 그 어떤 논리보다도, 심지어는 한 핏줄간의 화해를 꾀하는 '민족의 논리' 보다도 '동맹의 논리'를 우위에 놓는다. 그런데 그 동맹이란 것도 수평적 동맹이 아닌 수직적 관계라는 데 문제가 있다. 미국은 필요에 따라 한국과 어깨동무를 하다가도 자신들의 이익을 위해서라면 등을 밟고 올라서는 수직적 동맹을 요구하는 것이다. 자신을 보호해 주는 동맹으로부터 따돌림받았다고 느낄 때면 한국의 친미주의자들은 어린아이처럼 칭얼거린다. 리영희 교수는 미국에 따돌림당한 근본 원인이 이같이 철없는 친미주의자에게 있음을 따끔하게 일러준다.

> 북미간 핵협상에서 남한(한국)이 무시되고 소외된 것을 정부의 무능에 돌렸다고도 한다. 대한민국이 소외되고 무시당한 것은 사실이고 불쾌한 일이다. 하지만 그 근본 원인은 노 의원 및 그와 사상의 궤를 같이하는 친미·숭미주의자들에 있지 않을까? 미국에 대한 대한민국의 군사적 무주권(無主權)상태를 '친미정책'이니 '혈맹관계'니 하는 논리로 미화하고 절대시하는 노재봉 의원과 그를 포함한 수구적 미국 사대주의자들이 이 나라를 지배하고 있기 때문임을 노 의원은 왜 모르는가?[59]

그런데 더 큰 문제는 '수구적 미국 사대주의자들'이 이 사실을 모르는 게 아니라는 데 있다. 알고도 모른 척하거나, 알고도 딴소리를 하는 데 그 심각성이 있다 할 것이다. 게다가 문제를 한층 더 고질적으로 만드는 것은 『조선일보』를 위시한 극우 수구세력들이 카멜레온의 형상을 하고 있다는 것이다. 생존을 위해서라면 자신의 이념적 색깔마저 변형시키고, 친미에서 반미로 반미에서 용미로 순식간에 탈바꿈하는 카멜레온의 형상을 하고 있기에 민중들은 그 속에 담긴 본질을 간파하기가 어려운 것이다.

어찌보면 이들에겐 오직 생존의 논리만 있을 뿐 독자적인 이념이나 색

---

59) 「통미봉남, 통소통북」,『한겨레신문』, 1994년 11월 5일. 리영희,『반세기의 신화』, 62쪽

깔은 없는지도 모른다. 일본의 천황주의 · 파시즘 연구의 대가인 마루야
마 교수는 바로 이처럼 "외치는 이즘이나 슬로건에서 보면 체계성도 없
고 논리적으로 상호 모순적"인 것이 파시즘의 특징이라고 분석했다.[60]
이들 극우 파시스트들은 "독자적인 체계적 논리가 없는 까닭에 구체적
상황과 국면에 처해서 그때마다 그 기능을 수행하는 데 가장 효과적인
이데올로기를 빌려다 자신을 분장한다"는 것이다. 이념에서 정책이 창
출되는 것이 아니라 제 입맛에 맞게 이데올로기가 동원되는 것이다. 친
일, 친미, 반미, 비미를 자유자재로 넘나드는 『조선일보』의 둔갑술은 바
로 이 같은 카멜레온의 형상을 한 파시즘의 속성에서 기인한 자연스러운
현상이라 여겨진다.

---

60) 리영희, 「파시스트는 페어플레이의 상대가 아니다」, 월간 『중앙』, 1988년 12월호

『거대한 생애―이승만 90년』과 『조선일보』의 용미론

   1995년 『조선일보』는 대대적으로 이승만 살리기운동을 벌였다. '이승만과 나라세우기' 전을 서울에 있는 예술의 전당에서 시작하여 전국 각지를 순회하며 벌였다. 『조선일보』는 이승만과 나라세우기전을 "뼈대세우기와 정체성 정립의 중심과제가 광복 50년 동안의 대한민국 정통성 확립사를 분명히 해두는 데 있다고 믿는 데서"(1995년 2월 7일 사설) 기획된 것이라고 밝혔다.

   『조선일보』는 이 캠페인을 벌여나가는 동안에 '거대한 생애―이승만 90년' 이라는 연재물을 1995년 1월 1일부터 수개월간 게재했다. 그리고 이 연재물을 『거대한 생애―이승만 90년』(이하 『이승만 90년』)이라는 제목의 단행본으로 출간했다. 이 책은 바로 『조선일보』가 심혈을 기울여 기획한 이승만 살리기의 '뼈대' 가 담긴 것이라 할 수 있다.

   『조선일보』는 왜 무덤 속의 독재자를 불러 세우는 주문을 외우는 것일까? 그것은 이승만과 『조선일보』는 일심동체이기 때문이다. 국민들이 이승만에게 돌팔매질을 하는 것은 결국 『조선일보』를 향한 돌팔매질로 귀결된다는 것을 『조선일보』는 잘 알고 있기 때문이다. 이한우 기자는 『이승만 90년』의 머리말을 이렇게 시작했다.

   '친일파의 비호자' '친미사대주의자' '분단고착화의 원흉' '권력에 눈먼

"

노(老)독재자' '부정부패의 원흉' '분열주의자' 등 이승만을 이야기할 때 입버릇처럼 앞에 붙는 수식어들이다.

이 같은 이승만에 대한 이미지는 이승만과 동거동락했던 『조선일보』의 이미지와 거의 일치한다. 『조선일보』도 이승만 권력이 국민대중의 힘에 의해 쫓겨난 이상 반민주성을 인정할 수밖에 없다. 이승만과 함께 퇴출됐어야 할 『조선일보』는 여전히 무관의 제왕 노릇을 하고 있다. 부러울 게 없는 『조선일보』가 딱 한 가지 아쉬운 점이 있다. 과거가 떳떳치 못하다는 것이다. 그래서 이들은 호시탐탐 독재자들의 복권을 노리는 것이다. 못한 것도 있지만 잘한 것이 더 많다는 식의 논리를 들이대면서.

건국 대통령이라 해서 그 오류의 측면을 비판받아서는 안 된다고 하는 법은 없다. 하지만 그의 공 또한 그의 과 때문에 묵살당해서는 안 된다.[61]

그렇게 따지면 일제의 침략도 얼마든지 미화할 수 있는 것이다. 히틀러도 정당화될 수 있으며, 가롯 유다도 천국갈 수 있으며, 전두환도 애국자가 될 수 있다. 『이승만 90년』에서 이한우 기자는 이승만 노선을 "반일-반공-용미" 노선이라 규정하고 있다. 반일 반공에 대해서는 큰 논란의 여지는 없다. 그러나 '용미'는 해부가 필요한 말이다. 『조선일보』는 평시에는 친미노선을 견지하다가 그것이 '사대주의자' '예속성'의 비난을 받을 정도가 되면 '용미(用美)'라는 애매모호한 개념으로 위장한다. 그러면서 우리는 친미를 한 것이 아니라 민족을 위해 용미를 했다고 주장한다. 이승만의 친미노선을 중심으로 『이승만 90년』을 읽어본다.

1. 영어에 능통하고 한국어 서투른 대통령

---

61) 『조선일보』, 1995년 2월 7일자 사설

당시(1910년) YMCA 학생이었던 정구영 전 공화당의장이 1975년 『한국일보』 기획기사 「인간 이승만 백년」에서 증언한 것을 보면 이승만은 영어와 같은 악센트를 사용해 선교사 같은 말투였다고 한다. 그래서 전도사나 목사의 설교 말투에 익숙지 않았던 사람들은 거부감을 느꼈다는 것이다. 실제로 그 후의 이승만 연설에도 정치인으로서보다는 목사의 설교투가 많이 남아 있음을 확인할 수 있다. (상권 107쪽)

이승만은 친서구적이며, 친기독교적이다. 이승만이 꿈꾼 것은 "한국민의 기독교화와 미국식 민주주의의 실현"이었다.[62] '한국적 기독교 국가의 건설'을 꿈꾼 이승만은 1946년 3·1절 기념행사의 식사에서 "한민족이 하나님의 인도하에 영원히 자유독립의 위대한 민족으로서 정의와 평화와 협조의 복을 누리도록 노력합시다"라고 연설했으며, 또 그는 1948년 5월 31일 임시국회의장으로서 제1대 국회(제헌국회)를 개원하기에 앞서 이윤영 의원(목사)에게 하나님께 감사기도를 드리도록 부탁했고, 7월 24일 대통령 취임식에서도 하나님의 이름으로 선서를 했다. 철저하게 기독교화된 이승만은 영어에 능통한 반면 우리말에는 서툴렀다. 심지어는 우리 글을 제대로 읽지 못할 정도였다.

국내 여론을 살피고 바른 소리 들으려고 무척 애를 쓰셨지만 선생 내외분은 영어에 능통한 반면 우리말이 서툴러서 국내 신문을 잘 읽지 못하여 다소 민정(民情)에 어두웠던 것이 사실이었습니다.(허정, 1965년 7월 20일자 『한국일보』에 쓴 추도문 중, 하권 218쪽)

우리 글도 제대로 읽지 못하는 독립운동가를 상상해 보시라.

2. 이승만의 외교노선

---

62) 『한겨레』, 1995년 11월 6일

안창호는 두 노선에 대해 상당히 비판적이었다. 박용만에 대해서는 "무식한 동포들은 돈도 바치고 시간도 허비하여 속는 이가 많은데 아무리 무식하여 판단력이 부족하다 하더라도 전쟁이 어떤 것임을 알고 오늘에 그런 문제를 제출하는 것은 허망한 것"이라고 비판했다. 이승만의 외교노선에 대해서도 "윌슨 대통령에게 독립승인을 요구하여 교섭한다 하는데 가만히 앉았다가 글 몇 줄로써 독립을 찾겠다는 것은 이치에 맞지 않는 짓"이라고 부정적인 견해를 보였다. (상권 129쪽)

민중들의 지지를 받던 독립운동가 중에 이승만과 손을 잡은 사람은 없다. 좌파로 분류된 독립운동가는 말할 것도 없고 안창호, 김구처럼 우파로 분류되는 민족의 지도자들도 이승만을 경원시했다. 이승만의 미국 위임통치론과 독립청원 주장을 비판한 신채호의 유족들은 이승만 정권 때 호적도 없이 숨어 살아야 했다.

이승만은 독립운동가라기보다는 로비스트 기질을 지닌 인물이다. 그는 총을 들고 싸우는 독립운동가들과는 상종도 하지 않았으며, 주로 외교나 청원과 같은 손쉬운 방식의 활동에만 힘을 쏟았다. 1919년 초 파리 강화회의가 열리자 미국의 대한인국민회 중앙총회는 이승만과 정한경을 한국대표로 파견했다. 그런데 이들은 즉각적인 독립이 아닌 국립연맹의 위임통치를 요청하는 청원서를 미국 대통령 윌슨에게 보내 물의를 빚었다.

우리는 자유를 사랑하는 2천만의 이름으로 각하께 청원하니 각하도 평화회의에서 우리의 자유를 수장하여 참석한 열강이 먼저 한국을 일본의 학정으로부터 벗어나게 하여 장래 완전한 독립을 보증하고 당분간은 한국을 국제연맹 통치 밑에 두게 할 것을 빌며, 이렇게 될 경우 대한반도는 만국 통상지가 될 것이며, 그리하여 한국을 극동의 완충국 혹은 1개 국가로 인정하게 하면 동아대륙에서의 침략정책이 없게 될 것이며, 그렇게 되면 동양평화는 영원히 보전될 것입니다.[63]

---

63) 『자료 한국근현대사 입문』, 1995년, 259쪽

한국의 독립은 외교에 있다고 역설하고 다니는 이승만을 만난 적이 있는 조병옥(김용만의 무장독립론도 비판)은 그의 저서 『나의 회고록』에서 "당시의 일본은 청일·러일 양 전쟁에서 승리를 하여 치외법권까지 확충하는 판국에 있었고 또한 세계 외교무대에서도 상당한 발언권을 가지고 있었다. 이러한 일본과의 외교전을 통하여 한국의 독립을 쟁취한다는 것은 도저히 납득이 되지 않았던 것"이라고 술회하고 있다.

이승만식의 외교독립운동노선에 대한 정면비판은 신채호 같은 독립운동가들에 의해 이뤄졌다. 민중혁명을 주장했던 의열단의 이념이 집약된 「조선혁명선언」(1923년 1월)에서 신채호는 참정권, 내정독립, 자치, 문화운동, 준비론을 부르는 자들과 함께 외교론으로써 강도 일본을 구축할 수 있다고 주장하는 독립운동가들을 신랄하게 비판했다.

첫째는 외교론이니, 이조 5백년 문약정치가 '외교'로써 나라를 지키는 으뜸 계책으로 삼아 그 말세에 더욱 심하여, 갑신(甲申) 이래 유신당 수구당의 성쇠가 거의 외국의 원조 유무에서 판결되며, 위정자의 정책은 오직 이 나라를 끌어들여 저 나라를 제압함에 불과하였고, 그 의뢰하는 습성이 일반 정치사회에 전염되어 즉 갑오(甲午)·갑진(甲辰) 양 전쟁에 일본이 수십만의 생명과 수억만의 재산을 희생하여 청러 양국을 물리치고 조선에 대하여 강도적 침략주의를 관철하려 하는데 우리 조선의 '조국을 사랑한다, 민족을 건지려 한다' 하는 이들은 한 자루의 칼과 한 방의 총알로 어리석고 탐욕스러우며 포악한 관리나 나라의 원수에게 던지지 못하고, 청원서나 여러 나라 공관에 던지며 일본정부에 보내어 국세(國勢)의 외롭고 약함을 슬피 호소하여 국가존망·민족사활의 대문제를 외국인 심지어 적국인의 처분으로 결정하기만 기다리었도다. 그래서 '을사조약', '경술합병' —곧 '조선'이란 이름이 생긴 뒤 몇 천 년 만의 처음 당하던 치욕에 조선민족의 분노적 표시가 겨우 하얼빈의 총, 종로의 칼, 산림유생의 의병이 되고 말았도다.

아! 과거 수십년 역사야말로 용기 있는 자로 보면 침 뱉고 욕할 역사가 될 뿐이며, 어진 자로 보면 상심할 역사가 될 뿐이다. 그리고도 나라가 망한 이후 해외로 나아가는 아무개 지사들의 사상이 무엇보다도 먼저 '외교'가 그

제1장 제1조가 되며, 국내인민의 독립운동을 선동하는 방법도 '미래의 미일 전쟁·러일전쟁 등 기회'가 거의 천편일률의 문장이었고, 최근 3·1운동에 일반 인사의 '평화회의 국제연맹'에 대한 과신의 선전이 도리어 2천만 민중의 용기 있게 분발하여 전진하는 의기를 쳐 없애는 매개가 될 뿐이었도다.

외교에 치중하는 이승만식의 독립운동이 "2천만 민중의 용기 있게 분발하여 전진하는 의기를 쳐 없애는 매개"로 작용하지는 않았는지. 문화운동을 강조하는 『조선일보』식 독립운동은 "검열·압수 모든 압박 중에 몇몇 신문 잡지를 가지고 '문화운동'의 목탁으로 떠"든 격은 아닌지. 신채호는 「조선혁명선언」에서 말하기를 "강도의 비위에 거스르지 아니할 만한 언론이나 주창하여 이것을 문화발전의 과정으로 본다면, 그 문화발전이 도리어 조선의 불행인가 하노라" 하였다.

3. '대통령병 환자'

이 시기에 일어난 일 중의 하나가 소위 '자칭 대통령' 문제이다. 그는 여러 임정에서 추대된 직함 중에서 최고위직인 집정관 총재에 애착을 가졌던 것 같다. 그래서 그는 여러 곳에 보내는 문건에서 집정관 총재를 'Chief Exeutive'라고 할 수 있음에도 불구하고 'President'라고 번역한 것이다. 미국을 정치의 이상으로 삼고 있던 이승만으로서는 일면 당연한 것이기도 하고 미국 내 활동의 편의상 권위가 필요했기 때문이었을 수도 있다. 이 문제는 그후 정적들에 의해 '대통령병 환자', '자칭 내통령'이라는 비난을 듣게 되는 발단이 됐다. (상권 141쪽)

이승만이 미국에서 프레지던트 행세를 하고 다니는 것에 대해 안창호는 "어느 (임시)정부에도 대통령이라는 직명이 없으므로 각하는 대통령이 아닙니다. 헌법을 개정하지 않고 대통령 행사를 하면 신조를 배반하는 것이니 대통령 행사를 하지 마시오"라는 내용의 전보를 미국으로 보냈다고 한다. 이에 대한 이승만의 답변이 걸작이다.

  우리가 정부승인을 얻으려고 전력하는데, 내가 대통령 명의로 각국에 국서를 보내고 한국사정을 발표한 까닭에 지금 그 명칭을 변경하지는 못하겠소. 만일 우리끼리 떠들어서 행동이 일치하지 못한다는 소문이 세상에 전파되면 독립운동에 큰 방해가 있을 것이며, 그 책임은 여러분들에게 돌아갈 것이니 떠들지 마시오.[64]

  마치도 처녀를 건드려 애를 배게 해놓고는 '이제 당신은 내 꺼요. 괜히 소문이 세상에 전파되면 망신만 당할 터이니 입조심하시오' 라고 공갈하는 불한당 심보라 하겠다. 이승만이 '자칭 대통령' 행세를 하며 하는 독립운동이란 것은 미국을 상대로 한 외교일 뿐이다. 이승만은 우여곡절 끝에 임시정부의 대통령에 선출됐지만 그가 상하이에 머무른 것은 단지 1920년부터 다음해 5월까지 6개월뿐이라고 한다. 외교제일주의를 신봉하고 무장독립운동을 배격하는 이승만은 외교생활을 위해 미국으로 건너가지만 결국은 1925년 3월 임시정부 대통령직에서 탄핵을 당한다.
  이 같은 이승만의 행보에 대해 『이승만 90년』의 필자 이한우 기자는 "이승만은 어떤 상황이 발생하면 그것을 자신하게 유리하게 끌어내는 데 있어 천재적인 수완을 갖고" 있으며, 이승만의 그러한 행동은 "대부분 큰 줄기에서 보면 개인의 영달을 목적으로 한 것이 아니라 공적인 활동을 위한 것"이라고 변호하고 있다. 공적인 활동, 즉 조선의 해방을 위해 '자칭 대통령' 행세를 한 이승만은 대통령이 된 뒤에는 어떠했나. 5·16쿠데타 이후 설치된 혁명재판소는 이승만 정권 당시의 한 부정선거 주범에 대한 판결문을 통해 다음과 같이 단죄하고 있다. 이승만의 '대통령 병'이 공적인 활동을 위한 것인지, 개인의 영달을 목적으로 한 것인지는 역사가 보여주고 있다.

  이승만은… 제2대 대통령선거가 다가오자 국회에 의한 간접선거로는 도저히 재선의 가망이 없게 되었음을 깨닫고 계엄령 선포하에 다수 국회의원

---

64)「임시정부 의정원 문서」

을 구금·연행해 가는 등 이른바 5·26정치파동이라 불리는 정치적 비상사
태를 조성해 가지고… 발췌개헌안을 통과시켰고, 그 덕분에 대통령에 한하
여서는 중임에 관한 제한을 배제할 것을 규정한 개헌안을 제안토록 하여 이
른바 '사사오입' 파동을 거친 뒤에 통과시켰고… 제4대 대통령 및 제5대 대
통령선거에서는 수단과 방법을 가리지 않고… 조직적이며 대규모적인 부정
선거를 감행해야겠다는 결심을 하게 되었고, 동 부정선거를 위한 사전포석
으로 무술 경위를 동원한 파동 등으로 국가보안법 및 지방자치법을 개악하
였으며…, 계획한 대로 세계 역사상 그 예를 찾아보기 드문 전국적인 일대
부정선거를 감행….

　안창호의 비판처럼 "자기의 일은 자기가 스스로 아니하고 가만히 앉았
다가 말 몇 마디나 글 몇 줄로써 독립을 찾겠다"며 미국에서 대통령 행
세를 한 이승만, 그의 외교생활의 목적은 무엇이었는가? 민족의 해방인
가, 개인의 영달인가? 그가 내세우는 말과 명분만 보고는 그의 속셈을
알 수가 없는 일이다. 국민들의 손가락질을 받는 정치인들도 말로는 국
가와 민족을 위한다고 하지 않던가.

4. 미국의 이승만 대통령 만들기와 제거작전

　이승만과 미군정의 관계. 이 관계는 이승만이 정말 친미주의자, 나아가 미국의
에이전트(앞잡이)였는가 라는 문제를 해명하는 결정적인 부분이다. 결론부터 밀하
자면 단연코 그렇지 않다. 미국을 우리의 모델로 삼고 미국의 도움을 얻고자 한 것
은 사실이지만 그것과 미국의 이익을 위해 꼭두각시 노릇을 하는 것은 전혀 별개다.
오히려 이승만의 친미노선은 모두 우리의 국익을 위한 것이었다. 그가 우리의 국익
에 반한다고 판단할 경우 미국과의 갈등도 불사한 사례는 수없이 많은 데서도 이 점
을 확인할 수 있다. (상권 235쪽)

　이승만은 미국의 꼭두각시였는가. 설령 꼭두각시라 해도 스스로를 꼭

두각시라고 말하지는 않을 것이다. 중요한 것은 꼭두각시를 조종하는 연기자의 생각이다. 미국의 신식민주의 제창자인 체스터봐울스는 1946년에 이렇게 말했다.

미군정 대신 대리정권을 세운다면 첫째로, 민중들 속에 한국이 마치 독립국가인 듯한 환상을 조성함으로써 그들의 반제민족해방투쟁을 무마할 수 있고, 둘째로, 대리정권의 명의로 미국의 식민지정책을 실시한다면 설사 그것이 큰 재난을 가져온다 해도 그 책임은 대리정권이 지게 될 것이므로 한국에서 식민통치를 무한정 유지할 수 있다.[65]

이승만이 미국을 상대로 이따끔씩 벼랑끝 외교를 벌인 것은 사실이다. 휴전협정, 반공포로 문제에 있어 이승만은 미국의 골치를 꽤나 썩였다. 그러나 이것은 어디까지나 반공, 반소, 친미의 테두리 안에서 발생한 갈등일 뿐이다. 한국전쟁 때 트루먼 미국 대통령의 속을 썩인 것은 이승만뿐만이 아니다. 대통령의 지휘를 받는 맥아더 장군도 만주폭격 등의 문제로 사사건건 트루먼과 갈등을 빚었다. 그것은 마치도 같은 당 내의 노선투쟁, 권력쟁투와도 같은 것이다. 만약에 이승만이 반공이 아닌 용공, 반소가 아닌 친소, 친미가 아닌 반미 노선을 택했다면 결코 대통령에 오르지 못했을 것이며, 4월혁명 이전에 미국에 의해서 제거되었을 것이다. 실제로 미국은 이승만을 제거하려는 쿠데타를 준비한 적도 있다. 그리고 1960년 이승만이 물러나게 된 결정타는 미국이 날렸다. 결론적으로 말한다면 이승만이 미국과 갈등을 빚기도 했지만, 그가 대통령이 되고 물러나게 된 배후에는 미국의 입김이 절대적으로 작용했다는 것이다. 미국이 이승만을 선택하고 이용한 것이지 이승만이 미국을 선택하고 '용미' 한 것은 아니다.

---

65) 체스터 보울즈의 발언, 『코리아』, 1946년 2월호.『한미관계의 발자취』, 대동, 232쪽에서 재인용

(가) 점지

이승만은 미국무부보다는 미군부와 친밀한 관계를 형성했다. 국무부
에 비해 소련에 보다 강경한 입장을 견지했던 군부의 눈에 이승만이 들
어왔던 것은 무슨 이유에서일까? 미국무성은 애당초 이승만에게 귀국
여권조차 발급해 주지 않았다. 이승만이 귀국할 수 있었던 것은 OSS(전
략사무국)와 맺은 특수한 관계 때문이다. OSS는 CIA(중앙정보국)의 전
신으로, 이승만은 1942년 1월 OSS(정확하게는 OSS의 전신인 101정보
부대)와 인연을 맺었다. 이승만은 OSS의 연락장교, 문관대령의 신분으
로 동경으로 가는 군용기에 탑승하게 된다. 이승만과 OSS의 관계를 잘
표현하고 있는 리처드 H. 스미스의 「OSS」를 보자.[66]

이승만은 전쟁 초기에 자신의 한국망명운동의 공식승인을 얻고자 시도했
으나 실패하고 있었다. 국무성은 이승만의 임정이라는 것이 국외추방자들이
모여서 '자기들끼리 만든 클럽'에 지나지 않는다고 보고 있었기 때문에 회
의적이었다. 이승만은 자포자기의 심정이 되어 OSS에 구원을 청해 보았는
데, 그는 『브루클린』 신문 발행인이며 허스트재단의 중역이었던 공작담당
부국장 M 프레스턴 굿펠로우 대령으로부터 따뜻한 영접을 받았다.

굿펠로우의 알선에 따라, 이승만은 육군성으로부터 극동지역 후방투입의
젊은 한국인들을 모집하는 일에 있어 OSS와 연락업무를 담당하는 제한적
승인을 얻게 된다. 따라서 워싱턴에서의 이승만의 공적 지위는 상당히 올라
가게 되었다.… OSS는 이승만이 대전 후의 정치권력을 장악하는 데 있어
그 최초의 후원자가 되었던 것이다.

G2 자료에 따르면 "이승만은 2차대전 중 국무성에서 봉급을 받았다"
는 기록이 있다. 이는 정보기구의 예산을 타부서에 은닉하여 사용하는
관례에 따라 OSS 소속이면서 국무성으로부터 봉급을 받은 것으로 추정

---

66) 『신동아』 1989년 1월호에서 재인용, 필자 강준식은 약 1년간 머물면서 미국 정보기관
　　의 각종문서, 특히 한국에 진주했던 미 제24군단(사령관 하지 중장)의 정보참모부
　　(G2)자료를 중점적으로 검토했다.

된다. 그리고 이승만은 1945년 10월 12일 동경에 도착한 후 육군성에 보낸 전문을 보면 "연합국 최고사령관으로부터 리(승만) 대령이 육군성 굿 펠로우 대령에게"로 되어 있다.[67]

이처럼 이승만의 귀국에 즈음한 맥아더와 미군정의 대우는 남다른 것이었다. 맥아더는 이승만의 귀국에 자신의 전용기를 내줬을 뿐만 아니라, 미군정은 이승만으로 하여금 조선호텔 특실에 여장을 풀도록 했다. 귀국 다음날 하지 사령관과 아놀드 미군정장관의 안내로 군정청 제1회의실에서 기자회견을 할 수 있도록 마련해 주었다. 그리고 10월 20일 개최되었던 서울시민의 연합군 환영대회에서 하지 사령관은 이승만을 직접 시민들에게 소개, 그를 '자유와 해방을 위해 일생을 바쳐 해외에서 싸운 분'으로 칭송했다. 이날 한국인들이 마련한 환영대회 식순에는 원래 이승만의 이름이 없었으나 하지 중장이 즉석에서 이승만을 불러 세운 것이다.[68]

(나) 하지 — 미군정과의 동거와 갈등

미군정과 이승만의 관계, 즉 하지와 이승만과의 관계가 예속관계가 아니었음을 보여주는 예로 이한우 기자는 하지가 1946년 6월 2일 올리버 박사에게 한 말을 인용하고 있다.

이승만 씨는 한국에서 가장 위대한 정치가입니다. 그러나 그의 그치지 않는 반소언동 때문에 미국이 장차 한국에서 후원 설립할 어떤 정부에도 이승만 씨는 결코 참여할 수 없을 것입니다.

미국은 반소 반공노선에 투철한 이승만을 자신들의 에이전트로 이용하려 한 것은 분명하다. 그러나 이승만이 유일한 카드는 아니었을 것이다. 정치역학 관계에 따라 쓸 카드와 버릴 카드가 있는 것이고 에이전트

---

67) HIA자료, 문서분류 69085-8-37

68) 『뉴욕 타임스』, 1945년 10월 21일

역시 여럿을 준비하는 것이 정치공작의 기본 상식일 것이다. 1947년 1월 3일에 CIG가 작성하여 당시 미대통령 트루만에게 올린 극비보고서(1979년 공개)에 따르면 이승만은 '유보적' 인물이었다.

이승만은 아마도 오늘의 한국정계에서 가장 잘 알려진 인물이지만, 극도의 보수주의자이며 타협불가능의 반공주의자임. 당파정치에 개입하고 있는 까닭에 그가 원래 지녔던 위신은 상당한 정도까지 타격을 입은 것으로 생각되나 그래도 대부분의 한국인들로부터 널리 존경을 받고 있음. 그는 철저한 반소주의자임. 좌익세력을 반대하고 있기 때문에 그가 새로 태어날 한국이라는 국가의 우두머리로서 성공적인 후보가 될 능력이 충분한가에 대해서는 얼마간 의문점이 없지 않음.

아마도 남북이 하나된 국가가 세워지거나, 미군정이 좌익을 탄압하지 않았다면 이승만이 대통령의 자리에 오르기는 쉽지 않았을 것이다. 그러나 미국이 한반도 남쪽에 반공정권을 세우기로 마음을 먹음에 따라 이승만은 꿈에 그리던 대통령이 된 것이다. 권력에 대한 감각이 동물적으로 발달한 이승만은 이를 일찌감치 파악하고 남한만의 단독정부 수립을 주장했다. 그 길만이 자신이 권좌에 오를 수 있는 길임을 간파했기 때문이다.

적당한 시기에 남한에 반공정권을 세우려는 것은 미국의 속셈이기도 했다. 미군정청의 좌우합작운동은 대중운동을 잠재우기 위한 '기만전술'에 불과했다. 트루먼 대통령에게 보고된 CIG 보고서는 이에 대해 "(남한만의)과도입법기구 설치안에 대한 대중의 지지를 얻기 위해 미군정청은 좌우합작운동을 전개하지 않을 수가 없었다"고 적고 있다. 이 보고서는 미국의 정책은 38선 이남의 단독정부를 수립함으로써 한국의 분단을 돌이킬 수 없는 것으로 만들기 위한 속임수라고 비난하는데 "이러한 규탄에는 일말의 진실이 있다"라고 밝히고 있다.

미국이 남한 내에 반공정권을 세우기로 결정하고, 첫번째 총선을 치룰 때 미국이 선택할 보수 정치인은 이승만밖에 없었다. 송진우, 여운형은 암살되었으며, 박헌영은 북으로 도피했다. 우파 내에서 합법적 활동이 가능했던 김구와 김규식은 선거에 불참했다. 전국적인 명성을 지닌 정치인이라고는 이승만 한 사람밖에 남지 않았던 것이다.

이처럼 미국과 이승만의 관계가 찰떡 궁합인데 왜 양자간에 갈등이 있어 보이는 것일까? 이한우 기자는 "1945년 10월 귀국할 때부터 반탁운동이 본격화되기까지 두 사람의 관계는 비교적 우호적이었다. 물론 거기에는 이승만에게 호의를 베풀라는 맥아더 장군의 '요청'도 있었다. 소련과의 협력을 중시하고 좌우세력 모두에 대해 균형적 입장을 취할 것을 요구하는 미국무성의 지시에 따르지 않을 수 없었던 하지에게 이승만은 거추장스러운 존재였다"라고 말한다. 그러나 하지와 맥아더는 한 몸이었다. 의견충돌은 있었겠지만 그들은 거의 매일 교신을 해가며 남한을 자신들의 입맛에 맞게 요리했다. 「맥아더가 하지에게 보낸 전문」은 그 적나라한 예가 될 수 있다.

다음은 이승만이 방금 내게 보낸 전문인데, 귀관의 참고를 위해 되풀이하겠음. "국민의 의사에 반해서 하지 장군은 공산주의자를 포함한 45명의 입법의원을 임명했는데…. 우리는 절망적입니다. 현상황의 구제는 당신(맥아더)만이 가능합니다. 청컨대 하지 장군이 정책을 변경하도록 충고해 주십시오." 귀관은 내가 이승만에게 답전해 주기를 원하는가?[69]

이승만은 미국이 볼 때 부처님 손바닥 안에서 재주 피우는 손오공과도 같은 인물이었던 것이다.

(다) 쿠데타

반이승만 쿠데타 작전에 관해서는 선우종원이 쓴 『망명의 세월』에 잘 나타나 있다. 선우종원은 50년대에 치안국 정보수사과장, 장면 총리 비서실장, 그리고 1980년에는 평통자문회의 부의장을 지낸 반공적인 인물

---

69) 『신동아』, 1989년 1월호

이다. 『망명의 세월』에 의하면 1952년에 미군은 에버 레디 계획(Ever ready plan)이라는 이승만 제거 쿠데타 계획을 수립했으며, 1953년 5월에는 미8군 사령관 테일러가 군사작전의 전단계 조치로 워싱턴에 1급 비밀 작전보고서를 보냈다고 한다. 그 내용의 핵심은 미국 작전계획에 불만을 가진 한국군인 · 장교들을 조사하여 중요한 위치에서 이동시킨다는 것과 동시에 미군에게 우호적인 태도를 가진 한국장교들에게 한국군의 지휘권을 장악하도록 처리한다는 것이었다.[70]

리영희 교수는 『역사비평』에서 "이승만을 설득하는 데 실패한 미국정부"가 마침내 세운 작전계획의 세부지침들을 밝혀 놓고 있다.[71]

1) 한국정부에 대한 경제원조를 중단한다.
2) 미국 해군함대를 부산항 내에 정박 · 대기시킨다.
3) 유엔군 사령부 휘하부대를 부산지역에 진주 · 배치시킨다.
4) 이승만 대통령과 그의 정부에 복종요구를 통첩한다.
5) 요구를 거부하면 이승만 대통령의 신체적 연금을 단행한다.
6) 유엔군 사령관의 명의로 부산(수도)지역에 계엄령을 선포한다.
7) 부산지역의 남한군대 · 경찰 및 준군사집단들과 청년단체들을 접수한다.
8) 한국 국회의원들과 그 가족들의 신체 안전보호, 망명처 제공
9) 국회 소집 · 개회, 이승만 대통령에 의해 체포 · 투옥된 사람들을 석방한다.
10) 전쟁수행에 전면적으로 협조할 남한정부 지도부의 개편 · 구성

이와 같은 극단적 조치를 위해 다음과 같은 군사적 세부계획도 논의되었다.

1) 한국군 참모총장의 교체 · 임명(백선엽 장군이 미국측 의중의 인물로 거론됨)

---

70) 선우학원, 『한미관계 50년사』, 일월서각, 1997년, 108~109쪽
71) 「1953년 한미상호방위조약」, 『역사비평』, 1992년 6월호

2) 혹시라도 이승만 대통령이 유엔군 사령관 지휘하에 한국군을 배속한 1950년 7월 14일 명령·협정(대전협정)을 취소할 경우를 예상하여, 한국군 참모총장과 주요 지휘관들의 유엔군 사령관에 대한 충성도를 조사·평가해 둔다.

3) 신 참모총장으로 하여금 계엄령에 따라 한국군·경찰·준군사 준경찰단체 등에 대한 지휘권을 행사케 한다.

4) 대한민국·국회 등 주권적 존재의 상징을 유지케 하고 기능케 한다.

5) 유엔군 총사령관 명령의 계엄령을 가능한 최단시일 내에 한국 민간정부 기능의 회복에 진력한다.

이 같은 이승만 제거계획은 실행에 옮겨지지 않았다. 아마도 위협을 느낀 이승만이 미국의 정책에 순응하는 것에서 타협점을 찾았을 것이다.

(라) 축출

이승만은 마치 "국민이 원하니까" 물러난 것으로 알려져 있다. 그러나 이승만이 언제 국민이 원하는 일을 했던 위인인가? 국민이 원해서 4사5입 개헌했나? 국민이 원해서 김구를 암살했나? 4·19혁명 이틀 뒤인 1960년 4월 21일 주한미대사 매카나기와 이승만이 만났을 때 이승만은 마지막 순간까지 권력유지를 위해 '발악'을 했다.

이번 사태(4·19)는 장면 한 사람에 의해 저질러진 일이다. 장면과 노기남 대주교가 대한민국의 헌법을 어기고 권력을 잡기 위해 가톨릭과 교회를 이용했다. 장면이 학생들의 소요에 이용한 증거를 대사에게 보여주겠다.[72]

그러나 4·19 직후 미 국무장관 크리스천 허터는 양유찬 당시 주미 한국대사 앞으로 주의각서를 보내 "한국은 탄생에서 존립까지 미국의 지원을 받고 있다. 불미스런 사태의 수습을 위해 조속히 필요한 조치를 취

---

72) 정부에 의해 30년 만에 공개된 외교문서 중에서, 『조선일보』, 1995년 1월 15일

하라"고 촉구했다. 미국이 처음부터 이승만의 하야를 결심한 것은 아니다. "1960년 3·15부정선거가 치러지고 저항의 움직임이 이는 상황에서 미국은 우려의 눈으로 사태를 주시하면서도 이승만의 압도적 승리 자체에는 만족하고 있었다"고 한다.[73] 그러나 한국의 정세가 악화되자 미국은 적극적인 개입에 나섰다.

25~26일에 걸쳐 사태가 더욱 격화되자 매카나기는 26일 오전 이승만을 찾아가 현재의 "매우 위험하고 폭발적인" 정세에 대해 "애매한 대처나 임시변통"은 한국민의 "정당한 요구"를 거스르고 "근본적인 미국의 이익"마저도 위험에 빠뜨릴 수 있음을 경고했다. 그는 이어 지금은 "젊은 사람들에게 책무를 넘겨주어야 국민이 믿는 때"라며 직접적으로 사퇴를 요구하고 나섰다. 그 결과 '하야 고려' 성명을 준비하던 이승만은 27일 사직서를 국회에 내고 사임성명을 발표하기에 이르렀다.

5. 무엇을 위한 용미인가

이러한 점을 고려할 때 이승만의 미국에 대한 외교노선은 학계의 시각처럼 친미라기보다는 용미(用美)에 가깝다고 할 수 있다. 미국과 가까이 하면서 동시에 우리의 자존심을 지키는 일, 이것이 이승만이 맹아를 보여준 용미론의 기본골격이었다고 할 수 있을 것이다.(하권 69쪽)

이승만은 근대조선의 그 누구보다도 진미적인 정치인이다. 그런네 일부에서는 이승만이 마치 미국과 갈등관계에 있었으며, 주종의 예속관계가 아닌 용미의 입장에 서 있었다고 주장한다.

갈등관계는 어떠한 사회 정치적 관계에서도 발생하는 것이다. 더군다나 권력을 둘러싼 암투와 갈등은 너무도 일상적인 것이다. 남한에서 정권을 잡으려는 보수정치인치고 미국의 눈치를 안 본 위인은 없었겠지만

---

73) 이재봉, 「4월혁명과 미국의 개입」, 『한겨레』, 1995년 3월 29일

그렇다고 그들이 미국의 일거수일투족에 대해 전적으로 동의하는 것은
아니다. 내심 배알이 꼴리더라도 대를 위해 소를 희생한다는 마음으로
참는 것이다. 그런데 문제는 그들이 추구하는 대라는 것이 대개의 경우
내세우는 말과는 달리 민족과 민중의 이익과는 무관한 권력의 유지라는
것이다. 미국의 눈치를 살피는 정치인들도 자신들의 권력유지에 해가 된
다고 여겨지면 막다른 곳에 다다른 고양이 앞의 쥐처럼 미국에게 달겨드
는 시늉도 하는 것이다. 미국과 이승만의 갈등이라는 것도 이런 선을 넘
지 않는 것이다. 일각에서는 이승만이 누구보다 친미적이었기에 미국과
벼랑끝 외교를 벌릴 수 있다는 해석을 하기도 한다.

여기에 또 하나 첨가해야 할 것은 이 박사가 그 기조는 매우 친미적이었다
는 것이다. 이 박사 자신으로 보면 누구보다도 미국을 잘 알고 실제 미국시
민과 다름없이 행동하고 미국을 이해하고 사랑했던 만큼 대미외교처럼 자신
이 있는 것도 없었는지 모른다. 따라서 이 박사는 세계 최강국인 미국을 상
대로 약소국가의 외교를 전개하는 데 그 누구보다도 능란하게 카리스마적
행동반경을 넓혀 갈 수 있었다.[74]

서중석 교수도 이승만은 철저한 친미주의자였으며, 스스로 더 미국
적—반공적, 친소적—인 정책이나 행위를 했기 때문에 이따끔 문제가 됐
을 뿐이라고 진단한다.

그는 미국의 이해관계라든가 미국의 이상을 곧 자신의 이해관계, 자신의
이상으로 간주했던 사람으로 보입니다. 그래서 미국이 원했던 것보다도 훨
씬 더 정책이나 행위가 미국을 위하는 것으로 생각하고 있었고, 실제로 또
그러하였다고 저도 생각합니다. 다만 그 사이에 갈등이 일어났던 것은 이승
만이 과도한 정권야욕을 보여주었다거나 또는 미국이 보기에도 지나치다고
볼 수 있는, 그래서 휴전협정체제, 나아가서는 미소관계를 지나치게 해칠 것

---

74) 박실, 「미국대사 5대」, 『비록 이승만 박사와 미국 대사관』, 정호, 1985년, 251~252쪽

같은 어려움이 발생했을 때 주로 갈등관계에 놓여 있었던 것이지 다른 이유 때문은 아니었다고 봅니다.[75]

누구보다 친미적인 이승만이 '용미'를 했다고 하는데 용미를 해서 이룬 일이 무엇인가?

첫째, 단독정부 수립. 둘째, 친일파 정권 수립, 셋째, 친미반공정권 수립 넷째, 이승만 독재정권 수립, 그리고 또 무엇이 있는가? 감히 자유민주주의 국가를 건설했다고 말하지는 못할 것이다. 그렇다고 임시정부의 법통성이라도 계승했는가? 미국을 가까이 하고 이용해서 도대체 우리의 어떤 자존심을 지켰는지 궁금한 일이다.

이한우 기자는 "북진통일(명분확보) — 반공포로석방(극단상황조성) — 상호방위조약체결(실리취득)"을 이승만의 대미외교 승리의 대표적인 예로 제시하고, 이 같은 이승만의 외교전략은 "약소국이 강대국을 상대로 펼칠 수 있는 외교의 모델을 제시한 것으로 최근 북한의 핵무기개발 협박외교가 이와 거의 유사한 방식으로 진행되고 있음은 눈여겨볼 대목"이라는 말을 한다(하권, 144쪽). 한편 이 기자는 김일성의 외교술이 이승만의 외교연구를 통해서 나왔을 가능성이 높다는 평가를 덧붙인다. 이승만의 외교술을 찬양하기 위해 김일성까지 끌어들이는 놀라운 기지가 돋보이는 대목이다.

그런데 이한우 기자가 "이승만이 80평생을 쌓은 외교경험을 총결집해 약소국의 대통령으로서 최상대국 미국을 상대로 얻어낸 외교적 승리"라고 극찬한 '한미상호방위조약'이란 도대체 무엇인가. 1953년 10월 1일 워싱턴에서 서명하고 1954년 1월 1일부터 발효된 이 조약의 제4조는 이렇다.

제4조 상호합의에 의하여 결정된 바에 따라 미합중국의 육·해·공군을

대한민국의 영토 내와 그 주변에 배치하는 권리를 대한민국은 이를 허여하고 미합중국은 이를 수락한다.

6. 누가 역사를 감정으로 쓰나

> 결론부터 말한다면 이승만은 '망명'을 한 적이 없다. 망명의 기본 요건 중 하나가 본인의 망명 신청이고 또 하나가 해당국가의 망명 수락이다. 이승만은 망명 신청을 한 적이 없다. 따라서 미국도 망명을 받거나 할 일이 없었다. 그럼에도 우리는 지금 이승만의 하와이 5년 2개월을 그저 습관적으로 '망명'이라고 부르고 있다. 역사를 사실이 아닌 감정에 의해 써온 결과가 아닐까. (하권 211쪽)

이한우 기자는 '건국의 시조'가 악의 대명사로 여겨지는 현실에 비분강개한다. 머리말에서는 "이번 작업을 위해 학자들이 쓴, 특히 역사학자와 정치학자들이 쓴 많은 책과 논문들을 참고하면서 그들 학문의 비현실성이 심각한 정도에 이르고 있다는 것을 확인하게 됐다"는 점을 밝힌 이한우 기자는, 에필로그에서 "대한민국은 없어질 나라 혹은 없어져야 할 나라"라고 하는 자기모멸의식을 갖고 있다고 보는 극좌와 극우를 포함한 지식인들을 뭉뚱그려 비판하면서 이승만을 옹호한다.

그런데 그야말로 역사를 사실이 아닌 감정에 의해 쓰고 있다. 애정이 지나치면 편애하게 되고, 편애를 하다 보면 '사실이 아닌 감정'에 의해 사리판단을 하게 된다. 이승만에 대한 편애를 보여주는 감정적 표현들을 몇 가지 살펴본다.

> 결국은 김구 노선이 현실적으로 패배했다. 그것은 단순히 미국의 선택에 의한 것이 아니라 국민적 지지와도 연결된다. 대다수 국민들이 김구 노선이 아니라 이승만 노선을 현실적인 것으로 보았고 이승만 노선이 구체화돼 현재와 같은 대한민국이 세워진 것이다. 이는 개인적 주장이 아니라 역사적 사실이다. (하권 62쪽)

역으로 미국에 대해 친화성을 보인 것도 따지고 보면 미국이 영토적 야심
이 없는 먼 나라였기 때문이라는 해석도 가능하다. (하권 157쪽)

이승만을 복권시키려다 보니 기존의 고정관념을 뒤집는 경우가 많아
진다. 경우에 따라서는 학계의 편견에 일침을 가하는 역할도 하지만 대
부분의 경우 억지 궤변으로 흐르기 십상이다. 망명발언도 그렇다. 이승
만이 망명했나 안 했나를 문제삼는 발상은 마치도 이승만이 민중들에게
쫓겨났나 스스로 물러났나라고 묻는 것만큼이나 어리석어 보인다. 그러
면 필리핀의 독재자 마르코스는 미국에 망명한 것인가 아닌가? 문제삼
을 것이 있다면 법의 심판대에 세우지 않고 미국으로 망명을 시켰다는
사실일 것이다. 신한민보(1960년 6월 2일)는 사설「전 대통령 이승만 씨
의 망명」에서 이렇게 따져 묻는다.

타방으로 혁명정부인 허정 과도정부가 방축된 전 대통령의 망명을 주선하
여 주었다는 것은 혁명정부로서의 태동에 의문을 던지게 하는 것이며, 동시
에 리씨 정권의 실태를 조사, 해명하기도 전에 그 책임자를 탈출 망명케 한
허정 과도정부의 책임을 반드시 물어야 할 일이다.

이한우 씨는 『이승만 90년』 상권의 부록「이승만론에 대한 반박」에서
학계와 지식인 사회의 격렬한 비판을 접하면서 '내가 정말 역사를 왜곡
하고 있는가' 라는 의문보다도 '이 정도밖에 안 되는가' 라는 생각이 강하
게 일었다고 밝혔다. 비판자들의 이승만에 대한 사실확인과 연구작업의
'미숙함' 을 나무란 말이다. 그런데 이 같은 충고에 대해 포항공대 고정
휴 교수(한국사)는 『역사비평』(1995년 겨울호)에 기고한 특별연구논문
「독립운동가 이승만의 외교노선과 제국주의」를 통해 "그렇다면 『거대한
생애』는 얼마만큼 사실의 발굴과 확인에 충실했는가"라는 반박을 한다.
이한우 기자 스스로 밝혔듯이 『이승만 90년』은 "(이승만에 대한) 전문
연구자가 아니기에 가능한 1차자료보다 2차자료들을 이용"해서 쓰여졌
고, 학계의 관련 논저들은 충분한 검토 없이 '필요' 에 따라 부분적으로

인용하고 있을 뿐이라는 것이다. 따라서 『이승만 90년』은 "학술적으로
논의할 만한 어떤 새로운 내용이 담겨 있지 않"으며, 다만 문제되는 것
은 "전체적으로 이야기를 엮어나가는 관점과 논리" 즉 이승만에 대한
'역사적 평가'라는 것이다.

　고정휴 교수의 비판처럼 새로운 내용을 제시하지도 않으면서 전문 학
자들의 연구업적을 가리켜 "역사를 사실이 아닌 감정에 의해" 써왔다고
주장할 수 있는 만용과 객기는 어디서 나오는 걸까. 이런 학문적 치기야
말로 "역사를 사실이 아닌 감정에 의해" 판단하는 데서 나오는 것이 아
닐까.

7. 무식한 뭇매질과 분단의 아버지

　『월간조선』 1995년 6월호에는 「이승만 비판에 대한 30대 기자의 정면
반박─비판할 자격이 없는 이들에 의한 무식한 뭇매질」(『이승만 90년』
상권)이 실려 있다. 이한우 기자가 쓴 이 기사를 읽으면서 두 가지 생각
이 떠올랐다.

　하나는 '뭐 눈에는 뭐만 보인다'는 격언이었고, 또 하나는 '바로 이 기
자야말로 『조선일보』의 축소판이구나' 하는 생각이었다. 제목부터 그렇
다. '비판할 자격이 없는 이들에 의한 무식한 뭇매질'. 나는 이렇게 '무
식한' 제목을 달고 있는 기사가 세상에 또 있는지 궁금하다. 이한우 기
자는 분풀이를 하듯이 '비판할 자격이 없는 이들'에 대해 '유식한 뭇매
질'을 해댄다.

　"이상에서 열거한 것처럼 사실들을 날조·왜곡·단순화·무시한 상태에
　서 이승만에 대한 평가 운운하는 것 자체가 이미 의미를 상실한다."
　"반지성적 우기기"
　"그것은 바로 몽매주의와 반지성주의의 징표이다."

이런 표현들 하나하나에 대해 논쟁하는 것은 무의미한 일이지만 『조선일보』식 ‘반지성적 우기기’의 표본을 하나 뽑아서 후대의 독자들에게 생각할 거리로 남겨두고 싶은 마음에서 몇 자 적는다.

이한우 기자는 ‘무식한 뭇매질’에서 “이 간단한 문단 하나만으로도 지금 소위 연구자라는 사람들이 기본적인 사실 인식 하나 제대로 하지 못하고 부정확한 개념들을 마구 사용하고 있다는 것이 쉽게 확인하게 된다”며 ‘소위 연구자들’을 도매금에 비판한다. 뭇매질을 당한 ‘간단한 문단’은 어떤 내용일까?

그것은 한국외국어대 강사 조연현 씨가 성균관대 학보에 쓴 글의 일부다. 조씨는 이 기고문에서 『조선일보』의 이승만 되살리기를 비판하면서 “분단의 아버지가 건국의 아버지로 내세워지고 반민주적인 독재자가 자유민주주의의 신봉자로 돌변해” 버린 역사적 왜곡을 질타했다. 이에 대해 이한우 기자는 자신이 설정한 ‘객관적 사실’에 기반해 항변한다.

그가 분단의 아버지인가. 그가 통일된 나라를 분단시켰는가. 그가 남한 단정론을 내세운 것은 별개의 문제다. 그것은 그의 소신이었지만 그의 소신과는 별도로 한반도의 분단은 이미 미소에 의해 진행되고 있었다는 것은 상식에 속한다. 이런 상식조차 무시한 채 이승만을 ‘분단의 아버지’라고 부르는 이유는 뭘까.(상권 297쪽)

이한우 기자의 논법으로 하면 미국은 분단의 할아버지이고, 이승만은 분단의 아버지가 되는가? 이것이 역사적 상식이라는 것인가? 아니면 분단의 아버지는 미국과 소련이고, 이승만은 분단의 아들 중의 한 사람에 불과하다'는 것을 주장하려는 것인가? 이승만이 남한단정론을 내세운 분단주의자라는 점은 인정하면서도 분단의 모든 책임은 미국과 소련에 있으니 이승만은 분단의 아버지가 아니라는 주장은 궁색하기 짝이 없는 것이다. 그가 분단의 아들이나 할아버지라 해도 조국 분단의 ‘일등공신’이라는 사실에는 변함이 없는 것이다. 그렇지 않다면 이완용이가 손가락질 받을 이유가 무엇인가? 『순국』(1989년 11, 12월호)에 실린 서중석 교수의 글 「이승만 정권과 친외세주의자」의 한 대목을 읽어본다.

이승만 박사와 친일파들은 손을 잡고 단정수립 추진으로 나아갔다. 고려
가 후삼국을 통일하고 1천 년 이상이나 단일민족국가를 유지해 온 한민족이
분단을 맞게 된 것은 기본적으로는 외세 때문이었지만, 외세에 빌붙은 자들
도 결정적인 역할을 한 것이다.

이한우 기자는 이승만이 '반민주적 독재자' 라는 것은 부분적으로 인
정한다. 그러나 예의 그 상황론을 들먹인다.

반민주적 독재자라고 하는 지적은 일면 타당성이 있다. 그러나 엄밀하게
우리 국민이 민주주의를 할 능력이 있었는지의 물음은 도외시한 채 이승만
의 가부장적 통치행태를 일방적으로 매도하는 것 또한 현실을 무시한 주장
에 불과하다. 그를 견제할 세력이 없었던 한국의 정치상황 또한 문제가 아닌
가.(상권 297쪽)

대표적인 친일파 인물 윤치호는 「한 늙은이의 심사숙고」(1945년 10월
20일)에서 "한인들이 민주주의 정부를 운영한다고 떠드는 이야기를 들
을 때 나는 여섯 살 먹은 어린애가 자동차를 운전하고 비행기를 조종한
다는 이야기를 듣는 것과 같이 느껴진다"며 우리 민족의 자치능력을 폄
하했다. 해방 직후에 윤치호의 표현대로 "수레에 붙어 있으면서 제가 수
레바퀴를 움직이고 있다고 떠벌리는" 우화에 나오는 파리처럼, 독립운
동가 행세하는 정객들이 없지는 않았을 것이다. 그러나 수레에 붙어 있
거나, 말 잔등에 올라탄 파리 때문에 독립의 바퀴를 굴리던 애국지사와
민중들을 우롱해서는 안 될 일이다. 윤치호는 "국내에 살 수밖에 없는
우리로서는 일본의 신민으로 그들의 요구와 지령이 전횡적이라 하여도
순종할 수밖에 없었던 것이 아닌가?"라고 말한다. 지도자는 아무나 될
수 있는 것이 아닐 것이다. 이광수가 필부였다면 창씨개명 했다고 손가
락질받았겠는가.

이한우 기자 눈에는 해방 직후 우리 나라 상황은 파리떼가 득실거리는 사회, 우민들이 설쳐대는 사회였다. 누가 누구를 손가락질할 수 없는 세상이었다. 그러나 미군정이 점령군 행세를 하기 전에 이미 남한사회는 자치력을 발휘하고 있었다. 미군정이 친일세력을 복귀시키지 않았다면, 파리떼는 일찌감치 소탕됐을 것이며, 지금처럼 일제 미제의 배설물을 쫓아다니며 연명하는 파리떼들의 천국은 오지 않았을 것이다.

"우리 국민이 민주주의를 할 능력이 있었는가?"

우리 민족의 자치능력을 믿지 못하고 친일파, 친미파로 행세하던 이들은 이 물음에 대해 부정적일 수밖에 없을 것이다.

8. 『조선일보』는 이승만의 양자?

1961년 12월 13일 하와이에서 망명객 이승만은 이인수(명지대 교수)를 양자로 맞이했다. 이인수 교수는 「동서양을 하나의 인격 속에 통합」에서 이승만이 친일파를 '포용'한 것을 이렇게 해석한다.

친일파 문제는 우선 친일파가 누구냐, 그것을 먼저 정의해야 합니다. 항상 그런 얘기를 합니다만 아버님이 한국에 돌아오셔서 "친일파가 아닌 사람 손 들어 보라, 누가 세금을 안 냈냐, 오랜 역사가 잠시 암흑 속에 갇혔던 것은 나와 같이 나이 많은 사람들의 책임이 크다" 그러셨어요.

"나라를 잃었던 세대의 죄가 크다"는 이 말씀에 이 어른의 기독교적인 정신을 볼 수가 있어요. 그 책임은 내가 지겠다. 그 당시에 그렇게 얘기할 수 있는 분이었기 때문에 국가를 창조할 수 있었지요.

그때 중국에서 온 분들은 앞으로 신생국에서 장관을 할 사람은 독립운동을 직업적으로 10년 이상 한 사람이 아니면 안 된다고 했어요. 그런데 그 당시에 10년 이상 독립운동을 한 사람이 얼마나 되겠어요.

『조선일보』 사설 「좌절의 부정주의」에서도 그런 의도를 엿볼 수 있다.

필자는 "해방 50년을 '좌절과 시련'의 역사로 보는 주장—그것은 모두
이승만·박정희 대통령 등의 역대 '친일정권' 탓"이라는 주장에 대해 다
음과 같이 반론을 펴며 '친일파'를 감싼다.

  역사의 정당성은 '첫 시작에 부분적인 흠이 있었느냐 없었느냐'라는 기준
뿐 아니라 '통치의 지속성과 효율성' '결과적 현실' '업적' '삶의 질 향상
여부' … 등 여러 가지 기준에 의해 평가되는 것이기 때문이다. 대한민국 건
국의 초기에 친일잔재가 묻어 들어왔다는 것 하나로 오늘의 대한민국이 지
니고 있는 모든 긍정적 결과물들의 '정당성 충족요건'을 간과할 수는 없
다.(1995년 1월 26일)

  "친일잔재가 묻어 들어왔다는" 정도라면 '부분적인 흠'에 그쳤을 것이
다. 그러나 이승만 정권의 본령 자체가 친일파이기에 아무리 세월이 흘
러도 '정당성 충족요건'을 채우기가 어려운 것이다. 설령 이승만 정권의
주요 구성원이 친일파였고, 박정희가 왜놈 장교였다 하더라도 통치의 지
속성(설령 압제에 의한 것이라 해도!) 등이 있으면 문제될 것이 없다는
필자는 다음 예문을 통해 한술 더 떠 친일파를 제거했다 해도 현실은 더
불행했을 것이라는 암시를 하고 있다.

  친일파의 씨를 말렸다고 해서 오늘의 북한의 현실이 과연 '통치의 문명적
기준'에 비추어 정당성을 인정받을 수 있겠는가 생각해 볼 일이다.

  '북한의 현실' 앞에서는 모두 다 입을 다물 것이라는 사실을 이 영악
한 필자는 꿰뚫고 있다.

9. 결

『조선일보』는 1995년 1월 1일 연재물 「거대한 생애—이승만 90년」의

첫 회분을 내보내면서 이 기사와 함께 컴퓨터로 그린 7인의 대통령 사진을 함께 실었다. 청와대를 배경으로 이승만, 윤보선, 박정희, 최규하, 전두환, 노태우, 김영삼이 서 있는 사진 밑으로는 「'역사의 단절'은 없어야 한다」라는 제목을 뽑았다. 그리고 그 밑으로는 김대중 주필이 쓴 주장성 논설이 자리잡았다. 이 논설은 이렇게 끝맺는다.

> 이제 단절의 폐습을 떨어버리자. 그 대신 우리를 괴롭혔던 갈등, 대립, 원한, 능멸, 자학, 자만, 유아독존의 대립물을 단절하고, 어두운 과거와 아픈 상처도 '우리 것'으로 수용하는 포용의 대도(大道)로 나아가야 한다. 그래서 거기서 '나'가 아닌 '우리'로서 세계를 호흡해야 한다.

『조선일보』로서는 '단절은 없어야 한다'고 선언하는 이유가 있다. 7인의 대통령은 한결같이 『조선일보』가 지지하고 추앙하고 만들어 낸 대통령이기 때문이다. 이들과의 단절은 곧 『조선일보』의 정신적 절단을 의미한다.

우리를 괴롭혔던 갈등과 대립은 무엇인가? 독재세력에 대한 불굴의 투쟁. 우리를 괴롭혔던 능멸과 자학은 무엇인가? 친일 친미 사대정권에 대한 분노. 우리를 괴롭혔던 유아독존은 무엇인가? 1인 철권통치.

『조선일보』는 말한다. 역사에 대한 분노와 투쟁은 접어두고 독재자들과 화합하자고. 이들은 단 한 번도 진심으로 미국의 분단정책에 희생이 된 제주도의 수많은 민중들과 역대 독재정권에 희생된 열사들의 죽음 앞에 고개 숙여본 적이 없다. 그 유족들의 아픔을 보듬어 준 적도 없다. 그러면서 『조선일보』는 독재자들을 무덤 속에서 끌어내고 '포용의 대도'를 논한다. 박정희에게서 '부국의 영도'를, 이승만에게서 '건국의 리더쉽'을 보는 김대중 주필은 말한다.

"우리에겐 단절해 버리고 싶은 좌절의 역사만 있는가?"

그의 답은 이렇다.

"그렇지 않다. 그 좌절을 용감히 뛰어넘은 오늘이 있고, 우리를 그 길로 인도한 지도자들이 있었다."

이것은 틀린 답이다. 이 오답에 첨삭을 하면 이렇다.

"그렇지 않다. 그 좌절을 용감히 뛰어 넘은 오늘이 있고, 사이비 지도자들을 몰아낸 민중이 있는한."

제3장

제너럴 셔먼호 사건과 도깨비
한미전쟁과 성조기
『사의 조선책략(私擬 朝鮮策略)』
최초의 신문『한성순보』의 미국기사
1893년 동학교도의 벽보와 반선교사 감정
『독립신문』과 서재필의 친미사대주의

제너럴 셔먼호 사건과 도깨비

  쉬어맨호는 쩨네랄 쉬어맨(General Sherman)호로 천진 있는 米國 사람 프레스톤의 소유한 범선인바 조선에 무역의 길을 트려고 그랬는지 온갖 玩好品을 실고 그 우에 다시 이상한 무장을 하여 가지고 천진을 떠나 황해로 돌아서 평양 대동강에 거슬러 올라와 교역을 청하기는 고종 3년 병인 7월이었다. 그러나 통상은 당시 국금이라 그것이 일감사의 처단할 바 아니므로 장계를 띠우고 조명(朝命)을 기다리는 동안에 시일이 지연되었다. 처음에 멋모르고 대동강에 깊이 들어왔든 쉬어맨호는 강물이 줄어들매 천탄(淺灘 : 낮은 여울)에 걸려 선체가 움지길 수 없게 되었고 그러자 양식이 떠러지고 구득할 길이 없어 최후에는 약탈을 행한 일까지 있었다 한다.

  그렇지 않아도 통기(通奇) 없이 내하에 츰입하여 국금을 범한 데다가 그 이상 인민에게 폭행을 더함은 그네를 위해서 得策이 아니며 더구나 問情하는 관리를 선중에 구인함과 같음에 이르러서는 한갓 조선인의 감정을 격발시켰을 뿐이다. 평안감사 박규수는 이에 뜻을 결하고 적자선을 징발하여 화공의 계를 써서 쉬어맨호를 불살우고 그 선원을 잡아죽이니 선중에는 선주 프레스톤과 선장 페이지와 통역 도마스 등 서양인 오명과 청국인 말래인 등 십구명 총계 이십사명이 있었는데 그네들이 이같이 모두 이역에서 원귀가 된 것은 대동강에 들어온 지 십여일 후인 동칠월 이십사일 (서력 구월 삼일)이었다. 첫사랑에 할키는 셈으로 이 쉬어맨호의 비극이 결코 조선과 미국 새의 장래 친교를 위해서 축복이 되지 못하였다.[1]

　제너럴 셔먼호가 대동강에서 격침되기 전에 조선사람들은 미국사람들을 어떻게 바라보았을까?

　조선에서는 이들을 망량(魍魎 : 도깨비) · 외이(外夷) · 양적(洋賊) · 비류(匪類) · 양괴자(洋魁者) 등으로 불렀다. 화이론적 대미관이라 하겠다. 양괴자는 1885년 최초로 조선땅에 들어온 미국인 표류선원 멕가이어, 바네스 등에게 붙여진 이름이다. 강원도 통천군에 상륙한 이들은 약 30일간 환대를 받았는데, 이 환대에 대해 선원들은 다음과 같이 후술하였다.

　　맥가이어 : 해안에 토착인들이 있었다. 그들은 우리들을 만나자 집으로 데려가서 접대하면서 옷과 음식을 주었다.
　　바네스 : 조선인들은 우리들을 사람같이 접대하였다.[2]

　조선사람들은 생김새와 행동거지가 도깨비같은 외이들에게 사람대접을 했다. 이는 '외원지의'(외원지의), 즉 원지의 사람을 편안하게 한다는 정부의 방침에서 나온 조처였다.[3]

　그런데 미국 '도깨비'들은 조선사람들을 자신들이 학살하던 아메리카 토인쯤으로 여기고 대동강을 거슬러와서는 총질을 해댄 것이다. 제너럴 셔먼호가 평양에 다다른 것은 1866년이다. 링컨이 암살당한 그 다음해이다. 무역, 선교, 혹은 왕릉도굴을 위해 왔다고 하는 이 배의 승선인원은 24명이었는데 이들은 모두 불귀의 객이 되었다. 제너럴 셔먼호는 평양 관민들의 화공에 의하여 격침되고 선원들은 모두 살해당했다. 이때의 상황을 게일은 다음과 같이 적고 있다.

　셔먼호를 공격하였던 조선인들이 유황과 나무를 배에 싣고 며칠간 멈춰서 있다가 끝내는 셔먼호를 불태우니 선원들은 연기를 피하여 빠져 나왔다.

---

1) 문일평, 『한미관계 50년사』
2) 이민식, 『근대한미관계연구』, 백산, 1998년, 34쪽
3) 『승정원일기』, 헌종 13년 7월 9일조

선원들은 물 속으로 뛰어들기도 하였으나 토마스 목사는 청인 조능봉과 같이 상륙하였다. 조선인들은 나머지 사람들도 즉각 묶었는데 그 중에는 흑인이 있었으며 기자묘와 석탑 부근 버드나무가 있는 곳으로 데려갔다. 거기서 그들은 모두 맞아 죽었다.[4]

이 사건이 한미 두 나라에 끼친 영향은 대단히 컸다. 대원군은 대동강에서 소실된 제너럴 셔먼호의 잔해를 한강 백사장까지 끌어다 전시하려 했다. 기술적인 어려움으로 이 계획은 실패로 끝나고 말았지만, 이를 미루어 짐작컨대 대원군의 쇄국정책 의지가 한층 고조되었음을 알 수 있다. 미국은 사건 이후 미 국무부장관이었던 시워드가 워싱턴 주재 프랑스공사에게 미·프 공동 조선원정안을 제기했다. 이 원정계획은 곧바로 실행에 옮겨지지는 않았으나 1871년 신미양요(한미전쟁)로 이어졌다.

---

4) 이민식, 앞의 책, 41쪽

한미전쟁과 성조기

　귀선이 화호를 목적으로 우리나라 국경에 내도했다기로 우리는 이에 맞는 예로써 접응하지 않았는가! 그렇지만 당신은 오히려 우리가 보낸 노문관을 쫓아 돌려보내고 우리 관해를 침범하였다. 귀선이 저지른 이러한 실례를 무릅쓰고 우리는 우리 군인들이 화를 미리 막지 못한 것만 꾸짖었다. 또한 우리는 문서로써 우리 입장을 해명코자 애썼으나 당신은 이를 받아들여 '우리의 입장을' 들어보려고 하지 않았다. 돌이켜보건대 당신들이 말하는 화호지도란 과연 어디에 있는가?

　이로써 보건대, 당신네는 겉으로 우의와 친목을 내세우면서 속으로는 궤휼(교묘하고 간사스럽게 속임)을 품고 있음을 알 수 있다. 당신네는 군인과 무기를 상륙시켜 공공건물과 민가를 모두 불태우며 재물을 겁탈하여 칼부치 하나도 남기지 않고 뺏아가니, 이야말로 절도와 간사한 소인의 소행이 아니냐. 당신네가 몰고 온 배 속에 우리 나라에서 죄를 짓고 망명한 반역배들을 많이 태우고 와서 이들을 향도로 이용하였으니 이 역시 도둑놈의 소행이라 할 것이다. 끝내 총과 대포를 난사하여 군과 민을 살해하니 산인·혹독함의 창궐이 이보다 더 심할 수 있겠는가. 어찌 화후를 내걸고 예로써 상대하겠다는 사람들이 이럴 수 있는가. 우리 나라의 삼척동자조차 모두 '당신네의 행동을' 침뱉으며 욕하니 천하 사람 중에 누가 당신네에 분노하여 물리치려고 하지 않겠는가.… 귀선은 도처에서 다시금 예로 돌아가 회해를 구하고 친목을 도모해야 하지 않겠는가. 홀로 따져보건대 귀선은 부끄러워할지어다. 부끄러워할지어다. 이 점 조회(照會)하노라.[5]

한미전쟁을 일으킨 로저스 사령관 휘하의 아시아 함대가 게양했던 성조기에는 별이 몇 개였을까?

"미국 국기의 내력을 담은 '더 아메리칸 플래그(The American Flag)'에 의하면 페리 제독이 일본을 위협했을 때에 미국 함대가 게양한 성조기에는 31개의 별이 있었다고 한다."[6]

그런데 20여 년이 지난 뒤 조선에 함포외교를 벌이러 왔을 때는 별이 6개가 늘어나, 성조기에는 37개의 별이 박혀 있었다. 그 동안에 영토를 확장한 것이다.

1776년 필라델피아의 베티 로스 여사가 영국과의 독립전쟁을 치르려는 조지 워싱턴 장군에게 만들어 준 최초의 성조기에는 13개의 별이 그려져 있었다. 그 이후 끊임없이 영토를 확장하면서 제국의 영토를 넓혀온 미군은 한국전쟁에 참전할 당시에는 48개의 별을 달게 되었고, 지금은 51개의 별이 반짝이는 성조기를 휘날리고 있다. 영토를 합병하지는 않았으나 미국의 속국과 다름없는 '신식민지' 국가들까지 포함한다면 성조기에 달린 별의 숫자는 훨씬 더 늘어날 것이다.

37개의 별을 달고 미국의 함선 콜로라도호(스쿠루선 증기선, 대포 44문), 모노카시호(철제 증기 외륜선, 대포 6문), 알라스카호(목제 스쿠르선, 대포 12문), 팔로스호(예인선, 곡사포 6문), 베네시아호(목제 스쿠르선, 대포 12문)등이 조선 서해안의 섬 태영도에 도착한 것은 1871년 5월 18일이었다. 5월 30일에는 콜로라도호에 조선의 문정관 4명이 올라가 사진도 찍는 등 우호적인 분위기였으나, 미군이 서울의 관문인 손돌목항을 지날 때 조선측 포대에서 발포하는 사건이 생기면서 양측간에는 전운이 감돌았다. 조선의 입장에서는 군사적 요충지인 손돌목항을 외국의 군함이 들어온다는 것을 침략행위로 여길 수밖에 없었으며, 발포는 정당방위였다.

손돌목 사건 이틀 뒤 조선 지방관리는 "조선은 과거에 미국에 대해 나쁜 감정을 가져본 일이 없다. 그런데 왜 지금 군대를 끌고 와서 상호간에

---

5) 부평도호부사 이기조가 미국공사에게 보낸 조회문
6) 김중빈, 『아메리카니즘의 몰락』, 푸른꿈, 1989, 38쪽

분쟁을 일으키는가?"라는 항의서한을 미국의 로우 공사(주청 미국공사
겸 조선전권공사)에게 보냈다.

그러나 미국은 이에 아랑곳하지 않고 기다렸다는 듯이 6월 10일에 초
지진을 점령하고, 이어서 광성보를 공격했다. 화력에 있어 열세를 면치
못하는 조선군은 결사항전의 의지로 버텼으며 마침내는 전멸하고 말았
다. 다음 글을 통해 광성보의 참혹함을 떠올릴 수 있다.

> 지난날 장대 밑에 토호(土壕)가 있었는데 흙으로 덮혀 있기에 동민을 동
> 원해서 구덩이를 파보니 중군 어재연·중군의 친동생 어재순·군관 이현
> 학·겸종 임지팽·천총 김현경 등 시체가 토호 속에 있었습니다. 토호 속에
> 남아 있는 그 밖의 시체들은 미군들이 불로 태워서 몸과 머리가 다 타버렸으
> 므로 신원을 확인할 수 없으며, 광성별장 박치성의 시체는 강변에 노출되어
> 있었는데 인신(印信)이 시체 곁에 놓여 있었으므로 거두어 올립니다.[7]

일반적으로 한국사에서는 이때의 한미무력충돌을 신미양요(1871년)라
일컫는다. 그런데 이를 "단순한 우발적인 충돌사건이 아니라 미국정부
의 계획적인 보복원정으로 빚어진 것이기에 한미전쟁"이라고 규정하기
도 한다.[8] 한미전쟁, 혹은 조미전쟁에 대한 『뉴욕 타임스』(1871년 8월 21
일)의 보도는 미국인이 바라보는 한미관계의 한 단면을 보여주고 있다.

> 이 공격으로 조선인들에게 우리의 힘을 보여주고, 조선인들이 평화를 공
> 언한 우리들에게 공격을 가했던 배신에 대해 응징을 가한 후에 더 이상 적대
> 행위를 꾀하지 않고 본래의 정박지로 돌아왔다. 로우 공사는 조약을 체결하
> 기 위해서 본국의 훈령을 이기면서까지 더 이상의 어떤 시도를 한 필요는 없
> 다고 생각했다. 또한 원정의 주된 목적은 조약을 체결하는 것이었으며 그 시
> 작이 평화적인 것이었지 적대적인 것이 아니었으므로 우리 정부의 위엄이 요

---

7) 「충장공유사」곤, 진무사 정지원 상계, 4월 25일조. 『한민족독립운동사』 1권, 국사편찬
   위원회, 247쪽에서 재인용
8) 위의 책, 250쪽

새의 점령으로 과시된 이상 함대가 철수하지 않을 이유가 없다고 판단했다.

『뉴욕 타임스』는 미군의 목적이 어디까지나 평화적인 조약체결이었지 적대행위는 아니었다고 밝히고 있다. 그러나 다음 단계의 작전은 '무력공격'이 될 것임을 노골적으로 천명하고 있다.

다음 단계는 조선의 수도에까지 연합원정함대가 진격하여 조난으로 조선 영토에 표착하는 서양인들에 대한 인간적인 대우를 보장할 수 있는 공동조약을 무력으로 요구하는 일이 될 것이다. 그러나 앞으로 어떤 행동이 취해지려면 적어도 몇 개월의 준비가 필요하다. 조선속보에는 이번 원정을 완전하게 사진으로 설명해 주는 사진첩이 동봉되어 왔었다. 47개의 장면이 담겨 있었는데 고도의 사진기술과 사진사의 탁월한 재능으로 만들어진 것이다.

"고도의 사진기술과 사진사의 탁월한 재능"으로 찍힌 이 사진들은 1871년 조선땅에서 무슨 일이 벌어졌는지 생생하게 보여주고 있다. 총과 대포에 맞서 칼과 창으로 버티던 조선군들, 선조들의 죽음은 미국인들이 말하는 '평화적'인 조약체결이 무엇인지를 적나라하게 보여준다. 그리고 물에 빠져 죽고, 불에 타 죽고, 총에 맞아 죽은 조선군들의 마지막 외침이 무엇이었을까 궁금해진다. 조선군들의 시체가 광성보에 널부러져 있는 것을 보면서, 인디언을 무자비하게 학살하는 서부영화 속의 양키들을 떠올려 본다. 어느 미국 장군은 이런 말을 남겼다.

금년에 더 많은 인디언을 죽이는 것은 다음 전쟁에서 죽일 숫자가 그만큼 줄어든다는 것을 의미한다. 인디언들을 많이 보면 볼수록 나는 그들을 모두 죽여버려야지, 그렇지 않으면 가난뱅이 종자들을 남겨두는 결과가 된다는 생각을 더욱 굳히게 된다.[9]

---

9) 1867년 윌리엄 테쿰세 셔먼 장군의 연설에서, 케네스 C. 데이비스, 『교과서에서 배우지 못한 미국의 역사』, 고려원미디어, 1992년, 255쪽

『사의 조선책략(私擬 朝鮮策略)』
―미국과 이어져야 할 까닭

미국과 이어져야 한다는 것은 무엇을 말함인가? 조선의 동해로부터 곧장 가면 아메리카가 있으니 곧 합중국이 도읍한 곳이다. 그 나라는 본래 영국에 속해 있었는데, 백년 전에 워싱톤이란 자가 유우럽 사람의 학정을 받기를 원치 않고 발분자립(發奮自立)하여 한 나라를 독립시켰다. 이 뒤로부터 선왕의 유언을 지켜 예의로써 나라를 세우고, 남의 토지를 탐내지 않고, 남의 인민을 탐내지 않고, 굳이 남의 정사에 간여하지 않았다. 그와 중국과는 조약을 맺은 지 십여 년이 되었는데, 그 동안 조그마한 분쟁도 없는 나라이다. 일본과의 왕래에 있어서는 통상을 권유하고, 훈병을 권고하고, 개약을 협조하였으니, 이는 천하 만방이 다 아는 바이다.

대개, 민주국이란 공화로써 정치하는 것이기 때문에 다른 사람이 있는 것을 이롭게 여기지 않는다. 미국이 입국한 시초에는 영국의 학정으로 말미암아 발분하여 일어났으므로 늘 아시아를 친근히 하고 유우럽을 소원히 하였다. 그러나 그 인종은 사실은 유우럽과 동종이다. 그 나라의 강성함은 유우럽의 여러 대지와 더불어 동·서양 사이에 끼어 있기 때문에 항상 약소한 자를 부조하고 공의(公義)를 유지하며, 유우럽 사람으로 하여금 그 악을 함부로 행사하지 못하게 하였다. 그 국세는 대동양에 두루 가깝고 그 상무(商務)는 홀로 대동양에 성하였다. 또한 동양이 각기 제 나라를 보전하여 평안무사히 살기를 원하기 때문에 그 사절을 보내지 않았다. 그러나 조선으로서는 마땅히 항상 만리대양에 사절을 보니어 조선과의 연결을 유지하려는 의사가 있음에 있어서랴! 미국을 끌어들여 우방으로 하면 도움을 얻고 화를 풀 수 있을 것이다. 이것이 바로 미국과 이어져야 할 까닭이다.

『사의 조선책략』(이하 『조선책략』)에는 주일 청국 참찬관 황중헌이 1880년 일본을 방문한 김홍집에게 러시아의 팽창정책에 대한 조선의 대응책을 밝힌 내용이 담겨 있다. 필자는 러시아가 정벌에 힘써 경영해 온 지 3백여 년, "그 첫 대상은 유우럽이었고 다음에는 중아시아였고 오늘날에 와서는 다시 아시아로 옮겨져 마침내 조선이 그 피해를 입게 된 것"이라며 러시아를 막는 책략을 제시한다.

그렇다면 오늘날 조선의 책략은 러시아를 막는 일보다 더 급한 것이 없을 것이다. 러시아를 막는 책략은 어떠한가? 중국과 친하고, 일본과 맺고, 미국과 이어짐으로써 '자강'을 도모할 따름이다.

그렇다면 중국과 친하다는 것은 무엇을 말함인가?
『조선책략』은 청국이 조선에 대해 "한번도 그 토지와 인민을 탐내는 마음을 가진 적이 없었"던 나라임을 강조한다. 대청(大淸)은 "2백여 년 동안 덕으로 소국을 사랑하고 조선은 예로써 대국을 섬겨"온 우호관계라는 것이다. 이처럼 전통적인 우호관계에 있었기에 청은 조선에 전쟁이 나면 "어김없이 천하의 양식을 소비하고 천하의 인력을 다하여 싸웠"으며, 러시아의 원정위협이 있는 지금은 둘의 사이를 더 절친하게 해서 함부로 넘보지 못하도록 해야 한다는 것이다.

오늘날 조선은 중국 섬기기를 마땅히 예전보다 더욱 힘써서 천하의 사람들로 하여금 조선과 우리는 정의(情誼)가 한 집안 같음을 환히 알도록 하여야 할 것이다. 대의가 밝혀지고 성원(聲援)이 절로 커지면, 러시아 사람은 그 형세가 외롭지 않음을 알고, 조금은 머뭇거리고 기피함이 있을 것이다. 일본사람은 그 힘이 겨룰 수 없음을 헤아리고 함께 화친하고자 할 것이다. 그렇게 되면 기필코 외국의 혼단은 슬며시 없어지고 나라의 근본은 더욱 튼튼해질 것이다. 이것이 바로 중국과 친해야 할 까닭이다.

두번째로 일본과 맺어야 한다는 것은 무엇을 말함인가?

중국 이외에 가장 가까운 나라는 일본뿐이며, 그러하기에 "일본과 조선은 실로 전차상의(轉車相依 : 이해관계가 깊음을 비유한 말)의 형세"에 놓여 있는 만큼 "작은 거리낌을 버리고 큰 계획을 도모"할 것을 주문한다.

한(韓)·조(趙)·위(魏)가 합종하자 진이 감히 동쪽으로 내려오지 못하고, 오(吳)·촉(蜀)이 서로 결합하자 위가 감히 남쪽으로 침략해 오지 못하였다. 저들이(일본을 가리킨다) 강대한 이웃나라의 핍박으로 순치의 교분을 맺고자 하니, 조선으로서는 작은 거리낌을 버리고 큰 계획을 도모하여야 할 것이다. 구교를 닦고 외원과 손잡아야 할 것이다. 그리하여 훗날 양국의 윤선과 철선이 일본 바다 위에 종횡으로 누비게 되면 외해(外海)는 절로 들어올 길이 없어질 것이다. 이것이 곧 일본과 맺어야 할 까닭이다.

세번째로 미국과 친해야 할 까닭은 무엇인가?

그 이유는 미국이 "예의로써 나라를 세우고 남의 토지를 탐내지 않고, 남의 인민을 탐내지 않고, 굳이 남의 정사에 간여하지 않"는 나라이기 때문이라는 것이다 .

『조선책략』에 대해 유생들은 「영남만인소」(1881년 음력 3월 25일)를 조정에 올리며 거세게 반발하였는데, 이들은 『조선책략』의 조목조목을 거론하면서 비판했다.

청하옵건대, 신들은 다시 이른바 그 「아의서」에 관하여 조목을 들어 아뢰고사 하옵나이다. 그의 논외에 "조선의 오늘날의 다급한 정세는 러시아를 방어하는 것보다 더한 것은 없으며, 러시아를 방어하는 계책은 중국과 친하고, 일본과 맺고, 미국과 이어지는 것보다 더 귀한 일은 없다"고 하였나이다.

대저 중국이란 우리가 신하로서 섬기는 바이오며 해마다 옥과 비단을 보내는 수레가 요동과 소주를 이었나이다. 삼가 신의와 절도를 지키고 속방의 직분에 충실한 지가 벌써 2백 년이나 되었나이다. 그러하오므로 「황(皇)」 또는 「짐(朕)」의 두 존칭을 하루아침에 쉽사리 받아들이고 그 사신을 총애하는 한편, 그 글을 간직해 두었던 것이옵나이다. 그러하온데 이제 무엇을 더 친할 것이 있겠나이까. 만일 이것을 잡고 말을 만들어 번거롭게 굴고 문책하는 일이 있다면, 전하께서 장차 어떻게 이를 해결하시겠나이까. 이것이 이해가 분명한 사실의 첫번째이옵나이다.

일본이란 우리에게 매어 있던 나라이옵나이다. 삼포왜란의 지난 일이 어제 같고 임진왜란의 숙원이 가시지 않았아온데, 그들은 이미 우리 관문의 좁은 목과 땅의 험하고 평탄함을 잘 알고 수륙요충을 점령하였나이다. 그들은 본래 우리 종족이 아니므로 그 마음 또한 반드시 다를 것이옵나이다. 어느 때라도 과연 저들이 날뛰는 날이며 어찌 마음대로 침입할 기회가 없겠나이까. 이것이 이해가 분명한 사실의 둘째이옵나이다.

미국이란 우리가 본래 모르던 나라이옵나이다. 갑자기 황준헌의 종용을 받고 우리 스스로가 끌어들여서, 그들이 풍랑을 몰고 험한 바닷길을 건너와 우리 신하를 괴롭히고, 우리 재산을 쉴새없이 뺏어가거나, 또 만일 저들이 우리의 헛점을 엿보고, 우리의 빈약함을 업신여겨서, 들어주기 어려운 청을 강요하고, 감당하지 못할 책임을 지운다면, 전하께서 장차 어떻게 이에 대응하시겠나이까. 이것이 이해가 분명한 사실의 셋째이옵나이다.

러시아는 본래 우리와는 혐의(嫌疑)가 없는 나라옵나이다. 공연히 남의 이간을 두고 우리의 위신을 손상시키거나 원교를 핑계로 근린을 배척하고 행동과 조치가 전도되고 허와 정이 앞뒤가 뒤바뀌게 될 것이옵나이다. 만일 이것을 구실삼아 분쟁을 일으킨다면 전하께서는 장차 어떻게 이를 구제하시겠나이까. 이것이 이해가 분명한 사실의 넷째이옵나이다.

『조선책략』은 조선의 집권층에 지대한 영향력을 미쳤다. 1905년 10월 루스벨트 미국 대통령에게 고종황제가 친서를 보낸 것도 밑바탕에는 미국은 남의 나라를 침범하지 않는 강대국이라는 『조선책략』의 미국관이 깔려 있기 때문이라 여겨진다.[10] 고종은 먼저 "서울주재 미국 외교관들

---

10) 『독립운동사자료집』, 1권, 1971년, 325쪽

은 항상 한국의 복지와 발전에 대해서 동정심을 표시하고 있"는 점, "다수의 교사를 한국에 파견함으로써 우리 국민의 지위향상에 크게 기여한 바 있"는 점에 대해 감사의 뜻을 밝힌다. 그리고 "국가적 멸망의 위기에 처한" 조선을 구해 달라며, 물에 빠진 사람이 지푸라기 잡는 심정으로 도움을 간청한다.

　…이제 일본은 1904년에 체결한 협정에서 서약한 바를 정면으로 위배하는, 우리 나라에 대한 보호정치를 선언하고, 본 조약에 들어 있는 조약상 책무를 폐기하려는 속셈이 명확해졌습니다.… 지난 2년간 한국에서 행한 일본의 제조치를 보더라도 일본은 앞으로 우리 국민을 문명한 방식으로 다루리라는 보장을 할 수 없습니다.…
　나는 귀하가 지금까지 귀하의 생애의 특성인 아량과 냉철한 판단력으로 이 문제를 심사숙고해 주기를 바라며, 이 문제를 중시하여 국가적 멸망의 위기에 처한 이 시점에서 귀하는 언행이 일치되게끔 우리를 도울 수 있는 바가 무엇인가를 깊이 성찰해 주기를 바랍니다.

　그러나 이는 미국의 제국주의 속성을 모르고, 국제정세의 냉혹함을 자각하지 못했던 구한말 지배층의 순진한 발상일 뿐이었다. 고종의 밀사로 미국에 파견되어 을사조약 체결을 저지시키고자 했던 헐버트의 말을 들어본다.

　사태가 불리하게 전개되자 과거 4반세기간 한국에서 공의와 진실의 상징으로 휘날리고 있던 성조기가 거두어지고, 미국은 가장 모욕적인 방법으로 지들을 배신하고 떠나버렸다. 굿바이 한마디도 없이….[11]

---

11) 『한민족독립운동사』 6권, 국사편찬위원회, 249쪽

최초의 신문 『한성순보』 의 미국기사

20년 전에 英吉利(영국) · 불란서 · 합중국(미국) · 荷蘭(네덜란드) 네 나라가 일본과 더불어 전난이 벌어질 단서가 생기게 되므로, 일본에서 배상금 3백만 불을 지출하여 네 나라에 나눠주었는데, 금년에 미합중국만이 이전에 받았던 배상금 78만5천 불을 일본에 되돌려주었으니, 이로써 미루어 보면 미합중국의 인의는 과연 5대주에서 뛰어났다.

이는 1883년 10월 31일(음력 10월 1일)에 발간된 『한성순보』 1호에 실린 미국관련 기사다. 총리어문 박문국에서 발행하다 갑신정변의 여파로 종간된 『한성순보』는 1886년 1월 25일부터 한성주보로 발행되었다. 한성주보는 그후 1888년 7월 7일까지 120호를 낸 후 박문국이 폐지되면서 종간되었다. 『한성순보』에 실린 미국관련 기사는 앞에 실린 예처럼 호의적인 경우가 많다.

양적 분석결과에 의하면 미국에 대한 이들 민족지의 인식은 매우 호의적이었으며, 미국의 국력요인이 이에 크게 작용한 것으로 나타났다. 양적 분석결과는 개화기 신문의 내용에서 쉽게 입증되었다. 『한성순보』에 의하면 미국은 "북아메리카 중앙에 위치하면서 사방 인근의 국가들보다 유독 부강"한

나라로서 영국으로부터 독립한 이후….[12]

『한성순보』에는 미국에 대한 우호적인 기사가 많이 실렸지만, 양적인 면에서는 중국, 월남, 프랑스 순이었다. 정진석 교수의 분석에 따르면 중국은 『한성순보』의 각국 기사 가운데 435회 취급되고 있고, 다음이 월남 (165회), 프랑스(71회), 영국(56회), 일본(53회), 미국(47회), 러시아(42회), 독일(26회)의 순이며 막연히 서양으로 지칭된 것이 33건이었다.[13]

중국기사가 많은 것은 당시 외국기사의 보도자료가 된 신문들이 대부분 중국에서 발행된 것이고, 월남과 프랑스에 대한 기사 건수가 두드러진 것은 프랑스 침략자들의 월남침공과 월남인들의 반제국주의 투쟁을 부각시켜 국민들을 계몽할 의도가 있었던 점 및 당시의 동아시아 국제정세 가운데 시기적으로 가장 보도가치가 높았던 점등을 들 수 있다.[14]

『한성순보』가 미국에 대해 우호적인 자세를 취하긴 했으나 전반적으로는 반제적인 입장을 견지했다. 『한성순보』는 대외문제에 71.1%의 관심을 보였는데, 세계정세 보도에 있어서 제국주의 열강의 약소국 침략에 대해 반대입장을 분명히 하면서 침략자를 증오하는 필치를 보이고 있다.[15]

『한성순보』 제3호에 실린 미주 소개에서는 구라파인의 이주로 점차 안중으로 밀려나는 원주민의 슬픈 사연을 소개하고 마다가스카르 사람들의 프랑스 반대투쟁, 미얀마 · 아라비아 · 아일랜드 등의 반영(反英)운동 등 약소민족의 반침략투쟁을 동정과 지지의 입장에서 보도하고 있다.

미국인의 파업
영국 수도에서 온 소식에 의하면 "미국 지방에 근래에 노동자 5만1천여 명이 함께 파업을 하였는데, 그 까닭은 아직 자세히 알 수 없다" 하였다. 이 소

---

12) 김민환, 『개화기 민족지의 사회사상』, 나남출판, 56쪽
13) 정진석, 「『한성순보』의 개화사상」, 『한국현대언론사론』, 전예원, 1985년, 62쪽
14) 유일상, 『새로 쓰는 한국언론사』, 아침, 1993년, 75쪽
15) 위의 책, 77쪽

식은 영국 수도에서 2월 10일에 발송한 것이니, 지금쯤은 파업을 끝내고 일을 시작했는지 알 수 없다. 미국의 노동자들은 그 물리의 많음을 믿고 조금이라도 뜻대로 되지 않으면 번번이 주인을 위협하고 공장주가 일을 재촉하면 곧 서로 모여 노임을 올리라고 위협한다. 그런데 그들은 중국인이 자신들의 일자리를 빼앗는 것을 몹시 미워하고 있다 한다. 대개 중국인도 비록 두 다리를 걸치기는 하나 그것은 서로 연락하여 급한 일에 대처하기 위한데 지나지 않을 뿐이고 미국인과 같이 사당을 만들어 주인을 견제하려 하지는 않는다. 중국인은 한 번 승낙하면 신의를 천금같이 여겨 곧 힘과 마음을 다하여 주인을 도와서 주인집의 일을 자기 일처럼 여겨 미국인들이 쥐새끼처럼 약게 놀아 공전(工錢)만 챙기려는 것과는 다르다. 그러므로 미국의 기업가들은 중국인 고용하기를 좋아한다. 미국 노동자들이 중국인을 미워하는 것이 여기에서 비롯된 것이다. (1886년 6월 28일)

이처럼 미국인을 '쥐새끼'라고 표현하는 것을 놓고 보면『한성순보』가 창간 초기처럼 미국에 대해 마냥 좋은 감정만 가진 것은 아닌 듯하다. 그리고『한성순보』내부에서도 미국에 대한 관점에 대해 팽팽한 이견이 있던 것으로 여겨진다.

한 가지 재미있는 점으로는『한성순보』창간호 기사에는 '대미국' 등의 표제에서 인쇄 후 대(大)자가 말소된 흔적이 세 개나 발견되는 점이다. 이것은 편집진영 내부의 사대주의자와 그 반대자의 대립이 심각했음을 보여주는 좋은 예라 할 수 있다.[16]

제국주의 열강의 침략에 부정적인 입장을 취하면서도 "미합중국의 인의는 과연 5대주 중에서 가장 뛰어났다"고 본『한성순보』의 편집자들은 미국의 호전성을 접할 기회를 갖지 못했다.『한성순보』기자들이 다음과 같이 미국에 대해 사실적인 보도를 한 기사를 읽었더라면 아마도 미국의

---

16) 위의 책, 78쪽

‘본색’을 아는 데 그리 오랜 시간이 걸리지 않았을 것이다.

우리는 쉽게 멕시코군을 격퇴하고 수천 명씩 학살하며 그들의 수도까지 추격할 수가 있다. 우리는 그들의 영토를 정복하고 ‘합병’할 수 있다. 그러나 그렇게 해서 어쩌자는 것인가? 칼로써 제국을 팽창시킨 결과, 그리스와 로마의 자유가 파괴되었던 역사에서 우리는 아무런 교훈도 얻을 수 없다는 말인가? 멕시코에 대한 여러 번의 승리, 그 영토의 1/2의 ‘합병’이 지금보다 더 많은 자유와 더 순결한 도덕성, 더 번영된 산업을 줄 것이라고 믿는 사람이 누가 있는가?[17]

미국의 침략성은 단지 멕시코에 국한된 것은 아니다. 국무성 자료 「1798~1945년 사이의 미국의 군사력 사용실태」(1962년 쿠바에 대한 무력행사의 선례를 인용하기 위하여 한 상원위원회에 국무장관 딘 러스크가 제시함)에 따르면 1798년과 1895년 사이에 다른 나라 문제에 103회에 걸쳐 간섭하였다.

1882년~1853년, 아르헨티나. 혁명중에 미국의 이권을 보호하기 위하여 부에노스아이레스에 해병대 상륙.
1854년, 니카라과. 미국의 장관이 니카라과에게 당한 모욕을 앙갚음하기 위하여 그레이타운을 파괴하였음.
1855년, 우르과이. 몬테비데오에서 일어난 혁명으로 인하여 미국의 이권 보호를 목적으로 미 해군 및 유럽의 해군이 상륙.

그리고 1893년에는 무력으로 위협하여 하와이 왕정을 전복하고 강제 합병했다. 합병 직후 그로버 클리블랜드 미합중국 대통령은 “호놀룰루 땅에 대한 이와 같은 무력시위는 명백한 전쟁행위였다”며 사과를 표했고, 1993년에는 빌 클린턴 대통령이 또다시 하와이 원주민들에게 “미국

---

17) 『뉴욕 트리뷴』, 1846년 5월 12일. 호레이스 그릴리, 『미국민중저항사』 1권.

은 1893년 1월 17일 미국 공작원과 시민을 참여시켜서 하와이 왕국을 전복하였으며, 하와이 원주민들의 자결권을 박탈하였다"는 사과성명을 발표했다.

이처럼 『한성순보』가 창간호에서 "미합중국의 인의는 과연 5대주에서 뛰어났다"며 미국을 선한 제국주의로 보기 훨씬 이전부터 미국은 정복자였던 것이다. 앙드레 모로아는 『미국사』에서 아메리카인들이야말로 정복을 천명으로 여기는 국민으로 보았다.

아메리카 개척자의 특징의 하나는 끊임없이 주인이 없는 처녀지를 향하여 전진하는 강력한 의욕이었다. 유럽에서도 같은 욕구를 품은 몇몇 사람들이 식민지를 점령하고 제국을 건설하였다. 아메리카에서는 이러한 '정복'이나 '제국'이란 말이 호감을 사지 못하였다. 아메리카인은 스스로 전대륙을 점유하고 개발하는 일이 그들에게 '계시된 천명'이라고 생각하였다.

1893년 동학교도의 벽보와 반선교사 감정

교두에게 고한다

너희 무리들은 이 말을 잘 새겨들을 지어다. 운세가 기울어 세상의 「올바른」 법도가 사라져 가고 있다. 오랑캐와의 교섭으로 인하여 종묘가 더럽혀졌다. 외국과 맺은 조약 내에 학교를 짓고 포교를 허락하는 약속은 없다.

그런데 너희 교두들은 "우리는 하나님을 예배하기 위해 왔소"라고 하면서 하나, 둘씩 들어왔다. 너희들은 「하나님을」 기도로써만 예배하고, 예수를 믿는다지만 찬송가로써만 한다. 너희들은 스스로 가르치는 바를 실천하지 않았기 때문에 너희들에게서는 성실성과 분별력을 찾아볼 수 없다. 너희들은 "부모를 공경하라"고 말하지만 부모 생전에 그들을 보살피거나 순종하지 않는다. 그리고 부모가 돌아가셨을 때 너희들은 눈물도 흘리지 않고 장례도 치르지 않는다. 이것이 '도대체' 인간의 본성이란 말인가? 너희들은 혼인할 때 「예식을 갖추기 선에」 먼저 금수처럼 교접하고, 아무 부끄러움 없이 재혼하며, 부부간에 조금만 사이가 나빠도 이혼한다. 너희들은 원래 거지들로서 교당에서 나누어주는 적은 돈 때문에 팔린 무리이다. 너희들의 속마음은 좋은 집과 편안한 삶을 바라는 탐욕으로 차 있다.

처음에 너희들은 양반자식들에게 영어와 한문을 가르쳐 준다고 속여서 데리고 가 결국에는 그들에게 너희 종교를 강요했다. 그리고 너희들은 학생들의 식비와 의복비에서 너희들의 용돈을 갈취했다. 이는 비열하지 않은가? 너희들의 전도여행은 관광과 매서(賣書)를 위한 핑계임을 너희들은 잘 알고 있다. 이것을 전교라고 말하는

가? 만약에 '너희들이 말하는' 영겁의 지옥이 있다면 너희들은 그 속에 먼저 들어
가야 할 것이다. 이것이 무섭지 않은가? 그러니 너희들과 논쟁할 필요가 있겠는가?
우리 동유(東儒)들이 어찌 너희 같은 탐욕스런 무리와 더불어 의논할 수 있겠는가?
분명히 말하노니 너희들 무리는 갖고 있는 물건들을 수습하여 빨리 이곳을 떠나라.
만약에 그렇지 않으면 4월 22일(음력 3월 7일)에 우리가 의병의 갑주와 방패로 무
장하고 달려와 너희들의 죄를 규탄하고 너희들을 공격할 것이다.[18]

19세기 말 조선을 방문한 영국의 외교관 커즌이 지은 『100년 전의 방
문 100년 후의 교훈』을 보면 동학교도들의 이 같은 반외세 정서가 일반
적인 현상임을 알 수 있다.

조선민족은 어떤 때는 외부에 대해 고집스럽게 저항하는 태도에 반대하면
서도 또 다른 경우에는 강한 적개심을 분출시키고 있다. 조약체결 이래 이런
경우가 몇 번 있었다.
1888년 서울 시가지에서 폭동이 있었는데, 미국 선교사들이 사진 제작에
사용할 화학약품을 제조하기 위해 조선의 갓난아이를 납치하여 끓였다―이
것은 1870년 중국 텐진의 악명 높은 학살사건의 원인이기도 하다―는 얼토
당토 않은 소문이 나돌았다. 나중에 그 사건에 연루된 9명의 조선인 관리가
붙잡혔고, 군중들은 그들의 목을 베었다.…
보다 최근에는 유사한 감정이 재발되었다. 1892년 한 천주교 선교사가 내
륙지방의 한 고을에서 습격을 받고 두들겨 맞았으며, 위협적인 경고문이 서
울에 있는 선교사들의 집대문에 붙여졌다.[19]

'척양왜' 구호가 전면에 등장한 것은 1893년 충북 보은집회에서다. 당

---

18) 『한국인의 대미인식』, 민음사, 1994년, 120쪽. 1893년 서울의 교조신원운동에 참가
   한 동학교도들이 4월 4일 미 감리교 선교사 존스 목사의 관저 대문에 붙인 벽보. 영어
   번역문을 우리말로 옮긴 것임.
19) G. N. 커즌(1859~1925, 39세에 인도총독 지낸 영국 외교관, 1896년 출판), 『100년 전
   의 여행 100년 후의 교훈』, 비봉, 1996년, 146쪽

시 동학에 대한 가혹행위의 시정과 척양척왜를 주장하며 보은에 집결한 7, 8만 명의 동학교도는 해산명령을 받자 방을 붙여 선무사 어윤중에게 호소했다.

　무릇 왜양(倭洋)이 견양(犬羊)과 같다는 것은 우리 나라에서 비록 삼척동 자라도 알지 못하는 사람이 없고 살피지 못하는 사람이 없거늘 어찌하여 노 성(老成)하고도 밝게 살피는 순상께서 도리어 왜양을 배척하는 우리들을 사 류라고 하는가. 그러면 견양에 굴복하는 자가 정류가 될 것인가. 또 왜양을 공격하는 사람을 죄를 주어 잡아가둔다고 하면 주화매국(主和賣國)하는 자 가 높은 상을 받을 것인가. 어찌 우리 순상의 총명으로도 살피지 못함이 이 다지도 심할까. 길거리에 이와같이 내붙이는 것은 혹 미혹된 자들이 관의 명 령에 순종하여 왜양을 섬길까 두려워 함이라.[20]

　이처럼 민중들은 일본과 서양을 비유하여 개나 양과 같은 짐승에 비유 하고 이 같은 사실은 "삼척동자라도 알지 못하는 사람이 없다"하였다. 민중들의 반외세사상은 기존질서를 유지하려는 수구파들의 '척양척왜' 논리와는 또 다른 의미를 지닌다. 봉건질서를 유지하면서 반외세를 주장 하는 기득권층과 "군대를 몰고 서울로 들어가 권세가와 귀족을 없애라" (동학농민군 4대 강령의 하나)는 강령을 지닌 민중들의 외세관은 본질적 으로 다를 수밖에 없었던 것이다.

　일반적으로 서양의 선교사들은 일본인과 달리 조선의 독립에 일조를 했고, 우호적인 관계를 유지한 것으로 알려져 있다. 그러나 이는 미 선교 사들에 대한 한국인들의 우호적인 관계만 강조되거나 미 선교사들의 본 질을 파악하지 못한 데서 형성된 오인이다. 1926년 6월 28일자 『조선일 보』에 실린 한 악덕 미국인 선교사 기사는 이 같은 상식에 깊은 의구심 을 품게 만든다.

---

20) 이세권, 『동학사상』, 159쪽

작년 칠월 이십오일에 문제된 소년 김명섭(12)은 동무들과 같이 놀다가 예수재림안식교 부속 순안병원에서 경영하는 과목밭에 가서 동무들과 같이 능금을 따서 먹을 때에 갑자기 원장 허시모(미국인 許時模)와 간호부 임신일에게 들키게 되자 다른 아이들은 다 달아나고 김명섭은 미처 달아나지 못한 까닭으로 잡히었다. 허시모는 명섭을 자기 집으로 데리고 가서 집 앞에 있는 복숭아나무에 뒷짐을 지여 비틀어 매이고 염산이라는 독약을 붓에 찍어 김명섭의 좌우 뺨에다가 도적이라는 두 글자를 크게 써서 한 시간 동안이나 볕에 말린 후에 풀어 놓았으니 이로 인하여 도적이라는 글자는 영원토록 사라지지 않는 것이 되었다.…

순안병원으로 문제의 허시모를 찾으매 그는 나(김 특파원)에게 말하되 "나는 명섭에게 대하여 그와 같이 한 것은 악의이거나 고의는 아니고 다만 그의 장래를 경계하는 의미에서 또는 진의에서 그런 것이다" 하면서 간교한 대답을 하였다.

그리고 일제의 합병과 통치시기에 선교사들은 정교분리의 원칙, 1907년의 대부흥운동 등을 통해서 한국인들의 정치성, 민족자주의식을 거세하는 데 주력했으며, 한국의 독립운동에 기여한 선교사는 극히 예외적인 일이었다.

그러나 무엇보다도 가장 주력한 것은 한국인들의 신앙을 현실과 유리된 탈정치적인 것으로 전환시키는 일이었다. 그것이 바로 1907년의 소위 '대부흥운동'이었다. 이를 통해 선교사들은 한국인들에게 죄의식과 용서와 사랑을 강조하였다. 그것은 일제의 침략도 한국인의 죄 때문에 초래된 것이고 선교사에 대한 반감도 죄이며, 일본에 대한 미움을 갖지 말고 사랑으로서 용서하고 화해하라는 것이었다. 그리고 '합법적으로 확립된 권위에의 존경'을 권장하였고 '새 지배자에게의 복종'을 강조하였다.[21]

---

21) 주진오, 「미국 제국주의의 조선침략과 친미파」, 『역사비평』, 1988년 겨울호, 81쪽

이 같은 선교사들에게 동학교도들은 방을 붙여 고했던 것이다. "만약
에 '너희들이 말하는' 영겁의 지옥이 있다면 너희들은 그 속에 먼저 들
어가야 할 것이다. 이것이 무섭지 않은가? 그러니 너희들과 논쟁할 필요
가 있겠는가? 우리 동유(東儒)들이 어찌 너희 같은 탐욕스런 무리와 더
불어 의논할 수 있겠는가?"라고.

『독립신문』과 서재필의 친미사대주의

미국은 본디 나라도 적지가 안커니와 기후가 온화하고 토지가 비옥하야 육축과 백곡이 다 잘되며 각종 천지물이 많은 고로 립국한 지 백여 년에 다른 나라와 같이 전쟁을 일삼지 안코… 미국이 강토를 넓힐 생각이 없을 뿐 아니라 그 근처에 강한 이웃이 없는 고로 해륙군을 길러 방비할 것이 업슨즉 이에 편안히 한 대륙의 빈 땅에 거하야 법률을 세워 다스려 한가지 안락 태평함이 가위 극락세계가 되었는지라, 이러므로… 태평양에 있는 모든 섬나라 사람들이 자원하여 미국의 속국 되기를 원하되 미국 정부에서 허락치 않고 도리혀 자주하라고 권하며, 혹 약한 나라가 강한 나라에게 무례히 압제를 받든지 자유권을 뺏는 나라가 있으면, 자기 나라 군사를 죽이며 재물을 허비하려고 그 약한 나라를 기어이 도와주니 이는 미국사람의 큰 도량이오.[22)]

19세기 말의 신지식인을 대변하는 『독립신문』의 눈에 미국은 '극락세계'였다.

그 극락세계는 "립국한 지 백여 년에 다른 나라와 같이 전쟁을 일삼지" 않는 나라이다. 그런데 정말로 그러했나? 미국의 건국과 팽창의 역사는 곧 전쟁의 역사였으며, 그 호전성은 지금도 여전하다. 전쟁이 있는 곳에

---

22) 『독립신문』, 1899년 2월 27일자 논설

는 언제나 성조기가 나부끼거나 미국이 조종하는 유엔기가 펄럭였다.

또한 그 극락세계는 "섬나라들이 자원하여 미국의 속국 되기를 원하" 는 나라라 했다. 그런데 실상은 어떠한가? 하와이, 쿠바, 그레나다가 미국의 속국이 되기를 자원했던가.

그리고 또 『독립신문』은 이 극락세계는 자유권을 빼앗긴 나라를 보면 "자기 나라를 죽이며 재물을 허비하려고 그 약한 나라를 기어이 도와주는" 나라라고 말한다. 『독립신문』의 미국관을 이어받은 신문들의 눈에는 미국의 베트남 참전, 한국전쟁도 그 대표적인 사례이다.

『독립신문』이 제국주의 국가인 미국에 대해 "식민지 전쟁으로부터 약소국을 지켜주는 십자군"으로 인식한 것에 대해 김민환 교수는 '지나치게 안이한 평가'라고 지적한다.

1. 『독립신문』은 제국주의의 침투의 목적이 '수탈'에 있다기보다는 '개화'에 있으며, 제국주의에 의한 국권의 상실이 '생존권'의 문제라기보다는 다만 '명예'의 문제라고 그릇 인식했다.

2. 미·영·일 등 당시의 주요 강대국들에 대하여, 노국을 제외한 3국은 '식민지 전쟁으로부터 약소국을 지켜주는 십자군(미)', '양국의 통상을 통해 장사를 흥왕케 하는 데만 힘쓰는 나라(영)', '조선을 독립시켜 준 은인국으로서 동양을 보전하는 파수꾼이요 대동합방하는 높은 의리로서 (한·중·일) 동양 3국의 공영을 주도해야 할 나라(일)' 등으로 지나치게 안이한 평가를 내리고 있다.[23]

『독립신문』은 "외국의 가르침(under expert foreign tutelage)"이란 영문판 시시를 내걸고 영자 『독립신문』도 함께 발간했는데 이 신문의 성향은 대체로 친미적이었다. 「영문판 『독립신문』의 논조에 관한 연구—논설의 내용분석을 중심으로」[24]에 인용된 친미적인 논설들을 몇 편 살펴본

---

23) 김민환, 「『독립신문』의 민족주의」, 『커뮤니케이션 과학』 제4집, 고려대 신문방송연구소, 1981년. 『개화기 민족지의 사회사상』, 나남, 1988년, 351쪽 재수록

다.

165년 전 어제, 미국의 초대 대통령이 버지니아 식민지의 웨스트 모어랜드
에서 태어났다. 전시에는 장군으로서 그리고 평화시에는 행정부의 수반으로
서 이 거인의 위대성과 인격의 고상함은 과거 어느 때보다도 오늘날 전세계
의 훨씬 더한 평가를 받고 있다.

그는 그가 사랑하고 독립을 위해 싸웠던 나라의 7,500만 국민들의 존경의
대상일 뿐만 아니라 개명된 세계를 통털어 역사상 가장 위대한 인물 중의 한
사람으로서 인정되고 있다. (1897년 2월 23일)

서구문명이 어디에 유입되어 뿌리를 내리던지 그곳은 완전히 새로운 나라
로 변모했음을 역사는 우리에게 말해준다. 아메리카의 서쪽의 '거칠고 파란
많은' 록키산맥의 대초원은 행복하게 되었다. 태평양 철도가 록키산맥과 알
칼리성의 땅의 세이지브러쉬를 관통한 후 수백만의 많은 사람의 집들, 그리
고 인도와 아프리카의 열대해안들의 많은 곳들이 가장 계몽된 인종들의 거
처로 변하였다. 우리는 서구문명화가 아시아대륙의 모든 구석에 침투하여
창조자의 아름다운 땅을 세계도처의 그의 사람을 위하여 사용될 때가 곧 오
게 되기를 희망한다. (영문판, 1896년 11월 14일)

지금까지 우리 학계에서 『독립신문』을 바라보는 평가는 대체로 긍정
적이다. 서재필과 『독립신문』에 대한 고전적인 개설서는 진단학회가 편
찬한 『한국사』[25] 현대편이다. 그 후에 나온 대부분의 한국사 개설서들은
한결같이 이선근의 아래와 같은 견해를 뒤따랐고 중·고등학교 국사교
과서까지 거의 같은 시각에서 서술되었다.[26]

『독립신문』이 퍼질수록 지금까지 국가가 무엇이며 국민의 권리·의무가

---

24) 김유원, 중앙대 신문학과 박사학위 논문, 1991년
25) 이선근 집필, 을유문화사, 1963년
26) 정진석, 「서재필과 『독립신문』에 관한 논쟁점들」, 『언론과 사회』, 1994년 가을호

무엇인지 알지도 못하고 각 개인의 기본인권조차 유린당했던 일반 국민이나 근대사조에 눈뜨기 시작한 청년과 학생들은 이를 환영하여 애독했어도 탐욕과 부패가 고질화된 정부 상하의 양반 지배층은 이를 기피하고 중상할지언정 환영하지 않았다.

문교부가 펴낸 고등학교 국사 교과서(1998년판)에서는 독립협회와 『독립신문』에 대해 "근대사상과 개혁사상을 지닌 진보적 지식인들이 지도부를 형성하였고" "정부의 외세의존적인 자세를 비판하고" "근대적 지식과 국권·민권사상을 고취시켜 민중을 계도"하여, 마침내는 민중 속에 뿌리를 내리게 되었다고 평가했다. 그리고 서재필을 프랑스의 대표적 계몽사상가인 볼테르(1694~1778)와 견주어 '한국의 볼테르'라 부르는 학자도 있는 등 대부분의 학자들이 개화사상의 선구자로 보는 견해가 거의 정설이었다.

그러나 학계에는 부정적인 평가도 만만치 않다. 주진오 교수는 독립협회의 반외세운동이라는 것도 과장된 측면이 많으며 이를 주도한 세력은 '친미세력'이었음을 지적했다.

독립협회의 구성과 『독립신문』의 창간에는 미국뿐만 아니라 러시아의 지원이 함께 있었다. 따라서 아직 독립협회는 뒤에서 보듯이 반러단체가 아니었고 『독립신문』 역시 당시 정부의 입장과 미국뿐 아니라 러시아의 동아시아정책을 합리화하는 논조를 가지고 있었다.

당시 독립협회에 기금을 내어 회원이 되었던 사람들은 고종을 비롯한 왕실 측근세력, 보수관료, 개명관료 등 다양한 입장과 세력기반을 가지고 있었으나 이를 주도한 것은 분명히 친미세력이었다. 이들이 가지고 있던 현실인식을 당시의 자료를 통해서 정리해 보면 대외적으로는 문호개방과 보호중립론, 대내적으로는 지주제의 유지를 전제로 한 산업진흥론이라고 할 수 있다.[27]

---

27) 주진오, 앞의 책, 77쪽

그리고 서재필에 대해서도 비판적인 평가가 많은데, 그는 친일적이면서 친미적인 인사였다는 것이 그 핵심이다. 『독립신문』은 일본의 한국침략을 반대하는 의병들을 '비도'(匪徒)라고 불렀으며 일본의 침략을 반대하지는 않았으며, 오히려 일본세력을 물리쳐야 한다고 주장하던 신기선을 비난하고, 친일파 이완용을 칭찬하였다는 것이다. 서재필이 일본을 높이 받들고 찬양한 대목은 다음과 같다.

 -조선사람은 일본에 대하여 감사해야 하는데 감사할 줄을 모른다.
 -동양의 주인은 일본이다.
 -조선독립은 일본이 시켜줄 것이다.
 -조선은 독립국이 아니며 죽을 병이 든 사람인데 일본은 의원이다.
 -병자년 이후 일본 덕택으로 조선은 잘되었다.

북한의 『조선신문 100년사』[28]는 "부패한 봉건통치세력들의 비정의 폭로자, 사회여론의 조성자로 묘사하였다"는 점 등은 긍정점으로 평가하면서도 전반적으로는 부정적인 평가를 내리고 있다. 『독립신문』은 많은 경우 절대군주정치를 옹호하고 인민들의 혁명적 진출을 외면하는 입장에 기울어져 있었으며, 일부 진보적인 지식인도 관계했지만 바로 미국에 의하여 육성된 서재필, 윤치호 같은 친미배족분자들이 관계하였다는 비판을 하고 있다.

그리하여 신문은 개화문명에 대하여 떠들 때면, 미국 시민사회의 본을 따르도록 권고하였으며 자주 '구미문명'의 소개와 기독교 선전에 골몰하였다. 신문 제4면을 영문으로 편집한 것도 미주를 비롯한 구미제국에 우리나라 실정을 하소연하여 독립을 유지해 보려는 외세의존, 숭미사대의 입장에서 출발한 것이다. 이렇게 숭미사대주의를 부식시킨 것은 이 신문의 본질적 약점이며 심중한 부정면이다. 신문이 가진 이러한 부정면을 가리우면서 근대 일

---

28) 리용필, 김일성대학 출판부, 1985년. 서울 나남출판사에서 1993년 재발간

간신문의 체제를 갖추고 일정하게나마 자유민권사상을 제창하였다고 하여
그 역사적 지위와 역할을 일면적으로 과장하거나 심지어 우리 나라 신문의
'전통창시자'로 분석하는 것은 부질없는 일이다.

서재필의 사대주의, 친미적 성향을 단적으로 상징적으로 드러내주는
것은 그가 "한국사람이 아닌 미국인 필립 제이슨으로 행세하였다"는 점
이다. 그는 『독립신문』에 한국사람을 경멸하는 기사를 싣고 있다. 잘못
을 바로 잡자는 충정에서 쓴 것이라 할지라도 "세계에서 제일 불쌍하고
더러운 백성은 조선백성"이니 "대한 사람은 외국에 가서도 협잡을 하려
하고 남을 속이려 든다"는 등의 기사는 서재필의 미국에 대한 숭상과 극
적인 대비를 이루는 것이다.

제4장

1920년 미국 의원단 환영

워싱턴회의 이후 친미에서 친소로

가쓰라-테프트 조약과 필리핀

〈자료 1〉 일제시대 자료로 보는 미국 만화경

1920년 미국 의원단 환영
─ 아메리카는 고난받는 자의 피난처

오인의 손에는 아름다운 꽃이 없고 오인의 입에는 꿀 같은 말이 없도다. 제군을 맞을 때에 오인은 그 무엇으로써 할꼬. 굳은 악수와 뜨거운 '키스'로써 할까. 아니라 오직 뛰노는 가슴과 넘치는 기쁨으로써 하리라. 오인은 이제 형제를 맞아 무한한 감개를 금치 못하노니 아미리가는 원래 고난받는 자의 피난처요 압박받는 자의 해방처라.[1]

미국 의원단의 조선 방문을 환영하는 『동아일보』 사설, 「미국 의원단을 환영하노라」는 일제시대 한국인의 미국에 대한 사모곡 중에서도 백미라 할 수 있다. 1920년 『동아일보』의 논설자와 마찬가지로 대다수 조선사람들은 미국을 구세주로 여겼다. 이들은 미국에 매달리며 형제되기를 간청했다.

형제여, 오인은 이제 제군을 불러 형제라 하노니 오인은 빈하고 또 천하도다. 감히 제군을 불러 형제라 친할 자격이 있으랴. 그러나 오인은 하나님 앞에 제군과 형제되기를 원하며 또한 된 줄을 믿노라. 하나님 앞에 무슨 부귀와 빈천의 별(別)이 있으리요. 오직 사랑과 존경과 신뢰가 유할 따름이로다.

---

1) 『동아일보』, 1920년 8월 24일자 사설

『조선일보』 역시 미국 의원단 일행의 조선 방문에 대해 「자연의 화」
(1920년 8월 27일)라는 사설로써 반겼는데, 이 사설은 일제에 의해 압수
당했다. 「자연의 화」의 논설자는 미국 의원단의 일행의 방문에 대해 "조
선인은 가뭄 끝의 비와 목마름 끝의 물을 얻은 것과도" 같으며, 이들 조
선사람이 분연히 일어나고 모두 다 상점을 폐점하는 것은 "자연의 소위
(所爲)"라고 말한다.

이 같은 자연의 화에 대해 총독부 당국은 "만수(萬數)의 경관이 활동
하여 다대한 위력을 행하고, 추상(秋霜)이 약초(弱草)를 압도함과 같이,
굶주린 범이 고기를 탐함과 같이, 방방곡곡에 산재하여 개점을 강요하
고, 혹은 구타하고, 또는 행인을 구축하여 통행을 단절하고, 심함에 이르
러서는 발검(拔劍), 발포하여 치마(馳馬 : 말을 달림) 충돌을 일삼는" 식
의 대응을 해왔다. 이처럼 미국 의원단의 방문으로 형성된 민중들의 행
동, 즉 '자연의 화'를 억압할 경우 "작게는 망신(亡身)을 하고, 크면 패
가를 할 뿐"이라고 논설자는 경고한다. 사설 「자연의 화」는 3·1운동 직
후 팽배해 있는 반일감정과 미국에 대한 해방자로서의 기대감을 잘 보여
주고 있다.

한국인들이 미국 의원단을 그토록 환영했던 것은 1919년 3·1운동의
불씨가 꺼지지 않고 남아 있음을 잘 보여준 사례라 할 수 있다. 다음의 글
에서 그날 서울의 분위기가 마치도 폭풍전야와도 같았음을 느낄 수 있다.

드디어 8월 24일 밤, 의원단 일행을 태운 특별열차가 서울역에 도착했다.
의원단을 숙소로 정한 조선호텔로 가는 연도의 상점들은 모두 문을 닫고 군
중들이 운집해 있다가 만세를 부르는 소동이 일어나자 신경을 곤두세우고
있던 경찰과 일대 충돌이 벌어져 권총을 발사하고 1백여 명이 검속되었다.
3·1운동 다음해라 일제는 이 사태가 또다시 확대될까 두려워했고, 시내
의 공기는 극도로 긴장하였다. 기마순사를 비롯, 각반 친 순사들이 다음날
아침까지 특별경계를 하면서 군중을 해산시키려 하여 군중들은 이리저리 몰
려다녔다.[2]

미국 의원 대표단이 베이징을 떠나 한국에 도착한 후, 그들은 가는 곳마다 많은 진정서를 받았다. 그 가운데 '대한민국 각계 여성대표' 명의의 진정서가 가장 사람들의 눈물을 흘리게 하고, 마음을 움직이게 하였다고 한다.

당신들에게 이런 글을 드리는 우리는 한국에서 가장 불쌍한 여자들입니다. 우리들이 가장 존경하고 친애하고 의지할 수 있는 것은 대미국 인민대표들인 국회의원 여러분밖에 없습니다.…

아아! 당신들이 돌아본 일성 일향치고 우리들의 눈물로 얼룩지지 않은 것이 어디 있겠습니까?… 감옥의 담벼락과 바닥은 우리들의 가장 비통하고 뜨거운 눈물이 배어 있습니다. 그러나 당신들은 침묵에 잠긴 그 참형장에서 아무것도 찾아낼 수 없을 것입니다. 당신들이 지나온 경성과 평양 및 농촌은 바로 우리들이 일본인들에게 머리카락을 잡혀 끌려다니던 곳이며, 일본인의 총칼에 찔려 고통받던 곳입니다.… 위대한 국민이며 그 두뇌를 대표하는 미국 의원단 여러분, 당신들은 우리들이 필사적으로 외치는 소리가 들립니까?[3]

1920년에 있었던 미국 의원단의 조선 방문은 10여 년이 지난 뒤에도 잡지사의 회고담 기사로 실렸다. 『삼천리』(1932년 12월호)는 『동아일보』 기자로 있던 한 언론인이 쓴 「米國 의원단의 귀경」을 실었다.

그것은 경신년 여름이엇다. 동양을 만유하는 미국 의원단이 경성에도 들린다 하여 시민에게 만흔 자극을 주엇다. 그때는 지금과 달라서 조선인간에는 미국을 동경하는 사람이 만앗섯다.

나는 그때 『동아일보』에 잇섯는데 사에서는 특히 김동성 씨를 만주까지 출영하로 보냇스나 사정에 의하야 의원단과 차를 동승치 못하엿다. 『동아일

---

2) 정진석, 『일제하 한국언론 투쟁사』, 정음사, 1982년, 68~69쪽
3) 「韓女界上美議員團書(한여계상미의원단서)」, 『민국일보』, 1920년 9월 5일

보』에서도 사회면의 대부분을 할애하야 환영기사를 쓰고 제1면에는 장문의
환영사를 기재하엿섯다. 나는 그들이 도착하는 날 밤에 경성역에 나갓섯다.
일행이 40여 명이나 되고 상해의 영자보 기자들이 석기어 경성역전부터 조
선호텔까지 장사(長蛇)의 자동차 행렬을 지엇고 일행의 단장은 '스몰' 씨이
니 그 일흠과 가티 키가 적다라고 백발이 성성하며 얼골에 주름살 잡힌 노인
이엇섯다. 헌헌장부(軒軒丈夫)가 만흔 그 일행 중의 그 소인이 단장이라는
것이 일종 풍자가티 보이엇다. 돈 만코 놀기 조와하는 그들이 식후 산보가티
다니는 동양여행이 무슨 의의가 잇스리요만은 그때 조선인간에는 이 평면적
여행에 무슨 뜻이 잇는 것가티 해석하고 기독청년회에서는 조선인 민간주최
로 성대한 환영회를 열려 하엿섯다. 이 반면에 미국 위원단에게 위해를 가할
음모하에 직접 행동단이라 하야 김영철 이하 다수한 청년이 아서원에서 검
거되니 경찰은 시국관계라는 말로 환영회를 금지하엿다. 이때에 각 신문에
서는 호외로 오후 2시경에 청년회에서 미국 의원단의 환영회가 잇다는 것을
보도하니 수천의 군중이 청년회로 모히엇다. 그러나 환영회는 못하게 되엇
섯다. 모든 사람의 가슴에 일말의 실망, 적막의 감이 떠돌고 모힌 군중은 물
결처서 이리저리 몰리며 청년회 내외에 창일(漲溢)하엿슬 때이다.
　이때 별안간 일대(一隊)의….

　3·1운동 직후 아메리카는 대다수 한국인들에게 『동아일보』가 표현했
듯이 "고난받는 자의 피난처요 압박받는 자의 해방처"로 여겨졌다. 한국
인들은 미국인에게 "형제되기를 원하며 또한 된 줄을 믿노라"고 말한다.
한국의 속담 중에 "떡 줄 사람은 생각지도 않는데 김칫국부터 마신다"는
말이 이런 경우를 빗대어 한 말일 것이다.

워싱턴회의 이후 친미에서 친소로

米國人은 일면에 주의가 정밀한 물질주의자인 동시에 타면에는 이상이 고원한 정신주의자인 양면을 겸하얏나니…

금차의 태평양회의는 그 이면의 발의자는 여하간 그 표면의 소집자는 미국의 대통령인즉 차태평양회의의 가치를 될 수 있는 대로 과장하며 그 지위를 될 수 있는 대로 중대하게 하기 위하야 극동의 평화론은 물론 인류의 자유 세계의 평화 등 정의와 인도론을 고조할 터이며 또 일본에 대하야는 재래(在來)에 군국주의의 대표자라는 嫌疑를 抱持하야 왓스며 태평양 방면에 대한 미국의 일대위협으로 인정하는 동시에 아세아에 대하야 문호개방주의를 실상 반대한 자로 간주할 뿐 아니라 각종 이유에 의하여 일본인은 배척하는 관계로 그 결점을 척결하기를 조아할지며 또한 중국인의 환심을 매(買)하기 위하야서라도 약자를 보호하는 정의 인도론의 무기로써 일본의 재래(在來) 정책과 행동을 논란공격할 것이라.[4]

1921년 10월부터 워싱턴에서 열린 태평양회의를 앞두고 조선사람들이 미국에 대해 거는 기대는 컸다. 위의 『동아일보』 사설은 "물질주의자인 동시에 정신주의자인" 미국이 "군국주의의 대표자" 일본을 고립시켜 줄

---

4) 『동아일보』, 1921년 8월 22일자 사설

것을 희망하고 있다. 그 밑바탕에는 '좋은 외세' 미국이 '나쁜 외세' 일
본을 고립시켜 주기를 바라는 정서가 깔려 있었다. 그러나 회의의 결과
는 기대밖이었으며, 『동아일보』 사설은 이를 표현하여 '폭군의 선심'이
라 하였다. 여기서 '폭군'이라 함은 미국을 가리키는 말이다.

> 환언하면 米국인은 아미리가를 봉쇄하고 영국인은 영국 점령지를 봉쇄하
> 야 일본인의 입국을 허하지 아니하되 동아에 대하야는 그 배출구를 허하나
> 니 문호개방과 기회균등하에서 此방면에 경제적 발전을 망함이 가하다는 것
> 이로다.
> 오인은 백인종이 사면팔방으로 일본인의 배출구를 억압하야 인종의 근절
> 을 기하지 아니하고 극동에 대하야 근(僅)히 일로의 여지를 허하는 것을 '폭
> 군의 선심'이라 평하는 외에 언이 무한 것을 탄하며…[5]

한국인들은 워싱턴회의를 통하여 개항 이래 미국에 대해 가졌던 무정
형적인 호감의 실체를 파악하게 되었다. 미국은 보편주의적 선을 행한다
는 허구에서 벗어나 그 또한 다른 강대국과 마찬가지로 제국주의 정책을
펴고 있으며 여태껏 극동지역에 대해 하나의 원칙으로 강조해 온 문호개
방정책의 내용을 사실대로 파악할 수 있었던 것으로 보인다. 그것은 사
변적으로나마 가졌던 대미 기대의 개연성을 여지없이 부숴버렸고 이러
한 대미 실망은 새로운 대외적 기대를 모색하게 만들었던 것이다. 그것
은 바로 대소 기대를 자극하였던 것이다.[6]

어찌 보면 워싱턴회의에서 미국의 실체를 파악한 것은 뒤늦은 감이 있
는 것이다. 피압박민족의 구세주처럼 인식돼 온 미국은 3·1운동조차 일
본인의 시각에서 이해했다. 당시 미국 국무성은 성명을 발표하여 "한국
문제에 대한 미국의 태도는 아일랜드 문제에 대한 영국의 태도와 같다.

---

5) 『동아일보』, 1921년 10월 23일
6) 이호재, 「1920년대 한국인의 대외인식 변화―『동아일보』의 내용을 중심으로」, 고려대
   정경대학 『사회과학논집』 10권, 1982년, 20쪽

한국문제는 순전히 일본 내정에 속하며, 이것은 마치 우리 나라 필리핀에서 발생한 폭동과 같다. 다만, 일본정부가 폭동을 진압했다는 각종 보도에 관해서는 회의적이다. 국무성이 확보한 정보에 따를진대, 미국은 일본이 그토록 극히 잔인하고 악랄한 방법을 썼으리라고는 생각하지 않는다"고 공식입장을 표명했다.[7]

1922년 1월 21일 모스크바에서 열린 '제1차 극동피압박인민회의'의 취지는 '제국주의적인 워싱톤회의에 대항하여 민주적 민족적 민족대회를 개함에' 있었다.

간단히 말하면 동양민족대회라는 것은 태평양회의를 대항하여 생긴 것이다. 태평양회의는 자본주의 국가가 소약민족을 빨아먹으려고 생긴 것인즉 우리 소약민족은 어떻게 대항할까를 의론한 회의라.[8]

이처럼 워싱턴회의에 대한 실망 이후 조선사람들은 모스크바에 대한 관심은 높아갔다. 한국인들이 소련 공산정권에 대하여 친밀한 감정을 갖고 협조와 지원에 크게 기대를 갖게 된 것은 소련이 국내외의 독립운동 세력에게 정신적 지지와 함께 독립자금을 비롯한 물량적 지원을 실제로 준 사실에 근거하고 있다. 소련의 지원은 공산주의자들에게만 국한된 것이 아니라 민족주의자들에게까지도 확대되어 있었기 때문에 그 파급효과는 매우 컸던 것으로 판단된다. 더욱 당시 한국인들이 독립운동 과정에서 외세로부터 받은 직접적인 지원은 그것이 유일한 것이었기 때문에 그 정치적 의미는 매우 컸었다.[9] 워싱턴회의에서 미국의 제국주의적인 속성을 파악한 대다수 독립운동가들은 독립운동의 무대가 워싱턴이 아닌 시베리아와 만주라고 여겼다.

"이후 우리가 운동할 곳은 파리도 아니고 워싱톤도 아니다. 곧 시베리아

---

7) 『피어린 27년 대한민국 임시정부』, 건국대학교출판부, 1994년, 58~59쪽
8) 공산주의자 김시현, 「1920년대 한국인의 대외인식 변화」, 『동아일보』, 1923년 8월 8일
9) 이호재, 앞의 책, 25쪽

와 만주이다.… 우리의 모든 돈도 거기다 던져야 한다.… 이 대통령께서는 근일에 와서 우리의 일은 우리가 하여야 한다 하시면서 워싱톤에 오래 계실 양으로 예산서를 꾸며 발표한 것은 아무리 생각하여도 해석할 수 없는 정책이다."[10]

10) 박영로, 「워싱톤회의 후의 우리는 엇지할가」, 『신한민보』, 1922년 2월 4일. 『한민족 독립운동사』 6권에서 재인용

가쓰라-테프트 조약과 필리핀

1932년중 세계적 문제거리의 하나로 되어 있든 미국 대통령선거도 지난 11월 8일로써 끝났다.

그러면 민주당 천지가 된 미국의 압흐로의 대외정책은 어떠할 것이며 따라서 그 영향은 어떠할 것인가?

세상에 미국이 공화당 정부로부터 민주당 정부로 밧귀이는 것을 보고 크게 박수를 하며 그야말로 요술쟁이의 손바닥에서 무슨 묘한 물건이나 튀여나온 듯이 기다리고 잇는 사람도 적지 아니하다. 그러나 그것은 착오된 인식이다.

배나무에서는 배가 열 뿐이지 (혹 변종이 생기는 수는 잇지만) 쌀이나 보리는 열지 못한다.

그와 마찬가지로 미국이 제국주의 미국인 이상 즉 공화당이나 민주당이 다같이 부루죠아 정당인 이상 그 정책에 있어서(감둥개도 낫선 사람을 보면 멍멍 짓고 바둑개도 역시 낫선 사람을 보면 큉큉 짓는다는 격으로) 제국주의적인데 틀님이 없을 것이다.

하물며 미국의 공화 민주 양대정당은 타국의 그것에 비하여 그 정강이며 정책에 있어서 크게 상치됨이 없음에랴.

그러나 한편 생각할 때 흰둥이(白狗) 색기도 아롱이다롱이라고 비록 그 근본정신에 있어서는 달은 것이 없다 하드래도 부분적 외면적 변화가 다소간 업지도 아니할 것이다.

이 외면적 부분적 차이에 대하여 우리는 잠시 고찰을 하여보기로 하자.

〈비율빈 독립문제〉

이것은 민주당이 내세운 정책의 하나다

그러나 민주당 정부가 성립이 되었다고 해서 과연 미국(米國)은 비율빈의 독립을 승인할까? 아니다.[11]

한미관계를 논할 때 미국의 이중성을 보여주는 사례로 약방의 감초처럼 거론되는 것이 '가쓰라-테프트협약'이다. 미국의 대한정책의 이중성을 여실히 보여주는 이 조약은 1905년 7월 29일 미국 육군장관 태프트와 일본 총리 가쓰라 다로 간에 체결된 비밀협약이다. 1924년에 공개된 이 협약은 제1조에서 "…테프트는 필리핀을 앞으로 미국과 같은 강국의 우호적인 국민이 통치할 것이며, 이 섬을 자치하기에는 아직 적당치 않은 토착인이나 비우의적인 유럽의 어느 강국에게든 맡기지 않을 것임을 밝혔다. 가쓰라는 이 점에 관하여 태프트의 견해가 지극히 정당하다는 것을 강도높게 확인하였다. 또한 일본은 필리핀에 대해 어떠한 침략적 야욕도 갖고 있지 않으며 모든 황화론(黃禍論)은 일본을 모함하는 악랄하고도 저열한 유언비어에 불과하다고 부언하였다"고 밝히고 있다. 그리고 조선문제에 대해 언급한 제3조에서 가쓰라는 "조선은 대러시아 전쟁의 직접적 원인이므로 전쟁의 논리적 결과로서 조선문제를 완전히 매듭짓는 것은 일본에게는 절대적으로 중요하다"는 입장을 밝히고, 테프트는 이를 수용했다.

테프트는 가쓰라의 이러한 인식이 정당하다는 것을 충분히 확인하고 개인적으로는 일본이 무력을 통해 '일본의 허락 없이는 조선이 어떠한 대외조약도 체결할 수 없다'는 요구를 할 수 있을 정도의 '보호'를 확득하는 것은 대러전쟁의 논리적 귀결이며 이는 극동의 항구적인 평화유지에 공헌하리라고 생각한다고 말하였다.[12]

---

11) 조영근, 「미국의 민주당 승리와 금후의 대외정책」, 『제1선』, 1932년 12월

12)『자료 한국근현대사 입문』, 1995년, 162쪽

이처럼 미국은 조선사람들이 착각한 것처럼 우리 민족의 '구세주'가 아니었으며, 그 국민들은 '극락세계'에 사는 천사들이 아니었다. 가쓰라-테프트 밀약은 경우에 따라서는 일본이 필리핀을 미국이 조선을 강점하는 것을 서로 양해하는 협약이 될 수도 있었던 것이다. 가쓰라-테프트 밀약을 전후한 미국의 필리핀 정책을 통해서 우리는 미국의 대외정책의 본질을 간파할 수도 있다. 지금으로부터 1백 년 전인 1900년, 미국 상원에서 한 정치인은 "필리핀은 영원히 우리의 것"이라는 점을 강조하고, 필리핀은 동양인이기에 잔인하게 다루어도 된다는 점을 상기시키고 있다.

〈1900년 1월 9일 상원에서의 발언〉

대통령 각하, 시대는 솔직 담백함을 요구합니다. 필리핀은 영원히 우리의 것입니다. 그리고 필리핀 너머에는 광대한 중국시장이 있습니다. 우리는 그 어느 쪽에서도 후퇴하지 않을 것입니다.…

태평양은 우리의 바다입니다. 우리가 잉여생산물의 소비지를 찾아 어디로 가야 하겠습니까? 지리적 위치에서 곧 답을 찾을 수 있습니다. 중국은 우리의 당연한 고객입니다. 우리에게 있어서 필리핀은 모든 동양으로 이르는 전진기지가 되고 있습니다.…

우리의 전쟁행위는 잔인하였다고 비난받아 왔습니다. 상원의원 여러분, 그것은 정반대였습니다.… 여러분들께서는 우리가 유럽인이나 미국인을 다루고 있는 것이 아니라 동양인을 다루고 있다는 사실을 기억하셔야 합니다.[13]

이미 1898년 미국·스페인 전쟁을 계기로 미국은 대외적 팽창노선을 적극적으로 추구하지 않으면 안 되었다. 상원의원 롯지는 "우리 상품의 판매시장, 아시아나 카리브해에 대한 확대 가능성을 찾지 못한다면 우리는 대규모의 사회혁명을 막을 아무런 대책도 발견하지 못할 것"이라고

---

13) 하워드 진, 『미국민중저항사』 2권, 일월서각, 1986년, 26쪽

우려하였다. 사회혁명을 우려하는 사람은 롯지만이 아니었고 그것은 권력체제 내에 있는 소수자만의 견해도 아니었다.[14] 미국의 대통령은 필리핀에 대해 자신들의 사냥대상과도 같았던 '인디언' 처럼 대했다. 그것은 똑같은 황인종이고 미개민족인 조선사람에 대해서도 마찬가지였을 것이다.

〈디오도어 루즈벨트〉

루즈벨트는 해외의 '미개민족' 에 대해서도 마찬가지였다. 루즈벨트는 여러 차례에 걸쳐서 필리핀인에 대한 처우를 아메리카 인디언의 경우에서의 유추에 입각해서 논하고 있다. 그는 만약에 미국인이 "도덕적 이유로 필리핀 군도를 포기해야 한다면, 앨리조나주도 아파치족에게 내주어야만 하게 된다"라고 말하여, 그와 같은 일은 있을 수 없다고 일소에 붙이고 있다. 그리고 필리핀에서의 미군의 잔학행위에 대한 비난에 대해서도, 그와 같은 사건은 "대 인디언전쟁에서는 수백 번이나 일어났던" 것으로서, "부수적으로 잔학행위가 있었다는 이유로, 문명을 위한 투쟁에서 손을 뗀다는 것은, 위대한 국민에게 있어서는 전혀 가치가 없는 일이다"라고 문제도 삼지 않았다.[15]

이처럼 미국인은 결코 '도덕적 이유' 로 자신들의 국익을 포기하지 않았다. 그것은 어느 경우에나 적용되는 법칙이다. 멕시코나 필리핀, 쿠바나 베트남, 그리고 조선이나 한국에 대해서도 마찬가지인 것이다. 일본 제국주의자들이 기미년에 평화적인 시위를 벌이던 조선민중을 향해 총질을 해대듯이 미국 제국주의자들은 필리핀 민중을 향해 사냥개의 이빨을 드러냈던 것이다. 1901년 11월 마닐라에 주재하는 미국언론의 한 특파원은 다음과 같은 기사를 본국의 신문사에 송고했다.

미군 병사는 언제나 용서 없이, 남녀를 가리지 않고, 어린이, 죄수, 포로,

---

14) 『한민족독립운동사 ─ 제국주의와 아시아 민족운동』 10권, 국사편찬위원회, 1991년, 32쪽
15) 『아메리카의 전쟁』, 1985년, 248쪽

반란활동분자, 그리고 의심스럽다고 보면 10세쯤 되는 사내아이에 이르기까지 모조리 죽였다. 필리핀인을 개와 똑같이 여기는 것이 보통이었다. 아군 병사들은 바닷물을 입에 들이부어 억지로 붓게 했으며, 또한 손을 들고 얌전히 항복해 온 포로들을 한 시간 후에는 반란자라는 아무런 증거도 없는 채, 다리 위에 세워놓고 한 사람씩 쏘아 떨어뜨렸다. 총탄을 맞고 강으로 떨어진 시체는 하류로 흘러가 그것을 보는 사람들에게 본때를 보여주었다.

이처럼 일본과 가쓰라테프트 조약을 체결한 미국은 일본이 조선민중을 수탈하는 동안 필리핀을 억압했던 것이다. 한국인들은 일제시대 때 미국의 편에 서서 국제정세를 바라보았다. 그러나 "미영의 식민지배를 받고 있었던 인도, 미얀마, 필리핀 등지의 민족해방운동가들이 일본의 편에 서서 싸웠다는 점을 염두에 두어야 할 것"이며[16] 미국 정치가의 눈에 조선사람은 필리핀인과 마찬가지로 미국상품의 판매를 위해 "잔학하게 다뤄도 되는" 미개인이었을 뿐이었다.

가쓰라-테프트 조약이 체결된 것을 몰랐지만 한국인들은 미국이 필리핀을 독립시켜 주지 않을 것이라는 점은 자연스럽게 터득할 수 있었다. 『신한국보』사설「필리핀 독립문제와 합중국 행동의 진상」은 이를 보여주고 있다.

합중국 정부는 필리핀 독립을 의론할 때에 필리핀 인민은 왜 폭동을 꾀하느뇨.

나라를 망한 자의 한은 오직 나라를 회복한 연후에야 풀릴 것이라. 그런고로 어느 백성이던지 만일 나라 망한 한을 모르고 있으면이어니와 만일 알고 있으면 다른 백성이 그 한을 위로하지 못하고 다른 나라가 족히 그 한을 풀어지지 못할지며 비록 어느 백성이 어느 나라가 대신하여 통곡할지라도 만일 나라 망한 그 백성이 스스로 만든 것이 아니면 그 창자에 깊히 맺힌 한은 결단코 풀리지 않을진저.

---

16) 주진오,「미국 제국주의의 조선침략과 친미파」,『역사비평』, 1988년 겨울호, 85쪽

그러므로 오늘 필리핀 사람의 폭동을 꾀하고 독립을 도모함은 실로 괴이치 않은 일뿐 아니요 또한 그 나라 망한 한을 스스로 풀고저 함이라. 오늘날 합중국 정부는 비록 필리핀 인민을 위하야 독립을 의론하나 필리핀 인민의 안목에는 이것이 다만 허한 영광이요 필리핀 인민의 창자에는 이것이 다 거짓인고로 한 번 일어나 한을 푸고져 함이 응당 없지 않을 것이라. (1914년 7월 77일)

〈자료 1〉 일제시대 자료로 보는 미국 만화경

구미를 순회하야

−이헌녕, 『현대평론』(창간호, 1927년 1월)

본잡지 창간에 기고하라는 주문을 밧엇스나 나에게는 그에 응할 만한 붓의 소유가 업다. 집필하야 본 것도 한문을 배호든 그 당시뿐이엿고 이후 전폐하엿든 나에게 이엇지 무리함이 아니랴! 그러나 본사 제위의 요구를 전연 거절키 어려워 졸필을 들어 귀국하는 도(途)에 각국에서 문견(聞見)한 바를 대략 써볼가 한다.

米國은 역사의 길지 아닌 점으로 보아서 우(又)는 식민지엿든 것으로 보아서 현상을 보고 과거를 회고할 때 급격한 속도로 발전된 것을 알 수 잇다. 미국은 천산물이 풍부하다. 다수의 금광탄광유광이 잇고 칼니포니아주는 더욱이 농산이 풍요한 곳이다. 그러나 아모리 금은동철탄유 등이 다량으로 잇지만은 이것을 발굴하고 발견한 것은 누구며 옥야가 광대하더라도 농구의 제도와 경작의 방법을 연구하야 수확을 다대케 함은 누구인가…

현금 米國의 부력을 당할 나라가 업고 세계의 우월권을 장악하게 됨도 고심혈성(苦心血誠)의 결정인 부단의 노력과 물산풍부한 천혜의 양자가 상휴(相携)아여 온 소이가 아닐가?

그러나 미국인은 교만하고도 배외심이 만타. 피부의 빗에 의하야 인간을 차별대우함은 너무도 심하다. 백인과 흑인의 숙박하는 호텔도 이발소도 기차도

다 각각이다. 유색인종은 백인의 노예와 갓치 생각하는 것 같다.…

세계도 백인을 위하여 존재한 듯이 사(思)하고 신명의 뜻도 백인만이 준수함과 갓치 말하지만는 도저(到低)치 못한 종교가도 다수인 듯하다. 황금만능은 전 세계를 통하고 유행하지만 기중에도 미국이 제일인 것 같다. 정의인도도 박애도 황금증식을 위함 갓다. 이것은 북미합중국뿐 아니라 현대 세계각국 어느 나라를 보든지 상위됨이 업슬 듯하다. 米國人은 사치도 심하다. 궁사극치(窮奢極侈)하는 것을 볼 때 제이의 라마(羅馬)가 되지 안나 의심하고 라마의 쇠리퇴기(衰裏頹期)를 연상하게 된다. 그들 중에도 우국(憂國)의 사(士)는 전도를 우려하야 인심의 전환에 관하야 고심함도 부무(不無)할 것이다.

露西亞(로서아)는 혁명으로 하야 개선됨이 만타 한다. 모스코까지 여행하야 근히 기일간 체재중에도 혁명의 소사(所賜)라고 혁명을 일컷는 소래는 귀에 젖도록 들엇다. 그러나 최초 레닌의 주의는 철저히 실행되지 못함은 사실이 아닌가. 혁명색채는 진홍색으로부터 분홍색으로 변하야 간다 한다. 그럼으로 이상은 잇서도 그대로 실행하기는 용이치 못할 일이다. 현재 로서아의 신경제정책이 혁명당시의 주의방침과 변경됨이 다함은 사실이 아닌가. 그러타고 그것이 불가하다는 것은 아니다. 정치의 요결은 응병시약(應病施藥)과 갓해서 시세에 순응치 안으면 안 된다. 더욱 현재에 시행된 자작자급과 갓흔 것은 로서아 갓흔 물산풍부한 나라이 아니면 도저히 될 수 업다는 것만 말하야 둔다.

현하 신문 잡지에 대한 비판

―『개벽』(1925년 11월)

〈조선 현하의 신문과 잡지〉

그런데 조선인의 사상적 취향이 포괄적 민족운동에서 한 거름 더 나가 조선적 계급운동으로 전개됨을 따라서 언론기관의 태도도 조선인 자체에 내재한 계급적 이해를 해부 비판하는 데 공명 추세의 경향과 우(又)는 반대 몽롱(朦朧)의 태도를 위하게 되엿다. 이로 말미암아 우리가 일즉이 보지도 못하는 사상 조류의 혼란과 혼동을 발견할 수 잇게 되엿다. 그것은 동아나 조선이나 시대나 개벽이나 어느 것을 가릴 것 업시 그러하다.

오늘 아츰 사설에 봉건적 사상을 고조하는 논문이 실려 잇는 것을 보면 그 다음날에는 자유사상을 기조한 혁신적 기분이 뛰는 논문이 가득하엿스며 그러치 안으면 인도주의의 감상문이 실려 잇다. 이는 그 언론기관이 사상의 불통일을 드러내는 일면으로 그 집필인의 교양의 근거가 각각 수이(殊異)함을 따라 동일한 언론기관의 논조가 금명간으로 획시대적(劃時代的) 차이와 변화를 이루는 것이다.

그런데 봉건사상이나 자유사상이나 사회주의 사상이나 인도주의 사상이 각각 세기를 두고 기 선후를 다툼할 수 잇슬 만한 시대적 차이를 가젓슴에 불구하고 다 각각 어느 정도까지에 그 주장이 용인되며 혼동되기 쉬운 것은 조선사회에서나 볼 수 있는 현상이다. 조선의 사회와 발달이 순조로 되지 못하고 변형적으로 발전되는 까닭에 봉건적 세력이 그 근간을 넓히 박고 잇는 그 우에 자본제의 세력이 부식되며 또 그 반면으로 사회주의 사상이 침윤됨으로 그와 가튼 변형적 현상을 나타내는 것이다.

〈『동아일보』는 엇던가〉

이것을 다시 각 신문의 논조에 의하여 보면 『동아일보』는 그 사상의 기조를 뿔조아 자유주의에 두고 '민족'이란 간판을 억지로 붓들고 잇다. 그럿타고 철저한 민족적 운동으로 돌진하느냐 하면 그런 것은 안이다. 그들이 주장하는 '민족'은 간판 우에서나 찬란한 광채를 발하는 민족이다. 그는 애란(愛蘭)자유국에 만족한 찬사를 우리는 민족이다. 그 '민족'의 간판은 현재의 정치환경에서 가능하고 용인될 범위 이내에서 정치운동을 일으킬 때에 요긴히 사용될 '민족' 간판이다. 그런데 이 '민족'의 전매지는 일즉이 창간 이후에 12년 동안 발휘하든 뿔조아 자유주의의 신흥적 용기와 혁신적 진보적 기분은 실력양성의 좌경적 민족운동 속으로 숨어버리고 근일은 모고적(慕古的) 감상문이 우세탄세(憂世嘆世)의 문구를 궁피(혹은 벽, 僻)하게 취집하여 가지고 왕왕히 발표된다. 그리하야 봉건사상의 해골을 뻔뻔스럽게 자랑삼아 드러내기도 한다. 그러나 그 동아지는 다른 것에 비하야 비교적 실제문제를 취급하야 구체적으로 내용에 골자를 세우기에 힘을 드리는 량적을 볼 수 있다.

〈『조선일보』의 논지〉

그러면 『조선일보』의 논지는 어떠한가. 이것은 민중을(민족은 안이고) 염매

(廉賣)하는 오래 묵은 인도주의다. 봉건적 사상과 부자간은 될만하다. 사설의 내색은 어느 것보다도 조흐나 그 대신 골자가 업다.… 그리고 비분강개한 노래 곡조로 민중아! 민중아!를 빈발하야 가난한 사람을 추키고 넉넉한 계급을 뚜들기는 글이 자조 난다. 그것만이라도 안이 하는 것보다는 나은 일이 되는지는 몰으겟스나 그러나 부자를 남으래고 빈자를 추켜세우는 것이 반드시 사회주의가 안인 것은 상식판단에 맷길 일이다.

인도주의도 충분히 그런 감상적 글을 자기(自欺) 업시 자신 잇는 맘으로 쓸 수 잇는 것이다. 추상론에서 흔이 석기기 쉬운 빈자에 대한 인도주의적 감상과 계급적 감정을 혼동시하는 것은 금물이다. 조선에 사회주의적 논조와 인도주의적 논조가 현란한 문장으로써 나올 때에 제법 좌경의 색채를 띄운 것가티 뵈이지만 기실은 양자를 혼동하는 것이다. 사회주의적 논조는 『조선일보』의 양념이다. 사회주의를 무당파가티 전내(殿內)로 모시고 잇다. 그런데 이번 해정(解停)이 되며 출자자의 모의로 사원 대변동이 되엿슨즉 동보의 금후 논조는 그나마 의문이다. 제간하회(第看下回).

〈『개벽』을 일별(一瞥)하면〉

신문은 그럿커니와 개벽잡지는 어떠하냐.

신문이 보도와 여론지도로써 사회적 기능을 가젓스나 잡지는 일정한 장시일을 격하야 발행되는 것임으로 보도의 임무는 가질수 없스나 그 대신 여론이 될 만한 시사와 정치에 대하야 이론적 지도의 기능을 갓는 동시에 연구소개와 계몽운동의 임무를 갓게 된다.

이제 개벽의 사상으로 말하면 다량의 인도주의와 자유사상 우에 사회주의를 가미하엿다. 그러나 자조 인내천주의의 내정(內庭)돌입을 볼 수 잇다. 그리하야 어느 논지는 사회주의나 인내천주의나를 분간할 수 업게 혼동하는 것이 잇다. 그리고 시사와 정치와 사상에 대하야 이론적 지도가 될 만한 논문을 실리기에 힘을 드리는 모양이나 항상 미흡을 면치 못할 것 같다.

역사상으로 본 기독교의 내면

－박헌영, 「현하 신문 잡지에 대한 비판」, 『개벽』(1925년 11월호)

기독은 영토확장의 제국주의와 수족이 되고 자본주의적 국가옹호의 무기가 되었다. 성자와 무기, 종교와 정복은 역사상의 사실로서는 참으로 형제간의 친분이다. 의분이 잇는 친형제간이다. 그것은 꼭 목사의 성서와 은행의 통장과 동일한 효능이 잇다.

"신은 위대하다"라는 간판을 걸고 우수에 검 좌수에 성서를 들고 전지에 나가는 것은 교조 마흐멧드뿐이 아니다. 십자의 기호에 "이 기로써 너의들은 이기리라"는 한우님의 계시의 표어로써 출군한 십자군을 비롯하야 구주의 역사상에 나타난 종교관은 식물의 쟁탈, 즉 영주주권의 쟁탈과 종교선전과의 긴밀한 관계가 잇는 까닭으로써 이러한 참극이 연출된 것이다.

이와 가티 기독교는 강자의 편리한 무기인 것이 과거와 현재의 역사상 사실로써 명백히 증명한다. 다못 인간의 육체를 정복하고 대포와 독와사(毒瓦斯:독가스)보다 정신적 정복을 위한 무기로는 가장 정예강대한 위력을 발휘한다.

…

英米의 기독도들은 세계평화를 떠들고 동에 입하야 무엇을 하는가. '여호와'라 영토이권쟁탈의 간판을 들고 중국대륙과 조선을 횡행하는 저 미국인 선교사의 언행을 살펴보라. 피등은 자기 나라의 자본가에게서 선전비를 어더가지고 철두철미 자국 자본가를 위하여 길을 개척하려고 그 민족적 세력 부식을 위하여 빠이블과 기도로써 포탄과 잠항정 이상의 무서운 악질적 침략을 발휘하고 잇는 것을 볼 수 잇다.

성서와 기도로 되지 못할 것을 보는 때에는 여러 가지 미명하에 자선병원, 학교 등을 세우고 민심을 수용한다.

日米 개전한다면

─철학박사 오천석, 『제1선』(1932년 5월)

금월 12일 쉬카고에서 오는 전보에 의하면 일중 분쟁문제에 격악한 미국(美國) 군중 수백 명은 일본군의 상해점거를 항의하는 목적으로 쉬카고 투리뷴 신문사옥 안에 잇는 일본 영사관을 습격한 결과 경관 군중간 일대격돌을 야기하게 되고 군중으로브터 발포하기에까지 이르러 부상자 칠 명을 내이게 되엿스며 십이 명의 체포를 보게 되엿다고 한다. 시위운동으로 말미아마 일본 영사관이 입은 손해가 없는 모양인즉 국제상 무슨 문제가 이러나지 안을 것은 사실이나 이 사건을 통하야 미국민의 일본에 대한 감정이 얼마나 악화되엿는가 하는 것은 충분히 엿볼 수가 있다. 비록 이론상으로 타산하야 보아서는 도저히 상상할 수 없는 일미전쟁일지라도 이와 같이 극히 험악해 가는 일미간 감정은 어느 때 어느 형식을 취하야 폭발될 것인지 헤아릴 수 없는 것이다. 그러면 어떠한 불의의 사건이 돌발되야 중국을 중심으로 하야 일미간에 전화를 교(交)하게 되는 때에 세계정국은 어찌되며 양국의 전세는 어떠할가? 이것은 과연 흥미잇는 문제다.

현하 형세로 보아 일미전쟁이 만일에 이러난다고 하면 일본은 고립의 고(苦)를 맛보지 않을 수 없슬 것이다.

…

이에 관련하야 쏘비트로서아의 태도는 어떠할가?

로서아는 일미충돌을 환영하고 적극적으로 후원하리라는 것을 상상할 수 잇다. 로서아의 적은 미국만도 아니오 일본만도 아니오 전자본주의, 전제국주의 세계인 이상 자본주의 국가간의 내홍 제국주의 국가간의 분쟁을 극력으로 찬조할 것이라고 믿을 수 잇다. 제국주의 국가간의 쟁투는 제국주의의 자멸, 자본주의의 자살을 의미하는 것이다.

…

안락의 미주(美酒)에 취한 미국이 전쟁을 즐길 까닭이 없고 따라서 전쟁에 열중할 수가 없으리라는 것이 세인의 추측 같다. 그러나 이것은 미국민의 민족성을 살피지 안은 피상적 관찰에 불과하다. 미국인의 안락주의 평화주의는 근년에 획득한 일관습이오. 근본적으로 살피면 미국민은 대체로 호전족(族)의 후예요 그 스스로가 호전자이라 할 수 잇다. 미국민의 선조인 앵글노 쌕슨족이 얼마나 호전적이엿다는 사실은 영국사를 들추어보아 알 수 잇는 것이다. 미국이 구주대란(歐州大亂)에 참가한 지 불과 일 개년 내에 이백만의 대병을 이르켯다는 사실 또한 우리 기억에 아직 새롭다. 모교를 위하야 생명을 睹하고 맹수와 같이 싸호는 운동장에 나선 미국학생을 볼 때 한번 움지기는 날에는 전통의 호전성이 발로될는지도 알 수 없는 것이다. 더구나 그에게는 거이 무진장의 부원

(富源)이 있음은 일본에게는 큰 적이라 아니할 수 없다.

그러나 일본에는 사기 이외에 국가의 사활문제라는 절실한 동기가 잇는 것이다. 이 동기는 일본에 잇어서는 가장 중요한 힘의 원천이라고 아니할 수 없다.

오월과 메이데이
－『신동아』(1932년 5월)

1.

5월 1일은 메이데이라 하야 세계각국 어디를 물론하고 로동자들은 다 각기 그들의 직장에서 떠나와 하루를 즐겁게 자유스럽게 시위운동을 하는 것이외다.

그러나 조선에서는 아직도 이날은 허락되어 있지 아니합니다. 아울러 시위운동은 문제도 없고 적은 집회도 있는가 의심될 만치 되어 있으나 머지않은 앞날에 조선에 로동자 농민에게도 그날이 올 것이라고 생각되어집니다.

…

2.

메이데이가 생기게 되기는 1880년대에 일인데 이것도 미국(米國)에서부터 단초(端初)를 짓게 되었습니다.

그때에 미국의 로동운동은 가장 활발하게 진전되어서 처처에서 자본가에 대하여 "임금을 올려주시오!" "여덟 시간 로동을 하게 하시오!" 하고 맹렬이 분투로력하였습니다.

그리하야 미국 쉬카고에 있는 어떤 적은 농구(農具)공장에서 "여덟 시간제의 로동을 주시오!" 하는 것이 사건의 시초가 되어가지고 드디어 이것은 전미국적으로 쫙 퍼지게 되었습니다.

그런데 그때는 어느 때이었느냐 하면 바로 1885년 때이었습니다. 그리고 이 메이데이(5월 1일)를 기약해 가지고 일제히 총동맹파공(總同盟罷工)할 것을 여러 로동단체는 결의하였든 것입니다.

그리하여 그 다음해 곧 1886년에 이르러서는 지난해의 결의하였든 것을 실행하기 위하야 로동나이트회, 미국로동연합회 등의 단체가 일제히 고주(雇主)에게 대하야 "오늘 이후부터는 여덟 시간 이상 로동할 수 없다는 것"의 요구조건을 가지고 동맹파업을 하였습니다.

그리고 일방 전 쉬카고에 있는 아니 전미국에 있는 로동자들은 그들 지방의 넓은 거리로 모이면서

"오늘 이후 부터는 한 사람의 로동자도 여덟 시간 이상은 로동하지 말어라.

여덟 시간의 로동!

여덟 시간의 휴식!

여덟 시간의 교육!"

이러한 표어를 들고 시위운동을 하였습니다. 그 결과 미국 관헌들과 충돌이 생기어 희생자도 많이 내었으나 이 일로 인연하여 겨우 몇 일 되지 않는 동안에 12만5천인의 로동자가 여덟 시간 로동을 획득하고 다시 일 개월 후에는 20만 인의 로동자가 여덟 시간 로동을 얻게 된 것입니다.

이와 같이 1886년에 최초로 메이데이를 거행하여 대승리를 얻고 이것이 단초가 되어가지고 오랫동안 북아메리카(北米) 로동자의 긔렴일(記念日)이 되게 된 것입니다.

1889년 불란서 파리(巴里)에 국제사회당이라는 단체가 생겼습니다(이것은 그 뒤에 제2인터내셔널이 된 것입니다). 이 국제사회당이 생기자 이들은 메이데이를 가지고 만국로동자의 국제적 단결과 계급적 일치의 표치(表幟)로써 하기로 하여 5월 1일에는 로동자는 일제히 쉬는 동시에 총동원할 것이라고 정해 버렸습니다.

이것은 물론 미국 로동자들의 승리한 것을 본따서 그렇게 정해진 것은 두 말 할 여지가 없는 것입니다.

그리고 1890년에 처음으로 구라파에서 메이데이가 성대히 거행되었는데 그 때의 표어들은

"여덟 시간 로동"

"상비군의 폐지"

"전쟁을 반대하는 전쟁"

등의 세 가지이었습니다. 그때의 거행된 주요도시는 윈너(維也納), 파리, 런돈(倫敦) 등이었는바 런돈 화이트 팍에는 참가자가 무려 25만 명이나 되었고 열여섯 곳에 연단이 설치되어 있었다 합니다.

...

3.

이상과 같이 메이데이는 그 역사를 가지고 왔는바 1910년에 이르러 세계대전이 일어나자 많은 로동자는 "조국을 위하야 싸우자!"라는 표어 밑에 많이들 그리로 쏠리게 되었든 것입니다.

그 소위 유명한 베벨 같은 사람도 "조국을 위하여 싸우자"라는 한 사람이 되었으나 오직 칼리브크네히트와 로자 룩셈북억뿐만이

"전쟁을 반대하는 전쟁!"

이라는 표어 밑에서 5월 1일을 지키도록 힘써 왔습니다.

그리하여 메이데이운동은 이제와서는 확호불발(擴呼不拔)의 로동자운동으로 어느 나라 어느 것을 물론하고 이날을 긔렴하며 이날을 긔약하야 일제히 자본가 계급에 대하야 그들의 단결력을 표시하는 시위운동을 하는 것입니다.

4.

일본의 메이데이운동은 1920년대인 대정 9년(大正九年)에 비로소 거행되게 되었는데 로동단체를 비롯하야 사회주의 사상단체에서 총동원하야 회원 약 5천 인이 동경 상야공원 앞 광장에서 일본 최초의 메이데이를 거행하였습니다.

만장의 박수갈채 하는 속에서 선언과 결의가 되었섰습니다. 그리고 표어로는

"여덟시간제의 요구!

시베리아 직시철병(直時撤兵)!

공비(公費)교육의 실현!

언론자유의 요구"

의 건이 긴급동의로 결되었섰고 3개소의 연단이 설치되어 수십 명의 변사가 열변을 토하였는바 여러 사람의 검속자를 내었습니다.

...

그런데 이 메이데이를 로동자들만이 쉬는 날로 편무적(片務的)으로 지키지 않고 전국적으로 지키는 나라가 있으니 이것은 묻지 않아도 아실 쏘비에트 러시아인바 그 나라에서는 공휴일로 정하고 관청 상점 회사 은행 공장 관람물 일체가 죄다 논다고 합니다.

미국 무산정당의 현세 – 십일월 총선거에 제하야

–뉴욕 한보영, 『제1선』(1932년 11월호)

다른 나라와는 사정이 달너서 미국 정당사는 엄연히 '이당제(Two Party System)'로 일관하여 왓다. 이것은 미국사회에서 법률로 현존한 이개 정당 이외에 정당 출현을 금지(현재의 노농 쏘비엣트연방 내(乃) 이태리의 일당제와 가티) 하엿다거나 또는 사실상으로 공화 민주의 정당 이외에는 정당이 전혀 업다는 말은 안이다. 법률로 금지치도 안엇고 사실상 업는 것도 안이지만은 이 대정당 이외의 제삼적 소수정당들은 그 세력이 너무도 미약하기 때문에 외국사람들은 물론 미국(米國)시민 가운데도 미국 안에 제삼정당이 존재하는 사실을 모르는 사람이 부지기수다.

이당제에 관하야 일언하야들 것은 이당주의 자체에 대하야는 어느 누구의 비난을 허용치 안는 바이다. 안이 맑쓰주의자들은 이당제도의 출현을 성숙된 자본주의 사회의 필연적 산물로써 보는 것이다. 무산대중에 계급의식이 보급됨을 따라 사회는 뿌르푸로의 양계급으로 엄연히 대립하게 됨으로 그 사회에 존재하는 정당도 필연적으로 유산무산의 양정당으로 분립될 것이오 수륙양육적 회색분자의 출현을 용서치 안는 까닭이다. 적절한 예가 될런지는 의심스러우나 이 가튼 현상은 영국정계에서–보수당, 노동당의 대립과 자유당의 몰락에 의하야–일시적이나마 경험된 바이다.

그러나 미국(米國)의 현존한 이대정당 즉 공화 민주의 대립은 그 성질이 아조 다르다. 이것은 사회주의의 예언에 의한 뿌르 대 푸로의 이 정당이 안이라 뿌르 대 뿌르의 다시 말하면 뿌르조아지 내의 이낭대립이다. 따라서 이것이 사본제 사회의 신화에 의한 필연적 산물이 안임은 물론이다.

시 「米國 자유종 앞에서」

–이흥장, 『삼천리』(1933년 2월)

내 눈에는 자유의 부호를 가라처 주는 것 갓고
내 귀에는 방향을 지정해 주는 것 갓다.

오직 뗑뗑 울니는 소리만은 무쇠가 울리는 소리나,
그리고 지금은 그 소리조차 나지 안으나 그래고 그 소리 생각고
맘이 꽉 찬다.

무쇠로 맨든 종이 지금은 울지 안는다만은
자유를 위해서 나에게 가라처준다.
美國의 아들들아 자유종을 넷것이라고 부르지 말라.

나는 모ー든 나라 가운데서
제일 오랜 나라에서부터 왔고
또 오랜 철학의 제자로서
이 종이 무엇이라고 말하는 것을 잘 안다.

이 지구가 생기기 전 여러 만세기 전
하늘의 지혜를 이 종이 말햇다.
신의 말에 잇는 것을 말햇다.
울니고 또 울린다.
오, 끝까지 울어라.

*1982년 米國 華盛頓(화성돈)을 방문하엿든 지나의 노재상 이홍장 씨는 다시
필라델피아의 자유종각을 보고 그 앞헤서 무량한 감개를 시가로 담엇다. 이제
새해 첫 날에 그 노래를 읊기로 한다.

추락된 민간신문
─홍랑, 『제1선』(1933년 2월)

일구일구년 세계대전이 겨우 끝을 마치고 월손이 '민족자결'을 부르지즈며
십 년간이나 정치적으로 부자유한 생활을 계속하든 조선천지에는 일대 XX운
동이 일어낫다. 이것이 곳 기미운동이니 이 시대사상을 반영하고 나온 것이 곳

동아, 조선, 시대(중앙)의 삼대신문이다.

『동아일보』는 1920년 4월 1일 민족주의 사상이 바야흐로 고조되엿슬때에 1. 조선민중의 표현기관으로 함 2. 민주주의를 지지함 3. 문화주의를 제창함이라는 삼대강령을 내세워 가지고 나온 것이오. 조선, 시대(중앙)의 두 신문도 역시 그와 전후하야 대동소이한 색채를 띄고 나아온 것으로 당시 보통학교 훈도에게까지 무시무시한 '긴 칼'을 차게 하든 무단정치의 여러 가지 고난이 잇섯다 할지라도 민중을 계몽 및 지도한다는 충천하는 의기와 열로써 가득찻섯든 것은 숨길 수 업는 사실이다.

그러나 금일의 신문은 어떠한가? 도도히 흐르는 XX주의의 신흥사상과 민족주의 사상의 혼돈한 조류를 타고 신문은 그 나아갈 바조차 확고하게 파악하지 못하고 잇지 안는가? 금일은 이 주의에 아부하고 명일은 저 사상에 공명하야 저-널리즘적 '호색'주의로써 뻬일을 쓰고 잇는 것이 금일의 신문 아닌가? 인제 그들에게서는 초창당시(草創當時)의 그러한 의기와 열을 차저보고저 함은 너무나 헛돈 노력으로 도라가고 말 것이다.

금일의 신문의 고민은 실로 민중을 리-드하는 목탁으로의 역할에 잇는 게 아니고 여하히 하여야 한푼의 이익이라도 더 만히 거두울까 함에 잇는 것이다.

그리하야 보라! 그들이 광고주에 대한 아첨은 XXX XXX에 대함보다 이상이오 민족의 경제생활에 경종을 난타하는 그 후면(페이지)에는 일본상품의 거대한 식민지 진출을 의미하는 선전광고가 웃고 잇다. 결과로 일본상인의 원조(광고)가 업시는 오늘의 신문은 거위 존립이 절망케 되는 것이오. 따라서 그들이 △△주의도 아니오 XX주의도 아닌 회색의 뻬일을 쓰고 민중의 시시로부터 제거될까 하야 속느려나 보이는 추파를 보내게 되는 거북한 상대에 노이게 되는 것이다.

과연!

오늘의 신문은 '민주주의'이며 '민중의 표현기관'으로의 사명을 다-하고 잇는가? 사실에 잇서서 민중과는 너무나 먼- 거리로 차차로 현격해 갈 따름이오 일부 상공업자 및 지주 자본가의 의사를 겨우 대표하고 잇슴에 불과하는 것이 아닐까?

아메리카(亞米利加)문명의 종횡관

−정일형, 『조광』(제2권 10호, 1936년 10월)

〈서언〉

필자가 전문학교를 필하고 세계적 도시 뉴욕 부근 학부에서 배흠의 길을 얻어 칠 년의 세월을 보내고 몽상에 그립든 고국에 돌아온 지도 몇 달이 거듭하였습니다. 이제 미국문명과 생활이 내 기억의 동산에서 살아지기 전에 떠도는 인상의 몇 가지만이라도 여기에 적어보려고 합니다.

〈뉴욕은 양키 천하의 수도〉

물질문명의 대전당인 뉴욕성이야말로 양키천하의 수도요 혼혈문화의 전당임은 무론이요 뿔론디(백면 금발 벽안의 미인) 낭자군(娘子軍)의 천당이요 혼성문명의 종람소(縱覽所)라고 일흠한 선인의 말도 일면상의 말함이라고 생각합니다.

〈현대주의의 전망대〉

태서양(太西洋)의 찬란한 금빛물결은 영원한 평화와 자유를 상징하는 침묵의 여왕 독립기념 여신상의 무릎 밑에 잠들고 있습니다. 인세(人世)의 무상과 인사(人事)의 전변도 문화왕국의 찬란한 과학세계의 금자탑과 황금의 만리장성 안에도 없을 리야 있겠읍니까마는 생활의 다각화와 첨예화는 소위 현대인들의 말초신경까지도 마비시켜 놓고 말었읍니다.

복잡한 사회에서도 단순한 생활의 길을 밟어 나아갈 수 있음도 현대적이요 생활비극의 와중에서도 오히려 한 줄기 용기와 활로를 찾어갈 수 있는 생활양식도 모던 그것이외다. 현대과학의 신비와 정화의 근화(槿化)인 엠파이어 삘딩(지상건축만이 천이백사십육 척으로 그 高가 세계적 수위)을 싸고도는 현대문명의 신기루(蜃氣樓)도 미상불 현대적이라는 명사로써나 표시가 못 될 것이며 복잡하고도 다양다각의 문화생활도 근대적이요 현대적 생활 그것일 것입니다.

…

청교도들의 자유사상인 떼모크리스는 이십세기 米人의 머리에서는 그 진정성과 영역을 버서나 오직 외적 자유에만 만족을 일삼는 외연적 자유지배사상에 진출을 보게 되었읍니다.

그리하여 오늘의 아메리카니즘은 제한 없는 자유만이 그들의 대표적 생활철

학이 되어 딸라의 자유! 소유의 자유! 지배의 자유! 결산의 자유만을 동경하게
되며 그 실현에까지 고뇌하는 자유국민이 되었읍니다.

〈기계문명의 고뇌상〉

기계문명의 고속도적 발달은 무론 현대생활에 많은 편리와 노동능율에 큰
증진과 발전을 가저왔습니다. 이 발전을 우리는 예찬하기에 주저치 안는 반면
에 이 문명의 혜택보다도 인류에게 가져오는 불행과 눈물도 반비례로 커진 그
사실을 보고 또한 저주하기에도 사양치 안는다는 것을 밝혀둘 때는 왔다고 믿
습니다

　…

사람이 기계를 만든 창조자요 고안자니 두말할 것도 없이 긔게(機械)를 지배
하고 통제함이 당연하고 정리적이건만 이 機械문명에 지배와 간섭을 받음은 무
론 한거름 더 나아가서는 이 문명의 구속과 역습까지 받아야 하는 오늘을 임하
는 역전적 현상을 당면하였으니 우리는 웃어야합니까! 울어야합니까!

이 난윤(亂倫)과 방종생활이 돈 있는 그들에게 딸어오는 자연과정이라고만
도외시하며 간과하기에는 어려움이 많다는 것을 아서야 합니다. 동시에 이 사
조와 생활방식이 먼- 태평양을 거쳐 우리 땅에까지 수입된다는 그 사실도 다시
금 눈물겨웁게 생각하서야 할 때가 왔습니다.

〈황금교의 장래〉

옛날 이스라엘민족이 금송아지를 세워놓고 숭배한 사실이 있읍니다마는 오
늘의 아메리카에는 딸라 만능시대가 임하였습니다

　…

황금교의 장래는 누구나 예언키 어려운 일입니다. 그러나 이 말세기적 개인
주의 및 이기주의 사상이 보담더 협동적이요, 사회적인 신사회제도가 탄생될
때는 자연히 해소될 것도 사실입니다. 그러므로 이 황금교의 운명도 시간문제
가 남었음도 불무(不誣)할 사실인가 합니다.

〈결론〉

아메리카의 독특한 실용주의와 개인주의 철학 밑에서 자라난 번영경제기구
는 지금까지 대량생산에만 주력해 왔습니다. 그리하여 일시(一時)는 일천오백
만이란 대량실직 홍수시대를 연출하여 뉴욕 번영한 가두에서 주림과 가난에 쪼

들린 희생자들이 경관대와 정면충돌까지 보게 되는 비극을 황금성인 뉴욕 월가 금성철벽 밑에서 연출하게까지 되었습니다.

부의 재분배! 이 문제는 미국사회학 교실과 경제학도들의 최대 관심사의 하나요, 학자와 사계권위를 망하하여 현경제기구의 근본적 변혁을 뜻하는 것이 현대통령의 기본철학 그것이외다. 씨의 정책성패 여하에는 이차적 문제라고 하고라도 일반 아메리카 국민으로하여금 경제기구의 근본적 개혁의 필요와 긴급성을 선전인식함에 최대노력을 경주하고 있다는 그 사실만도 우리의 주의를 끄을고 남음이 있습니다.

그러므로 아메리카니즘의 변동과 같이 이러날 정치적 경제적 사회적 변혁도 따러올 것이 사실입니다마는 현재 찬란하게 빛나는 물질문명의 금자탑도 새로운 면목을 가지고 태평양연안에 군림하는 아츰도 오리라는 것도 무근지설(無根之說)로만 돌릴 수가 없다고 생각합니다.

외국영사관 통역생활 – 米國 영사관생활 30년 ,
– 경성 미국총영사관 신봉휴, 『조광』(제3권 7호)

나는 영사관생활 30년 동안에 한 번도 양복을 입어본 일이 없습니다. 남들은 완고하니 고루하니 하지만 나는 조선복이 첫째로 편리하고 둘째로 조선정조(情調)가 좋고 셋째로 조선전통이 좋아서 조선복을 입습니다. 영사관에서도 별명이 있지요. 그리고 집에 가면 관 쓰고 장죽 물고 완고 행세를 합니다. 내 아들은 의학박사로 신성우라는 사람이지오. 그러나 아침 저녁으로 아들과 손자들에게 절을 받고 옛날 풍속을 버리지 안습니다.

…

요새 사람은 오십 년을 먼저 나가니까 나는 우정 50년 후로 물러가서 거기서 중용을 취하여 일반의 부박(浮薄)을 조화코저 함이지요. 그리고 나의 조선취미도 있고 하여

…

이야기를 마치고 영사관정전에서 씨의 사진을 박는데 미국영사가 따라나와 웃으시며

"여보 갓을 쓰고 박으시오."

"마침 갓이 없구려."

이렇게 롱담을 하시는 것을 보아 씨의 취미를 알기에 녁녁하였다.

귀중문헌 – 米國 대통령에 답하노라

– 독일총통 힛틀러, 『삼천리』(1941년 6월호)

〈문〉

루스벨트 씨는 다시 氏가 그렇게 큰소리치는 것은 아욕과 약기(弱氣)와 공포
에서가 아니라 인류에 대한 애정에서라고 말했습니다.

〈답〉

아메리카의 위력 있는 인류애의 부르짖음이 가장 적당한 시기에 발했다면 그
리고 이 웨침에 실제적 가치가 부여되어 있었다면 적어도 벨사유각서와 같은
역사상 최대의 인류파괴의 근원이 된 조약의 성립은 막았을 것입니다

(1939년 10월 5일 백림에서)

참전과 원영(援英)에 대한 米國의 여론

– 『삼천리』(1941년 6월)

갸랏푸여론조사소에서는 미국인명록에 기재된 사람과 일번(一番)대중에게
전쟁에 관한 세 가지 질문을 제출하였는데, 그 결과는 다음과 같다.

제일문은 "미국의 참전에 대해서 찬부의 물음을 묻게 되면 어찌 하려는가?"

이에 대하여 인명록측에서는 찬성이 45퍼센트, 부가 55퍼센트, 일반대중의
대답은 찬성이 22퍼센트, 부가 79퍼센트였다.

제이문은 "원영무기수송의 선단호 위에 미국해군을 사용할 것인가?"

이에 대해서는 인명록측은 찬성이 64퍼센트, 부가 29퍼센트, 일반대중은 찬
성이 59퍼센트, 부가 35퍼센트였다.

제삼문은 "귀하 개인으로서는 루스벨의 원영정책이 지나쳤다고 보는가 혹은
아직 불충분하다고 보는가?"

이에 대하여 인명록측은 과도가 16퍼센트, 적당이 53퍼센트, 불충분이 31퍼센트, 대중측은 과도가 23퍼센트, 적당이 55퍼센트, 불충분이 22퍼센트였다.

이에 의하면 상층과 지명층이 대영원조와 참전에 기울어져 있다.

米國영화의 해독

– 백악학인(白岳學人), 『삼천리』(1941년 6월)

米國은 신개지(新開地)로서 갑자기 번창하게 된 합중국가다. 더구나 처음엔 도피자 추축자(追逐者)들이 자유롭게 분산적으로 집합되던 영국의 식민지였다. 그러던만큼 극도의 청교도가 있는 한편 철저한 쾌락주의자가 있었다. 청교도들은 그들의 질소(質素)검약과 근면정신으로 신개지를 급속도로 조성하였지마는 연다라 곧 일어난 것이 물질적 향락주의였고 그것이 또한 문화에 군림하게 되었다. 따라서 본영국인들이 무언, 심사, 둔중해 보이는데 미국인들은 대개 다변, 명랑, 활발하게 보이는 특이한 성격을 갖게 되었다.

이러한 의미에 있어서 그들의 성향에 가장 적합한 오락이란 것은 야구와 영화일 것이다.

여기서 내가 말하려는 영화는 그 자체의 일홈부터가 활동사진이라고 해서 과학상의 독특한 기술과 예술상의 정세로서 적당히 변화무쌍하게 사람의 마음을 항홀하게 하는 것이다.

…

독일영화가 대개 철학적이어서 사람에게 반성적 효과를 많이 주고 불란서 영화가 예술적이어서 보는 사람에게 심미적 정서를 도웁는 데 대해서 미국영화는 대체로 보아서 철학적도 아니요 오직 쾌락적이어서 거저 흥미를 중심으로 해서 비속에 흐르기 쉽게 되어 있다. 물론 미국영화라고 다 나쁜 것은 아니니 촬영기술상으로 보아서 놀라울 만한 발달을 했다던지 또는 명랑하고 활동적인 그런 것도 많이 있으나 그러나 생활분위기의 경박성이라던지 물질만능의 향락성 같은 것은 확실히 농후하다고 할 수 있다.

이러한 것이 그런 풍속습속에 젖은 사회사람들로서는 고기가 물 속에 살 듯이 잘 모르지마는 그렇지 않은 방면 사람으로서 본다면 퍽도 우려할 문제라고 아니할 수가 없다.

일즉이 미국영화를 보고서 악습을 갖게 된 불량청소년 소녀들이 반도에는 많이 생겼든 것도 사실이거니와 현재 거리에 다니는 대부분의 '모던 보이' '모던 걸'에게서 아니꼽다고 보여지는 여러 가지 언행, 의장, 화장, 의욕-등이 그러한 방면에 영향된 것이 많음을 짐작할 수 있다.…

그러자면 수입과 검열과 흥행을 통제하면 될 것 같으나 그것만으로는 될 수 없는 것이니 타면으로 미국영화의 기술보담 더 우수한 작품을 내도록 국가에서 적극적으로 후원해 주어야 할 줄 안다. 하나의 물질적 발전을 하는 계기가 되기를 원하는 바이다.

대米英전과 우리의 각오

－『조광』(8권 1호, 1942년 1월호)

나는 이번 전쟁을 동서쟁패전이오, 그 결승전이라고 봅니다. 그러므로 이번 전쟁에 만일 패하는 일이 있다고 하면 동양은 영원히 동양사람의 면목을 찾지 못할 것이오, 따라서 동양의 문화는 회복되지 못할 것이라고 생각합니다. 우리는 이때에 있어 첫째 제국국민으로서 또 동양인으로서의 책임을 다하지 아니하면 안 될 터인데 더욱히 현대전이라는 것은 무력전에 끄치는 것이 아니고 여기에 경제전 사상전이 주요한 역할을 하고 있음은 누구나 잘 아는 일이거니와 반도에 있어서는 지리적 관계 기타에 있어 특히 사상전에 있어 민중은 필승불패의 신념을 가저야 할 것으로 압니다. (천도교중앙종리원 瑞原鍾麟氏談)

인도에는 삼백 년 지나에는 백 년 일본에는 칠십 년 이래 영제국의 검은 손길이 뻗혀 있었고 또 뻗히려고 했습니다. 영국은 무력과 자본으로써 동아를 침략한 대신 米國은 인도주의라는 미명 아래 그 거대한 자본으로써 침입을 꾀하였습니다. 그들 영미의 제국주의는 일언으로써 말하면 동양을 노예화하고 착취를 마음대로 하려는 것이었습니다. 이제 동양은 영미의 착취제압의 철제(鐵蹄) 밑에서 해방되지 않으면 안 됩니다. 이 해방운동은 정의인 것입니다. 말하자면 전 동양이 일어서서 싸와야 할 전쟁을 일본이 도맡아가지고 하는 것입니다. (이화

여고교장 辛島純氏談)

미국의 동남아침략사

─한보상, 『조광』(8권 1호, 1942년 1월)

　명치(明治) 삼십일년에 미국에 병합된 하와이왕국은 십구세기 초에는 아직 영미불 삼국의 세력 쟁탈전중에서 고민하고 있었다. 그런데 米國의 이름좋은 원조미테 바루 페리가 일본에 오든 가년(嘉年) 육년에 하와이는 신헌법을 제정하여 카나카족의 왕조를 세워가지고 독립국의 체면을 보존하였다. 그러나 태평양 제패 동아침략의 기지로서의 하와이의 지위에 착목한 미국으로서는 이것을 그대로 묵과할 리가 없었다. 천팔백육십년 하와이 왕과 호혜조약을 맺고 "하와이 산물은 무과세로 미 본토에 수입하고 미국도 무과세로 상품을 하와이에 수출한다"는 경제적 회유정책을 취하였다. 뿐만 아니라 이 조약에는 "하와이 영토는 미국 이외의 어떤 나라에도 임여 혹은 매각을 부득(不得)함"이라는 일항을 첨가하여 장래합병에 대한 복선을 그어두었든 것이다.

루즈벨트여 답하라

─주요한, 『신시대』(1942년 1월호. 『친일문학선집』, 실천문학사, 1986년, 148~150쪽)

　정의 인도의 가면을 쓰고 착취와 음모를 일삼는 세계의 방화범, 세계제일의 위선군자 아메리카합중국 대통령 루즈벨트 군.

　연미복을 입은 신사, 기실은 약탈 강도를 일삼는 해적 괴수 대영제국 총리대신 처어칠 군.

　위대한 어릿광대 두 군을 앞에 놓고 10억 아시아 대중의 이름 아래서 질문하노라.

　루즈벨트여, 그대는 입을 열면 반드시 정의와 인도를 주장하지마는 파리강화조약 서문에 인종차별철폐 문안을 삽입하려 할 때에 이것을 반대하여 삭제한 것은 어느 나라며 흑인과 동양인을 국내에서 차별대우하여 한 좌석에 앉지도 못하게 하며 아프리카 대륙에서 노예사냥을 하기를 마치 야수사냥 하듯 한 것은 어느 나라 사람인가. 이것이 그대의 인도며 그대의 정의였더냐.

서반구에 대하여는 몬로주의를 주장하여 간섭과 방해를 일삼으니 이 어떤 모순당착의 일인가.

처어칠 군이여, 그대의 나라 영국은 신사국이라 자칭하고 문명의 진보는 백인의 부하(負荷)라 자긍하고 있거니와 3억의 인도인가 4억의 지나인에게 아편을 강제로 판매하여 그들로 하여금 패가망신케 하는 것이 그대의 말하는 문명의 진보란 것인가.

동인도회사를 설립하여 인도지방에서 약탈 강도를 자행하고 나중에는 3억의 인도인을 노예화하였으며 4억의 지나인에 대하여서는 군함과 대포의 힘으로 불평등조약을 체결하여 국가의 주권을 손상하고 산업의 발전을 장애하여 반식민지적 운명하에 신음하게 하며 기회만 있으면 나라를 분할 점거하려는 음모를 하며 쿠리(苦力)를 착취하여 별장의 호화생활을 하며 청년 학생과 농민 토민을 사살하니 이것이 그대들의 문명인가.…

미함과 영함을 폭침한 것은 결코 화약의 힘만이 아니다. 그것은 멸신보국의 황국정신이요, 충용한 황군의 육탄의 힘이다. 10억의 동양인은 한덩어리가 되어 앵글로 색슨의 야망을 응징코자 하는 것이다. 1억 동포는 열철의 일환(一丸)이다. 더욱이 반도의 2천4백만은 혼연일체가 되어 대동아성전의 용사되기를 맹세하고 있다.

동양의 침략자 미영타도의 대사자후 「동아공영권건설의 성전」
─ 여운홍, 『삼천리』(1942년 신년호)

과거 기천년 인류위 역사를 보면 여러 가지 목적을 위하여 싸워왔다.

세력확장, 영지의 쟁탈, 주의의 상이, 여러 가지 이해관계가 원인이 되어 전쟁하였지만 정말로 정의 인도를 위한 전쟁은 이번 일본제국이 영미에 대한 선전포고가 처음이다. 전번 세계대전시 월손의 말이 미국의 참전은 정의 인도를 위한 것이라 하였지(만) 그것은 다만 민중을 속인 것뿐이다. 일본의 이번 대영미전은 일본제국의 생존발전을 위하여서만 하는 싸움이 아니다. 더 큰 두 가지

목적을 위하여 싸우게 되었다. 그 하나는 아세아 10억 민중을 앵글로 색슨의 세력에서 구출하자는 것이다

왜 米英을 치나

─『조광』(8권 1호, 1942년 신년호)

대동아전쟁은 시작되었다.… 영국이 인도를 침략한 지 3백 년, 지나인의 피를 말리기 위한 아편전쟁을 한 지 백 년, 극동의 황금도로 알고 미국 수사장독(米國水師長督) 페리가 강호만(江戶灣)에 흑선을 끌고온 지 90년, 비로서 방약무인 세계지배를 꿈꾸던 미영의 머리 위에 포화를 퍼붓게 되었는가 할 때에 아등 1억 국민은 무한한 감격 속에 통쾌를 부르짖지 않을 수 없다

제5장

미군정의 언론정책
– 반미언론 폐간하고 친미언론 육성

  한국의 대표적 신문하면 으레『조선일보』와『동아일보』를 떠올린다.
그러나 해방직후의 사정은 그렇지 않았다. 언론계도 다른 사회 전분야와
마찬가지로 좌파계열, 진보계열이 우위를 점했던 것이다. 해방직후 서울
의 언론계는 조선인민보, 자유신문, 중앙신문 등이 여론을 주도했으며,
1947년에 이르기까지 한국언론계는 수적으로 우세하였던 좌파지가 완전
히 주름잡았다. 이것은 무엇보다도 우파진영의 언론기관의 등장이 좌파
보다 훨씬 뒤졌다는 데서 그 원인을 찾을 수 있다.[1] 이는 미군정의 G-2
보고서를 통해서도 확인할 수 있다.

  (한국의 언론상황에 대한) 일반적인 논평을 하자면, 대부분의 신문경향은
분명히 좌로 기울어 있다. 급진적인 신문들이 보다 많이 생겨나고 있고, 현
재도 급진적인 신문들이 많다는 것은 의심할 여지가 없으며, 몇몇 급진지들
의 경우에 신문편집이 보다 훌륭하다는 점을 인정하지 않을 수가 없다. 어떤
노선을 따라 연주를 되풀이해 대면 그 여파가 사람들의 사고에 영향을 미치
리라는 것은 자명한 이치다.[2]

---

1) 김해석,『1960년대 이후 한국언론의 성격변화과정에 대한 사회학적 연구』, 서울대 대
   학원 사회학과 박사 논문, 1992년, 41쪽

우파계열의 신문들이 득세를 하게 된 것은 미군정의 대한반도 정책과 밀접한 연관이 있다. 1945년에서 1950년까지의 미국의 대남정책에 대해 브루스 커밍스는 미국의 정책이 최소한 한국에서만은 루스벨트의 국제주의 시대로부터 시작하여 1946년 초부터 봉쇄정책으로, 1949년 여름부터는 잠재적인 제압정책으로 발전하였다고 주장했다.

그(커밍스)에 의하면 주한미군 사령부는 신탁통치안을 상정하고 있던 고위전략과 마찰을 일으키면서까지 1945년 9월부터 사실상의 봉쇄정책을 폈으며, 1946년 1월부터는 트루먼 정부까지 형식상으로는 신탁통치안을 견지하면서 실제로는 봉쇄정책으로 이행했다. 점령군 당국의 정책이 미국정부의 정책으로 수용된 것이다. 1947년 들어 트루먼의 대한정책은 공식적인 봉쇄정책으로 발전했다.[3]

미군정의 남한에서의 언론정책도 이 같은 봉쇄정책과 발을 맞춰 진행되었다. 미군정의 하지 중장은 1945년 9월 12일 기자회견을 갖고 "조선에는 문자 그대로의 절대한 언론자유가 있는 것"이라며 미군정의 언론정책을 천명했다.

미군이 진주해 온 후인 현재, 조선에는 문자 그대로의 절대한 언론자유가 있는 것이다. 미군은 조선사람들의 사상과 의사발표에 간섭도 안 하고 방해도 안 할 것이며 출판에 대하여 검열 같은 것을 하려 하지도 않는다. 언론과 신문의 자유는 여러분을 위하여서 대중의 논(論)을 진기(振起)하고 또한 여론을 소소(昭昭)하게 알리는 데 그 직능을 다해야 할 것이다. 이와 같이 미군은 언론자유에 대하여 취재를 방해하고 검열을 하러 하지는 않으나 그것이 정당한 의미의 치안을 방해하는 것이라면 이런 경우는 별도로 강구하려

---

2) G-2, 「한국언론의 급진적 경향」, 1945년 10월 23일. 「강준식, 「미군정의 좌익언론 말살작전」, 월간 『다리』, 1990년 1월호
3) 「미군정의 언론정책」, 『언론과 사회』, 1995년 여름호, 34쪽

한다.[4]

  기자회견 말미에 "정당한 의미의 치안을 방해하는 것이라면 이런 경우는 별도로 강구하려 한다"는 단서를 달긴 했으나 군정 초기의 언론정책은 적어도 대외적으로는 자유언론정책이었다. 그러나 이 같은 입장은 채 한 달도 안 가서 뒤집혀지기 시작했다. 1945년 10월 10일 군정장관 아놀드는 한국인 기자들을 불러 처음의 언론자유 공언을 무색케 하는 발언을 했다.

> 본인이 금일 여러분에게 시달하는 것은 모든 신문의 1면 톱기사로 다뤄야 한다. 이것은 명령과 같은 효력을 가지는 요청이다.… 언론의 자유와 출판의 자유가 한국인에게 주어지면 어리석고 경박한 많은 발언이 미숙한 편집자가 편집하는 신문지상에 실리게 될 것으로 예상된다.… 남한에는 오직 하나의 정부밖에 존재하지 않는다. 그것은 맥아더 원수의 포고, 하지 중장의 일반명령, 군정부의 민정명령에 근거하여 창설된 정부이다.

  아놀드가 이 같은 발표를 한 다음날인 10월 11일 미군정청은 매일신문에 대한 정간처분조치를 내렸다. 정간의 이유는 위에 인용한 아놀드 장관의 보도명령이 "너무도 일방적이고 용어가 우리 민족과 이 땅의 신문의 도덕을 벗어나 멸시와 욕설로 나열되었다"고 반박하는 요지의 논설을 게재한 것이 '반군정적'이라는 것이었다. 이 사건은 미군정기에 자행된 언론탄압의 서막이라 하겠다.
  미군정 당국은 10월 30일자로 '군정청법령 제19호'를 발포했는데, 그 요지는 신문 및 기타 출판물에 대한 등록제의 실시였다. 이것은 남한에 친미정권을 수립하는 데 방해가 되는 언론을 보다 강력하게 통제하는 장치를 마련한 것에 다름 아니다. 나아가 미군정은 1946년 5월 29일 군정법령 제88호(신문 기타 정기간행물 허가에 관한 건)의 공포를 통해 미군정

---

4) 『매일신문』, 1945년 9월 11일

에 대한 체제도전의 봉쇄를 목적으로 신문 기타 정기간행물의 등록제도를 허가제도로 강화시켜 언론을 통제한 결과, 친일언론의 재편성과 변신이 이루어졌다.[5]

미군정의 언론통제는 형식적으로는 좌파와 우파 언론 모두에게 단행되었다. 극우파 신문 대동신문(1946년 5월 16일자)이 여운형 피습범을 거명하며 "민족혼을 가진 청년에게, 청년지사 박임호 군의 뒤를 이어라"는 장문의 기고문을 게재하자 이 신문에 대해 무기정간처분을 내리기도 했다.[6] 그러나 언론통제의 초점은 진보적 언론에 맞춰졌다.

ㅡ1946년 5월 11일, 『인천신문』 및 『서울신문』 지방특파원 40여 명 군정재판에 회부

ㅡ1946년 5월 18일 조선공산당 기관지 『해방일보』에 대해 이 신문의 인쇄공장인 정판사(精版社)에서 위조지폐를 발행했다는 이유로 폐간 조치.

ㅡ1946년 7월 7일, 『자유신문』의 정이익 정진석, 『조선인민보』의 임화 김경록, 『대한독립신문』의 고영환 등을 콜레라 기사와 관련해 구속시킴.

ㅡ1946년 9월 6일에는 "한국에 주둔하고 있는 미국군대의 안전을 위태롭게 하였기 때문"이라는 이유로 『조선인민보』, 『중앙신문』의 기자들을 구속하고 이들 신문을 발행정지 처분함.

ㅡ1946년 9월 7일에는 군산의 『남선신문』이 미군정을 비방했다 하여 정간시킴.

ㅡ1946년 10월 5일에는 대구폭동을 호외로 보도한 부산의 『민주중보』를 무기 정간시키고 이 신문의 위원장 이갑기를 구속함.

ㅡ1947년 7월 2일, 남로당 기관지인 『노력인민』과 주간지 『건국』의 발행인 김광수를 구속.

ㅡ1948년 4월 27일부터 29일까지 사흘간 미군정은 『독립신보』의 주필 고경흠, 『조선중앙일보』 사장 이달영, 『신민일보』 주필 염상섭 등을 검거해서 군

---

5) 유일상, 「미군정기의 언론」, 『새로 쓰는 한국언론사』, 아침, 1993년, 283쪽
6) 김민환, 「미군정의 언론정책」, 『언론과 사회』, 1995년 여름호, 14쪽

정재판에 회부함.

　－1948년 5월 26일에는 『우리신문』과 『신민일보』가 폐간됨.

　…

이 같은 지속적인 미군정의 진보언론 탄압에 힘입어 『동아일보』, 『조선일보』 등의 보수언론이 주도권을 쥐기 시작했으며, 이후 창간된 신문들은 『경향신문』, 『서울신문』처럼 친미보수논조를 노골적으로 천명한 보수언론 일색이었다.

미군정은 법률적으로 미군정에 반대하는 언론을 억압하는 한편 귀속재산 처리과정에서 우익언론을 지원하고 좌익언론, 진보언론을 견제했다. 이를 통해 한국 보수언론의 물적 토대가 형성된 것이다.

미군정에 의한 언론사 시설의 귀속재산 처리과정을 살펴볼 때, 방송의 경우는 미군정 정책수행의 효율적인 수단이라는 점에서 접수 이후 미군정에 의해 직접 관리되었고, 신문과 통신 등은 좌익 내지는 진보적 경향을 견제하고 우익계열 언론의 활동을 강화하기 위해 보수우익세력에게 권리가 위임되거나 불하되었다고 할 수 있다. 미군정에 의한 이러한 귀속재산 처리는 한국언론의 보수화를 촉진하고 한국언론의 물적 토대를 형성하는 중요한 계기였다고 할 수 있다.[7]

한국언론의 특징은 무엇일까? 반공, 친미, 친자본주의의 틀을 넘어서지 않는다는 것이다. 이 같은 언론 수위의 마지노선은 어떻게 정해진 것인가. 강력한 친미 반공사회인 남한사회에서 살아남기 위해서 선택한 불가피한 결정일 수도 있겠으나, 그 이전에 남한의 최초권력이었던 미군정에 의해 강제로 주입된 마지노선이기도 하다.

실상 미군정이 구획하였던 언론구도와 언론의 정치적 스펙트럼은 현재에

---

7) 김해석, 앞의 논문, 40쪽

이르기까지 한국언론의 밑바닥을 면면히 흘러왔다. 좌익언론의 철저한 배제, 우익보수언론의 고착화, 언론의 반공주의와 친자본주의 및 친미주의 등은 다름 아닌 미군정하에서 형성된 한국언론의 기본 테두리였다고 할 수 있다.[8]

미군정은 자기에게 반대하는 신문은 탄압하고 우익언론은 적극적으로 지원했다. 미군정은 언론사 시설을 직접 관리하거나 한민당, 독촉당, 한독당 등의 보수우익세력에게만 위임관리 및 불하를 해주었는데, 특히 다른 대부분의 언론관계 시설들과는 달리 접수 직후에 관리인이 선정되었다. 미군정의 귀속재산 처리과정은 좌익신문에 대한 탄압과 더불어 해방 직후의 신문들을 이데올로기적으로 재편하는, 다시 말해 우익신문들의 물적 기반을 마련해서 한국신문의 성격을 보수적 반공적인 것으로 형성시킨 중요한 계기였다.

---

8) 위의 논문, 32쪽

〈자료 2〉 해방 직후 자료로 보는 미국 만화경

악질통역 – 건국을 좀먹는 악의 군상

— 『조선일보』(1948년 8월 12일)

밤만 되면 이집 저집으로 찝차를 몰고 도라다니며 뚜쟁이 노릇하기에 분주하야 양쪽에서 몇 푼 안 되는 푼돈이나 어더 먹는 추잡한 통역으로부터 호가호세(狐假虎勢)하여 진주군의 권한을 최대한도로 악용하고 사복을 채우는 통역에 이르기까지 가지각색의 악질통역들은 때로는 선량한 시민을 협박하고 때로는 곤재처로 때로는 모모영단으로 도라다니며 국내사정에 정통치 못한 미군인을 교묘히 이용 남의 권리 박탈함이 일수라. 이러한 일부 악질통역 때문에 집 빼앗긴 사람 다된 장사도 말 모르는 탓에 통역에게 맛곁다가 실패하고 우는 사나히 등 게다가 주제넘게 말 한마디 부탁하자면 교만만 떠는 통역의 비행은 해방과 같이 시작되여 오늘에 이르기까지 수많은 사람들을 울려도 왔지만 한 거름 더 나가서 세세한 행정부면만이 아니요 신성하여야 할 미인으로 하여금 부당간섭까지 하게 하는 등의 행패는 오늘까지 한두 번이 아니다. 그러나 위대한 연합군인에 매달려 돌아가는 판이라 그 덕을 적지 않게 입고 있든 그네들의 많은 비행 중 대표적인 인물을 들어보면 다음과 같은 종류가 있다.

김광수＝야간질주하는 찝차 중의 여인을 발견하고 일단 미군기관으로 인치하였다가 다시 미군 모기관으로 다리고 가노라고 자동차로 나서자 시외 산속으로 끌고 드러가서 욕을 뵈다가 피검(미군 정보대 통역).

한○○=지난 6월 일본 밀무역단 안정록 외 구명을 탐지 적발하고 미군에게 넘긴다고 공갈협박하야 일금 사십만 원을 착복(미군 정보대 통역)

송재숭=과부만 차저 다니며 세 명의 과부와 사기결혼을 하고 수십만 원의 금품을 편취하는 악행을 계속하다가 형무소에 수감되자 배후를 동원시켜 사법당국도 모르게 미인 고문관 싸인으로 슬적 출감하고 사법계에 일대 충동을 일으킨 철면피.

이외에도 통역군의 준동은 관계사건이 있을 때마다 미인으로 하여금 재판소 출입을 빈번하게 하고 쓸만한 집은 난관을 무릅쓰며 차지하여 풍기를 물란시킨 책임자의 일부 통역들은 죄도 만커니와 일반인의 비난도 역시 크다. 정부가 선다고 없어질 존재는 아니지만 그래도 수효는 줄지 않고는 못백일 통역의 전도는 그리 길진 않을 것이나 민족의 가슴속에 사무처 있는 그들에 대한 원한과 자기의 죄과를 반성할 여지도 없이 최후의 발악이라 할는지 한목 버러 족과 평생하고저 주인에게 충성의 대가를 요구할는 듯한 동향과 또 한 편 끝까지 매달리며 바다를 건너보려고 허덕이는 추태는 가그한 한편 다시 저즈를 죄악의 가능성이 농후하니 감찰당국의 철저한 감시와 대책이 없어서는 아니될 것이다.

하지 장군을 전별함

―『동아일보』(1948년 8월 26일)

1.

주한 미대사격으로 미대통령 특사 무죠 씨가 내소하자 한국독립에 다내한 공적을 쌓고 우리가 그 고결한 인격에 존경을 아끼지 않있던 주한미군 사령관 히지 중장은 본국 근무의 명을 받고 이제 귀국하게 되매 美國이 한국의 국제승인을 촉진시키기 위하여 솔선하여 한국을 승인하고 주둔군을 군사사절단으로 변경하는 등 한국의 자주성을 존중하고 한국의 독립을 진심으로 원조하려는 기민하고 신사적인 처사에 대하여 한편으로 감사와 즐거움을 느끼지 않을 수 없는 동시에 한편으로는 정든 친구의 홀홀한 이별에 석별의 정을 금할 수 없는 바이다.

2.

1945년 9월 7일 하지 중장이 한국에 진주한 그때부터 장군에게 부하되고 또 장군이 굳게 결심한 것은 첫째로 일제로부터 한국을 해방하는 것이요, 둘째로 한국을 민주주의적 독립국가로 건설하는 것이었다. 장군은 그 탁월한 군사적 정치적 수완과 초인적인 정력과 지성을 경주하여 이 지난한 문제의 해결에 성공하였다. 고난에 충만하였던 과거 3년간을 회고컨대 곤란한 제문제와 오해도 없지 않았으나 이제 와서는 더욱이 5·10선거 이후에 있어서는 일절 해결되었을 뿐 아니라 오히려 그의 고결한 인격과 지성스러운 노력에 경의를 표하지 않을 수 없는 바이다.

한국의 민주주의적 건설을 위한 여러 가지 노력 가운데 장군이 가장 흔쾌히 생각하는 것은 5·10선거이었을 것이다. 이 선거를 통하여 한국인민의 정치적 상식과 민주주의적 훈련이 세계의 어느 나라에도 못지않다는 것이 증명되매 장군은 이여(爾餘)의 불비한 건에도 불구하고 한국의 민주주의적 장래에 대하여 확고한 자신과 만족을 느꼈을라. 이제 독립정부를 보고 이 나라를 떠나는 장군.

3.

한국의 민주주의적 발전은 지금부터라는 것을 우리는 잘 알고 있으며 이 난 사업의 성공적인 수행을 위하여 적지 않은 진통도 각오하는 바이나 한편 장군과 같이 한국인민의 심정과 고통을 이해해 주는 친우를 가진 것을 즐거워한다.

우리는 허다한 외교적인 인사보다도 한 사람의 진실한 이해자를 존중한다. 우리는 장군이 태평양의 피안에서 우리의 민주주의적 발전을 위하여 측면적인 협조를 아끼지 않을 것을 굳게 믿는 동시에 장군에게 건강과 영화가 있기를 축복하는 바이다.

韓美협정과 각계여론

－『조선일보』(1948년 9월 22일)

약소민족의 비애－차관문제에 후환 없기를 기대

한미협정 (편집자 주 : 이 협정은 한미간 재정 및 재산에 관한 최초 협정이며 해방 후 한미간에 체결된 불평등조약의 원조라 할 수 있다.) 인준이 국회에 상정되자 국회에서도 격론이 전개되었고 일반 국민도 이해키 곤란한 점이 만치만 그보다도 동협정 제9조 2항 즉「동산 또는 부동산 유체 또는 무체임을 막론하고 미국정부가 관심을 가진 재한국 재산급 그 첨부물의 취득」이 미군정의 재조선 원조물자 2천5백만 불을 대상으로써 요구된다는 것이며 이것을 20년간 연부로 이자와 합 상환하되 우선 제1차 지불은 미국 대사관용 토지건물 대가로 상살하고 남어지는 균분하여 매년 7월 1일 전에 해당한 이자와 함께 반환하라는 것이다.

비록 미국이 우리 한국의 해방국인 동시에 유일한 원조국가라 하야 도덕적으로 내정간섭할 리가 없다는 희망적 관측으로 인준을 가결하였다고 하지만 적어도 국제간의 외교문서는 자유롭고 대등한 견지에서 체결해야 할 것인바 혹시나 자손만대에까지 후환이 있지나 않을가 하고 일반이 궁금히 역이고 있다.

이제 동협정에 관하여 떠돌고 있는 여론은 다음과 같다.

〈대한상의 소장 전용순 씨 담〉

우리의 주권을 침해할 만한 우려가 없지 않다. 원래 한미우호관계상 협정 조문은 조금도 의아한 점이 없이 명랑하여야 하며 불합리한 점은 금후 개선하여야 할 것이다.

〈식은두취(殖銀頭取) 장봉호 씨 담〉

후의는 원조자의 의사에 달려 있는 만큼 이미 먹은 것을 요구하여도 할 수는 없지만 원조를 구실로 정도 이상의 다른 대가를 얻는다면 그의 부담층도 신중한 준비를 하여야 할 것이다. 원칙적으로 미군의 대조선 원조는 38선 철폐에 있을 것이다. 누가 이완용이 될지는 모르나 약소민족의 비애를 어찌 할 수 있으리오.

〈한독당 선전부장 엄도해 씨 담〉

한국의 내정을 간섭하고 주권을 침해하는 모든 행위를 한미협정으로써 합리화시킨 위험성이 농후하다. 독립이란 듣기 좋은 말뿐으로 사실상의 신탁이 실시되려는 것이다. 한미협정의 여하한 불평등조건에 대하여도 한국인은 절대로 그 책임을 지지 않을 것이며 영원히 이것을 거부할 것이다. 협정의 내용은 하지 중장이 3년 동안이나 두고 여러 차례 성명에서 약속한 사실과 전연 상반될 뿐 아니라 작년 11월 유엔 총회에서 결정된 마-샬 안의 정신과도 배치되는 것이다.

〈민연선전국장 김명준 씨 담〉

금반의 한미협정은 어디에 착오가 있는지 우리 주권 내정에 대하여 석연치 못할 뿐만 아니라 심지어 경제권에 대하여서는 일방적으로 처사된 감이 농후하다. 이것은 미국에 대한 우리 조선의 불행은 고사하고라도 미국의 대세계정책에도 불소한 영향을 주지 않을까 미국자체를 위하여 애석함을 금치 못하는 바이다. 우리 민족의 생존을 위협함에 대하여 최후 일인까지 싸워야 할 것이다.

양담배는 누가 피우나
－『주간희망』(4285년 · 1956년 6월 15일)

지금 우리 나라 시장에 범람하고 있는 양담배의 종류를 더듬어보면 20여 종류에 달하고 있는데, 그 중에서도 특히 일반 끽연자에게 많이 소비되고 있는 것은 Philip Morris, Lucky Strike Camel, Chester Field, Kool, Old Gold 이고 요즈음에 이르러 현저하게 많이 방출되고 있는 것은 킹 사이즈로 된 담배 Vicerroy, Pall Mall, L&M 등이 있다.

그런데 이렇게 많은 양담배의 소비자는 대개 어느 층에 속하는 사람들일까?

전매청에도 그 통계가 나와 있지 않아 정확한 것은 알 도리가 없으나 기자가 목도한 바에 의하면 생활이 윤택한 층에 많다는 것만은 숨길 수 없는 일이다.

농촌에서는 한 갑에 2백 환이 넘는 양담배 같은 것은 아예 처음부터 피울 생각도 못하지만 도시에서는 공무원 회사원 상인 학생 여인 할 것 없이 광범위하게 소비층을 이루고 있다.…

또한 국회의사당의 청소를 담당하고 있는 한 청소부의 말에 의하면 민의원 의원의 8.5할 내지 9할이 양담배의 소비자라고 하니 이 또한 심상치 않은 이야기가 아닐 수 없다.

이렇게 많은 양담배 소비자를 위해서 도시의 거리거리에는 도처에 양담배 장사들이 포진하고 있으며 다방이라고 이름 붙은 곳은 예외 없이 양담배가 구비되어 있다. 또한 근저에 이르러 서울특별시의 번화한 거리에서는 신호를 기다리는 자동차를 상대로 양담배를 파는 '유격소매상'이 등장하는 등 바야흐로 양담배 붐이라는 느낌을 주고 있다.

美의 정치적 암 오끼나와

－『주간희망』(1956년 9월 21일)

수년 동안 미국시민들은 싸이푸러스나 알제리아, 모루코 등 해외각지에서 독립을 부루짖으며 시위하는 대학생들 때문에 골머리를 앓고 있는 식민당국에 대해 별로 마음을 쓰는 일 없이 초연한 태도로 구경만 하고 왔었다. 그런데 이번에는 미국 자신도 그런 문제에 당면하게 되었다. 즉 일본 본토에서 3백30리 남단에 있는 오끼나와도(島)에서 미주둔군에 대한 학생들의 반항운동이 일어난 것이다.

미국은 제2차세계대전 중 영토적인 야심에서 싸우는 것이 아님을 일본에게 강력히 천명하였으나 전후 오끼나와도와 남류구제도(南琉球諸島)를 점령하여 오늘에 이르렀고 극동에 대한긴장과 위협이 존속하고 있는 한 계속 주둔할 것이다.…

이 오끼나와 반환요구를 관철시키기 위해서 일부학생들은 오끼나와 공산인민전선을 지지하는가 하면 미국의 오끼나와 점령을 비난 중앙에 호소하기 위해 대변인을 동경에 파견하였고 반미적인 색채가 농후한 논문으로 대학문예지를 충만시킴은 보통이다. 그런데 지난달에는 드디어 2백50명의 학생이 동원 "양키들아 물러가라"는 슬로건을 내걸고 일대 반미시위를 전개시켰다.…

좌담회 – 미국에 대한 공개장

－주요한 국제문제연구소장 · 오종식 경향신분사 주필 · 사회 고정훈 조선일보사 논설위원, 『신태양』(1957년 8월호)

주＝미국에 대한 반감은 말이에요…. 풍속 문화 등 이러한 감정적인 방면으로 관찰하는 것이 퍽 피상적인 생각이에요. 그보다도 정치적 문제에서 미국이 지금이라도 "독일 통일해라! 안 하면 모스크바를 수소탄으로 폭격한다! 한국 통일하라! 안 하면 국경을 무찌르겠다!" 하고 나서면 전세계가 미국을 하나님이라구 말하구 박수갈채로 환영할 것입니다. 이걸 안 하구 루즈벨트가 얄타회담에서 그 지경을 만들이 놓구 헝가리, 폴란드, 루마니아, 불가리아, 한국, 월남을 이렇게 만들어놓구서 지금 와서 무슨 큰소리를 하느냐 말아-.

오= 그러면 신판 제국주의가 되게요.(웃음)

주= 분단된 민족을 해방해서 통일하라는데, 무슨 제국주의야!

사회=아니 그러면 쏘련은 쏘련대로 위싱톤을 때린다, 시카고를 때린다는 말을 할 것입니다.

주= 말하는 것과 실제로 할 수 있느냐가 문제지.(폭소)

사회=미국이 강하게만 나가면 대만에 대한 아아(亞阿)뿔럭의 불신도 회복될 것이라고 주 선생께서 말했는데 미국은 내용이 어떻게 됐던지 '공산주의를 반대하겠다'는 나팔만 불면 돈도 주고 무기도 대준다. 그러니 미국의 아이디알리즘이나 미국의 숭고한 이데오르기가 무엇인지 모르겠다고 한다는 말이에요. 반공만 하겠다면 깡패도 좋고 깽도 좋고 마구 돈을 대준다고 보고 있어요.

세계의 네거리 – 미국 – 변색하는 여인의 머리
— 『주간희망』(4290년 · 1957년 10월 4일)

이와 같이 요즘 아메리카를 휩쓸고 있는 유행의 한 가지는 머리를 새로운 빛깔로 물드린다는 것이다. 미국의 남편들은 이제 모두 신선한 색채감각을 주는 아내를 갖게 된 셈이다. 오늘날 미국에서는 젊은 여자나 늙은 여자나 모두 이 염색에 골몰하고 있다. 이 머리의 염색이라는 경기는 부쩍 상승하고 있으며 1946년에 3백만 불의 거래가 있었음에 비해 1956년에는 3천5백만 불의 거래가 있었다고 한다. 십만을 헤아리는 미국의 미장원은 머리를 신선한 색채로 물드리겠다고 모여드는 여자들로 호경기를 이루고 있다.

물론 머리를 다른 빛깔로 물들여 보겠다는 심리의 속에는 좀 젊어 보이겠다는 욕망이 있다.

1952년에는 열 명에 하나 정도였으나 요즘은 셋에 하나 정도라고 하니 물감 장수에 수가 터진 셈이다. 진 하로우라는 여배우가 엷은 금발이 얼마나 사내의 마음을 사로잡는가를 보여주던 시절만 하여도 이 머리에 물을 드린다는 풍습은 배우들만이 남몰래 하던 짓이었다. 여자들은 뒷방에 가서 머리에 물드리곤 했던 것이다. 그러나 요즘에 와서는 시계가 바뀌었다. 어느 TV의 관계자가 최근 말한 것처럼 "머리에 물드린다는 것은 손톱에 빛깔 칠하는 것만큼이나 여겨지게 되었던 것이다."

아이크 체한(滯韓) 28시간
— 월간 『진상』 (4293년 · 1960년 8월)

용산에서 허정 총리와 더불어 시청 앞까지 자동차 퍼레이드를 시작한 도로변에는 태극기와 성조기가 큰 건물마다 나부꼈고 바늘끝도 들이밀 여지가 없을 정도로 빽빽이 모여든 군중들로 대혼잡을 이루었다.

용산에서 서울역전까지는 군중들이 차도에까지 밀려나오지는 않았으나 서울역전에 이르렀을 때에는 콩나물같이 빽빽이 들어선 시민들 때문에 자동차가 움직일 수 없어 십오 분 동안이나 정차하지 않으면 안 되었다. 그 바람에 역전 광장에서 베풀어질 예정이었던 동명여중고 1천여 명의 고전무용마저 할 수 없게 되었다.

서울역에서 남대문에 이르는 사이에 오픈카에 서서 두 손을 흔들며 시민들의 환영에 답례하는 아이크 자신이 길을 비켜달라고 손짓할 지경으로 사람의 물결은 큰길까지 뒤덮었다.

시민들은 고층건물의 창구마다 개미떼처럼 몰려 서서 깃발을 흔들며 환성을 올렸다.

일행이 남대문에 이르렀을 때 그들의 앞을 여지없이 메워버린 인파 때문에 도저히 뚫고 나갈 수 없게 되었다.

…

일만여 명의 경관이 아이크의 경호와 질서유지를 위하여 농원되었고 다수의 헌병들이 협력하였으나 백만을 돌파한 대군중이 길을 메우는 데는 방법이 없었다. 이날 부모와 떨어져 길거리를 울며 헤메는 어린이들도 많았고 상당한 수효의 부상자도 발생하였다.

…

이날 오후 6시부터는 조선호텔에서 아이크 수행기자들을 위하여 주한 미공보원과 8군공보처 공동주최로 성대한 파티가 열렸다. 이 자리에서 해거티 공보비서는 '아이크'가 방문한 나라는 많으나 서울에서와 같이 이렇게 많은 사람이 환영한 것은 처음 있는 일이라고 말하면서 한국민의 우의에 감사의 뜻을 표명하였다.

미국의 공보비서가 사의를 표할 만도 한 것이 일본에서는 아이크 방문을 반대하는 수십만 명의 시위대 때문에 일본방문을 포기해야 했다. 반면에 한국에서는 미국 대통령을 초열광적으로 환영하였다는 사실은 '감개무량' 한 일이 아닐 수 없을 것이다.

제주 4·3항쟁과 미군의 육·해·공 작전

미군철모에 미군복, 미군화에 미군총, 비가 오면 그 위에 미군우장을 쓴다. 멀리서 보면 키가 작은 미군부대가 전진하고 있는 것 같다. 조선이라는 조국을 방위할 이 나라의 병사, 겨레의 장정들이 지금 남해의 고도에서 적들인 동족의 섬멸에 동원되고 있는 것이다.[9]

조덕송 조선통신 특파원은 4천여 명의 국방경비대원들이 폭우를 무릅쓰고 "일사불란의 대오로 출동전진"하는 모습을 취재하며 '키가 작은 미군부대'로 묘사했다. 제주도에는 '키가 작은 미군부대'만 와 있는 것은 아니었다. 제주도의 진압병력을 통솔 지휘하는 최고지휘관은 미군 브라운 대좌였다. 그에게 제주도민이 왜 궐기했는가는 관심 밖의 일이었다.

치안복구를 목적으로 딘 군정장관의 특명을 받은, 이곳에 와 있는 최고지휘관 부라운 대좌는 "원인에는 흥미가 없다. 나의 사명은 진압뿐이다"라고 언명하였다. 그리고 부언하여 "본관이 진압시킨 후, 다시 이러한 사태가 발생한다면 그것은 조선인 행정기관의 책임이다"라고 말하였다. 조선사람 아닌 부라운 대좌로서는 지극히 당연한 견해이겠으나 무엇인지 섭섭함을 금치

---

9) 조덕송 조선통신 특파원, 「유혈의 제주도」, 『신천지』, 1948년 7월호

못할 말씀이다.

제주도를 현장취재하는 기자의 귀에는 "중공군이 잠입했느니 일본 공산당원이 들어왔느니 북조선 인민군 간부가 무전기로 지휘하고 있느니" 하는 가지가지의 억측들이 전해진다. 그러나 이는 정작 "확인한 사람은 하나도 없"는 유언비어 수준에 머무르는 말들이다. 단지 조 특파원의 눈에 보이는 것은 진압을 지휘하고 있는 미군들이다.

상공에는 미군 순양함의 경계의 황연(黃煙)이 끄칠 사이 없고, 또한 육상에는 기마로, 찝으로 제1선을 지휘하는 미군장교가 동서를 질주하고 있는 금일의 제주도, 그는 끝끝내 전화를 면치 못할 숙명의 섬이었드냐.

키 작은 미군들과 키 큰 미군들에게 제주도 사람들은 신판 민요를 들려주었다. "류구삭크 둘러메고 무엇하러 왔드냐, 백원짜리 담을려고 네 여기 왔느냐."

제주 4·3항쟁에 대한 대부분의 신문논조는 미군정의 견해와 대체로 동일했다. 1948년 5월 6일 『동아일보』는 제주도를 시찰하고 돌아온 딘 군정장관이 신문기자단과의 회견석상에서 밝힌 시찰담을 보도했다.

5일 아침 안 민정장관, 조 경무부장, 송 국방경비대 사령관과 함께 제주도를 시찰하고 각각 다른 각도에서 폭동사태를 조사하였다.

서울서 발행되는 공산주의자들의 신문보도에 의할 것 같으면 제주도는 인민의 피로 물드리고 있다고 하는데, 그대로 믿는다면 경찰과 관공서에서는 밤이면 인민을 살육하고 있는 듯, 오해하게 될 것이다.

그러나 현지의 사태는 그렇지 않다. 우리들의 종합적 조사결과에 의하면 제주도 외에서 들어온 공산주의자들의 선동과 모략과 위협에 잘못 인도된 청년들이 선거공무원, 경찰관, 선량한 애국적 도민들을 살해하고 방화하고 있는 것으로 판명되었다.

그러나 현재의 제주도의 분위기는 평온하게 유지되고 있다. 지금 경찰과

국방경비대가 협력하여 활동하고 있으므로 불원 완전히 평정되어 평화와 질
서를 회복할 것이다.

제주 4·3항쟁을 진압하는 미국에게 책임을 묻는 신문은 남로당 기관
지인 노력인민과 같은 좌파계열의 신문들이었다.

1948년 6월 28일자 노력인민은 「미제의 분할침략으로부터 조국의 민족
주권을 방어하기 위하여 싸우는 인민들에게 영광을 드리자」라는 논설을
신고 있다.

이 논설은 제주도민들의 항쟁을 "인민의 생명을 파리 목숨과 같이 여
기고 자유와 인권을 신짝같이 짓밟는 악독한 친일반동 경찰과 반동 테로
단의 무리한 검속, 고문, 투옥, 테로, 학살에 참다참다 못하여 생명과 자
유를 방어하기 위하여 일어난 것이며, 미제국주의 침략자와 그 주구들의
음모하는 망국 멸족의 단선단정을 분쇄하야, 미제의 분할침략으로부터
조국의 민족주권을 방어하기 위하여 궐기하였습니다. 그러므로 여러분
의 싸홈은 참으로 정의의 싸홈이며 구국의 성스러운 항쟁"이라고 규정
했다.

그리고 노력인민은 미국의 단독선거, 단독정부 정책을 저지하지 못한
다면 "우리의 국토는 양단되고 민족은 분열되여 남조선은 미국의 식민
지와 군사기지로 될 것"이며 "우리 자손 만대에 불행의 씨를 뿌리게 될
것"이라고 경고했다.[10]

성균관대 서중석 교수는 "4·3은 미군정의 실정으로 인하여 미군정 아
래에서 일어난 일이었고, 한국정부가 들어선 뒤에도 토벌직진이 끝날 때
까지 미국은 작전지휘권을 장악하고 있었을 뿐만 아니라 고문자격으로
모든 진압작전에 참여했다"고 밝힌 바 있다. 미국은 "경찰을 포함한 토
벌대의 장비와 무기를 공급했고, 초토화작전을 지시하고 조장했으며, 집
단학살을 목도했고, 그것을 체크하고 기록했다"는 것이다. 이 같은 주장

---

10) 남조선노동당 중앙위원회 서한, 「제주도 인민대중에게 들임」, 『노력인민』, 1948년 6
월 28일

은 다음과 같은 자료에서도 분명히 드러난다.[11]

　　모든 장비와 지원, 그리고 계획된 작전은 최소한의 미군 개입으로 적절한
지휘계통을 통해 한국인에 의해 조종돼야 한다. 따라서 현재 9연대 작전에
대한 모든 전술·병창·지원업무를 5여단에 위임하는 것이 바람직하다. 그
런데 5여단은 적절한 지원에 실패한 것으로 보인다. 이에 따라 미국 고문관
들이 한국인 채널을 통해 즉각적인 수정 조처를 취할 것이 요구된
다.(PGMA 단장 로버트 준장 공한철, 1948년 10월 9일)

　　제주 4·3항쟁에 대한 보수언론의 보도태도는 예나 지금이나 크게 다
를 바가 없다. 제주도민의 항쟁을 이념적 대립으로 몰고갈 뿐 그 비극에
대한 미국의 책임에 대해서는 일언반구도 없다. 한라산을 비롯한 전투지
구를 직접 살핀 『조선일보』 기자단은 1948년 6월 6일 신문에 "상공에는
미군 정찰기가 날르고, 제일선에는 전투를 지휘하는 미군의 찝이 질주하
고 있으며, 해양에는 근해를 경계하는 미군함의 검은 연기가 그칠 사이
없이" 피어나는 광경을 전했다. 이들 미군들이 육·해·공 작전을 벌이
며 진두지휘한 4·3학살에 대해 한마디 말도 없이 『조선일보』는 2000년
대에도 해묵은 적색소동을 벌이고 있다. 『월간조선』은 지난 2000년 2월
호에 「제주 4·3사건 진상규명 및 명예회복 특별법의 국회통과를 개탄
하다 – 국군을 배신한 대한민국 국회」라는 요란한 제목의 기사를 실었
다. 이 기사의 요지는 "대한민국 국회는 공산 게릴라들에게 면죄부를 주
고 국군과 경찰을 양민 대량 학살범으로 정죄했다"는 것이다. 그러나
『제민일보』 4·3취재반의 김종민 기자는 4·3특별법 그 어디에도 "대한
민국 국회가 공산 게릴라들에게 면죄부를 주고 국군과 경찰을 양민 대량
학살범으로 정죄한" 내용은 없으며, 오히려 『월간조선』이 역사의식 없는
역사학자(이현희, 성신여대 교수)를 동원해 역사를 왜곡한다며 비판을
가했다.

---

11) 이지훈, 「노근리학살, 제주 4·3, 그리고 미국」, 『한겨레』, 1999년 10월 22일

이씨가 "4·3사건은 우리 민족의 현대사에서 동족이 벌인 공산당의 광란의 살육으로는 가장 처참한 사건으로서 많은 희생자를 냈다"는 대목에 이르면 그저 말문이 막힐 뿐이다. 희생자 3만여 명 중 90%가량이 군·경 토벌대에 희생된 것을 모른단 말인가? 명색이 사학과 교수인데 왜 이토록 정확하지 않은 사실들을 마구 나열하였을까.[12]

왜냐하면 『조선일보』와 마찬가지로 이 교수도 우파가 학살을 자행했다는 사실을 받아들일 수 없기 때문일 것이다. 세계의 자유를 수호하는 미군의 지휘를 받는 우파들이 학살을 자행할 리가 없다는 믿음이 너무도 강하다 보니 착시현상이 일어난 것은 아닐까. 그래서 어떤 근거도 없이 좌파가 벌인 '광란의 살육'으로 믿게 된 것이다. 그리고 아무런 의심도 없이 그 '환상적인 믿음'에 근거해 역사를 기술한 것이 아닐까.

---

12) 김종민, 「4·3이 공산폭동이라니―4·3특별법과 제주도민을 우롱하지 말라」, 『한겨레 21』, 2000년 2월 4일

아메리카니즘과 미국의 적색공포

월 듀란트라는 철학자는 말하기를 "미국은 에피큐리아니즘과 스토이씨즘이 나란히 발전되고 있는데 오늘에 와서는 에피큐리아니즘이 득세를 하고 있으며 이런 상태가 오래 계속되면 미국문명은 오래 지속될 수가 없다"고 하였다. 그러나 미국에서는 에피큐리아니즘과 동시에 항상 힘있게 움직이고 있는 세력은 스토이씨즘이다. 이 세력이야말로 미국문화의 바탕이 되며 이것으로 사회질서는 잡히고 도덕적 이념이 되살아나게 된다고 볼 수가 있다. 이것을 보면 아메리카니즘의 내부에는 반대되는 두 세력이 역리적인 관계를 갖고 있다고 볼 수 있다. 사치와 검소를 겸한 문화가 아메리카니즘이다. '굳타임'과 근면이 같이 따라다니는 것이다. 향락과 더불어 도덕적 내성이 있으며 세속적이면서도 종교적이며 물질적이면서도 정신적인 것이 아메리카니즘이다. 아메리카는 '로마'와 '유대'가 합류한 곳인가 싶다. 로마의 강력과 기술과 호화를 가진 반면에 기독교적 온유와 사랑과 강직이 항상 그 저류를 이루고 있는 것을 본다.

한국에 있어서의 아메리카니즘은 현금 '에피큐리아니즘'만 성행되고, 그 밑받침이 되는 '스토이씨즘'을 결여하고 있는 것 같다.…

우리는 진정한 의미의 아메리카니즘을 배워야 할 것이다. 진정한 아메리카니즘은 인간에 대한 신념이라고 볼 수 있다. 인간의 창의성, 존엄성, 자유성에 대한 신앙이 그들의 생활을 움직이고 있기 때문이다. 페리 교수는 그의 저서 『미국의 특성』이란 책에 아메리카니즘을 다음과 같이 정의하였다.

　"아메리카니즘의 기본적 원칙은 단순하고 평범하다―개인의 책임, 협동지능, 사랑, 친절, 관대, 동정과 황금률 등이다."[13]

　미국의 제국주의적인 대외정책, 침략정책에 대해 비판적인 사람들도 대부분 그밖의 미국적 가치관에 대해선 긍정적이다. 그리고 그것이야말로 미국의 저력이고, 내적 본성이라고 생각한다. 『사상계』에 실린 위의 글도 그렇다.

　그렇다면 미국인의 광적인 적색공포는 어떻게 봐야 하나. 적색공포, 매카시즘, 인종차별은 미국의 비주류인가? 불행히도 역사는 여기에 대해 부정적으로 대답한다. 적색공포 및 보수적 우익운동의 연구에 심혈을 기울인 리바인(Murry B. Levin)의 고백을 들어보자.

　　대부분의 미국학자들은 적색공포와 같은 편집병적 현상은 반복되어 왔지만, 그것들은 본질적으로 '주류를 이루는 미국'의 통합된 일부로서의 사건이 아니라, 주류의 역사선상에서 '이탈된 것'·'비정상적인 것'·그다지 중요치 않은 '주변적인 것'으로 취급해 버리는 경향이 농후했다. 마치 악을 근절시키고 나라를 정화시키는 것과 같이 이런 시대를 이탈되고 비정상적이고 주변적인 것으로 취급함으로써 이에 대한 기억을 근절시키려 하였다. 이는 미국역사를 정화시키고자 하는 행위이며, 나아가 자신들(학자들)의 공모사실을 얼버무리는 행위이다. 이러한 현상은 너무나 지극히 미국적인 현상이며 바로 미국인의 행위디.[14]

　아메리카즘과는 거리가 먼 곳으로 치부되는 현상들, 예를 들면 편집광적인 적색공포 같은 것이 실은 "지극히 미국적인 현상이며 바로 미국인의 행위"라는 것이다.

　아메리카니즘이란 18~19세기에 걸쳐 토착민 우월주의자들에 의해 미

---

13) 김하태(연세대학교 신학대학 학장), 「특집 : 아메리카니즘―한국에 있어서의 아메리카니즘」, 『사상계』, 1959년 7월호
14) 김형곤, 『미국의 적색공포 1919~1920』, 역민사, 1996년, 20쪽

국적인 것을 강조하는 의미로 자주 사용되어 왔다. 그러던 것이 1차세계
대전 동안 보다 강한 어조의 100% 아메리카니즘이라는 말이 자칭 애국
주의자들, 군인, 그리고 보수적인 정치·경제 엘리트에 의해서 사용되었
는데, 이 말은 무조건의 국민적 일치를 이루기 위한 방법으로 비미국적
인 것을 향한 편견적·이기적·비민주적 운동을 뜻했다. 전쟁 전까지만
해도 비미국인에 대한 반감이었지만 전후 강화된 100% 아메리카니즘은
비미국적 이데올로기까지 반감의 대상이 확대되었다. 따라서 1919년 히
스테리의 열풍 속에서 소위 비미국적 행동과 사상은 여지없이 아메리카
니즘의 공격대상이 되었다.[15)]

　적대국 출신(독일계), 가톨릭 신도, 유태인, 흑인, 그리고 모든 형태의
외국인 및 국내외 급진주의자들은 아메리카니즘의 공격대상이 되었으
며, 성조기 대신 적색기를 내걸거나 들고 다니는 자는 여지없이 공격의
대상이 되었다. 재향군인회 회원들은 "성조기를 모독한 자는 볼셰비키
와 같은 자들이므로 이 땅에서 추방해야 하며," 누군가가 급진주의 경향
을 가진 것으로 의심을 받을 경우에 그는 충성의 표현으로 "성조기에 키
스하도록 해야 한다"고 선전했다. 이와 관련된 가장 대표적인 사건은
1919년 5월 6일 워싱턴 거리에서 벌어졌다.

　군인들이 행진을 하고 있는 중에 한 시민이 성조기를 들어 환호하기를 거
부하자 이에 성난 해군이 이 '비애국적' 구경군의 등을 향해 3발의 총을 발
사하여 죽여버린 사건이다. 문제는 사건 자체에 있는 것이 아니라 이것을 목
격한 시민들이 해군의 행위에 대해서 환호와 박수갈채를 보냈다는 점이
다.[16)]

　1917년 4월 6일 미국의 참전이 결정되자, 사회주의자들과 마찬가지로
이 떠돌이 노동자들은 전쟁을 강하게 반대했다. 그들은 이미 징병을 서

---

15) 위의 책, 45쪽
16) 위의 책, 46쪽

명한 이들에게 "여러분! 군인이 되지 마십시오. 진실한 인간이 되십시오"라는 내용이 들어 있는 포스터와 노동자들에게 '고용된 살인자'가 되지 말도록 권고하는 내용과 '더 이상 록펠러, 모간, 카아네기, 그리고 다른 산업적 해적들을 살찌우기 위한 표적'이 되지 않도록 충고하는 팜플렛을 만들어 배분하였다. 또한 '이미 전쟁은 가난한 자들의 생활전반에 침투하였다. 군에 입대하기를 거부하라. 전쟁에 나가는 것을 거부하라"는 등의 내용으로 그들의 주장을 선전하였다.[17]

이러한 주장에 대해 각종 보수, 애국단체들은 '반역자' 혹은 '독일의 앞잡이'라고 불렀으며, '미국의 암적 종양'으로 지칭했다. 아메리카니즘을 강조하는 자들의 활동은 "지성과 진실, 증거와 확인보다는 오히려 편견과 증오, 감정과 이기심에 기초를 두고 이루어"졌다. 그 결과 "두려움과 의심, 불관용, 상호간의 불신과 갈등, 대립 그리고 차별을 낳았다.[18]

그 총체적인 결과는 놀랄만한 것이었다. 1920년 1월 2일 23개주 33개 주요 도시에서 약 만 명의 혐의를 받은 급진주의자들이 무차별 체포되었다. 그 중 미국시민이거나 공산당원으로 입증할 수 있는 증거인 붉은 카드가 없는 6천 명 이상이 석방되었다. 실제로 미국에 있는 공산당의 모든 조직이 습격을 당하였고 중앙과 지방을 막론하고 대부분의 지도자들이 체포되었다. 체포는 법무부 조사국의 관리들이 각 지방 경찰의 도움을 받아 볼링장, 풀장, 까페사교장소, 심지어 집까지 습격하여 눈에 띄는 모든 사람을 체포하였기 때문에 대부분 공식적으로 발부된 영장이 없이 이루어졌다. 결과적으로 체포되어 투옥된 자들은 외부와 연락이 난설되었으며 법적 변호인을 둘 권리도 박탈당했다.[19]

1912년 5월 캘리포니아주 샌디에고의 중산층 시민들은 무정부주의 연설가였던 엠마 골드먼과 벤 리트만을 강제로 추방시켰다. 당시 샌디에고는 "4만 명 이상이 거주하는 정착된 도시"였으며 정치적으로는 "진보적 공화당"의 색채가 강했다. 급진주의를 표방하고 와블리로 알려진 세계

---

17) 위의 책, 98쪽
18) 위의 책, 85쪽
19) 위의 책, 253쪽

산업노동자동맹 조합원들과의 제휴를 도모하는 골드먼과 리트만은 그곳 시민들에게는 용납될 수 없는 인물들이었다. 골드먼은 "가까스로 폭력을 모면하였다"고 샌디에고의 한 신문이 보도하였다. 그러나 "자경단원은 여자에게는 할 수 없는 행동을 남자에게는 행사했다." 리트만은 자정이 가까울 무렵 호텔에서 의문의 납치를 당하였다.… 그의 몸은 타르로 범벅이 된 채 깃털이 덮혀졌으며 등에는 'I.W.W'라는 낙인이 찍힌 것으로 알려졌다. 게다가 그는 무릎을 꿇고 성조기에 키스하도록 강요받았다고 한다. 낙인은 담뱃불로 타르를 지져서 생긴 것이었다.[20]

아메리카니즘은 미국인뿐만 아니라 외국인에게도 "무릎을 꿇고 성조기에 키스"할 것을 강요한다. "무릎을 꿇고 성조기에 키스"하지 않으면 담뱃불로, 핵폭탄으로 '낙인'을 새긴다. 이 같은 미국인의 파시스트적 기질은 2차세계대전중에 다시 발현한다. 미국 내 일본인 격리수용 정책이 바로 그것이다.

미국의 여러 정책 가운데 하나는 파시즘의 복사판에 아주 가까왔다. 그것은 태평양 연안에 살고 있는 일본계 미국인들에 대한 대우에 있어서였다. 진주만 공격 이후 반일본 히스테리가 정부 내에 널리 퍼졌다. 한 하원의원은 이렇게 말했다. "나는 아메리카, 알레스카 그리고 하와이에 살고 있는 모든 일본인들을 체포하여 집단수용소에 수용할 것에 동의합니다.… 빌어먹을 일본놈들! 일본놈들을 없애버립시다."[21]

초창기 아메리카 사상의 주류는 이처럼 야만적인 WASP(Anglo-Saxon계의 백인으로 프로테스탄트) 우월사상에서 기인한 아메리카니즘은 아니었다. 파시즘과 상통하는 지금의 아메리카니즘과 미국혁명을 낳게 한 아메리카의 정신과 비교를 해보면 격세지감을 느끼게 한다.

---

20) 페트리샤 넬슨 리메릭, 『정복의 유산』, 전남대출판부, 1998년 330쪽
21) 하워드 진, 『미국민중저항사』 2권, 일월서각, 154쪽

바스티유 감옥을 점령한 후에 그들은 성곽의 열쇠를 '이 성문을 열게 한 것은 아메리카의 사상이었다'는 뜻으로 워싱턴에게 전달하였다. 인권선언이 아메리카의 독립선언을 모방하여 작성되었다. 프랑스는 아메리카에 라파이에트를 주었고, 아메리카는 프랑스에 답례로 제퍼슨을 주었던 것이다.[22]

---

22) 앙드레모로아, 『미국사』, 기린원, 224쪽

한국인의 영웅 맥아더와 '멍청이 같은 개자식'

이제 여기에 동상의 건립취지서 전문을 참고로 소개한다.

"적구(赤寇)의 남침으로 위기일발에 처하였던 6·25사변 발발시에 간발을 주지 않는 신속한 출병과 과감무비한 9·15인천상륙작전으로 회천(回天)의 위업을 세운 다글라스 맥아더 장군은 우리 대한민국의 구국의 은인이며 자유인류의 수호자로서 흠앙(欽仰)하는 사조가 팽배하여 온 지 오랜 이때에 거족적인 행사로서 영세불망할 동상을 건립하여 인천상륙 7주년 기념일인 금년 9월 15일에 의의 있는 제막식을 거행함으로써 민족적 위신과 국제적 신의를 앙양하고자 하는 바이오니 유지제현(有志諸賢)의 찬동을 바라는 바이다."

1957년 12월호 『신태양』에 실린 「맥 장군 동상 건립여화」(김경승)에 소개된 맥아더 장군 동상의 건립취지서 전문이다. 1957년 9월 15일 인천 만국공원에서 제막된 맥아더 장군의 동상은 높이 12척, 좌대높이 20척, 도합 32척의 높이로 제작된 것으로 동 배후에는 넓이 9척 높이 4척반짜리 부조각(浮彫刻)도 같이 제작 완성되었다고 한다.

맥아더 동상의 건립취지서에 적힌 글은 1950년대 평균적인 한국인의 맥아더관일 것이다. 당시 『조선일보』는 사설 「맥 장군 동상 제막에 즈음하여」(1957년 9월 15일)를 통해서 "생각커니와 오늘의 동상은 한국국민에 의하여 세워진 것이나 맥아더 장군이라는 인물만은 미국의 국력과 명예를 자랑할 수 있는 존재임을 생각하며, 오늘의 동상 건립이 금후 한국통일에 새로운 기억의 자료가 되기 바란다"고 썼다.

맥아더를 영웅으로 여기고, 우상시하는 이 같은 생각은 60년대가 되어도 크게 변하지 않았다. "노병은 죽지 않고 다만 영광 속에 사라져갈 뿐이다"라는 명구를 남긴 더글러스 맥아더 장군이 1964년 84세의 일기로 세상을 떠났을 때 『조선일보』는 "한국전쟁의 영웅이며 또한 비율빈 해방의 은인이었던 맥아더 원수의 서거를 못내 슬퍼한다"며 애도의 사설을 바쳤다.

그는 반세기여에 걸친 군인생활 속에서 25년간을 아세아에서 보내면서 최대의 승리와 함께 굴욕의 패배도 맛보았던 것이고 특히 6·25전란시엔 파죽지세로 밀려오던 북괴군을 신속한 유엔군의 동원으로 저지하는 일방, 유명한 인천상륙작전을 지휘하여 적을 북방 구경까지 패주시키는 데 성공했던 것이다. 그러나 예기치 않았던 중공군의 개입으로 전세가 달라지자 그는 중공 본토를 폭격함으로써 완전승리를 거둘 것을 주장하였으나 불행히도 미행정부의 군사정책에 공개적으로 반대하였다 하여 당시의 대통령 트루먼 씨에 의하여 1951년 유엔군 사령관직에서 해임당하는 동시에 찬란한 군인생활에 막을 내리게 된 것은 유감된 일이 아닐 수 없었다. 만약 맥아더 원수의 이와 같은 전략이 행정고위층에 의하여 채택되었던들 오늘날의 한국의 현실은 크게 달라져 있을 것이다. 물론 당시의 미행정부가 만수나 중국 본토의 폭격을 적극 반대한 것은 전면전쟁에로의 확대를 시나치게 우려한 때문이지만, 미국만이 독점한 원폭으로서 기선을 제하지 않았다는 사실은 끝내 만성적인 비운의 결과를 가져오고 말았다. 한국통일의 절호의 찬스는 이로써 일실(逸失)되고 말았고 다시금 휴전선을 경계로 승전도 패전도 아닌 흐리멍덩한 매듭을 짓고 말았다.…

비록 불귀의 몸은 되었지만 그의 공적은 길이길이 미국과 극동에 빛날 것이다. 더구나 그가 극동미군총사령관으로 있을 당시 한국의 독립정권이 수립되었으므로 우리의 감회는 더욱 깊은 바 있다. 삼가 이 위대한 노병의 명

복을 빈다. (1964년 4월 7일)

이 사설을 읽으며 『조선일보』의 전쟁관에 다시 한 번 섬뜩함을 느낀
다.

"중국 본토를 폭격함으로써 완전승리를 거둘 것."

"미국만이 독점한 원폭으로서 기선을 제하지 않았다는 사실은 끝내 만
성적인 비운의 결과를 가져오고 말았다."

만약 맥아더나 이승만 그리고 『조선일보』의 뜻대로 중국 본토를 폭격
하고, 원폭을 사용했다면 한반도에서는 어떤 일이 벌어졌을까? 아마도
이들이 집권한 나라가 군사대국을 이뤘다면 주변국가를 상대로 일본 군
국주의보다도 호전적이고 야만적인 침략행위를 벌였을 것이 분명하다.

그런데 맥아더가 '사라진 지' 30년이 지난 뒤 한국에서는 그의 동상을
훼손하는 일이 빈번하게 발생하고 있다. 1993년 12월 15일에는 인천지역
대학생 40여 명이 인천시 중구 자유공원 안에 있는 맥아더 장군 동상과
자유의 여신상 표석을 망치로 부수고 동상에 붉은 페인트를 뿌리며 반미
시위를 벌이는 사건이 발생하기도 했다. 이날 학생들은 맥아더 동상과
자유의 여신상에 '강도적 개방압력 미국을 몰아내자'라는 현수막을 걸
어놓고 '미국의 쌀 및 기초농산물 수입개방압력 결사저지를 위한 인천
지역 애국반미선봉대' 명의의 '쌀수입을 강요하는 미국과의 제2의 투쟁
을 선도한다'는 유인물을 등산 나온 시민들에게 나눠주었다.[23]

80년대 중반 이후 대중적인 반미감정이 확산되기 전까지는 맥아더는
『조선일보』뿐만 아니라 대다수 한국인에게 '은인'이고 '영웅'이었다.
『마당』1980년 11월호 기사는 이 같은 무지한 세태를 다루고 있다. 『마
당』은 맥아더가 가진 뚜렷한 "두 개의 얼굴 가운데 유독 밝은 쪽의 얼굴
만이 강조되는 나라가 둘이 있으니 그 하나는 필리핀이요 또 하나는 바
로 한국"이라는 점을 독자들에게 일깨워 준다. 미국에서마저 심한 매도
를 당하고 있는 판국인데도 아랑곳하지 않고 맥아더를 영웅 중의 영웅,

---

23) 『한겨레신문』, 1993년 12월 15일

절대적인 은인으로 받들어 모시고 있는 필리핀과 한국의 국민들의 '우매함'을 지적하고 있는 것이다. 우리 나라의 경우 "이순신, 강감찬, 을지문덕 등 이 나라 역사에 찬연히 빛나는 장군들의 동상보다 더 큰 맥아더 장군의 동상"이 세워져 있음을 환기시키는 필자는 맥아더의 아버지인 아서 맥아더 장군이 한국과 필리핀과 맞고 있는 악연에 대해 적고 있다.

(맥아더의 아버지)아서 맥아더 장군은 필리핀의 군사총독이 되었다. 군사 총독이란 원주민을 다스리는 자리이다. 그것은 다름 아닌 압제인 것이다. 그런데 수십 년 뒤에 아서 맥아더의 아들 더글라스 맥아더는 필리핀의 해방자가 되었으니 그것은 아이러니인 것이다.

한국의 경우도 마찬가지이다. 1904년 러일전쟁이 벌어지자 미국정부는 아서 맥아더 장군을 일본에 파견했다. 그를 일본에 보낸 것은 일본군 수뇌부를 간접 지원하여 러시아의 남진을 저지한다는 미국의 전략 때문이었다.

…

19세기 중반부터 미국의 태평양 전략의 요체는 러시아의 남진 저지였다. 이를 위해 미국은 일본을 개항시켜 러시아를 막는 방패로 삼고자 하였다. 물론 러시아는 이를 수수방관하지 않았으나 결국은 페리 제독이 일본을 먼저 개항시켰다. 이때부터 일본은 군국주의 바탕을 세우기 시작했으며 마침내는 미국의 암묵적 동의하에 한국을 합병하고자 한반도에 상륙했던 것이다. 러일전쟁이 벌어졌을 때 미국의 입장도 명백했다. 일본을 돕는다는 것이었다. 아서 맥아더가 일본군에게 군사고문을 해주었으며 조선에까지 파견되었다.

…

아서 맥아더가 서울에까지 나타나 고종 황제를 알현하기도 했다. 당시 황성신문이나 『대한매일신부』를 보면 '미국의 맥아사 장군이 황제 폐하를 알현하엿다더라' 하고 보도하고 있다.

미국이 원한 대로 전쟁은 일본의 승리였고 그로써 미국이 원한 대로 일본의 한국 지배는 굳어지게 되었다. 아서 맥아더는 그 일익을 담당했던 것이다.

그런데 그의 아들 더글라스 맥아더는 나중에 '한국의 구원자'가 되었으니 이 역시 역사의 아이러니인 것이다.

그런데 또 하나의 아이러니가 있다. 맥아더와 함께 한국전쟁을 치른 미국의 트루먼 대통령은 그의 전기에서 맥아더를 '멍청이 같은 개자식'에 비유하는 것이다. 한국민에게 추앙받는 영웅을 말이다.

그 사람은 대통령의 권위를 존중하려 하지 않기 때문에 나는 그를 해임했다. 이것이 그 질문에 대한 답변이다. 나는 그가 멍청이 같은 개자식이라고 해서 파면한 것이 아니다. 그는 사실 그런 멍청이었지만 그런 장군도 법에는 걸리지 않으니 말이다. 그런 게 법에 걸린다면 미국 장군 반수 내지 3분의 2는 감옥에 있을 것이다. [24]

미국에서도 이렇게 푸대접받는 맥아더를 일부에서는 2000년대에도 우상처럼 받들어 모시려고 한다. 인천시에서는 9·15 상륙작전 50주년을 맞이해서 대대적인 기념행사를 벌일 예정이라 한다. 당연히 그 행사의 중심인물은 맥아더일 것이다. 인천지역에서 발행되는 『아름다운 청년』이란 잡지는 2000년 2월호에 인천시의 기념행사를 반대하는 특별기획 화보 「남의 나라 장군을 기념하는 도시」를 실으면서 김남주의 시 「남의 나라 장수 동상이 있는 나라」에서 일부를 인용했다.

그러나 나는 몰랐다 인천엔가 어디엔가
맥아더 장군의 동상이 서 있더라는 소리를 듣고
그런 것은 미국의 식민지에는 으레 있는 것으로만 알았지
그런 것이 우리 나라에만 있는 줄은 미처 몰랐다

---

[24] 멀 밀러(Merle Miller)의 해리 S. 트루먼 전기, 『평이한 말씨 (Plain Speaking)』 중 맥아더 해임에 관한 부분에서, 1973년

〈자료 3〉 서울대 『대학신문』의 미국관

1. 4285년(1952년) 12월 1일
백만학도에게 북진 명령을!

멸공통일의 열쇠를 쥔 아이크 만만세

환영 행렬 전시가를 압도

아 원사(元師) 환영 학생대회 대성황

우리 한국통일의 열쇠를 가진 차기 미국 대통령 아이젠하워 원사의 내한에 제(際)하여 재부 4만여 청년학생들의 자발적으로 조직된 중앙학생위원회 주최 '아 원사 내한촉진 및 환영학도대회'는 지난 26일 상오 11시부터 시내 충무로 광장에서 영광리에 개최되었다.

동대회에서는 서울대학교를 비롯한 32개교의 대학 및 38개 고등학교의 4만 남녀 학생들이 "아 원사의 내한은 멸공통일의 열쇠" "삼천만은 기다린다 아 원사의 북진명령을" 등의 푸라카—드를 선두에 높이 들고 넓은 광장에 빈틈없이 운집한 가운데 수관주(연대) 군의 사회로 개최되어   .

2. 4286년 6월 15일
우리에게 통일이 아니면 죽음을 달라!

민족비분수(民族悲憤邃) 폭발, 전국 각지서 백만학도 통일 절규코 데모

조국의 영토를 양단하는 휴전회담에 결사반항하고 피로써 북진통일 전취(戰取)를 절규하는 한국 백만학도의 자발적인 데모는 전세계의 이목이 총집중한 가운데 오늘도 저무도록 전시가를 휩쓸고 충천하는 정의의 함성은 지축을 흔들고 있다.

"조국의 통일이 아니면 죽음을 달라!" 피끓는 중고대학에 이르기까지 젊은 남녀 백만학도들의 피눈물 어린 정의감의 애소는 판문점 휴전회담 진전에 반비례하여 어제도 오늘도 부산 서울을 중심으로 한 전국 각지 방방곡곡에서 벌떼같이 일어나고 있어 청년학도를 선두로 한 전민족의 비애와 분노는 바야흐로 최절정에 달하고 있다

즉 지난 8일 포로교환의 조인이라는 흥보가 들리자마자 연희대학교 2천의 건아들은 영도교를 지나 시청을 거쳐 도청 국회의사당을 돌고 통일 없는 휴전결사반대를 절규하며 해를 보내고 9일에는 서면 범일동 일대를 중심으로 재부 수개 남녀중고등학생들 역시 같은 푸랑카-드를 드높이 들고 북진통일을 맹세하였다.

…

백만학도야 북으로 가자!

휴전이 성립되는 날 우리는 검은 조기를 올리고 승리를 위하여 끝까지 싸우자.

(서울에서는) 구진비도 무릅쓰고 50만 전시민은 남녀학생을 선두로 휴전반대 데모가 진행되던 때에 마침 제5공군사령부의 앞에 이르렀을 즈음 해산을 강요하는 UN 헌병대원들에게 진명고여생 21명이 구타를 당하고 중경상을 입었다고 한다.

○ 서울대학도호국단장 이명영 군 담

조국의 통일이 없는 한 여하한 휴전도 우리는 분쇄하고 오직 북진통일이 있을 뿐이다.

첫째로, 남침의 날 6·25를 당하였으니 오직 나문 것은 무력통일이 있을 뿐이다. 이런 의미에서 휴전회담은 제2의 6·25를 전제하는 것이다.

둘째로 UN의 입장에서 세계의 통일과 자유와 평화를 상징하는 UN이 중공을 침략자로 규정한 이상 그들과 타협한다는 것은 침략자의 편을 드는 것이요 따라서 자유진영을 배반하는 결과가 되고 근본정신을 완전 상실하게 되는 것이다.

셋째, 세계적 입장에서 소련을 獨伊日화하게 하는 역사적 과오를 범하는 것이다. 이런 의미에서 2차전에 있어 독이일은 인류의 적으로 격멸하듯이 소련을 완전 제압하여 크레믈린까지 해방시키는 UN의 근본이념을 살려야만 인간의 진정한 자유와 평화가 올 수 있을 것이다.

3. 4287년 9월 29일

한국을 침략자에 팔지 말라

철군 반대 본격화, 전학도의 비장한 시위 계속

"미국은 한국을 공산 침략자에게 팔지 말라!" 비장한 푸랑카ー드를 선두로 23일 조조(早朝)부터 서울시내 수만의 젊은 학도들은 저므도록 전시가를 시위하며 목이 아프도록 미군철수 반대를 외쳤다. 누구보다도 공산침략의 잔인성을 체험하고 누구보다도 미군을 신뢰하며 자유진영 최첨단에서 10년간 시종일관 과감하게 투쟁해 온 젊은 한국의 백만학도들은 하등의 대책 없이 미군을 한국에서 철수시키는 미국의 일방적 처사에 눈물을 머금고 교실에서 거리로 "미군철수는 6·25 다시 온다"는 구호를 목메인 소리로 외치며 나섰다.

4. 4294(1961)년 2월 20일

사설「대학생은 과학하는 태도로 국내의 정세를 주시하라」

―경제협정 반대가 반미운동이 되어서는 안 되며 우리가 잘살 수 있는 길로 노력하라!

…이번 한미경제협정만 하더라도 이것을 주권을 무시당했느니 굴욕적인 협정이니 하고 학생들은 일반 시정인이나 일부 무분별한 정치인들과 의견을 같이한다면 슬프지 않을 수 없다.

그렇다고 해서 현정부나 미국을 잘했다고 두둔할 생각은 조금도 없다. 동협정에 1. 미국의 감독권의 강화 2. 원조사업계약자에 대한 면세 3. 수원 사절단 (기관)에 대한 특권 4. 미정부 및 대행기관 용인에 대한 면세 5, 환율기준 명시 6. 원조중단 등을 규정한 조항 등은 우리의 주권이 무시되고 굴욕적인 조항이 아닐 수 없다. 그러나 이것은 냉정히 생각하면 감정에 불과하다.

…

우리 헌법 제7조 2항에서 국민투표의 대상으로 삼은 '주권의 제약을 가져올 국가안위에 관한 중대사항' 이라고 한 것도 구체적으로 '국가안전을 위태롭게 하는 중대사항' 을 의미하는 것으로 보아, 국가안전을 견고히 할 것일 때에는 주권제약을 헌법이 용인하는 것으로 해석되어야 한다.

…

이번 협정이 굴욕적이고 주권을 무시당했다면 주권을 무시당하지 않는 그리고 앞으로는 어느 민족에게서도 굴욕을 받지 않는 민족이 되어야겠다. 그러기 위해서 우리는 매마른 산과 들에 나무를 심고 그나마 빈 땅을 찾아 개간하고 농사를 개량하여 우리의 농민을 무지와 빈곤에서 구출하자. 또 우리는 외로울 수 없다. 격동하는 국제 사회의 일환으로 우리는 오늘도 살고 있다. 누가 우리의 벗이며 누가 우리의 적인가를 직시하여 이번 협정반대가 반미운동이 되어서는 안되겠다는 것을 경고한다.

5. 4294년 6월 29일

퇴역하는 매그루더 장군에 명예법박 학위 수여

유엔군사령관으로 2년 6개 월간의 중임을 마친 후 오는 7월 1일에 퇴역하게 된 카터 B. 매그루더 장군에게 본교에서는 어제 명예법학박사 학위를 수여하였다.

43년 간의 오랜 군인생활을 마치고 이번 정년퇴임되기까지 한국의 국토방위와 자유세계 수호에 지대한 공헌을 해온 당년 65세의 매그루더 장군은 답사를 통해 "한국 및 한국군의 앞날을 찬양하며 비록 헤어져도 마음은 항상 같이 있을 것이다"라고 말하였으며, 음대 관현악단이 연주하는 아이네 클라이네 낙트

뮤직(모찰트 곡)을 반주로 퇴장하는 매그루더 장군에게 우레와 같은 박수가 터졌다.

6. 4294년 11월 13일

한미유대를 더욱 공고히

본교학생회 주최로 강연회, 9일 국민회당에서 성황

국가재건최고회의 의장 박정희 대장의 방미를 전후하여 한국과 우방 미국 간의 유대강화가 강조되고 있거니와 서울대학교 학생회에서도 이를 촉진 고무하는 뜻에서 강연대회를 열어 큰 성과를 거두었다.

즉 지난 9일 하오 서울대학생회에서는 시내 국민회당에서 '한미유대강화 강연대회'를 개최하고 홍승만(『한국일보』 편집국장) 씨, 법대 이상조 교수, 문리대 이영원 군 등을 연사로 하여 한미 양국민간의 이해를 깊이 하고 그 유대를 더욱 공고히 함으로써 자유수호와 인류행복을 달성하는 데 매진할 것을 강조했다.

1982년 부산 미문화원방화사건

1945년부터 1981년 내지 1982년까지 오랜 기간 동안 한국의 외교는 1.5개국과의 관계로 구성되어 있었다—즉 미국과의 관계가 1이며 일본과의 관계는 0.5였다.[25]

글라이스틴 전 주한미대사가 1987년에 남긴 이 말은 "미국을 절대적 존재로 여겨온" 한국인들의 대미인식에 대한 적나라한 표현이라 하겠다.

1980년 이후 한국의 외교가 1.5개국과의 관계를 실질적으로 넘어섰는가? 그것은 별도의 검토가 필요한 문제라 하겠다. 그런데 한 가지 변화된 요인은 한국의 정부와는 달리 1981, 1982년부터는 미국에 대한 독자적이고 대립적인 발언이 강화됐다는 것이다. 이를 촉발시킨 주요 계기는 1980년의 광주항쟁과 1982년의 부산 미문화원방화사건이라 하겠다.

이제야 우리 민족의 장래는 우리들 스스로가 결단하지 않으면 안 된다는 신념을 가지고 이 땅에서 주인행세를 하는 미국세력을 완전히 배제하기 위하여 반미투쟁을 끊임없이 전개하자. 우선… 미문화원을 불태워 버림으로써

---

25) 김진웅, 『한국인의 반미감정』, 1997년, 일조각, 3쪽

반미투쟁의 봉화를 올려 민족적 자각을 호소한다.[26]

　문부식 등이 부산 미문화원에 불을 지른 뒤에 뿌린 유인물에서 이들은 "미국과 전두환 정권의 더러운 결탁"을 고발했다. 이는 숨어서 꼭두각시를 조종하던 미국의 급소에 일침을 가한 역사적 사건이었다. 그런데 이 사건에 대해 역사적인 안목을 갖춘 논설을 실은 한국의 신문은 단 하나도 없다. 1982년 4월 3일자 한 신문은 「'과격파'에 대한 방파제」라는 사설에서 이번 사건은 "지적 무식과 정신위생상의 광기, 그리고 정치적인 극좌편향이란 3가지 병리요소의 결합"이 낳은 것이라며 독기 서린 펜촉을 휘둘러댔다. 오히려 이 같은 표현에서 "지적 무식과 정신위생상의 광기, 그리고 정치적인 극우편향"을 느낀다고 말하면 이 또한 '정신위생상'에 문제가 있는 것일까?
　『조선일보』는 사설 「누구를 위한 방화인가—미문화원 소실과 민족적 수치」에서 미국무성이 발표한 "이 같은 폭력행위가 한국 국민들이나 현재의 한미관계를 대표하는 것으로는 보지 않는다"고 성명내용을 소개하면서 "누가 보아도 지금의 한미관계는 어떤 폭력적 호소나 충격에 영향을 받을 허약한 기반 위에 있지는 않다"는 점을 강조했다.

　올해는 양국의 수교 백주년을 기념하는 다채로운 행사가 마련되고 있다. '팀스피리트 82' 한미합동군사훈련이 이 땅에서 진행되고 있고 이 달 말께는 한미연례안보협의회의가 서울에서 열리는 등 그 어느 때보다도 양국간의 안보협력체제는 공고하고 긴밀한 형편이다. 이런 까닭으로 해서 더욱더 한미관계를 이간하려 했을는지 모른다. 그러나 계란으로 바위를 깨려는 망상과 다름없다. (1982년 3월 21일)

　『동아일보』 사설은 「부산 미문화원의 방화—어떤 경우에도 테러는 용납될 수 없다」에서 "여태까지 반미소요의 무풍지대였다고 할 한국에서

---

26) 문부식 등이 뿌린 유인물에서, 『지배와 항거』, 힘, 213쪽

이번과 같은 사건이 발생했다는 것은 어쨌든 충격적인 일"이라고 논평하면서, 어떤 경우도 테러는 용납될 수 없음을 강변했다.

그러나 한미간의 오랜 우호관계가 이와 같은 일부분자들의 폭력행위로 손상되지는 않을 것으로 우리는 믿는다. 한미관계뿐만 아니라 어떤 경우든 테러행위는 그 목적하는 바가 무엇이든 정당화될 수 없음을 믿는 우리는 이와 같은 불상사가 다시는 일어나지 않을 것과 또 그런 행위의 민족적 결과가 그런 짓을 저지른 자들이 노리는 바대로 될 수 없음을 기약하지 않으면 안 된다. (1982년 3월 20일)

어느 논설도 부산 미문화원방화사건이 일어난 배경과 문부식 등의 주장에 대해서 다각적인 검토를 하지 않았다. 달은 보지 않고 손가락만 보려는 심사라 하겠다. 반면에 당사국인 미국의 언론들 중에는 냉철한 평가를 하는 경우도 있다. 『뉴욕 타임스』는 광주학살에 대한 미국의 지원이 그 원인임을 지적하고 있다.

지난 3월 한국의 반체제 학생들은 부산 미문화원을 불사르고, 전두환 대통령을 지지하는 미국의 역할과 1980년 5월의 광주항거에 대한 탄압을 지원한 미국의 역할을 비난했다.··· 한미 양국민에게 있어서 가장 큰 손실은 미국이 한국에서 민주주의의 씨를 양육시킬 것이라는 희망에 종지부를 찍었다는 점이다. 이제는 악의 보답만이 남아 있을 뿐이다.[27]

보수언론들은 아무리 명분과 목적이 좋아도 '테러'는 안 된다고 주장할 것이다. 이 같은 주장을 하는 신문들이 국가테러에 대해서도 그렇게 엄정한 비판을 가했는지 의심스럽다. 박정희, 전두환이 정권을 탈취하고 권력을 유지하기 위해 벌였던 '국가테러'에 대해 보수언론들은 단 한 번이라도 "지적 무식과 정신위생상의 광기"라는 표현을 동원해 가면서 규

---

27) 『뉴욕 타임스』, 1982년 7월 6일. 『한국인의 반미감정』 95쪽

탄해 보았던가. 미국의 국가테러에 대해서 "무식한 자의 광신"이라는 말을 써가며 항의해 보았는가. 이들은 오로지 약자의 테러에 대해서만 칼날을 들이댄다.

그러나 본디 테러라는 것은 궁지에 내몰린 약자의 자위와 항의의 표시를 위한 궁여지책인 것이다. 법과 군대, 경찰을 움직이는 강자는 테러를 구사할 필요가 없으며, 그 예를 찾기가 힘들다. 그래서 인도인이 영국인에게 테러를 가하는 일은 있어도 영국인이 인도인에게 테러를 자행하는 예를 찾을 수 없는 것이다. 1955년 9월 13일자 사설이 문제가 되어 대구매일신문사가 백주에 테러를 당한 사건이 발생하자 김동명은 테러에도 윤리가 있다는 내용의 글을 발표했다. 그는 이 글에서 약자의 테러는 정당방위적 성격이 있지만, 권력층에 의한 테러는 "말로 다할 수 없는 비겁, 아니 파렴치의 절정"이라고 신랄하게 비판했다.

그러나 '테러'가 약자에 의하여 행사되는 경우는 심히 희귀하다. 그것은 가위(可謂) 살신성인의 각오를 필요로 하는 일종의 자폭적 행위이기 때문이다. 그러므로 그것은, 때로는 윤리 이상으로 엄숙하기도 하다.[28]

약자의 테러는 "어디까지나 '살기 위한' 투쟁"이며 "그것은 실로 하나의 커다란 '폭력'에 대항하기 위한 조그마한 폭력의 행사를 의미하는 것"이다. 우리의 역사에 있어서도 안중근 · 윤봉길 등 여러 의사들의 경우가 여기에 해당된다. 이들의 테러를 "정신위생상의 광기"리고 표현하지는 않는다. 과학적인 운동론에 입각해서 판단할 때 '정치적인 극좌편향'일 수는 있겠으나, 이 또한 당시의 상황 속에서는 불가피한 측면이 있을 수도 있음을 고려해야 한다.

---

28) 김동명, 「테러리즘의 윤리」, 『적과 동지』. 『한국의 명문』, 독서출판사, 315쪽에서 재인용

그레나다 침공과 레이건

미해병대 1천9백여 명은 1983년 10월 25일 카리브해 6개국의 병력 3백 명과 합동으로 인구 11만의 그레나다를 침공했다. 미국방성 소식통은 이번 그레나다 침공작전이 월남전 이래 최대의 미군사작전인 동시에 1965년 도미니카공화국 침공 이래 최초의 침공작전이라고 발표했다. 레이건 대통령은 이번 작전이 동카리브국가기구(OECS)의 요청에 따른 것이며, 이 작전의 목적은 난폭한 좌익 강경파 집단에 의한 그레나다 유혈점령을 종식시키고 그레나다에 있는 약 1천 명의 미국인을 보호하고 민주적 제도 재건을 위한 것이라고 말했다.

그레나다에서는 정권내부의 권력투쟁 속에서 10월 19일 유혈쿠데타가가 일어나 모리스 비숍 수상과 각료 3명이 사살되고, 오스틴 인민혁명군 사령관이 이끄는 혁명군사평의회가 발족, 정권을 장악했다. 비숍은 1979년 3월 좌익 뉴주엘운동의 무혈쿠데타가 성공한 뒤 수상으로 취임했다. 그레나다 정권은 이후 사회주의 노선을 걸으며 쿠바와의 관계를 긴밀히 했으나, 비숍이 미국과의 관계개선을 시도하자 다시금 좌파 쿠데타가 발생한 것이다. 이처럼 그레나다에 더욱 강경한 반미정권이 들어서게 되자 미국의 레이건 대통령은 무력적인 '내정간섭'을 단행한 것이다

인구 약 11만여에 불과한 이 카리브해의 소국 그레나다에 대한 미국의 람보식 침공작전에 대해 일본을 비롯한 일부 나라를 제외하고는 세계 각

나라들은 대부분 직설적인 비판을 가했다.[29]

　─프랑스 : 어느 나라도 유엔안전보장이사회나 합법적인 정부의 요청 없이 다른 나라에 무력개입을 할 권리는 없다.
　─소련 : 레이건 행정부가 위장해 온 평화주의자의 가면이 벗겨졌다.
　─쿠바 : 그레나다 주권에 대한 잔인한 유린이며 레이건 제국주의자 정부 정책을 다시 한 번 과시한 것이다.
　─니카라과 : 미국의 그레나다 침공은 카리브해 지역 국민에 대한 새로운 공격이며 외세의 개입 없이 스스로의 운명을 결정할 국민의 양도할 수 없는 권리에 대한 유린이다.
　─일본 : 그레나다 주재 미국인의 안전확보를 위해 군사행동을 감행한 것은 이해할 수 있다.

　미국 보스턴에 있는 노틀담사원 수녀들도 "WHY HAS US INVADE-D GRENADA?"라는 피켓을 앞세우고 시위를 벌인 미국의 그레나다 침공사건에 대해 한국언론은 어떤 반응을 보였나. 『동아일보』는 「미국의 그레나다 상륙」(1983년 10월 26일 사설)에서 "이번 침공은 일찍이 미국의 세력권 내에 들어 있는 서반구 그것도 바로 눈앞의 카리브해에 더 이상의 공산세력의 공공연한 침투를 허용할 수 없다는 미국의 결의와 경고를 소련에 표명한 의미가 있다고도 할 수 있을 것"이라며 미국의 입장을 대변했다.
　보수언론의 미국에 대한 보도에는 일정한 규칙이 있다. 「남북한 신문의 미・소 보도양상에 관한 연구─1980년대 『서울신문』과 『노동신문』을 중심으로」(이미영, 연세대 신문방송학과대학원 석사논문)는 『서울신문』의 그레나다 사건 보도양태를 집중적으로 연구한 논문이다. 이 논문은 『서울신문』이 미국의 그레나다 침공을 보도하면서 "사건의 원인이나 목적에 대해서는 레이건 대통령이나 미정부관료의 말을 주로 인용하면서

---

29) 『동아일보』, 1983년 10월 27일

미국자체의 공격적 행위이기보다는 안보 때문에 불가피하게 단행된 방어적 행위였음에 초점을” 맞추고 있으며, 또한 침공 대상국인 그레나다에 대해서는 ‘인구 11만 카브리해 농업국’, ‘친소로 강압정책－정세불안’으로 표현함으로써 “사건의 원인이 소련이나 그레나다 자체에 있었음을 암시”하고 있다는 분석을 했다.

친미반소적인 보도의 예문으로 다음과 같은 표현들을 열거했다.

‘극좌군정 폭정 막으려 단행’
‘카브리국 등 요청받아－질서회복까지 주둔’
‘평화 위해 불가피’
‘앞뜰 소기지화 불용’
‘원유 수송로도 보호’
‘제2의 쿠바 선수봉쇄’
‘소련서 폭력지원’

이 같은 친미적인 보도성향은 여타의 다른 보수신문들도 마찬가지다. 『한국일보』 1983년 10월 27일자 사설 「또 하나의 충격－그레나다」는 “미해병대의 그레나다 상륙은 국제법상 분명히 전쟁행위며, 그레나다의 주권을 침해하는 것”이라는 점을 밝히면서도, “하지만 북한의 군사모험주의 위협을 끊임없이 받으며, 비인도주의적이며 무법적 테러를 당하고 있는 우리로서는 현실주의적 국제정치 차원에서 미해병대의 침공작전에 이해가 안 가는 것은 아니”라며 미국 편들기에 나섰다. “소련과 쿠바가 미국의 앞뜰 중남미에서 갖은 불법수단을 동원, 미국을 정치 군사적으로 위협하고 있는 현실을 외면할 수도 없다”는 것이다.

이들의 주장에는 도덕과 명분의 논리가 아닌 약육강식의 현실적 논리만이 작용한다. 『한국일보』에 실린 조순환 논설위원의 「레이건 색」이 그 대표적인 글이다. 조순환 논설위원은 “카터 대통령은 70년대의 좌절감과 그의 무기력한 정치로 미국인들로부터 꿈을 빼앗았”으며, “레이건은 대소 힘 우위에 바탕을 둔 강력한 미국 건설이라는 꿈을 심어주었다”는 전제에서 글을 펼친다. 그는 말한다. "국민들이 꿈을 잃으면 정치는 힘을 잃는다"고. 그런데 조순환 씨에게 중요한 꿈은 미국인의 꿈이다. 인구 11만의 약소국 그레나다 국민의 꿈은 꿈도 아닌 것이다. 조 논설위원은 미국의 침공이 국제법상으로는 틀리지만 현실논리로는 옳다는 점을 강변한다.

물론 그레나다 침공은 전쟁행위며, 그레나다의 주권을 침해했다는 국제법상의 비난을 뒤엎을 논거가 이론상으로는 힘이 있을 수 없다. 하지만 불행하게도 강대국의 정치가 국제법상의 테두리에 묶여 있는 그런 현실상황은 아니다. (1983년 10월 29일)

만약에 강대국의 논리가 국제법상의 논리보다 우선한다는 점을 지지한다면, 일본이 조선을 강도처럼 합병한 것이나 제국주의 국가들이 약소국을 침략하는 것을 비판할 하등의 이유가 없게 될 것이다. 조순환 논설위원은 "몇몇 신문들의 비판적인 논평이 나오고 있으나 미국민은 58대 32%로 레이건의 침공작전을 지지했다는 여론조사"를 들어 레이건의 침공작전이 미국민의 지지를 받고 있는 대중적인 침략행위임을 강조한다. '중우정치'의 희생양이 된 미국국민들이 언제 미국 대통령의 제국주의적인 침략작전에 다수표를 던지지 않은 적이 있었던가?

그리고 미국의 국민들이 레이건을 지지하는 것을 근거로 제3세계의 언론인이 미국의 침공작전을 정당화하는 것이 과연 정상적인 사고방식인가. 어째서 레이건의 갱두목 같은 행동에 반대한 32%의 미국여론에는 주목하지 않는가. 미국언론보다 더 친미적인 한국언론(언론인)의 미국화된 모습에 다시 한 번 놀라지 않을 수 없다. 레이건의 그레나다 침공에 대한 미국 내 찬반여론이 58대 32로 나왔다면 최소한 우리 언론의 찬반도 58대 32 정도는 돼야 하는 것 아닐까? 미국 언론인보다 더 미국적인 한국의 언론인들은 리영희 교수에게 던진 한 미국학생의 질문을 새겨들을 필요가 있다. 이 질문은 1987년 버클리대학에서 강의를 하던 리 교수가 한국의 학생들이 성조기를 밟았다는 이유로 구속됐다는 기사를 읽어준 뒤에 나온 것이다.

한국정부는 북미합중국에 대해 노예적인 것 같습니다. 한국정부는 미국 시민보다도 더 미국에 대해 충성심이 강하군요.[30]

---

30) 리영희, 「'애국자'들의 합법적 범죄」, 『말』18호

〈자료 4〉 월간 『말』 표지기사로 본 반미기사

창간호 (1985년 6월 15일)

「미문화원 농성이 의미하는 것」

미국의 가장 믿을 만한 우방, 반공의 전진기지로까지 불리던 대한민국. 그 대한민국의 서울 미문화원이 광주사태에 대한 미국의 책임과 공식사과를 요구하는 학생들에 의하여 점거되는 사건이 발생했다. 5월 23일부터 26일 정오까지 꼭 72시간 동안 지속되었던 학생들의 농성은 광주문제에 대한 많은 내외국민들의 인식을 새롭게 했으며 '광주'는 80년대를 사는 우리 모두가 공통적으로 짊어지고 해결해야 할 민족적 부채임을 다시 상기시켰다.

…

학생들은 전국학생총연합 이름으로 발표한 '우리는 왜 미문화원에 가야만 했나' 라는 성명을 통해 첫째, 광주민중시위의 무력진압을 지원한 책임을 지고 미국 행정부는 공개사과할 것. 둘째, 미국은 현정권에 대한 지원을 즉각 중단할 것. 셋째, 미국 국민은 한미관계의 올바른 정립을 위해 진지하게 노력할 것 등을 주장했다.

그들은 미국 행정부의 공개사과를 요구하는 근거로서 한국군 작전지휘권이 실질적으로 한미연합사령관에게 있고 한미연합사령관은 주한미군사령관이 겸하고 있었기 때문에 미국의 승인이 없이는 병력투입이 불가능하다는 점을 들고, "한국국민은 미국을 영원한 우방으로 생각해 왔으며 이는 일제의 폭압에서의 해방과 공산세력과의 자유민주주의 수호를 위한 전쟁에서 확인되었다고 믿고 있었다. 그러나 이제 한국국민은 광주학살에 대한 미국의 지원에 짙은 의혹을 갖고 있으며 광주학살에 대한 책임을 미국도 져야 한다는 것을 인식하기에 이르렀다"고 주장했다. 그들은 이어 "미국은 한국국민의 짙은 의혹을 풀기 위해서 진상을 해명하여야 하며, 광주학살 지원에 대해 공개사과를 해야만 한미관계가 불행한 경우로까지 이르지 않을 것이다"고 밝히고 있다.

제4호 (1985년 12월 20일)

「시장개방압력으로 위기에 처한 천만 농민」

국민의 식량을 완전히 미국에 의존하고 있다는 사실은 우리 나라 수출입이 미일 두 나라에 절대적으로 의존하고 있다는 점과 더불어 미국의 농축산물 수입개방압력에 얼마나 취약할 수밖에 없는지를 잘 설명해 준다. 미국은 지난 1983년 11월 레이건 대통령이 방한한 이래 우리 나라에 농축산물 수입개방을 더욱 확대하도록 줄기찬 압력을 가해 오고 있는 것으로 알려졌다. 미국은 최근 만성적인 공급과잉, 달러강세로 인한 수출경쟁력 저하, 과중한 부채 등으로 심각한 위기에 빠진 자기 나라 농업과 농민을 살리기 위해 우리 나라와 같은 약소국들에게 필요도 없는 농축산물까지 사가라고 아우성을 치고 있는 것이다.

농업경제가 파괴되고 농가살림이 어려워지면 농민들이 생존권을 지키기 위해 저항할 것은 당연한 이치이다. 올 들어 전국 30개 군에서 약 1만여 명의 농민들이 벌인 '소값 피해보상 및 외국 농축산물 수입반대운동'은 앞으로 농산물 수입자유화가 확대될 경우 어떠한 사태가 벌어질 것인지를 똑똑히 보여주었다. 농축산물 수입자유화 확대는 1천만 농민을 치열한 생존권 투쟁대열에 합류케 하는 촉매로 작용한 것이다.

제5호 (1986년 3월 25일)

「필리핀 문제의 교훈」

미국정부는 뒤발리에와 마르코스를 무대에서 물러나게 한 조그마한 실적을 가지고 미국의 '도덕적 복권'을 시도하고 있는 것 같다. 그렇지만, 바로 그 발표와 함께 레이건 대통령은 니카라과의 좌익혁명정부를 무력으로 전복하기 위해서 그 반란군에 1억 불의 군사원조제공을 의회에 요청하고 있다. 외국의 약한 나라들에 대한 '신간섭주의' 및 군사적 '개입주의'를 천명한 것으로 해석된다. 그러기에 우리는 미국이 앞으로 진정한 '민족자결'의 정신에 대해서 어떤 태도를 취하는가를 보기 전에는 안이한 판단을 유보하는 것이 좋을 것 같다. 민족자결주의란 다름 아닌 미국의 건국정신이며 윌슨 대통령의 원리가 아니었던가?

미국은 여태까지 세계 모든 나라들이 규탄하는 이스라엘, 남아공화국, 칠레 등에 대한 유엔에서의 제재조치 결의안에 대해 한결같이 반대표를 던져온 유일한 나라이다. 과연 뒤발리에와 마르코스가 미국정부의 이 같은 정책전환에 대한 역사적 증인이 되어줄 것인가? 우리는 좀더 두고보아야 할 것만 같다.

지구상에는 미국과의 관계에서 필리핀과 같은 나라가 수없이 많다. 이들 나라와 정권과 체제와 이데올로기의 '문제'는 아직도 '미국의 문제'로 남아 있다.

제6호 (1986년 5월 20일)

「제동 걸린 '보수대연합'」

민족의 자주·자존과 진정한 민주화, 그리고 민중의 생존권보장을 요구하는 민중운동이 5·3인천시위를 계기로 새로운 단계에 들어섰다. '반미'를 주장하는 소리가 드높고 이른바 '보수대연합'의 싹을 지르리는 외침이 거리를 휩쓰는 가운데 신민당개헌추진위 인천·경기지부 결성대회는 유산되었다. 제도 정치권의 '대타협' 책동에 일단 강력한 제동이 걸린 것이다.

동시에 민중운동권이 주도한 인천시위는 이제까지 치안차원에서만 다루어지던 '반미'와 민중운동을 정치무대로 올려놓았다. 뿐만 아니라 호텔이나 요정의 밀실에서 타협과 절충이란 미명 아래 흥정되던 '정치'는 이제 그 큰 부분이 민중의 함성과 플래카드에 실려 밝은 태양 아래에서 전개되는 대중정치의 모습으로 변모했다.

인천시위에서 파악할 수 있는 주류는 무엇이었을까? 그것은 '반미의식'의 정치화이다. 민중의 반미감정은 1980년 5월 광주민중항쟁의 무력진압에 미국이 관여했다는 일반적인 믿음과 함께 시작되었다고 해도 과언이 아니다. 이러한 감정은 부산 미문화원 방화로 처음으로 표출되었고, 그후 서울 미문화원 점거 농성에 이르기까지 여러 차례 표현되었다. 근래에 들어 미국이 한국에 대한 시장개방압력, 자국시장보호주의를 강화하자 이로 인한 노동자 및 농민의 생활파탄은 '반미감정'을 증폭시켜 급기야 서울의 미상공회의소 농성사태를 유발시켰다.

'반미'는 곧 '용공'으로 매도되는 사회적 분위기 속에서 자신의 반미의식을 드러내놓지 못했던 민중은 이제 생활의 질곡 속에서 끊임없이 만나게 되는 미국의 그림자를 보면서 그들의 반미의식을 공공연히 표현하기에 이르렀다.

〈본문기사〉

온갖 단체의 이름으로 거리에 살포된 30여 종의 전단은 내용이 서로 조율되지 않아 혼란을 더욱 부채질했다. 그러나 이러한 혼란 속에서도 '반미'와 '대타협 성토'만은 뚜렷한 흐름을 이루고 있었다.

이날 살포된 전단은 민중의 정치의식이 6년 전인 1980년 5월의 광주에 비해 훨씬 심화되었음을 보여주었다. "광주항쟁의 무력진압을 배후 지원하고 민중의 자주화와 민주화 열망을 기만하면서 이 땅의 민중이 생산한 경제잉여를 수탈해 가는 데도 미국은 우리의 영원한 우방인가?"(민청련)라는 질문 속에 미국에 대한 시위대중의 인식이 집약되고 있었다. 1980년 광주에서는 벼랑으로 몰린 민중에게 한 가닥 기대를 불러일으키기도 했던 '민주주의 국가', 미국이 이날 인천의 거리에 뿌려진 전단에서는 '시장개방 압력으로 이 땅에 불황을 몰고 와 노동자를 실업과 궁핍 속으로 처박은 장본인'(5·3노동자투쟁위원회)으로서 '18년간 민중을 억압통치한 유신독재 잔당과 대중을 배신해 온 보수자유주의자와 군부독재와의 타협을 강요하면서 급기야 오늘의 대타협을 조성'(민족민주선언)했으며, '필리핀에서 보여준 것처럼 한반도에 첫째 아들 민정당과 둘째 아들 신민당의 개헌공방을 조작하여 민중들의 민주화 열망을 호도'(북부지역 반제반파쇼 민족민주 학생연맹)하고 있다고 규탄했다.

…

이날 쏟아져 나온 시위구호도 '반미'와 '대타협 성토'의 흐름을 반영하고 있었다. '미국의 사주에 의한 개헌 술책 폭로한다', '민중고통 해결 못하는 개헌술책 속지 말자', '믿지 말자 신민당, 몰아내자 양키놈', '이원집정제 강요하는 미국은 물러가라', '광주학살 사주한 미국놈을 몰아내자', '노동운동 탄압하는 군사독재 박살내자', '민중생존 압살하는 미일 외세 몰아내자', '예속경제 강요하는 제국주의 타도하자'는 등의 구호들이다.

제7호 (1986년 7월 31일)

「반미운동과 보수대연합」

반미투쟁을 촉발시킨 '보수대연합' 구상은 실은 반미세력의 약화를 노리며 발상, 기획, 추진되는 것이다. "정치권력을 군부가 독점, 장내의 불만세력을 키움으로써 한국 내의 반미세력을 강화시키고 있다. 따라서 이러한 상황을 타파하고 적어도 친미노선만은 확실한 장내의 보수세력 사이에 권력을 적당히 재분배, 수혜폭을 넓힘으로써 반미를 주장하는 좌파를 고립시켜야 한다"는 것이 미국이 구상하는 대타협의 본질이다.

미국이 주도하는 '보수대연합'은 권력의 재분배만 이루어지면 정치적 안정이 찾아온다는 전제 위에 서 있다. "반미의식은 민주화를 통해서만 해소될 수 있다"는 주장은 바로 이 같은 전제 위에서 신민당과 제도언론 및 일부 지식인들이 미국과 재야 모두의 환심을 사기 위해 개발한 '묘약'이다. 그러나 시구어 미국무성 자관보는 "민주화가 실현되면 반미무드가 짓아들 것으로 보느냐"는 질문을 받고 민주화와 반미무드 해소기 과연 병행하는지 또는 그 반대인지는 알 수 없다"고 대답했다.

터무니없는 낙관론에 대한 경계는 이미 이와 같이 미국측에 의해 경계되고 있다.

34호 (1989년 4월)

「매향리 미공군 핵투하연습장 철폐투쟁」

　미 제7공군 핵폭탄 투하(사격)연습장의 이전을 요구하는 경기도 화성군 매향리 주민들의 시위와 농성이 연일 계속되고 있다. 주민들은 지난해 7월부터 미 공군 전투기의 폭탄 투하(사격)연습으로 인한 생명위협과 피해의 예방을 위해 소음피해대책위(대표 전민규)를 구성, 주한미군과 국방부에 대책마련을 건의해 왔다(『말』1988년 9월호 참조). 이에 미공군은 지난해 10월 현장조사를 통해 "사격훈련이 주민들의 일상생활을 방해하고 생명을 위협하고 있다는 사실을 확인했다"고 공식 발표했다.

　그러나 미공군은 아무런 대책마련도 없이 사격훈련을 계속, 지난 2월 16일에는 매향 3리 이재원 씨 집에 F-16전투기 폭탄이 떨어져 집이 부서지고 주민 최중복 씨가 폭음에 놀라 중상을 입는 피해를 보기도 했다.

　이 같은 미공군의 행위에 항의하기 위해 주민들은 3월 초부터 생업을 포기하면서까지 농성에 나서고 있으며, 3월 6일에는 경찰저지를 뚫고 사격장 안에 설치돼 있는 미군막사, 사격목표물까지 들어가 격렬한 항의시위를 벌이는 등 주민들의 반대투쟁은 계속됐다.

1988년 5월 15일 『한겨레신문』 창간호 - 굳 뉴스

　1961년 5·16쿠데타가 터진 직후 폐간된 『민족일보』 이후 우리 나라에
는 친미보수세력의 목소리만 대변하는 신문이 있었을 뿐이었다. 『동아
일보』는 야당지고 『조선일보』는 여당지라는 세평도 있었으나 그 차이란
게 오십보 백보였다. 그리고 정권을 보는 데는 미세한 차이가 있었지만
미국, 민족문제에 있어서는 한 목소리라 해도 과언이 아니다.

　6월항쟁의 값진 성과물로 1988년 『한겨레신문』이 창간되고서야 신문
의 논조에는 본질적인 차별성이 생겼다. 『한겨레신문』 창간호에 실린
「먼저 '사상적 평형'을 회복하자」라는 글에서 리영희 교수는 우리 나라
언론의 고질병이 "미국정부 발표문 신봉사상"임을 독자들은 알아야 하
며 "미국시민보다도 오히려 더 미국의 국가이익과 이데올로기에 충실한
자세와 정신상태로서는 신문을 아무리 읽어도 세상의 모습이 제대로 보
일 까닭이 없"음을 강조했다.

　그리고 고승우 기자는 「보도의 외세 의존 - 서구편향 벗고 자주적 자
세를」에서 "신문과 텔레비전에서 보도되는 외신기사는 세계적 규모의
강대국 통신사가 대부분 공급하기 때문에 서구적 가치관 또는 이해관계
에 치우칠 때가 많다"는 점을 지적하고, 그 대표적 사례로 호메이니, 카
다피 등에 대한 악의적 보도태도를 예시했다.

서구 자본주의와 적대관계에 있는 제3세계권의 관련기사는 객관성이 상실된 경우가 적지 않은데, 한국언론이 이 같은 편향성을 거르지 못하고 그대로 받아들임으로써 해당국가로부터 항의까지 받는 적도 있다.

그 대표적인 사례로는 호메이니 혁명 후 이란에 대한 미국언론의 적대적 보도태도와 리비아 국가원수 카다피를 과대망상증에 사로잡힌 인물로 묘사한 서구언론의 악의적 보도태도를 한국언론이 무비판적으로 받아들인 점이 지적되고 있다.

이처럼 기존언론의 친미적, 친서방적인 보도관행을 비판하면서 창간한 한계레신문은 이후 미국문제에 관해 다른 보수언론과는 전혀 다른 시각에서 다뤘다. 1988년 5월의 주요 사건으로는 광주항쟁 8주기, 조성만 투신자살, 대학생들의 미대사관 진입투쟁 등이 있다. 이에 대한『한겨레신문』과『朝鮮日報』의 보도내용을 살펴본다.

『한겨레신문』은 광주항쟁 8주기를 맞이해 여러 차례에 걸쳐 '광주항쟁-비극 속의 역사성'이라는 기획물을 다뤘다. 그 다섯번째는 광주항쟁에 대한 '미국의 입장'에 관한 것이었다. 그 동안 다른 보수언론들은 미국과 광주항쟁을 연계시켜 다루는 기사를 극도로 자제해 왔다.

『한겨레』는 성조기가 찢겨지는 대형 플래카드를 배경으로 집회를 열고 있는 학생들을 찍은 사진과 함께 실은 이 기사에서 1980년 6월 전국민주청년학생의 소리 명의로 된 유인물 내용을 소개했다.

미국에 통보한다. 원상 회복하라. 전○○의 ○○작전에 미국이 동의했고 신경가스탄이 사용되었다는 사실을 중시한다. 이글거리는 분노와 적개심으로 경고한다. 현 정책을 계속하는 한 이 땅에서 미국인의 생명과 재산은 보장받지 못할 것이다.

이 같은 반미의 함성은 한국의 보수언론보다도 미국의 언론들 사이에서 더 많은 관심을 불러일으켰다. 1982년 7월 6일자『뉴욕 타임스』사설도 그 한 예이다.

　지난 3월 한국의 반체제 학생들은 부산 미문화원을 불사르고, 전두환 대통령을 지지하는 미국의 역할과 1980년 5월의 광주항거에 대한 탄압을 지원한 미국의 역할을 비난했다.
　…
　한국국민은 미국이 민주주의의 씨를 양육시킬 것이라는 희망에 종지부를 찍었다. 이제는 악의 보답만이 남아 있을 뿐이다.

　미국에 대한 '악의 보답' 중의 하나는 학생들에 의한 주한미국 대사관 타격투쟁이다. 1988년 5월 21일 『한겨레신문』은 서울지역총학생회연합 산하 민중생존권 쟁취와 광주학살 주범 미국·청와대 독재처단을 위한 학생투쟁연합 소속 애국청년결사대에 소속된 대학생 7명이 사제폭발물을 던지며 미대사관 안으로 들어가 시위를 벌인 것을 1면에 보도했다. 기사의 위쪽에는 미대사관 담장을 넘어 들어간 대학생들이 '광주학살 주범 미제축출'이라고 쓴 플래카드를 펼쳐들고 있는 사진이 실렸다. 학생들은 대사관에 진입한 뒤 곧바로 경찰에 의해 강제 연행됐기 때문에 이 장면을 촬영한 『한겨레』의 진정용 기자는 아마도 학생들의 제보를 받고 '잠복근무' 하다가 사진을 찍지 않았나 생각된다. 『한겨레신문』이 아니면 이 같은 장면들은 역사에 남기기 어려웠을 것이다.
　이 같은 미국에 대한 '악의 보답'은 1987년 6월항쟁 이후 더욱 거세게 전개되었다. 그런데 『조선일보』는 이와 같은 학생들의 반미투쟁에 대해 1988년 5월 25일자 사설 「반미의 실체」를 통해 공격하고 나섰다. 이 사실은 미국이 "고압적인 자세로 한국의 정치와 경제에 개입, 독재정권을 옹호"한 것은 사실이지만 그렇다고 반미를 당연시할 수는 없다고 주장한다.

　그러나 미국의 그런 자세와 태도가 곧 우리의 '반미'를 당연하게 만들 수는 없다. '미국에 대한 비판'과 '미국에 대한 반대'는 반드시 같을 수가 없는 것이다. 미국의 존재는 단순히 미국의 필요에 의해서만이 가능한 것이 아니라, 우리에게도 필요하기 때문에 가능하다는 지극히 실리적인 타산도 있어야 한다.

『조선일보』가 말하는 '실리적인 타산'의 핵심은 안보문제일 것이다.
『조선일보』는「반미의 실체」에서 "미국은 한국에 관한 한 민족의 자주적
통일을 저해하는 요소"가 아니며, 미군이 철수하면 그 즉시 전쟁이 일어
날 것이라고 경고한다.

미군이 철수하면 한반도가 민족의 역량에 의해 자주적으로 통일되기보다
는 남북한의 무력에 의한 혈전장이 될 것이 뻔하다. 과연 지금 남과 북은 한
반도를 초토화할 그런 전쟁을 치를 당위를 어디서 찾을 것인가?

왜 미군이 철수하면 한반도에 전쟁이 일어난다고 보는 것일까? 1988년
5월 17일자『한겨레신문』은 5월 15일 명동성당 구내 가톨릭교육관 3층
옥상에서 할복한 뒤 투신자살하는 서울대생 조성만 씨(24 · 영세명 요
셉)의 사진을 싣고 있다. 그는 이날 옥상에서 "분단을 고착시키는 미제
를 몰아내자"는 구호를 외치기도 했다.
『한겨레신문』은 5월 20일자 사설「산 자들이 따를 길은 무엇인가―한
젊은이를 망월동에 보내고」에서 "이 땅의 현실을 은폐한 채 미국에 대
해 사대적인 태도를 보이며 정권유지에 몰두하는 현 군사정부"를 비판
하는 조성만의 민족 자주정신을 기리면서, 우리 국민들의 맹목적인 친미
사상을 비판하기도 했다.

우리 국민은 지난 수십 년 동안 반미는 나쁘고 친미는 무조건 좋다는 논리
에 사로잡혀, 또는 반미를 불온시하는 실정법이 두려워서 미국에 대해 주체
성 있는 발언을 하지 못했다. 그런데 최근에 대학가에서 들려오는 민족 자주
화와 통일의 논리에서 알 수 있듯이 젊은이들의 목소리는 증오와 편견에 치
우친 단선적인 반외세의 주장이 아니라 민족의 재결합과 화해를 위한 드높
은 이상으로 보인다.

이와 함께 『한겨레신문』 사설은 "기성세대는 한 젊은이의 고귀한 희생 앞에서 생명의 존귀함이나 부모에 대한 효도나 그 행동의 무모함을 말하기에 앞서 그가 이런 길을 걸을 수밖에 없도록 안일과 나태의 늪에 빠져 있지는 않았는가를 자성해야 할 것"이라는 지적을 했다.

반면 『조선일보』는 5월 17일자 사설 「한 젊음의 죽음」에서 "그의 죽음은 우리로 하여금 민족의 자주와 외세의 문제를 거듭 되씹게 하고 있다"고 하면서도 그 어느 곳에서도 미국에 대한 조성만 씨의 비판을 직접 거론하거나 이를 적극적으로 고민하려는 흔적은 보이지 않는다. 이 사설은 도입부에서 물음을 던진다.

젊음을 죽음으로 몰고 간 것은 무엇일까? 젊음을 저 벼랑 위에서 밀어낸 '신념'이란 도대체 어떤 것일까? 그 젊음이 무한한 가능성을 중도에서 포기하게끔 만든 절박감 또는 좌절감은 도대체 얼마나 진한 것이었을까? 그것들은 정말 한 젊은이의 생명을 앗아갈 정도의 값어치가 있는 것일까?

「한 젊음의 죽음」은 이 같은 물음에 대해 "우리는 그 구체적인 해답을 모른다"고 얼버무린다. 그러나 사실 맺음말에서 『조선일보』는 내심 자신들의 결론을 내비추고 있다. "현실을 버리고 훌훌 떠나는 것은, 살아서 고뇌하며 남을 구하는 일보다 쉬운 길이라는 것을 설명해야 한다"라고. 만일 『조선일보』가 "젊음을 죽음으로 몰고 간 것"에 대해 해답을 제시하고 이를 제거하기 위한 결의를 밝혔다면, 이들의 결론은 심사숙고할 만한 것이다. 그러나 아무런 해답도 제시하지 않은 채 단지 죽음만 탓한다면 이는 오히려 값진 죽음을 모욕하는 것일 수도 있다. 그나마 1988년 5월은 1987년 6월항쟁 이후 민족민주운동진영의 목소리가 한층 높아진 시기이기에 『조선일보』가 대놓고 조성만 열사의 죽음을 직접적으로 모독하지 않았을지도 모른다. 조성만 씨는 유서에서 "한반도에서 미국은 축출되어야 한다"고 썼다. 이는 설령 "우리가 미국을 미워한다 해도 필요에 의해 '동거'할 수 있다"고 보는 『조선일보』 입장에서 보면 '헛소리'와도 같은 것이다. 『조선일보』는 1988년 5월 19일자 사설 「작전지휘권과 군작전권」에서도 "작전지휘권 문제는 감정적 민족주의를 앞세우느니보다 미국과 나토 또는 미일간의 관계 등을 면밀히 참고하여 시간을 두고 신중히 검토해야 한다"는 의견을 제시했다. 이는 마치 미국방장관의 발언처럼 들린다.

"이 땅의 현실을 외면한 채 미국에 사대적인 태도"를 보이는 언론의 틈바구니에 끼여 숨막히게 살던 사람들에게『한겨레신문』은 복음, 굿 뉴스와도 같았다. 특히 리영희 교수의 글을 마주할 때면 광야에서 외치는 선지자의 굿 뉴스를 듣는 느낌이었다.『한겨레신문』1988년 5월 22일자에 실린 칼럼「또 '사우스 코리아' 인가」에서 리영희 교수는 미국정부가 필리핀의 클라크 공군기지와 수빅 해군기지를 남한이나 싱가포르로 옮길 계획을 검토중이라는 사실에 대해 신랄하게 비판하고 있다.

그런데 왜 하필이면 '사우스 코리아' 일까? 남한이라는 나라의 정부와 국민은 미국군인들의 눈에는 지구상에서 가장 고분고분하고 만만한 종족인 모양이다. 아니면 '남한'의 정부와 지도자가 국민도 모르는 사이에 워싱턴에 불려가서 그런 밀약이라도 했다는 말일까?

소련의 군함 한 척이 동해를 지나가기만 해도 우리 신문과 정부와 국민은 소련이 남한 공격을 준비하는 것처럼 호들갑을 떨고 야단법석을 한다. 아시아 태평양 최대의 가공할 핵전력기지가 두 개나 남한 땅에 또 들어온다면 북한과 소련은 어떻게 생각할까?

"왜 하필이면 '사우스 코리아' 일까?"에 대한 정답의 힌트로 리영희 교수는 대한민국과 미합중국 간의 상호방위조약(1954년 11월 7일 발효) 제4조를 알려준다.

제4조 : 상호합의에 따라 미합중국의 육·해·공군을 대한민국의 영토 내와 그 주변에 배치할 수 있는 권리를 대한민국은 이를 허여하고 미합중국은 이를 수락한다.

　그리고 리 교수는 한미행정협정의 조문을 찾아서 "그 제2조, 제3조, 제4조, 제5조, 제6조를 한번 읽어볼 것"을 권한다. 그러면 "어째서 또 사우스 코리아냐"라는 의문이 풀릴 것이라 한다. 리영희 교수 칼럼을 읽을 때마다 드는 생각이 하나 있다. 『조선일보』를 통째로 판다 해도 리영희 교수의 펜대 한 자루를 못 살 것이다.'

88 올림픽과 반미의 대중화

1988년 서울올림픽 경기장의 반미열풍은 놀라운 것이었다. 미국 선수단의 무질서함, 미국의 육상영웅 칼 루이스의 오만불손함, 미국 NBC방송의 편파보도, 올림픽 직전에 발생한 미군병사의 택시운전사 폭행사건, 미국 수영선수단의 절도혐의 등이 복합적으로 작용해 전국민적인 반미열풍을 불러일으킨 것이다. 올림픽경기장에서 일어난 몇 가지 반미사건을 열거해 보면 다음과 같다.

ー잠실 실내체육관에서 벌어진 미국과 소련의 남자 농구경기에서 미국응원단이 "유 에스 에이"를 외치면 관중들은 반대로 "유 알 에스"를 외쳤다.

ー권투경기장에서는 7, 8명의 여고생들이 "우리는 미국을 싫어한다"는 플래카드를 들고 응원했다.

ー이 밖의 거의 모든 경기장에서도 한국관중들은 미국과 대전하는 상대팀을 일방적으로 응원하는 경향을 보였다.

이 같은 돌발적인 반미양상에 대해 한 신문은 "지금(한미) 두 나라의 국민감정은 80년 전 조선에 외교고문으로 왔다가 귀국하여 일본의 조선지배정치를 찬양한 글을 쓴 스티븐스가 우리의 전명운, 장인환 두 청년에 의해 암살된 이래 최악의 상태에 있다"는 표현을 써가면서 놀라움을 금치 못했다. 한미갈등에 대해서는 말을 아끼는 『조선일보』도 1988년 9

월 27일자 사설 「성난 한국인」에서 한국인들은 지금 한국에 와 있는 미국인들로 인해 몹시 화가 나 있으며 "이런 감정은 한국에 와 있는 일부 지각없는 미국인들에게 국한되지 않고, 미국인 전체로 일반화되는 감정의 몰입상태로까지 번지고 있는 느낌마저 든다"며 우려를 표했다.

전혀 예측하지 못했던 반미사태에 직면한 한국언론의 반응은 대체로 두 가지로 나뉜다. 첫째는 올림픽경기장의 반미열풍이 '갑자기' 그리고 '우연히' 일어난 것이 아니라 수십 년간 누적된 '한미간의 갈등구조'가 폭발한 것이라는 해석이다.

어느 '고리' 보다도 튼튼한 것으로 믿었던 한국과 미국의 '접점'이 갑자기 풀렸달까, 우리 처지에서 보면 반미감정을 촉발시키는 일이 연쇄적으로 일어나고 있는 것이다.

그러나 그것은 '갑자기'가 아니었다. 우연히 발생한 것처럼 보일지 모르나, 일련의 '사소한 사건'들이 드러내는 성격과 밑바닥에 흐르고 있는 특징을 더듬어가노라면 그것이 하루아침에 생긴 두드러기 같은 것이 아님을 알 수 있다. 근래에 이르러 나타나기 시작했을망정, 실제로는 오랫동안의 잠복기를 겪으며 내연하고 있던 한미간의 갈등구조가, 감정이 가장 예민하게 반영되는 운동경기에서 '충돌관계'를 드러냈다고 보는 게 옳은 것이다.[31]

두번째는 '성난 한국인'의 눈치를 살피면서도 감정을 자제할 것을 주문하는 기사다. 미국에게 '오만'을 시정하라는 당연한 요구 한마디쯤은 의례적으로 하지만, 한국인들도 감정에 빠지지 말고 '사선을 국시화'하는 처신을 할 것을 당부한다.

우리는 오늘날 한국인들이 가진 감정과 분노가 이번 몇 가지 사건에 국한되기를 바란다. 우리는 지금 세계의 사정이 감정만으로 처리되기에는 너무도 복잡하게 얽혀 있다는 것도 잘 안다. 우리는 궁극적으로 이번 사태로 감

---

31) 사설 「미국인, 미국언론 왜 이러나?」, 『한겨레신문』, 1988년 9월 30일

정이 응어리로 남지 않았으면 한다. 그러기 위해서는 우리가 이 사건을 국지화 하는 지혜를 가져야 하는 동시에 미국인들이 한국인들의 심경을 자기들 기분내키는 대로 덧들이는 오만을 시정하고 한국인을 진정한 동반자로 대접해주는 인식의 전환을 해야 한다.[32]

『조선일보』는 한국인의 반미감정을 '우발적'인 사건으로만 국한되길 원하며, 이 사건이 이념적이고 정치적인 반미의식으로 확산되는 것은 결코 원치 않는다. 이것은 '성난 한국인' 사이에서 조마조마하고 있는 일부 보수층의 정서를 대변한 것이기도 하다. 당시 『워싱턴 포스트』지는 반미친소 열풍에 많은 한국의 보수주의자들이 괴로워하고 있다는 보도를 하기도 했는데, 당시 여당인 민정당은 감상적 차원의 반미감정이 재야지식인, 학생들이 주장하는 논리적 차원의 반미주의와 연결되어 여권의 통치이데올로기가 타격을 입을 것을 크게 우려했다. 그리고 야당인 평민당의 김대중 총재도 "미소에 대한 감정이 균형을 잃는 것 같다. 미국을 너무 몰아붙이면 올림픽이 끝나고 미국에서 반한 움직임이 일어날 가능성이 있다"는 의견을 표명했다.

어찌 보면 우연한 계기로 폭발한 올림픽의 반미감정은 한국인의 대미관에 있어 큰 획을 가르는 분수령이기도 하다. 이를 한 친미적 언론인은 다음과 같이 표현했다.

서울올림픽을 전후해 대두된 반미적 시각은 양국관계가 또 하나의 새로운 국면으로 접어들고 있다는 사실을 입증해 주는 것이라고 볼 수 있다.

'보호자'에서 '동반자'로 미국관을 재정립해 가고 있던 80년대 양국관계는 상당분야에서의 이해상충이라는 새 양상을 자주 노정하게 됐다. 한쪽의 이익이 다른 쪽의 이익이 아니라 손해로 나타나게 되는 경우가 많게 됐다. 현실은 그런데도 머리 속으로는 과거에 가졌던 감정적 미국관, 혈맹 미국을 생각하는 경우가 많아 '미국이 우리에게 이럴 수 있느냐'는 의문을 제기하

---

32) 사설 「성난 한국인」, 『조선일보』, 1988년 9월 27일

는 한국인이 적지 않게 됐다. 선의 근원이요 무엇이든지 도와줄 것으로 기대했던 기대감, 하나의 환상이 깨지는 전환적 시점을 맞고 있는 것이다.

대학가에서는 80년대 중반부터 반미구호가 대중적으로 외쳐졌지만 상당수 '중산층'(일반 시민)들은 88올림픽을 계기로 '반미의식'을 갖게 된 것이다. 물론 이들이 지닌 반미의식이란 것은 이념적 반미, 정치적 반미의식이 아닌 정서적 반미, 소박한 민족주의의 발현이라 할 수 있을 것이다. 위의 글을 쓴 필자도 "올림픽에서의 반미감정은 미국을 다시 보는 계기로서만 역할이 끝나는 것이 바람직하다"[33]는 주문을 했다.

실제로 88올림픽의 반미감정은 민족적 자존심의 분출이라 할 수 있으며, 이 점은 분명 과거의 굴종적 심리에 비해 진일보했다는 긍정적 평가가 가능하다. 그러나 88올림픽의 반미감정은 미국의 실체를 심층부까지 파악한 사건은 아니라는 한계를 지닌다. 즉 그 당시도 그렇고 지금도 그렇듯이 일반시민들은 미국인의 무례함에는 눈살을 찌푸리고 민족적 자존심을 내세우지만 정작 군작전지휘권이 없다든지 하는 구조적 문제에 대해서는 별 심각한 반응을 보이지 않는다. 정작 성을 내야 할 대목에서는 꾹 참고 마는 것이다. 한완상 교수는 당시 『한겨레신문』과의 인터뷰에서 올림픽의 '반미정서'에 대해 "반미가 아니라 미국의 실체에 대해 일반국민들이 깨닫기 시작한 것"이라고 말했다. 아마도 일반국민들이 미국의 실체에 대해 좀더 정확히 깨닫게 된다면, 그때는 제대로 된 반미를 하게 될 것이다.

---

33) 황병선, 「반미의 근원 - 미국적 요인, 한국적 요인」, 『민족지성』, 1988년 11월호

미군병사 마클 이병의 윤금이 살해사건

　1992년 10월 28일 경기도 동두천시 보산동에 있는 미군전용클럽 종업원이
던 윤금이 씨가 피살되었다. 28일 오후 4시 30분경 집주인 김성출 씨가 피살
체를 발견했을 때 피살자는 나체상태였다. 자궁에는 맥주병 2개가 꽂혀 있
었고 국부 밖으로는 콜라병이 박혀 있었다. 또한 항문에서 직장까지 27cm
가량 우산대가 꽂혀 있었다.

　미2사단에 근무하는 미군병사 케네스 리 마클 이병(당시 20세)은 윤금이
씨(당시 26세)의 머리를 콜라병으로 난타하고, 피흘리며 죽어가는 여성의
자궁에 콜라병을 박고 항문에 우산대를 꽂은 것이다. 온몸은 피멍과 타박상
을 심하게 입어 차마 눈뜨고는 볼 수 없는 참혹한 모습이었다. 증거를 없애
기 위해 전신에 하얀 합성세제 가루를 뿌리고 윤씨의 입에 성냥개비를 부러
뜨려 물려 넣었다.[34]

　주한미군범죄근절운동본부에서 펴낸 『끝나지 않은 아픔의 역사, 미군
범죄』에 나오는 윤금이 씨 살해관련 대목이다. 이 글은 살해당한 윤금이
씨의 현장사진과 함께 실렸다. 가랑이가 벌려진 채 숨진 윤금이 씨, 콜라

---

34) 주한미군범죄근절운동본부, 『끝나지 않은 아픔의 역사, 미군범죄』, 개마서원, 1999
　　년, 49쪽

병, 우산대, 얼굴과 온 몸에 뿌려진 하이타이…. 차마 눈뜨고 바라보기 어려운 참혹한 모습이었다.

사건 직후 경찰은 사체 부검중 발견한 맥주병의 지문을 근거로 범인을 확인할 수 있었다. 범인 마클 이병은 대법원에서 15년의 징역형이 확정된 후인 1994년 5월 17일이 되서야 한국측에 신병이 인도되어 천안소년교도소에 수감되었다.

그런데 대부분의 언론들은 주한미군에 의한 이 엽기적인 살인사건에 대한 보도를 극도로 자제했다. 언론사마다 나름대로의 편집방침이 있었겠지만 '미군범죄'에 대한『조선일보』의 '보도지침'에서 그 이유를 엿볼 수 있다.

한미관계의 본질이나 '반미'의 정치적 뿌리는 별개로 하고, 미군들의 일반 범죄행위는 엄중히 다스리도록 하되 상호간에 사실을 과장하거나 정도에 넘게 감정적으로 대응하는 태도는 한미관계 유지에 중요한 흠을 남길 수 있다는 의미에서 바람직하지 않다. 특히 이런 사건들이 단순 우발성에서 조직 음모성으로 변하는 과정을 적극적으로 이용하고 조장하는 동기 역시 경계해야 할 것이다.

'한미관계 유지'를 위해 미군범죄에 대한 사실보도 자체를 외면한『조선일보』와 달리『국민일보』는 지속적이고 심층적인 문제제기를 해서 눈길을 끌었다. 당시『국민일보』는 윤금이 씨 사건보도에 대해 대부분의 언론들이 침묵하고 있는 것에 대한 시민들의 비판적인 여론을 전하고 있다.

지난달 28일 경기도 동두천 시에서 발생한 미군병사의 한국여성 살해사건이 발생 8일 만인 지난 5일 본보에 처음 보도된 이후 본사 편집국에는 시민들의 전화가 쉴새없이 걸려왔다.

"어떻게 이런 끔찍한 사건이 일어날 수 있느냐", "한국 검찰은 도대체 범인을 재판할 의지가 있느냐", "왜 대부분의 언론은 이 사건에 대해 침묵하느냐"는 등의 항의성 내용과 함께 "끈질기게 사건을 보도하는『국민일보』의 용기에 찬사를 보낸다"는 격려가 주류를 이뤘다. 특히 동두천지역과 서울지역 시민·학생단체들의 이 사건에 대한 분노는 엄청났다.[35]

윤금이 씨 살해사건을 거치면서 사회운동단체들은 주한미군범죄의 구조적인 문제점에 대해 새롭게 자각하게 되었다. 윤씨 살해사건을 계기로 구성되었던 '주한미군의 윤금이 씨 살해사건 공동대책위원회'는 10개월에 걸친 활동과정에서 미군범죄 피해자 인권보호와 한미행정협정 개정을 위해서 상설적인 조직이 필요하다는 인식을 하게 되었다. 이 같은 인식을 밑바탕으로 해서 종교, 여성, 인권, 노동, 시민, 학생 등 각계각층의 단체가 참여해서 1993년 10월 26일 주한미군범죄근절운동본부가 결성된 것이다. 미군이 주둔하면서 발생하는 각종 범죄와 폐해를 조사하여 근절대책을 마련하고, 한미행정협정 등 불평등한 한미간의 제도를 개선하여 평화와 인권을 확립하는 것을 목적으로 세워진 이 단체는 지금까지 미군범죄신고센터 운영, 미군기지 실태조사, 여성인권보호, 한미행정협정 개정촉구를 위한 금요집회 등의 활동을 벌이고 있다.[36]

그러나 이 같은 범국민적인 운동에도 불구하고 여전히 미군범죄는 기승을 부리고 있으며, 미군범죄에 대한 보도 역시 미온적이다. 1996년 9월 7일 동두천에서 발생한 접대부 이기순 씨 사건보도에 대한 언론의 축소보도에 대해 『한겨레신문』은 「매체비평」에서 다음과 같이 비판하고 있다

최근 경기도 동두천 미군기지 주변에서 다시 우리 나라 여성이 주한미군에 의해 잔혹하게 살해되었음에도 대부분의 언론들이 이를 대수롭지 않게 보도하거나 묵살하는 보도양태를 보였다. 지난 7일 오전 10시 동두천에서 이기순(44·접대부) 씨가 목이 반쯤 잘린 채 발견됐고 범인은 미군인 것으로 밝혀졌다. 이 사건은 지난 1992년 이 지역에서 처참하게 살해된 윤금이 씨 사건이 아직도 생생히 기억되고 있는 상황에서 다시 저질러졌다는 점에서

---

35) 김용백 기자, 「슬픈 인권이 남긴 것 – 분노·격려 전화에 비친 시민의 자각」, 『국민일보』, 1992년 11월 14일
36) 주한미군범죄근절운동본부, 앞의 책, 개마서원, 522~523쪽

주한미군의 범죄에 대한 우리 사회의 무관심을 일깨워 줄 사건이었다.

　사건이 일어난 다음날 『중앙일보』와 『한국일보』는 1단으로 『동아일보』는 2 단으로 보도하면서 '윤락녀 피살'이라는 표제를 거침없이 사용하기도 했다. 『조선일보』는 아예 보도조차 하지 않았다. 사건이 주한미군의 범행으로 확인 된 뒤에도 이는 마찬가지다. 『동아일보』와 『한국일보』가 사회면 1단으로 다뤘 을 뿐이다. 『한겨레신문』은 사회면 2단 기사와 제3사회면에 상자기사를 실었 다. 사건 발생을 보도하지 않았던 『조선일보』는 이 기사도 싣지 않았다. [37]

　미군범죄에 대해 "사실을 과장하거나 정도에 넘게 감정적으로 대응하 는 태도는 한미관계 유지에 중요한 흠을 남길 수 있다는 의미에서 바람 직하지 않다"는 입장을 견지하고 있는 『조선일보』는 이처럼 주한미군에 의한 범죄에 대한 사실보도조차 외면하기 일쑤다. 『한겨레신문』의 「매체 비평」은 주한미군에 살해당한 이기순 씨 비상대책위원회가 한국정부의 재판관할권행사와 미국 대통령의 공개사과를 요구한 성명서를 대부분의 언론들이 기사화하지 않은 것을 지적하면서 "한국 땅에서 죄없는 우리 여성이 미군의 흉악한 범죄로 살해되었음에도 이를 묵살하거나 단신 정 도로 보도한 우리 언론의 무관심이 지속되는 한 또 다른 이기순 씨 사건 이 일어나지 않는다고 아무도 장담할 수 없다는 언론계 일각의 분석이 설득력이 더하고 있다"는 말로 기사를 끝맺었다.

　이처럼 언론들이 미군범죄 보도를 외면하고 『조선일보』처럼 미군범죄 가 "단순 우발성에서 조직 음모성으로 변하는 과정을 적극적으로 이용 하고 조장하는 동기 역시 경계해야 할 것"이라는 논리를 싸내/면서 축 소보도를 일삼기 때문에 미국의 대응 역시 미온적이다.

　1995년 9월 4일 일본 오키나와현에서 미군 3명이 국민학교 6학년 여학 생을 자동차로 납치해 해변가에서 성폭행한 사건이 일어났을 때의 상황 과 비교해 보면 그 차이를 한눈에 알 수 있다. 일본의 언론, 국민들의 거

---

37) 손석춘 기자, 「매체비평 — 미군범죄 보도 보일 듯 말 듯」, 『한겨레신문』, 1996년 9월 17일

센 항의에 직면한 미국은 클린턴 대통령이 나서서 직접 공식사과를 한
것이다.

　9월 21일 클린턴 미국 대통령이 일본국민들에게 '깊은 유감'을 표하며 사
과한 것을 비롯하여, 웰터 먼데일 주일 미국대사, 리처드 마이어스 주일 미
군사령관, 니콜라스 번스 미국무부 대변인, 워런 크리스토퍼 미국무장관 등
미국 정부의 주요 관리들이 연이어서 사과(!)를 했다. 그리고 주일미군은 미
군범죄에 대해 일본국민들에게 사죄하는 의미로 '주일미군 반성의 날'을 정
하고 이를 시행했다.[38]

　미군범죄라는 동일한 사안에 대한 미국의 대응이 이렇게 판이하게 다
른 것은 여러 이유가 있겠으나 언론의 반응 역시 무시 못할 것이다. 게다
가 오키나와에 비해 한국에서 발생한 미군범죄는 그 숫자도 훨씬 많으며
(주일미군의 70%가 주둔하고 있는 오키나와에서 발생한 미군범죄는
1972년이후 20여 년 동안 5백여 건인데 반해 한국에서는 연평균 2천여
건이 발생한다), 그 잔혹성도 주한미군의 범죄가 더욱 악질적이다. 미군
범죄에 대해 조직적으로 항의하는 행동에 대해 "단순 우발성에서 조직
음모성으로 변하는 과정을 적극적으로 이용하고 조장"한다고 보는 언론
들이 주류를 이루는 한 미군들의 악질적인 범죄는 끊이지 않을 것이며,
이에 대한 미국의 반응 역시 한국언론의 반응만큼이나 뜨뜨미지근할 것
이다. 만약에 한국의 군인이 미국여자를 살해하고 마클 이병이 윤금이
씨에게 그랬듯이 국부에 맥주병과 우산대를 꽂은 다음 하이타이를 뿌려
놓고도 불구속 수사를 받는다면 미국언론은 어떤 반응을 보일까? 그들
도『조선일보』처럼 "사실을 과장하거나 정도에 넘게 감정적으로 대응하
는 태도는 한미관계 유지에 중요한 흠을 남길 수 있다는 의미에서 바람
직하지 않다"며 축소보도를 할까?

---

38) 조재학, 「최근 일본의 상황을 통해서 본 미군범죄, 한미행정협정」,『순국』, 1995년 11
　　월호, 92쪽

서구의 반핵운동 비판한 보수언론

  미국은 한반도에 전술핵무기 2,000기 이상을 배치했으며 이를 1991년 11월 20일을 전후해 모두 본국으로 철수한 것으로 공식 확인됐다. 이 같은 사실은 정보공개법에 따라 최근 비밀문건에서 해제된 미 태평양사령부 총사령관의 1991년도 작전일지에 의해 밝혀졌다. 미국은 과거 한국내 핵무기 배치에 대해 시인도 부인도 않는(NCND) 정책을 취해 왔으나 문서에 의해 핵무기의 종류와 수량, 철수 사실이 밝혀진 것은 이번이 처음이다.

  이 문서들에 따르면 한반도에 배치됐던 핵무기는 지상공격용 토마호크 크루즈미사일을 포함해 포병발사용 원자폭탄(AFAP), 항공기 적재용 폭탄 등 총 2,000기가 넘는 비전략용인 전술용이었다. 미군의 핵무기 철수 직후인 1991년 12월 18일 당시 노태우 대통령은 한국내 핵무기 부재 및 비핵화선언을 했다.

  1998년 11월 4일지 『한국일보』가 보도한 「주한미군 핵 2000기 있었다─1991년 12월 '한반도 비핵화선언' 직전 모두 철수」는 제목의 기사내용의 일부다. 비밀이 해제된 '미국'의 문서에 따르면 주한미군이 보유한 핵무기는 모두 철거됐다. 그러나 현재로서는 미군이 핵무기를 보유하고 있는지 여부는 전적으로 미국의 발표에 의존해야 한다. 북한에게 하듯이 주한미군에게 핵사찰을 요구하며 일일이 확인할 수가 없기 때문이다. 그런데 주한미군의 핵무기 보유여부와 관련해 주목해야 할 것은 미국의 NCND정책에 순종해 한국의 언론들은 핵무기에 대한 보도를 억제해 왔다는 것이다. 시시껄렁한 신동아그룹의 옷로비에 대해서는 수개월 동안 끈덕지게 물고 늘어지는 근성 있는 언론사들이 민족의 생존을 위태롭게 하는 핵무기에 대해서는 왜 그렇게 무관심했을까?

전 주한 미1군단장 존 쿠시먼 예비역 육군중장은 1988년 5월에 "핵무기의 한국 배치는 불필요하며 핵무기는 북한을 자극해서 남북한간의 군비경쟁만을 부채질 할 우려가 있다. 따라서 현재 한국에 있는 핵무기는 철거하는 것이 바람직하다"는 발언을 했다.『한겨레신문』은 이를 보도하면서 "한반도의 핵문제에 대한 이런 중대발언이 한국에서 거의 아무런 관심도 반응도 일으키지 못했다는 점"에 대해 '부끄러움을 표시하고, 한국정부와 언론에 의해 주입된 국민들의 핵불감증을 안타까워했다.

한국정부와 국민들 사이에는 우리 땅에 외국의 핵무기가 많이 배치돼 있을수록 안전이 더 확실하게 보장된다는 무지가 지배적이다.

우리는 언제까지 이런 무관심과 핵무기의 유무조차 공식적으로 확인하지 못하는 무지에 빠져 있어야 하는가? 우리는 언제까지 강대국의 핵볼모가 되어 우리의 운명을 맡기고 있어야 하는가? 우리는 언제까지 우리 민족의 내부문제를 핵무기로 해결하려는 착각에 빠져 있어야 하는가?

남한의 역대정권은 전통적으로 핵무기에 대해 반대는커녕 핵무기 사용을 촉구하고, 남한의 핵기지화에 찬성했다. 이승만은 맥아더의 만주에 대한 핵무기 사용에 적극 찬동했으며, 박정희는 1969년 8월 17일 닉슨 미국 대통령과의 정상회담을 앞두고 행한 미국의 시사주간지『유 에스 뉴스 엔드 월드 리포트』와의 단독회견에서 한국의 안전보장문제와 관련하여 "제주도를 미군기지로 제공할 용의가 있으며, 또 필요하다면 핵무기 설치도 허용할 것"이라고 말했다. 그리고『서울신문』은 1969년 8월 19일자 사설「제주도의 핵기지화」에서 박정희의 이 같은 위험한 발상에 대해 적극 지지 찬동했다.

더욱이 제주도의 핵기지화는 북괴에 대한 침략 저지력이 될 것이다. 한반
도의 안전보장은 결국 극동 전체의 평화와 직결되어 있다는 점까지 생각한
다면, 제주도의 기지화는 오끼나와에 대한 당연한 대안이라 하겠다.

1970년대에는 박 정권의 핵개발문제로 한미간의 갈등이 증폭됐다. 당
시 『중앙일보』는 미국과 갈등을 일으키며 핵개발하는 것에는 반대하지
만 주한미군의 핵무기 철거에는 반대한다고 밝혀 핵무기에 대해 이중적
인 입장을 취했다.

더욱이 미국과의 안보협력이 중요한 나라엔 미국과의 관계악화를 무릅쓰
고까지 핵무기를 개발해야 하느냐도 문제다. 이렇게 하여 긍정적 요인과 부
정적 요인을 교량해 볼 때 핵무기의 개발은 최후 수단일 뿐, 꼭 소망스러운
것은 아니다. 따라서 미국의 재한 전술핵철거가 위험하다는 것을 경고하는
이상으로 지나친 한국의 단독 핵개발에 대한 논란은 불필요하고 무익하다는
점을 지적해 두고자 한다.[39]

그리고 서구에서 활발히 전개된 반핵운동에 대해서도 '반체제적' 인
문제로 바라보고 불온시했다. 『동아일보』 1983년 10월 27일자 사설 「반
핵운동을 보는 눈」도 그런 입장이다. 이 사설은 미국의 새 중거리 핵미
사일의 서구배치를 앞두고 서구 10개 국(서독에서는 5개 도시에서 1백50
만 명이 반핵데모에 참가했고 이탈리아의 로마에서는 사상 최고의 40만
명이 항의시위에 참가했다)과 미국에서 벌어진 대규모의 반핵집회 소식
을 전하면서 미국과 서방측은 "핵군비를 뒷받침으로 하는 강력한 군비"
로써 '힘에 의한 평화' 를 유지해 나가야 함을 강조했다.
　　따라서 핵의 '무용론' 이 실현될 수 있을 때까지는 최소한 상대방이
비록 한정 핵전쟁에서도 결코 일방적인 승리자가 될 수 있다는 환상과
오산을 갖지 않게 하기 위해서도 핵전쟁의 억지력으로서의 핵군비 보유

---

39 사설, 「핵개발의 '능력' 과 '의사' 」, 『중앙일보』, 1977년 6월 17일

는 꼭 필요하다는 이야기가 될 수밖에 없다. 이처럼 남한 내의 핵무기에 대해 보수언론이 입 다물고 있을 때 오직 재야 언론(인)들이 핵폭탄의 위험성을 국민들에게 경고했다.

우리는 양키의 용병교육인 전방입소를 전면거부하고 다음을 주장한다. 첫째, 핵기지 철수하고 평화협정 체결하라. 제한 핵전쟁의 도발을 공언하고, 실제로 핵도발훈련을 벌이고 있는 미제는 우리 민족의 생존을 위협하는 핵기지를 철수하고 분단의 원흉, 휴전협정의 당사자로서 북한과의 휴전협정을 폐기하고 평화협정을 체결하라. 그리고 이 땅에서 물러나라.[40]

이보다 더 놀라운 것은 이 땅에 핵무기가 들어오는 것이 비단 이번이 처음이 아니라는 것이다. 작년에 뉴질랜드 평화운동가 오웬 웰리 씨는 한국에는 미국 전술핵무기가 800개나 비축되어 있다"고 폭로하였다고 한다. 미국 정부는 부정도 하지 않았다. 그럼 우리는 지금 800개의 핵무기와 함께 살고 있단 말인가?[41]

미국은 1991년에 한반도에서 핵무기를 철수했다고 선언했지만 그 누구에 의해서도 핵사찰을 받은 적은 없다. 그리고 언제 어느 때든지 해군, 공군력에 의한 핵무기는 자유롭게 반입될 수 있다. 그리고 그 핵무기를 언제, 어디서, 어떤 이유로 사용하는가는 전적으로 미국의 판단에 달려 있다. 미국무성은 1977년 2월 26일 극비문서를 공개했는데 이에 따르면 "한국동란중 미국이 여섯 차례나 원자폭탄 사용을 검토"했었다고 한다.[42] 미국은 원폭 사용을 오로지 그들의 판단에 따라 결정할 뿐만 아니라 그들 스스로 다른 해결책이 있다고 생각하는 상황에서도 원폭을 터트리기도 한다.

---

40) 『해방선언』 호외, 1986년 4월 25일. 김승국, 『겨레의 칠성판 핵』, 황토, 1989년, 177쪽에서 재인용

41) 『서노련신문』 8호, 1985년 12월 25일 ; 위의 책, 187쪽에서 재인용

42) 『경향신문』, 1977년 2월 28일

미국이 무조건적인 항복을 고집하지 않았더라면 ─ 즉 만약에 미국인들이 일본인에게 신성한 존재인 천황의 지위를 보장한다는 하나의 조건만이라도 수락하려 했다면 ─ 일본인들은 전쟁을 종식시키는 데 동의했을 것이다.

미국은 왜 미국인과 일본인 모두의 생명을 구할 수 있는 그 조그마한 조치를 취하지 않았는가? 원자폭탄을 만드는 데 너무 많은 돈과 노력이 투자되었기 때문에 그 원자폭탄을 투하하지 않을 수 없었기 때문인가?[43]

---

43) 하워드 진, 『미국민중저항사』 2권, 일월서각, 1986년, 161쪽

제6장

다시 읽어보는 비운의 『민족일보』

1.

『민족일보』는 1백여 년 한국 근대언론사를 통해서 살펴보더라도 그 예를 달리 구해 볼 수 없을 만치 독특한 역사적 위치와 언론적 특성을 지니고 있었던 신문이었다. 이른바 '4·19' 공간이라 불리는 시대적 배경을 통해 참으로 어렵사리 태어난 것도 그러하려니와, 진보의 물결과 보수의 파장이 어지럽게 교차되던 때에 온갖 희비와 애환을 겪는 과정에서 예상 못한 군부쿠데타로 일대 언론탄압의 소용돌이에 휩쓸려 들게 되었던 것도 전무후무한 일이었다. 지령 1백호를 넘기지도 못한 채 92호로서 폭력적인 종말을 고하게 되었던 사실은 그로부터 30년이 지난 오늘에 이르도록 과연 그 시대에 민족민주 언론이 나아가야 할 방향에 도사린 시련이 어쩌면 그처럼 참담할 수 있었던 것인지 우리를 숙연하게 하는 바 있다.

2.

(『민족일보』 사장) 조용수 씨는 경북 대구가 고향으로 1951년 9월 당시 연희대 2학년에 재학중, 재일거류민단 감찰위원장이던 선배의 권유와 알선에 따라, 중단된 학업을 계속하기 위해 일본에 건너간 후 명치대학 정경학부에

서 수학하였으며, 재일한국거류민단 중앙총본부 차장 등의 직책을 거쳤다. 그는 '민단'에 재직중일 때에는 재일교포의 북송에 반대하는 운동에 적극 나서기도 하였다. 하지만 양당의 지도자인 조봉암 씨를 처형하려는 이승만 정권의 음모에 대해서는 '조봉암 조명(助命) 탄원서 서명위원회'의 대표자로 적극 앞장에 나서는 등 반독재운동을 일으킨 바도 있었다. 4·19혁명 후 민주화된 조국을 위하여 일할 때가 왔다고 생각하여 귀국한 그는 7·29선거에 사회대중당의 공천으로 경북 청송군에서 출마하였으나 낙선하고 말았다. 하지만 이를 계기로 진보적 언론기관의 창출 필요성을 절감하게 되어 그는 서상일 윤길중 이동화 최근우 고정훈 안신규 등 혁신계 인사들과 양심적인 학자들인 이종율 유병묵 조윤제 이건호 이상두 그리고 민자통 및 통민청 민민청의 청년운동가들과 진지한 논의과정을 거쳐 『민족일보』를 창립하는 데 있어서 중책을 맡게 된 것이다.

3.

그리고 무엇보다도 『민족일보』는 '조국의 통일을 절규하는 신문'이었기에 당시의 집권 엘리트와 기득권 수호의 보수세력에게 미움을 받게 된 가장 큰 이유가 이 점에 있었다. 가령 민통련이 남북학생 판문점회담을 개최하려는 구체적 움직임을 보이고 있었을 때에 시중 각 신문은 이들 학생들의 터무니없는 순진성이 큰일이라거니, 무책임하고 위험한 발상이라거니 하여 매도하기에 급급했으며, 심지어는 학생들이 집회개최를 알리면서 시민들에게 그 뜻을 해명코자 하는 광고를 내고자 했을 때 이의 게재마저 거절하는 형편이었다. 『민족일보』만이 학생들의 뜻을 정당하게 보도하는 데에 인색하지 않았다.

4.

"『민족일보』가 1백호도 못 넘긴 채 이런 일을 만나다니…."

조용수(사형) 사장은 감옥 안에서 이 신문이 '백일잔치'를 열어보지도 못한 채 단명으로 폐간돼 버린 것에 대해 가장 아쉬워했다고 전한다. 이 신문은 60년대의 박토에 그 '뿌리'를 내려보지도 못하고 말았던 것인가?

『민족일보』는 비록 92호의 짧은 지령으로 끝났으나 60년대 초 변혁운동 시기에 있어서 중요한 역할을 하였음을 부정할 사람은 이제 없다.『민족일보』가 표방하였던 바 '민족의 진로를 가르키는 신문', '조국의 통일을 절규하는 신문'으로서의 그 언론정신이야말로 30년이 지난 오늘에 와서는 지식인이라면 모두 부르짖는 말이 되어 있다. (1990년 9월)

창간호(1961년 2월 13일)

1961년 2월 13일 월요일, 첫선을 보인『민족일보』의 1면 머릿기사는 한미경제협정조인을 비판하는 내용이다.「경제 자립성을 모독·침해」라는 제목 아래 한미협정을 "1905년의 을사보호조약과 실질적으로 다를 바 없다"고 비판하고 있는 이 기사는 정당 사회단체들의 신랄한 규탄성명을 함께 실었다.

〈통일사회당〉

이번 신협정에서 양측이 확인한 바 있는 '한미상호방위조약'(1954년 12월), '한미상호방위원조협정'(1950년 1월), '대한민국과 통일사령부 간의 경제조정에 관한 협정'(1952년 5월) 등은 모두가 한국이 가장 어렵고 남의 힘이 아쉬운 처지에 놓였던 6·25동란을 전후하여 체결되었던 것으로 주권국가로서의 위신과 이익이 상반되는 제조건을 규정하고 있었으므로 전국민이 이 점을 유감으로 여겨왔거늘 이를 개선하기는커녕 오히려 개악하는 방향으로 단일화한 장면 내각의 반민족적 처사는 전체 애국시민의 규탄을 받아야 할 것이다.

〈사회당창당준위〉

금반의 협정개악으로 한국민을 위하여 한국민이 써야 할 우리의 돈 원조물자 판매대전을 미국이 마음대로 갖다 쓰도록 되어 있는데(제4조) 이것은 미국의 과잉상품을 한국에 원조라는 이름으로 강매하는 것을 의미한다. 원조물자 판매대전에 미국은 한푼도 갖다 쓰지 말고 그 사용은 한국정부에 일

임하라.

〈민자통 사무총장 담〉

'한미경제협정' 이란 것은 물론 반대해야 한다. 그것은 민족매판자본의 연명을 기도함이며 아울러 민족자주경제건설의 기본적 방향이 되는 민족자주통일을 방해하기 위한 하나의 국제계획의 기도로 되기 때문이다.

〈혁신당〉

미국인 및 그 가족과 미국정부 대리상사와 그 고용인들에게 외교관에게만 부여하는 특전을 주어야 할 이유가 무엇인가?

동협정은 한국의 독립국 체모를 상실시키는 것이다.

〈사회대중당〉

한 미협정 제3 제4 제5 제6조는 미국의 속국화하려는 기도로써 한국의 주권을 공공연히 침해하는 것이다.

미국정부의 한국에 대한 식민지적 조처는 극동원조 내지 외교정책의 일대 과오를 범했다. 양당위원들은 총사퇴를 각오하고 굴욕적인 동협정의 비준을 거부해야 한다.

창간호 1면에는 연재물인 「광야의 소리」가 실렸는데 그 첫번째 등장인물은 당시 천안에서 씨올농장을 경영하고 있던 함석헌 선생이다. 「광야의 소리」에서 "학생들의 의거는 너무나 당연하죠… 잘했어요! 그러나 혁명은 완수되지 못했어. 원흉처단의 때도 늦었어요. 구정권의 체제를 그대로 두고 우물쭈물하니까 될 수 없지요"라며 아쉬움을 토로하는 함 선생은 '주체성의 빈곤'에 대해 일침을 놓는다.

요즘 거리에 흔히 볼 수 있는 이상스러운 풍경이 있더군요. 그 일본말 말입니다. 외국어를 배운다는 뜻을 나무랄 바 아니나 한때 미국의 째즈음악이 들어오자 그저 흥청대더니 이번에는 일본노래를 배우지 못하면 뒤떨어졌다는 듯이… 야단들이야. 자기자신을 알고 날뛰어야지.

1면에는 유주현 작 김영주 화의 단편소설 「꽃은 아직…」과 김수영 시인의 시 「쌀난리」가 눈에 띄기도 한다. 그리고 「우리는 소수의 이익이 아니라 다수의 이익을 위해 봉사한다」는 제목의 창간사가 『민족일보』의 노선을 말해 주고 있다.

우리는 앞으로 소수의 사람들에 의해서 다수의 사람들의 생활과 그 자유를 억압하는 일에 동조하지는 않을 것이다. 말하자면 다수의 생활과 그 자유에 대해서 억압과 공격을 가하는 소수의 특권과 그 자유를 위해서는 가담하지 않는다는 말이다. 우리 『민족일보』는 다수의 생활과 자유와 그 문화에 이바지하는 것이지 소수의 그것에 이바지할 생각은 추호도 없다는 것을 천명하여 둔다.

2면 국제면 머릿기사의 제목은 「위기에 직면한 미·아관계 — 선린관계 기반은 점차로 약화」이다. 이 기사는 3개월 동안에 걸쳐 아프리카 16개국을 답사하고 돌아온 미국 민주당 소속 상원의원 3인이 상원외교위원회에 제출한 보고서의 결론을 인용하고 있다.

알제리아 — 미국은 벌써부터 알제리아 인민의 자결권을 지지한다는 그의 뜻을 명백히 표시했어야 되었을 것이다.
콩고 — '콩고' 육군의 조셉 모부투가 파트리스 루뭄바를 끌어내려 투옥한 사실에 대해 심지어 친서방적인 '콩고' 지도자들까지도 큰 악감을 품고 있다. 콩고에서 우리가 저지른 가장 큰 실책은 유엔의 위신을 크게 저하시킨 사실이다.

2면에는 조용수 사장(대표취체역)의 취임사를 싣고 있는데 자신을 조총련계라며 흠잡는 것에 대해 반박하고 있다.

일부 몰지각한 보수진영 인사들은 저를 '조련계(朝聯係)' 운운의 낭설로써 모함하려 했습니다. 그러나 저는 '조련계'와는 계열을 달리하는 '거류민단'에서 일해 오던 과정에서 조국의 분단을 영구화시키고 거기서 전쟁위기를 빙자하여 갖은 수법으로써 대중박해를 일삼고 특권을 보수하려는 이승만 도당은 배제하여야 한다고 지각하고 일하던 사람입니다.

그날의 이승만 도당들은 오늘에 와서 '무력북진론' 대신에 '선건설 후통일'의 주장을 내걸고 있으며 이것을 달성할 수 있는 구체적 실현방법의 제시는 없이 대중을 다시금 기만하고 있는 실정입니다.

저를 조총련 운운하여 모함하는 수법은 탈을 바꾼 '북진통일론'과 유관한 것 같습니다. 사실은 사실대로 규명될 것이오니 과히 걱정들 마시고『민족일보』의 발전을 위해서는 물론 대표취체역으로서의 저의 직책수행에도 성과가 있도록 동포 여러분의 변함없는 교도가 있으시기를 삼가 바라마지 않습니다.

3면 사회면에는 검찰이 경희대총장 조영식 씨를 고 이기붕 씨의 인간성을 찬양하는 등의 곡필아세로 부정선거를 한 혐의로 조사했다는 소식이, 4면 문화학술면에는 신일철 고대 교수의「뉴메카시즘의 대두를 두려워한다」는 논설이 실려 있다.

그리고 광고면에는 서울 중앙, 반도극장에서 구정특선으로 상영하는 '서부의 왕자' 존 웨인 주연의 〈리오브라보〉, 그리고 〈부란서 여성과 연애〉가 '역사적 개봉박두'를 기다린다는 영화광고와 함께 을지화점, 단발구룬산, 한일은행, 대원호텔, 미향비누 등의 기업상품광고 그리고 대한금융단, 대한상공회의소, 서울특별시극장협회, 경성방직주식회사, 통일사회당 등에서 보내온 창간 축하광고가 실려 있다.

2월 14일

1면 정치면은 한미경협을 비판하는 기사로 가득 메워져 있다. 민의원 본회의에서의 질의를 통해 야당의원들은 이번 경제원조협정은 "미국과 이러한 협정을 맺고 있는 전세계 어느 나라의 것보다 굴욕적이고 용어상으로 비외교적인 것"이며, "을사보호조약과 실질상 다름이 없다"고 비판했으며, 답변에 나선 장 총리는 "미국을 모독하는 발언을 의정단상에서 어떻게 공언할 수 있는가" "미측의 침략적인 의도가 나타난 것이 있다면 예증하라"고 반박했다. 『민족일보』는 「장 정권은 미국에의 굴욕적인 태도를 수정하지 못하겠으면 물러나라」는 제목의 사설을 통해 한미경제협정의 부당성을 논박하고 있다.

끝으로 한미 양국정부 당로자(當路者)가 염두에 두어야 할 것은 그들의 무능 집착이 반미감정을 유발해 놓고 나서 반미감정의 폭발을 부당하게 위험시하거나 또는 이승만 시대의 유풍을 그대로 이어받아 덮어놓고 '빨갱이'로 몰아 치우는 따위의 어리석은 짓을 하지 않도록 미리부터 신중히 고려해 두어야 한다는 점인 것이다. 메카시즘의 횡행은 민주정권이 스스로 묘혈을 파는 결과를 가져올 뿐이라고 함은 무엇보다도 '4월혁명'이 웅변하게 증명해 놓고 있다.

2면 외신면에는 군복 입은 카스트로의 사진과 함께 「평화 누리도록 방임하라―카스트로 미국의 신행정부에 최초공격」이라는 제목의 기사를 싣고 있다. 쿠바의 피델 카스트로 수상은 미국의 존 F 케네디 대통령에게 다음과 같은 구두공격을 가했다.

만약 미국이 큐바 내의 반혁명운동을 촉진할 권한이 있다고 믿는다면 큐바도 남미 내의 혁명을 지원할 권한이 있다고 느끼고 있는 사실을 유엔에서 선언할 것이다.

2면에는 「미국 원조가 왜 이 꼴인가―우리의 빈곤은 누구 때문인가」(김병태)라는 제목의 논단 연재가 시작됐으며, 최인훈의 장편소설 「광장」의 광고카피 '중립국을 택한 어떤 석방포로의 경우'가 눈에 들어온다. 이 광고문안에서 밝힌 '작자소감'은 이렇다.

아세아적 전제의 의자를 타고 앉아서 민중에게 서구적 자유의 풍문만 들려줄 뿐 그 자유를 〈사는 것〉을 허락치 않았던 구정권하에서라면 이런 소재

가 아무리 구미에 당기더라도 감히 다루지 못하리라는 걸 생각하면 빛나는
4월이 가져온 새 공화국에 사는 작가의 보람을 느낍니다.

2월 15일

이날의 1면 머릿기사는 콩고의 독립투사 루뭄바의 피살로 흥분의 도가
니로 변한 콩고의 사태를 상세히 전하고 있으며, 사망한 루뭄바의 사진
과 함께 그에 대한 소개의 글을 함께 실었다.

불과 36년간의 짧은 생애를 이 세상에서 보낸 루뭄바 씨는 앞으로 콩고인
민의 마음속에 '콩고 독립의 아버지'로 살아 있게 될 것으로 보여진다. "오
직 1천3백만 콩고 인민의 통일만을 바라는 중립주의자이며 민족주의자이다"
고 자처하는 루뭄바 씨는 초등 정도의 교육밖에 받은 일이 없다.

사설은 「매국론과 불가피론—단기적인 안목의 지원에 만족하여 민족
건설의 원칙에 맞설 수는 없다」라는 제목 아래 한미경제협정에 대해 또
다시 다루고 있다.

요즘 한미협정을 둘러싸고 왈가왈부의 논쟁이 벌어지고 있다. 한편에서는
그 같은 협정은 외국에 있어서도 이미 선례가 있는 일이고 피원조국으로서
는 불가피하다는 결론이다. 그러나 또 다른 한편에 있어서는 민족의 생활과
자존심을 짓밟는 매국적인 것이라 해서 규탄하는 기세도 엿보이고 있다.
이 같은 서로 상반되는 견해와 논쟁이 아무런 이유나 근거가 없는 것은 결
코 아니다. 말하자면 모두 다 응분의 이유가 있다는 말이다. '불가피론'을
주장하는 측의 견해를 듣는다면 미국은 우방이고 우리를 돕는 나라인데 그
같은 협정이 무슨 의구심을 갖게 하느냐는 해석이다. 확실히 미국은 한국을
돕는 명목 밑에 이제까지 약 39억 불이 넘는 경제원조를 하여온 셈이다.
단기적인 안목에서 볼 때는 확실히 우리를 기아로부터 구제해 주고 오늘

의 생활수준을 유지하는 데 도움이 되리라.

　그러나 우리가 보다 장기적인 안목으로 볼 때에는 이 땅의 경제를 기형화
시키고 만 것이다. 말하자면 미국경제에 대한 의존도만 높이고 예속성만을
강화시켰다는 말이다. 한 나라의 경제가 궁극적으로 지향하고 도달해야 할
목표는 자립화에 있는 줄 안다. 그러나 우리가 생각하기에는 이 땅의 경제가
자립화할 수 있는 조건은 무엇 하나 갖추어져 있는 점은 없는 것이다.

　2면 논단「미국원조의 정체를 밝힌다－우리의 빈곤은 누구 때문인가」
(2)는 '민족경제 파산은 미 외원정책에 기인'한다는 요지의 글을 싣고
다음과 같이 글을 매듭지었다.

　이상과 같이 미국의 대한원조가 전후미국이 걸어온 세계정책과 일치됨으
로써 대한원조의 세계정책적 성격을 인식할 수 있을 것인즉 그 저류에는 미
국의 고도산업자본주의의 변용된 세계정책이 일관되고 있는 것을 간과하여
서는 안 된다는 것이다.
　1. 수탈만을 일삼던 전전(戰前)의 식민정책이 후진국이 각성하여 가는 민
족의식에 부딪쳐서 그 방법을 바꾸지 않을 수 없었으며
　2. 과잉상품의 원조에 의하여 소비수준을 높여 보다 많은 자국의 상품을
계속적으로 판매할 수 있는 항구적 시장을 확보하기 위함이며 또한
　3. 전후 공산블럭의 급격한 진출과 자본주의권의 점차적 축소를 방지하고
시장을 확보함과 동시에 자국 방위를 도모하지 않으면 안 되었다는 것이다.

　2면의 '민성(民聲)' 난에는「통일만이 살길이다－미국원조로만 빈곤해
결은 기대난」이라는 독자의 투고가 실려 있기도 하다.

2월 16일

　장면 총리가 주례 기자회견에서 "공산당이 이러한 반대운동에 편승하

며 반미감정을 일으키고자 하고 있다"고 말한 것을 1면 머릿기사로 다루고 있다. 장 총리의 '공산책동' 운운 발언에 대해 야당은 "건전한 야당을 빨갱이로 몰려는 수법은 이승만 정권의 낡은 수법"이라고 공격했으며, 한미경제협정반대투쟁위원회는 "한미경제협정반대투쟁에 있어서 공산당의 책동과 일맥상통하고 있는 반미운동의 확증을 잡았다"는 장면 총리의 발언을 반박하고 자신들의 투쟁은 반미운동과는 무관함을 밝혔다. 그리고 이날의 사설은 「장 총리의 발언은 묵과할 수 없다」라는 제목 아래 장 총리의 정신상태를 문제삼았다.

전일에도 장 총리는 민의원에서의 답변에서 미국을 과거의 일본에 비기는 것은 미국에 대한 모독이라는 말로부터 시작하여 "미국에 대하여 일본에 대한 것과 같은 의심을 갖는다며 차라리 '미국과 국교를 단절하라' 고 분명히 주장할 용의가 있는가"라고 극언한 바 있거니와 작금의 장 총리의 일련의 발언을 연결하여 생각할 때에 우리는 그의 정신상태에까지 의심할 수밖에 없는 것을 진실로 유감으로 여긴다.

2면은 콩고 루뭄바 살해소식으로 가득 차 있다. 뉴델리에서는 대학생들이 白耳義(벨기에) 대사관에 난입하여 벨기에 국왕의 사진을 끌어내렸으며, 미국 대사관으로 달려가 토마토와 달걀을 던지며 시위를 벌였다. 뉴욕 저널 아메리칸은 "살아 있는 루뭄바는 유엔의 활동에 대한 계속적인 위협이 되어 왔으나 죽은 루뭄바는 한결 위협이 될 것"이라 보도했으며, 화란의 국회의장은 "식민주의 국가들과 그늘 식민주의사들의 기구를 보조하는 행동을 한 유엔 사무총장은 이와 같은 범행에 대하여 책임을 져야 한다"고 선언했다.

『민족일보』는 「초점 — 콩고의 루뭄바는 살아 있다」라는 해설기사를 통해 "성급히 서둘다가 단단히 코를 다친 미국"에 대해 "자기 나라 민주주의를 블랙아프리카(흑인의 아프리카)에다가 금과옥조처럼 강요한다는 것은 모순"(영국의 뉴스테이츠먼 지)이라며 일침을 가한다. 그리고 루뭄바의 암살과 이승만에 의한 김구의 암살의 유사성을 지적한다.

루뭄바의 배후에는 대부분의 콩고 국민과 전세계 반식민지세력의 지지가 있었다. 이 점을 알았는지 몰랐는지 여하튼 미국과 국제연합은 콩고의 링컨이 될 번도 했던 혜지의 열혈지도자를 면직하고 국제연합에서 축출하여 드디어는 이 민족혁명의 제물로 순사하게 하였다. 물론 거기에는 카사부부 대통령과 루뭄바 수상 사이의 반목이 없는 바 아니었다. 그러나 대통령은 수상을 파면할 수 있는 법적 권한을 그렇게까지 악용한 과단성은 달러를 상징으로 하는 외세의 비호에서 온 것이다. 그것은 지난날 우리 나라에서 민족통일 노선을 견지하면서 남한 단선을 한사(限死) 반대한 백범 김구 선생이 국제연합과 미국의 비호 아래 집권한 이승만의 암살자에게 횡사했다는 사실을 연상시키는 것이다. 그리고 이 점은 보다 더 후진지역의 자결운동에 대해서 힘이 되어야 할 미국을 위해서도 쓸쓸한 일이 아닐 수 없다.

2월 17일

매카나기 미대사가 16일 '주권침해'라는 비난을 받고 있는 한미경제협정에 대해 성명을 발표한 내용이 1면에 보도됐다.

본인은 미국이 한국 또는 다른 어떤 나라의 주권도 침해할 이유를 갖고 있지 않음을 확언하며 이번의 협정은 한국의 주권을 전적으로 존중하는 방법에 의해서만 해석되고 적용될 것이다. 동협정의 제3조는 다른 나라들간의 그것과도 일치하며 미국은 원조계획의 진전에 대한 부단한 관찰과 조사를 받지 않으려는 국가에게는 원조를 하지 않을 것을 요청하고 있다. 동협정 이전의 한미간의 협정도 역시 관찰과 조사에 대한 조항이 있었다.

사설은 「매카나기 미대사 성명을 보고—선의적이나 핵심을 찌르지 않았다」는 제목 아래 "문제의 초점은 미국의 우호적 정신 그 자체에 있는 것이 아니라 현실적으로 나타나고 있는 사실과 그 효율에 있는 것"임을 분명히 하고 있다.

만일 그렇지 않고 단순한 외교수사 성명에만 그치고 협정조문 수정을 거부하는 태도로 나온다면 미국에 대한 우리 민족의 의혹을 풀 수는 없을 것이다. 협정에 대한 우리 민족의 의혹과 비난은 결코 반미감정의 발로가 아니라 우리 민족의 건실한 대미우호관계에 대한 절실한 요망이라는 것을 특히 강조한다.

「광야의 소리」(5)에는 광복회 부회장 신숙 씨의 인터뷰가 실렸다. "나라 잘되는 것을 한번만이라도 보고 죽는 것이 소원"이라는 신숙 씨는 "우리가 살길은 간섭 없는 민족자결의 원칙을 고수하는 것"임을 강조했다.

우리 단군의 피를 나눈 겨레 가운데 통일을 원치 않는 역적놈들이 어디 있을까마는 그래도 통일이 안 되는 것은 무슨 원인인지 아십니까? 그것은 바로 노예근성 때문에 자주적으로 일어서겠다는 투지가 마비된 까닭이에요. 이조 오백 년을 대국(중국)에 붙어살고 다음 또 반세기를 왜놈 밑에서 종노릇하고 그래도 뭣이 모자라 8·15해방 이후 지금까지 이놈 저놈의 하수인이 되어 불행한 겨레의 심장에 총칼을 겨누는 동안 민족과 국가통일과 독립은 어느새 까마득히 잊었던 탓이죠.

2면에 실린 논단 「미국원조의 정체를 밝힌다 — 우리의 빈곤은 누구 때문인가」(필자 김병태·중앙대학교 교수) 마지막회의 결론은 이렇다.

혹자는 말한다. "미국의 삼성을 상하게 하면 원조가 일시에 중단되고 그렇게 되면 죽는다"고. 그것은 지나친 기우일 것이다. 미국은 오늘날 유고슬라비아 버마 아랍 등 용공국가에도 원조를 베풀고 있다. 또 그렇게 하지 않을 수 없는 필연성을 가지고 있다. 설사 원조가 중단된다고 하더라도 우리 국민으로서는 그 난관을 극복 타개해 나갈 각오와 대책을 생각하고 있지 않으면 안 된다. 미국의 원조는 영구적인 것이 아니고 유한적인 것이기 때문에.

3면에는 십여 명의 괴청년들이 인사동에 있는 사회대중당 간판을 철거

하고 '1·18반탁투쟁동지회' 등의 다른 간판을 내건 사건을 사진과 함께
크게 보도하고 있다.

2월 19일

「김재무·딜론 간 4개 항 비밀각서도 문제화 — 독립국가 주체성을 완
전 말살」이라는 제목의 기사가 1면에 실렸다. 김영삼 당시 신민당 부총
무는 "여당의원들까지 무시한 것이니까 개인간에 거래한 계약서와 비슷
한 것이다. 원내에서 철저하게 따지겠다"는 반응을 보였다.

2월 21일

〈사설〉

「한미경제협정에 대한 재론 — 오늘 속개되는 민의원의 논의를 앞두고」

오늘날 한국의 경제가 30억 불의 원조를 받아왔지만 무엇 하나 건전한 양
상을 띠고 있는 점은 없는 줄 안다. 산업구조를 기형화시켰을 뿐만이 아니라
'소비성향'만 높여놓아 외국경제에 대한 의존도와 예속성만을 강화시켰을
따름이다. 농촌과 도시의 대중들이 말할 수 없는 빈곤에 허덕이고 있으면서
도 도시의 일부에서는 반면에 말할 수 없는 사치와 낭비를 조장하고 있는 실
정이다. 생산이 위축되면서도 소비만 조장한다는 것은 그 나라의 자립을 저
해하고 노예화를 결과시키는 것이 아닐 수 없다.…

미국의 언론이 우리를 '근시안적'이라고 하지만 우리는 도리어 '전망적'
이고 '거시적'인 것이다. 긴 안목에서 우리의 전도와 운명을 알고 있다는 말
이다.

2월 22일

2·8한미경제협정반대 공동투쟁위원회가 「국회의원에게 보내는 한미경제협정 비준거부 촉구공개장」을 의견광고로 실었다.

국회의원 제공! 제공은 지금 조국과 민족을 위하여 그리고 제공 자신을 위하여 준엄한 역사의 분기점에 서 있다는 것을 알아야 한다. 그것은 금반 속개되는 회기 초에 논의될 2·8한미경제협정의 심의결과 조국의 주권을 피해당함으로써 민족의 자주성을 영영 상실하느냐? 그렇잖으면 비록 불완전한 현상이지만 가일층의 예속은 방지하면서 조속한 시일 내에 조국의 완전 자주독립의 전취를 기하느냐? 이 양자택일이 바로 제공들 앞에 역력히 제시되어 있다는 사실이다. 이 조약의 비준심의에 있어서 순간적 착각으로 표하나 손 한 번 잘못 들면 조국의 운명을 비극 속에 몰아넣게 될 것이며 제공자신이 오고오는 자손만대에 역사적 죄인이 되는 추상 같은 심판을 제공 스스로가 결정하는 것이다. 그러면 어찌하여 이 조약이 반민주적인가를 구체적으로 그리고 진지하게 검토 지적하고자 한다.

무릇 주권국가간의 모든 조약협정은 상호평등의 원칙 밑에 이루어지는 것이 국제법상으로나 국제도의상으로 관례화하고 있는 것이다. 그럼에도 불구하고 지난 2월 8일 한미간에 체결된 협정내용은 완전히 주권국 자격을 무시한 것으로써 마치 종주국과 식민지 간에 있었던 전근대적인 내용의 협정을 강요당하고 있으니 이는 민족사상 일대치욕과 오점이 아닐 수 없다.…

2월 24일

미상원 외교위원회가 "현재로서는 한국이 통일될 가능성이 없으며 분단을 전제로 미국의 새로운 대한정책이 필요하다"는 보고서를 발표한 것을 1면 머릿기사로 다루고 각계의 빈향을 실었다.

〈윤길중(통사당) 의원〉

22개의 한국을 만든다는 것은 언어도단이다. 미국은 우리 나라의 해방자로 자처하고 유엔총회를 통해 줄곧 한국에 자주적이며 민주적이며 평화적인 통일이 그 목적이란 것을 천명해 왔음에도 불구하고 어떠한 의미에서 한민족의 이익을 배반하는지 그 망설을 한민족의 이름으로 단호히 배격해야 한다.

〈서동진(민중당) 의원〉

비교적 한국현실을 아는 보고로서 앞으로 그런 방향으로 가일층 강화해 주기를 바란다. 동 보고내용의 군사경제면에 있어 원조를 한국이 완전자립될 때까지 육성해 주어야 한다는 뜻에 감사를 표한다.

1면 왼쪽 하단에 「다같이 反共투쟁」이라는 제목의 기사가 눈에 띈다. 기사를 읽어보니 2·8한미경협반대 공동투쟁위원회는 "국회의원이 한민족이라면 비준을 거부함으로써 천추에 죄인이 안 되게 하라" "전국민은 다같이 일어서서 반대투쟁에 돌진하자"는 격문을….

'다같이 반공투쟁'은 '다같이 반대투쟁'의 오자였던 것이다. 이날 경협반대운동에 참석한 군중들은 졸지에 반공시위를 벌인 셈.

2월 25일

「광야의 소리」(12)

김구 선생 대형 사진 앞에서 꼭 쥔 주먹을 치켜세운 채 열변을 토하는 사진과 함께 실린 김학규(한독당 대표위원) 씨는 인터뷰에서 시종일관 "민주적이고 자주적인 독립세력을 확립한 다음 외세의존을 뿌리치고 남북협상으로 해결"하는 것이 38선을 무너뜨리고 통일을 이루는 첩경임을 강조했다.

"단일민족의 단일조국건설을 방해한 역적이 누구이며 우리 민족을 위한 우리 민족에 의한 우리 민족의 통일을 훼방하는 국적이 누군지 아십니까?"

그는 돌아섰다. 민족의 아버지 백범(사진)을 가르키며 떨리는 목소리로
말을 이었다.

"선생은 일찍이 말씀하셨습니다. 미국과 소련을 향해 선언한 것입니다.
'38선은 너희가 만들었다. 너희가 만든 이 장벽을 해결하지 않는 것은 남의
집에 와서 불을 질러놓고 꺼주지 않는 것과 다름없다. 너희들은 방화범이
다' 라고…."

『민족일보』의 국제면에는 제국주의 세력과 제3세계의 갈등이 주요한
기사로 등장한다. 2월 25일 국제면(2면)에는 수많은 콩고인들이 독립의
아버지 루뭄바 사진을 들고 시위하는 사진이 실렸다. 이런 사진 설명과
함께.

'콩고'에서는 식민주의자와 '루뭄바' 살해에 항의하여 '벨그라드'의 맑
스·엥겔스 광장에서 시위하는 약 십오만 명의 시민들이 "식민주의를 타도
하라" "아프리카에 자유를 주라' 는 '플라카드'를 들고 있다. (벨그라드 23일
발 UPI전송=동양)

원자 스파이 로젠버어그 부부의 옥중편지 『사랑은 죽음을 넘어서』의
광고가 실려 있다.

우리는 아메리카 파시즘의 첫 희생자이다! 다시는 데모크라시의 이름 아
래 이런 비극이 없기를!
우리는 몰랐다. 미국이 이 엄청난 사건을! 그것은 데모크라시에의 씻을
수 없는 오점이었다.

평화와 빵과 장미를 위해, 용기와 자신과 희망을 가지고 결코 신념을 잃지
않으며 가식도 아무것도 없는 존엄을 지니고 우리는 사형집행인 앞에 섭니
다. (본문 중 「유언서」에서)
나는 로젠버어그 부부를 사형한 사람들이 어떠한 야수인지는 모른다. 그

러나 나치스와 같은 야수인 것만은 명백하다. 나는 지금 미국인이라는 것이 한없이 부끄럽다.(엠마뉴엘 B. 부룩크 변호사)

만일 그들이 이 죄없는 피를 흘리게 한다면 성조기에 오점이 남을 것입니다. 그리고 독일사람들이 패배한 그 지배자들의 화장장을 깨끗이 청소하지 않으면 안되었던 것과 마찬가지로 그것은 장래 땀과 눈물로 이 오점을 깨끗이 씻어야 한다.(루이 알라공)

당신들에게는 이 어림도 없는 휴전의 범위를 알고 있단 말인가. 계급간의 갈등, 가장 낡은 적의 , 이와 같은 것의 전부가 배제되었습니다. 로젠버어그 부부는 유럽의 단결을 낳게 한 것이다. (J. P. 싸르트르)

3월 1일

한미경협비준 관련기사가 민의원에서 거수 가결하는 사진과 함께 실렸다. 28일 하오 민의원에서 통사당의 윤길중, 서상일, 김성숙 의원은 표결에 앞서 퇴장한 가운데 진행된 표결에서 재석 165명 중 가 133, 부 1로 비준동의 처리됐다. 그리고 28일 하오 참의원에서는 한미경협을 전격적으로 가 32 부 1로 비준 동의했다. 이날 비준에 대한 정당 사회단체의 반응은 다음과 같다.

〈통사당〉

경제협정의 원문이 영문으로만 되어 있고 동협정의 목적이 한국의 자립건설을 도외시하고 방위목적만을 내걸고 있으며 또한 3, 5, 6조 등이 자주한국의 주권을 손상하고 경제적 종속이 우려되며 시급한 한미행정협정체결을 성의 있게 선행하지 않으므로 동협정에 반대하고 표결에 있어서 퇴장했다.

〈2·8한미협정반대공동투위〉

도대체 의원들이 후세 사가들의 심판을 염두에 두고 거수했는지 의심스럽다. 그리고 만약 동조약 비준 동의로 격분한 민중들이 반미운동을 전개하더라도 그에 대한 모든 책임은 정부와 국회가 져야 할 것이다.

3월 2일

1면에 흥미로운 사진이 실려 있다. 대구시 달성공원에서 열린 3·1절 기념식 사진인데, 연단 앞쪽의 시위대는 "실업자여 일터는 통일에 있다"는 플래카드를 펼쳐들고 있다. 4·19 직후의 통일열기를 느낄 수 있는 사진이다. 이날 대구에서 열린 3·1절 기념식에는 5만여 시민이 참석했는데, 이들은 '선건설 후통일' 주장을 비판하고, 3·1절을 통일절로 부를 것을 주장했다.

한편 서울운동장에서 열린 3·1절 기념식에는 윤보선 대통령과 장면 총리 등이 참석한 가운데 기념식이 열렸는데 서울대생이 1인데모를 벌이는 모습이 카메라에 잡혔다. 이 학생은 "주권과 자주성을 포기한 정부는 우리의 조국이 아니다" "정부와 국회는 3·1절 기념행사에 참여치 말라"는 구호가 적힌 피켓을 양손에 들고 시위를 벌였다.

4면 문화면에는 『큐바―그 혁명의 해부』(P. M. 스위지 등 지음)의 연재가 시작됐다.

머리말

2만 명의 희생자를 내면서 '바티스타' 독재정권을 타도한 '카스트로', 그것은 격동하는 20세기 후반에 화산처럼 분출한 중요한 문제의 하나이다. 특히 자유진영＝$ 블럭을 지도한다고 자부하고 있는 미국의 코앞에서 과감히 그의 경제적 지배가 얼마나 불합리하고 일방적인 것인가 하는 것을 폭로하고 큐바는 큐바인의 손에 돌아와야 한다고 하여 일어난 혁명이기 때문에 더 국제정국에 큰 파문을 던지고 있는 것이다.

3월 6일

『민족일보』는 3월 2일 이후 사흘간 발행을 하지 못했다. 그리고 3월 6

일에 다음과 같은 '사고'를 내고 속간했다.

　　본지는 별항과 같은 정부당국의 탄압으로 인하여 3·4·5일자 신문발행이 불능하였음을 알려드리는 한편 응급조치를 취하여 6일자 조간부터 정상적으로 발행하게 되었음을 독자 여러분에게 알려드립니다.

　　1면에는 「제2공화국 언론자유탄압 제1호」라는 제목 아래 서울신문사가 정부당국자의 압력으로 인쇄중지를 하게 된 처사에 대해 상세히 적고 있다.

3월 12일

　　장면 내각이 데모규제법과 반공을 위한 특별법을 제정하려 하자 각계각층의 반대운동이 격렬하게 전개됐다. 『민족일보』는 여러 차례 사설을 통해 이 같은 이대악법제정 반대의사를 밝혔는데, 3월 12일에는 「반공특별법은 기본인권의 유린이다 ― 민주주의에 도전하는 장 내각의 폭거」라는 제목의 사설을 싣고 "반공이라는 미명하에 제정될 이 법률이 반공은 고사하고 헌법상 보장된 국민의 기본권의 본질적인 내용을 말살하는 '민주주의의 도살법'이 될 것임이 분명하기 때문"에 법제정에 반대한다는 입장을 다시 한 번 천명했다. 그리고 다양한 인사들의 반대입장을 전하고 있는데 반공인사인 이철승 의원도 반대입장을 표명했다.

　　유진산 의원(신민당 간사장) ― 소신 없는 사람이 법률의 무기만 요구하는 것은 자신 없는 사람이 흉기를 악용하려 드는 것과 같다.
　　이철승 의원(민주당 신풍회 총무) ― 발표된 이 법안을 보니까 조금도 제정의 필요성을 느끼지 않는다. 앞으로 반대할 방침이다.
　　양일동 의원(신민당) ― 행정의 무능으로 오는 사회혼란, 정치부패를 막지 못하고 공포분위기를 조성해서 압박하려는 것이다.

김기철 중통련(中統聯) 대변인 — 사월혁명은 결코 새로운 폭군을 받아들이기 위해 폭군을 타도한 것이 아니다.

윤길중 의원 — 이승만 정권은 데모에 의해 전복되었으며, 데모는 국민의 최후권리이다.

이제춘(민자통 선전위원장) — 반공법이 아니라 망민법(網民法)이다. 4조 1항은 남북통일론자, 중립화통일론자 및 남북교류론자를 모두 반국가단체 고무란 이유로 얽을 수 있다. 이런 법을 제정하려는 것은 언론과 사상의 자유를 완전히 말살시키려는 흉계이다.

2면에는 데모규제법과 반공특별법에 대해 초대 대법원장인 김병로 씨의 회견기가 실려 있다. 김씨는 귀에 걸면 귀걸이 코에 걸면 코걸이 식의 알쏭달쏭한 법은 만들지 말아야 함을 역설했다.

반공특별법이요? 그런 건 또 무슨 필요가 있소. 있는 것을 잘 운영하면 될 것 아니오? 진나라 상앙이가 악법을 만들었다가 나중에는 자기가 그 법에 따라 처단되지 않았소.

법다폐단(法多弊端)이요, 법이 많으면 많을수록 폐단이란 말입니다.

3월 17일

〈사설〉

「미국의 대한경제 '원조' 정책의 본질을 분석함 (상) — 한국전쟁 피해총액에도 미달하는 미국의 원조」

미국의 대한국 경제정책의 본질이 한국민의 '벗'이 되는 것이냐 그렇지 않으면 '벗'을 가장한 '적'성을 띤 것인가에 대하여 국민적인 비판의 소리가 날로 팽배해지고 있다. 해방 16년 동안 우리는 너무나 무비판하게도 미국의 '호의'에만 신뢰를 두고 왔다.…

30억 불이나 원조하였다고 하지만 이 가운데에는 과잉 군수품이던 레이션

박스나 변질된 밀가루 등속까지 총 합친 것이며 총액의 90% 이상은 소비성
품 즉 먹고 쓰고 해서 없어진 것이지 자립경제를 구축하기 위해서 필요한 생
산에 기여되는 성질의 것은 아니었다.

이로써 볼 때 미국은 한국의 국토분단 및 한국을 자유세계의 전초기지로
서 계속 장악함으로 해서 막대한 국가적 이익을 보아오고 있으면서도 한국
민에 대하여서는 전쟁피해조차 제대로 변상치 않고 있는 셈이다. 우리가 미
국의 대한국정책의 본질에 대하여 분석·비판을 시도하는 까닭을 이해할 수
있으리라 믿는다.

3월 18일

〈사설〉

「미국의 대한경제 '원조' 정책의 본질을 분석함 (중) — 미국의 대외원조는
미국경제의 필요성 때문에 제공되는 것이다」

'원조'에 의하여 한국이 자립경제를 건설하고 '원조'가 필요 없다고 하는
사태에 이르지 못하도록 하는 것이 바로 미국의 대한경제 '원조' 정책의 본질
인 것이다.

이것은 마치 악덕의사가 있어 환자에게 아편을 맞히고 중독자가 되게 하
여 의사의 수입을 올리기 위하여 매일매일 아편을 맞으러 오도록 만드는 것
과 비슷한 논리인 것이다.…

논자들 가운데는 흔히 전후 구라파의 부흥 발전 특히 서독의 기적적인 재
흥이나 일본의 비약적 발전을 가리키면서 그것이 미국원조의 덕분이라고 하
고 있다. 물론 이들 제국이 미국의 원조를 받고 그로써 재흥발전의 계연(契
緣)을 만들었다는 사실은 부인하지 않는다.

그러나 이들 발전을 본 제국들이 예외 없이 자립경제를 구축할 만한 기초
적 조건이 구비되어 있었다는 사실을 간과하여서는 안 된다.

또한 서독이나 일본을 원조한 것이 미국의 관용이나 자선심에서 그렇게
한 것이 아니라는 것을 똑바로 인식해야 할 것이다.

미국의 당초 전후처리 구상은 그런 것이 아니었다. 호전적인 독일을 '목축국가'로 고쳐 만들고 일본 역시 '수공예품 제조국가'를 만들려고 한 것이다. 그러나 공산주의 침투를 막기 위한다는 필요성 때문에 즉 냉전의 전략상 서독이나 일본의 공업능력을 온존 배양시키는 것이 미국의 국가적 이익에 유리하다고 생각하였기에 엊그제의 적 국민들과 손을 나란히 잡고 냉전태세를 강화하는 데 동조하였던 것이다.…

미국은 이와 같이 전(前) 적국까지도 그들의 필요성 때문에 부흥시키면서 한국 같은 나라에 대하여서는 자립경제는커녕 예속경제만 강요하고 있으니 우리가 어찌 이러한 사태를 참을 수 있겠는가 말이다.

3월 19일

정일형 외무장관이 "반미사상 백인배척은 국부적인 것"이라고 언명한 내용이 1면에 실렸다.

정일형 외무장관은 18일 "한미경제협정체결을 계기로 국내에 있어서의 반미사상 및 백인 배척의 움직임 때문에 일부 외국인사들이 두려워하는 생각은 지나친 의구심"이며, 일부 청년층이 주동이 되어 반미사상을 외친 사실은 시인하였으나 "이는 일시적이고 국부적"인 현상이라고 말했다. 이에 덧붙여 정 장관은 "미국은 한국민의 두터운 신뢰를 받고 있다"고 밝혔다.

〈사설〉
「미국의 대한경제 '원조' 정책의 본질을 분석함 (하) ─ 국제적 '채무노예'가 안 되기 위하여 자립경제만이 살길이다」

미국의 대한국 경제원조가 과거에 있어서는 우리 경제에 유해한 결과까지 초래하였지만 앞으로는 우리측에 유조(有助)한 방향으로 공여되어지리라는 기대를 갖는 것은 어리석은 생각이다.

미국의 대외정책(한국을 포함해서)을 냉전 견지방향으로 몰고 다니던 덜레스도 죽었고 미국 독점자본체의 이익을 수호하는 데만 충직하였다는 아이젠하워 전 대통령도 물러나고 이제 뉴프론티아 정책을 들고 나온 케네디 대통령 지도하에 있는 미국이므로 대한국원조도 전과는 달리 우리의 자립경제를 돕는 방향으로 개선되어지리라는 희망을 품는 층이 있다.…

그후로 알려진 미국 케네디 행정부의 한국에도 관련성이 있는 대외경제정책 원조정책들의 단편적인 보도들을 샅샅이 뒤져도 한국의 자립경제를 위하여 그 어떤 고무적인 내용을 찾아볼 수가 없다.…

이에 대하여 미국의 부담을 경감시킨다는 구실 아래 일본자본의 도입 및 서독자본의 도입을 권장·유치함으로써 한국경제를 미·일·서독 자본들이 농단하고 시장을 나누어 가짐으로 해서 한국을 국제 채무노예의 상태 아래 얽어매어 두려하고 있는 것이다. 자립경제를 이룩하기 위한 충분한 경제지위에 있으며 유능하고 창조적인 국민의 손은 그대로 묶어두고 목전에서 국제적 독점자본의 수탈을 자행당하는 것을 보고서도 인종만 하여야 할 뿐만 아니라 후손들에게 무거운 채무를 넘기게 되고 보다 중요한 것은 국제적인 채무국가로 전락시킴으로써 자주적인 남북통일의 가능성을 보다 저해할 우려가 있는 것이다.…

미국은 벌써부터 일본 제국주의를 부활시키고 아세아의 '공장'이요, '헌병'으로서 미국의 기성권익의 '청지기'로 삼으려 하였고 그 반대급부 조건으로 일본으로 하여금 한국을 '관리'케 하려는 기본구상을 한 지가 이미 오래되었던 것이다.…

우리 속담에도 "세상에 공짜가 없다"고 하였지만 서양에는 보다 무서운 격언 즉 "주는 체하고 뺏으라"는 말이 있다는 것을 모르고 있다. 남의 '원조'에 매달리어 잘 살아보겠다는 생각부터가 어불성설이려니와 더군다나 타국의 '호의'에만 신뢰를 두어 부지부식간에 자기멸망의 구렁에로 기어들어 간대서야 되겠는가 말이다.

3월 23일

1면에는 서울시청 앞 광장에서 개최된 악법반대성토대회에 수만 명의 군중이 운집한 사진을 크게 싣고 있다. 22일 시청 앞에서 열린 성토대회에 참가한 시민들은 "피로써 찾은 민권 악법으로 뺏을쏘냐" "반공이란 이름 밑에 생사람 잡지 말라' 등의 플래카드를 들고 시위를 벌였으며, 다음과 같은 결의문을 발표했다. 이날 시위대는 횃불을 높이 들고 시청 앞 광장을 출발하여 한국은행, 을지로 5가, 종로, 광화문으로 행진을 이어갔다.

1. 우리는 장 정권이 획책하고 있는 반공임시특별법, 데모규제법은 물론 이승만 전제정권의 해족적인 국가보안법까지도 즉시 철폐할 것을 결의한다.

2. 우리는 반민악법을 제정하여 인민의 기본권을 박탈하고 외세의존으로 남한 특권보수주의를 고수하여 민족통일을 방해하려는 반민족적인 장면 정권은 총사퇴할 것을 결의한다.

3. 우리는 인류사상 최초 및 최대의 악법인 반공법 및 데모규제법을 인민의 의사를 배반하여 만약 국회가 이를 통과시킬 때는 국회 불신임투쟁까지 전개할 것을 단호히 결의한다.

4. 우리는 배고파 못살겠다고 아우성치는 수백만 피압박대중들의 그 외침에 발맞추어 조국의 평화적 통일을 최단시일 내에 성취할 것을 결의한다.

5. 우리는 학문과 사상의 자유를 짓밟고 양민을 공포정치 속에 휘몰아 넣으려는 2대악법안을 철회할 때까지 결사투쟁할 것을 결의한다.

3월 26일

1면 기사 「사실이면 내정간섭이다 ─ 미대사의 반공법 지지 · 전기료 인상요구에」는 주한 미국대사 매카나기 씨가 한미고위회담석상에서 전기요금 인상에 압력을 가하고 반공법을 지지한 것처럼 발언을 하여 정계에 파문이 일고 있음을 보도하고 있다. 『민족일보』는 이 같은 미대사의 발언에 대해 "독립국가의 체면을 손상"하는 행위라며 비판하는 의원 및 단체의 반응을 열거하고 있다.

윤길중 의원(통사당) ─ 도대체 국내문제를 가지고 총리가 체통을 차리지
못하고 일일이 미국대사와 협의하여 발표한 것은 자주독립국가의 위신을 손
상할 뿐만 아니라 미국측 태도도 국제도의에서 벗어난 처사이다. 사실이라
면 내정간섭이다.

김영삼 의원(신민당) ─ 국민여론이 악화되어 가고 있는 반공입법을 미국
측의 지지를 얻으려고 애쓰는 듯한 인상은 독립국가의 체면을 손상시키는
부끄러운 일이고 한심스럽다.

하태환 씨(반민주악법반대공동투쟁위원회 선전차장) ─ 전국민의 빗발치
는 듯한 여론에 굽힐 생각은 안 하고 주한 미국대사의 지지를 얻으려는 것은
우스꽝스럽다.

순수한 국내문제를 미국의 승인을 받으려 하는 태도는 주권자로서 창피하
기 짝이 없다. 우리 나라 정치를 우리 정부가 하는 것이 아니고 주한 미국대
사관이 하는 것 같은 인상은 국내외적으로 좋지 못할 것이다.

3월 27일

〈사설〉

「주한 미국대사는 내정간섭을 삼가라 ─ 개발차관 '채권확보'를 위하여 전
기요금 대폭 인상할 수는 없다」

장면 정부의 무비판적인 친미주의에 의한 추종외교가 우리로 하여금 국제
적 고아의 신세에서 벗어나지 못하게 하고 있을 뿐더러 굴욕적인 외교를 가
져오게 하고 있음은 주지된 사실이다.…

지난 24일 미국 매카나기 대사 일행은 장면 총리 등을 방문 요담한 바 있
었는데 그때 미국대사는 강경한 어조로 말하기를 만약 한국정부측에서 미국
측이 요구하는 대로 전기요금을 4월 초순경까지 85% 인상하지 않는다면
'국제개발차관'을 거부당할지도 모르며 방위추원(防衛追援) 등도 얻지 못할

것이라 하였다 한다. 동시에 전기삼사통합도 기어이 구현시키라고 나오더라
는 것이다.…

우리가 분격해마지 않는 것은 전기요금의 인상률 시비보다는 매카나기 대
사 이하 미국측의 '주권침해' 및 '내정간섭'의 흔적이 뚜렷한 그 강압적 태
도에 대하여 참을 수 없는 모욕감을 느낌에서이다. "하라는 대로 안 하면 이
미 승인한 차관이라도 안 줄 터이다"라고 고답적으로 나오는 것과 "언제까
지 하라"는 식의 최후통첩을 내던지는 듯한 오만한 자세에 대하여 민족적인
자존심이 용서치 않는 바이다.

이에 못지 않게 절치부심(切齒腐心)을 금할 수 없는 것은 장 총리 이하
정부측의 비굴하도록 우유부단한 대응태도라 하겠다. 전기한 바와 같이 전
기요금 85% 인상이 부당하다는 것을 알고 있으면서도 정부의 소신대로 우
리측의 의사를 관철시키지 못하고 한낱 외교관에 불과한 미국대사의 '일갈'
에 당황하여 정면 반대하기는커녕 굴종을 보였다는 것은 주권국가의 정부수
반으로서 국민적 이익을 수호하지 못하였을 뿐더러 국가의 체면까지 손상한
것이라 하여도 과언이 아닐 것이다.

미국측의 부당한 요구에 대하여 감연히 항거하고 "안 주려면 안 주어도
좋다"고 배짱을 부리고 그 내용을 국민 앞에 공개하여 국민적 지지·성원을
바라야 할 것이어늘 국민에게는 "내정간섭도 아니며 강압하지도 않았다"는
식으로 오히려 미측을 변명해 주고 있는 실정이다. 우리가 알기에는 매카나
기 대사는 작년 4월혁명 때에 정치적으로 개입한 것과 또 그 전임지(버마)에
서 기술적으로 '쿠데타'를 교도하여 미국의 국가적 이익을 지키는 데 있어
유능한 직업외교관이고 또 그런 '공보'로 해서 영진하게 될 이른바 일류외
교관일지는 몰라도 주권국가의 내정문제에 대하여 이래라저래라 할 처지는
아닌 것임을 깨우쳐 일러주고 싶다. 이러한 것도 따지고 보면 장면 정부의
추종주의의 소산임에야 외국사람을 탓하기 전에 장면 정부의 무위무능의 결
과라고 탄식할 수밖에 없다.

(※ 3월 23일부터 사설이 1면에서 2면으로 옮겨옴.)

3월 29일

4면 「유린된 미군 종업원의 인권─국회에 권익보장에 관한 청원서를 제출」

미군부대에 근무하고 있는 한국인 종업원들이 3월 21일 자신들의 처우 개선과 노동운동에 있어서 한국노동법의 적용을 요구하는 청원서를 국회에 제출했는데, 『민족일보』는 이 청원서의 전문을 소개하고 있다. 그 중 '대우'에 관련된 부분만 읽어본다.

대우 = 주한 미군부대에 고용되고 있는 한국인 종업원은 우리 나라 법정 근로기준 이하로 고용되고 있습니다. 즉 부대사정에서 해고되어도 해고수당도 없으며 야근(10% 수당밖에 없음) 휴일근무수당, 연차휴가, 산전산후휴가, 육아시간 등이 없으며, 종업원을 위한 건강진단과 건강보지를 위한 조치가 없습니다. 구년(舊年) 예로 X레이 검사가 있되 이것은 종업원을 위한 것이 아니고 결핵균의 부대침입을 막기 위한 것으로서 이 검사에서 폐환의 미조(微兆)만 있으면 즉시 해고되고 치료에 대한 대책이 전연 없습니다.

이 기사의 옆에 자리한 '해외토픽' 난에는 폐렴으로 절망적인 상태에 빠졌다가 회복한 영화배우 엘리자베스 테일러가 그의 남편 에디 피셔와 함께 뉴욕에 도착한 소식과 함께 마를린 몬로가 전 남편과 단둘이 야구장을 찾은 소식을 전하고 있다. 대부분의 미국관련 기사가 반미적인데 비해 '해외토픽'의 기사들은 무정견해 보인다.

뉴욕 양키 야구팀이 조 디마죠에게 금년 봄의 배팅의 특별코치로 일을 봐달라고 청했을 때 가장 아름다운 여인이 그의 조수로 따라오리라고는 짐작도 못했었다.

지난 며칠 동안 조가 연습장에 나올 때는 그의 전처인 영화배우 마를린 몬로 양이 따라 나왔다. 몬로 양은 최근의 신경쇠약에서 회복되어 이곳에서 휴양중이다.

양키 야구선수들이 시합하기 위해 떠나고 난 뒤에는 늘 이 두 명이 야구 연습장에 남아 있는 것을 볼 수 있었다.

몬로 양은 언제나 슬렉스와 스웨터를 입고 나타났으며 이따끔 양키 야구팀 모자를 쓰고 나오기도 했다. 야구팬들은 선수들이 떠나고 난 뒤에도 몬로 양을 한번 보려고 그대로 자리에 머물러 있게 되었다.

4월 6일

필 뉴솜 UPI 외신부기자가 쓴 뉴욕발 기사(1면)는 4·19 돌맞이한 한국에 반미주의가 대두되고 경제혼란으로 동요를 일으키고 있음을 다루고 있다.

이승만 정권을 전복시킨 학생봉기의 기념일을 맞이할 한국에서는 경제가 혼란상태에 빠져 있고 학생들은 아직도 동요하고 있으며 반미주의가 대두하고 있다. 지난 2월에는 "양키 물러가라"는 전단이 살포되었다. 신한·미원조협정을 반대하는 항의대회에서는 일 연사가 "미국대사는 남한의 신총독인가"라고 말하였다.

이승만 정권을 전복시킨 반정부 폭동이 서울에서 시작된 것은 1960년 4월 18일이었다. 이승만 대통령은 이 폭동에서 약 백여 명이 피살되고 근 천 명이 부상당한 후인 1960년 4월 27일에 사표를 제출하였다. 이것이 '폭동과 학생데모에 의한 지배'의 시초가 되었으며 이를 성공적으로 모방한 일본 좌익 학생들은 아이젠하워 대통령의 일본방문을 중지시키고 앙카라와 이스탄불의 토이기 학생들은 멘데레스 정부를 전복시켰다.

이날 사설의 제목은 「앤타이 아메리카니즘의 본질—미국의 대한정책의 근본적 전환을 바라며」이다. 이 사설을 읽어보면 60년대 진보적 지식인들의 민족의식, 미국관을 실감나게 떠올릴 수 있다. 전문을 소개한다.

(1)

비록 소규모의 것이긴 하지만 앤타이 · 아메리카니즘(반미감정)이 일부 한국사람들—특히 지식청년 및 학생들—사이에 번져가고 있는 듯하며 이곳에 와 있는 외국기자들이나 미국무성관리들도 이 사실에 주목하기 시작한 것으로 들린다.

지난 3월 22일 서울에서 있었던 반공임시특별법안 및 데모규제법안을 규탄하는 성토대회와 데모에 대하여 그 뒤에 ‘공산주의자들의 조종’이라도 있었던 것처럼 보도하여 많은 식자들의 비난을 받은 바 있는 뉴욕 헤럴드 트리뷴의 크라크 기자는 서울에서 뉴욕에 보낸 특파기사에서 “한미 두 나라 사이의 친선관계가 그 막바지에 다다른 것 같다”고 논하고 한국사람들 사이에 ‘반미감정’이 번지고 있는 이유로서 주한 미군기관에서 일하는 한국종업원들에 대한 대우가 나쁘다는 것, 한미행정협정이 아직 체결되지 않고 있다는 사실, 그리고 일부 학생들이 한국통일이 아직 이루어지지 못하고 있는 것은 미군이 남한에 머물고 있기 때문이리고 믿고 있다는 사실을 들고 있다.

우리는 이 클라크 특파원의 매우 피상적인 견해에 대하여 굳이 논평하는 것은 삼가겠거니와 앤타이 · 아메리카니즘이 미국의 원조와 후견과 보호를 다른 어느 자유국가보다도 많이 받아왔다고 자타가 공인하는 대한민국에서조차 사람들의 입에 오르내리게 된 근본이유를 살펴볼 필요가 있다고 생각한다.

왜냐하면 조금이라도 한국을 에워싼 국내외정세를 아는 사람이라면 지금 한국사람들 사이에 번져가고 있는 이른바 반미사상의 성질을 옳게 파악하고 그 원인을 현명하게 제거하지 못한다는 것보다 한미 두 나라의 양식 있는 사람들에게 험한 일은 없겠기 때문이다.

(2)

먼저 결론부터 말하자면 우리 한국사람들로서는 미국사람들이나 소련사람들이나 또는 다른 어떤 외국사람들과도 특별히 친해야 한다거나 밉게 지내야 할 아무런 이유도 찾을 수 없다. 따라서 우리를 36년 동안에 걸친 일본의 식민제국주의에서 해방시켜 놓고 또 1950년 6월 25일의 ‘공산군 침략’으로부터 우리를 지켜준 미국정부나 그 국민들을 미워할 이유는 조금도 없는 것이다. 그러나 이것은 한국정부나 한국사람들이 '해방의 은인이며 우리에게 막대한 은혜를 베풀어준' 나라의 말을 무조건 따라야 한다는 것을 의미하는 것은 물론 아니다.

우리가 보기에는 한미 두 나라의 집권자들은 이 단순한 진리에 대해 너무나도 무식했거나 의식적으로 무시하려는 태도를 취해 온 것 같다.

좀더 구체적으로 말하면 동서냉전전략의 필요상 한국정부의 '무비판적 지지'를 얻기에 급급한 미국정부는 많은 '정치적 끄나불'이 붙은 군사원조와 경제원조를 한국의 집권자(그것이 이승만 독재정권이건 무능·부패한 장면정권이건)에게 베풀어 왔으며, 한편 자기들의 계속집권에 무엇보다도 필요한 미국의 원조를 얻는 대가로 한국의 집권자들은 한국의 유권자들에게 '미국에 대한 무비판적 충성심 또는 우호관계'를 강요해 왔다는 사실을 아무도 부인 못할 것이다.

이와 같은 사실은 소련과 북한의 공산정권과 그 밑에서 신음하는 '북한인민'에게도 똑같이 적용되어야 옳다고 본다. 그러니까 '북한인민'들은 같은 '해방의 은인'인 미국을 '제국주의의 표본'으로만 보도록 교육받아 왔으며 이와 반대로 자유대한의 백성들은 역시 같은 '입장'이어야 할 소련을 우리가 생각해낼 수 있는 가장 나쁜 욕설로만 부르도록 배워왔던 것이다.

이것이 8·15해방 후 16년 동안을 꿰뚫어온 '한미관계' 또는 '조소관계'의 전부라고 보아도 지나친 말은 아닐 것이다. 그리고 이런 일방적이고 일그러진 국제관계의 강요가 남북의 한국사람들뿐만 아니라 우리에게 이것을 강요해온 미소 두 나라에게도 백해무익했다는 사실을 부인할 사람은 없을 것이다.

(3)

그러므로 우리는 지금 남한에 번지고 있다는 '엔타이 아메리카니즘'은 미국의 대한정책을 보다 비판적으로 보려는 이 땅의 지식청년 및 학생들의 생각이 집중적으로 표현된 말이라고 보고 싶으며 이런 비판적인 태도는 환영을 받을지언정 결코 비난의 대상은 될 수 없다고 생각한다.

이른바 '반미사상'이 가장 많은 곳은 다름 아닌 미국의 영향력이 가장 세게 미친 영국, 서독, 불란서와 같은 서구의 민주국가들과 극동에서는 일본,

대만, 필리핀 같은 자유국가들이며 이와는 반대로 '반미사상'이 가장 문제되지 않은 곳이 바로 인도, 에집트 및 버마와 같은 민족주의적 색채가 짙은 이른바 중립국가들이라는 사실을 아는 사람이라면 한미 두 나라의 정부 당국자들이 앞으로 취해야 할 길이 무엇인가를 쉽게 알 수 있을 것이다. 처음에도 말했지만 우리는 미국이나 소련이나 그 밖의 어느 나라에 대해서도 '일방적인 적개심'이나 '강요된 우호관계'를 갖기를 바라지 않는다.

이조 말엽에 강대국들의 비겁한 배신과 양보로 '한국에 대한 영향력'을 일본에게만 독점시킨 결과가 어떻게 되었느냐 하는 사실(史實)을 아는 사람이라면 동서냉전이 시작한 지 16년이 지난 오늘날 '한국에 대한 영향력'을 미국이나 소련이나 그 밖의 어느 한 나라가 독점한다는 것이 얼마나 위험하며 또 실현불가능한 일인가를 깨달을 것이다.

따라서 미국의 대한정책이 동서냉전에 있어서의 승리만을 위해서가 아니라 진정으로 한국사람들을 반세기 이상에 걸친 외세의 지배로부터 벗어나게 하고 통일된 민주적이며 경세적으로 부흥된 독립국가를 이룩할 수 있는 방향으로 근본적인 전환을 가져오지 않는다면 번져가는 '엔타이 · 아메리카니즘'의 딜레마는 해소되지 않을 것이다.

4월 13일

〈사설〉

「매카나기 대사의 이한에 대한 우리의 감회」

우리는 이때까지 몇 차례 미국으로부터 대사를 맞이하였고 전송(餞送)한 기억을 가지고 있다. 그러나 이번 매카나기 대사의 경우처럼 심각한 환멸 가운데 작별을 고하지 않을 수 없는 전례를 보지 못했다.

…

한국을 위해서 이처럼 적극적이고 무책임한 매카나기 외교가 미국을 위해서는 그처럼 불가결하다는 것으로 높게 평가된 이유를 도시 이해할 수 없는 동시에 그것을 좋아라고 쌍수를 들어 환영하는 것은 오로지 이 나라의 반동적인 보수, 반민주세력뿐 일 것이다.

미국이 한국의 이러한 반민주세력만을 상대로 하는 한 대다수의 양심적인
이 나라 국민과 영원히 등져야 한다는 절대의 손실은 보완할 길이 없을 것이
다. 그러한 근시안적인 대한정책이 결과적으로 이 나라 민주발전과 통일의
길을 가로막게 되는 것이 분명하다.

호외 (4월 13일)

소, 인간우주여행 마침내 성공!
우주인 가 소령 무사히 귀환
미 · 소 20년간의 치열한 과학경쟁에 종지부
최초의 우주인 TV에도 출현
가 소령은 27세의 기혼자 슬하에 딸 하나

4월 19일

4·19혁명 1주년을 맞이하여 4월 영령들의 영정과 함께 「잃어버린 혁
명 속에서 새로운 빛을 찾자」는 제목의 사설을 실었다. 『민족일보』는 4
월혁명의 목적과 정신을 완전히 상실한 징치현실을 질타했다. "대통령,
부통령이 국회에서 물러났고 헌법개정과 새로운 국회구성이 단행"되었
으나 "낡은 세대들은 물러나지 않았으며 여전히 정치의 제일선에서 젊
고 건전한 부르짖음을 방해하고" 있는 현실, 정권은 바뀌었다 하나 "민
주당과 자유당은 현미경을 사용하여 비교할지라도 본질적으로 양자산에
커다란 차이를 발견할 수 없는" 현실을 개탄해마지 않았다. 대미관계에
있어서는 예전보다 더 예속적으로 변했음을 비판한다.

대미관계에 있어서는 혁명 후 한층 더 우리의 예속성이 양성화되고 강화

되었다. 한국정부에 대한 미국의 발언권은 신경원협정(新經援協定)을 계기
로 하여 무소불위 무불간섭의 상태에 이르렀다. 따라서 미대사관들의 표정은
그것이 그대로 대한민국 정부각료들의 표정에 반영되는 형편에까지 도달한
것이다. 이것이 우리가 미국과 친애하는 유일한 방법이라고 할 수 있겠는가.

이 사설은 민주당 정권의 "시간을 달라"는 요구가 "어찌되었든지 정권
만은 못 내놓겠다"라는 말과 통하게 된 현실을 환기시키면서, 결론적으
로 4·19혁명 직후 젊은 세대들이 "낡은 세대는 물러가라"고 외친 것이
타당한 주장임을 강조했다.
6면에는 영화 〈오발탄〉(국제극장)과 〈밤에만 흐르는 강〉(국도극장)의
광고가 실려 있다.

4월 20일

이날 1면에는 19일 상오 10시 약 5만여 명의 학생시민들이 시내 성동
원두(原頭)에 자리잡은 야구장에 모여 4·19 첫돌 기념식을 거행한 소식
을 사진과 함께 대대적으로 전하고 있다. 이날 기념식에서는 윤보선 대
통령, 주한 불란서 대사 등이 축사를 했는데 장홍연 혁신당 선전위원장
은 "보수집권자들은 영예로운 4월혁명의 정신을 짓밟고 그 성과를 횡령
하고 말았다"며 정치권에 일침을 가했다.
그리고 서울대 민통련은 선언문을 발표하여 "외세간섭을 제거"하고
"통일세력 탄압 능사로 하지 말라"고 주장한 것을 보도했다..

서울대 민족통일연맹에서는 19일 아침 아래와 같은 내용의 주장이 담긴
4·19선언문을 발표했다. 이날 학생들은 선언문을 발표한 뒤 '남북학생이
판문점에서 만나자' '속지 마라 소련놈 믿지 마라 미국놈' '이북쌀·이남전
기' '밀가루를 주지 말고 기계를 달라' 등의 플래카드를 들고 침묵시위를 벌
였다.

1. 혁명실패의 최대 이유는 동일한 반혁명세력이 외세와 결탁하고 혁명을 중도에서 정지시킨 데에 있음을 선명(宣明)한다. 혁명의 과학적 논리는 이조와 일제시와 8·15 후를 통하여 한결같이 이 민족을 지배하여 온 매판 관료적 사대주의자와 농촌사회에 있어서의 봉건적 착취 및 외족의 위장된 간섭과 지배를 거세하는 데에 전개된다.

2. 조국분단의 전 책임은 국제공산주의와 독점자본주의 및 그들의 추종자인 반민족적 사대주의자들이 냉전청부행위에 존재한다. 민족의 조속한 평화적 통일을 위하여 전민족 자주세력은 총집결하여 남북한의 문화교류 및 학생회담을 포함하는 비정치적 인사교류를 위하여 제1차적 투쟁을 전개하고 외세에 의하여 강제되는 분단상태의 고정화와 군사기지에의 심화를 분쇄하라.

4월 21일

1면에 「반카스트로 혁명 실패─주인(主因)은 국내 호응기대에 큰 오산」이라는 제목의 기사가 크게 실렸다. 미국의 쿠바 침공이 실패한 이유를 해설한 기사 옆에는 「조종사가 탄 비행기 격추로 미국의 직접개입을 증명」이라는 제목의 기사가 함께 실렸다. 쿠바가 발표한 이 비행사의 이름은 레오 프랜시스 밴이고 소지하고 있던 자동차면허증에 적힌 그의 주소는 보스톤 14 낫소가 100번지였다.

〈사설〉

「한일회담은 빨리 타결될수록 양국 모두 이롭다─미국의 거중조정에 의존하여야만 될 것인가」

한일 양국 정부당국자에게 바라건대 한일회담은 조속한 시일 내에 종결되어야 하고 그에 기초한 한일 양국간의 정상국교가 하루 빨리 이룩되어야 할 것을 양국민은 다같이 바라고 있다. 미국이 꼭 중간에 나서야만 양국간 이해조절이 가능하다고 해서야 양국 모두가 '사대주의' 라는 불명예를 씻지 못할 것이 아닌가.

4월 24일

「미국의 큐바에 대한 무력개입은 위험천만하다」

4월 17일 미명(未明)을 기해서 반카스트로군이 22개 지점에서 상륙을 감행함으로써 개시되었던 큐바 침공작전은 마침내 실패로 돌아갔음이 판명되었거니와 큐바의 침공작전이 실패함으로써 명백히 드러난 놀라운 사실이 있었으니 그것은 미국이 이 침공작전을 뒤에서 은근히 또한 지원했다는 숨길 수 없는 사실이다. 이는 미국의 권위지 뉴욕·타임즈도 지적했고 미국무장관 딘 러스크 씨도 완곡하게나마 솔직히 시인한 사실이다.

그러나 더욱 놀라운 사실은 케네디 대통령이 20일 미국신문편집인협회에서 행한 연설을 볼 때 미국은 큐바사태가 만약 앞으로 여의하게 돌아가지 않을 때는 카스트로 정권을 쓰러 뜨리기 위해서 무력을 가지고 직접 개입할 지도 모른다고 시사하고 있나는 섬이다.

이러한 케네디 행정부의 배짱은 작년 11월 대통령선거에서 공화당 후보로 나섰다가 케네디 씨에게 패배한 전 부통령 리처드 닉슨 씨에 의해서도 간접적으로 시사되었다.…

우리는 미국 남단 플로리다주에서 불과 90리밖에 안 되는 큐바도(島)에서 '무모한 짓을 자행하고 있는' 카스트로 정권에 대해서 몹시 불안을 느끼고 있는 미국의 초조감을 어느 정도 동정하고 이해도 하고 싶다. 그러나 미국은 카스트로 정권을 쓰러뜨리기 위해서 미국이 직접전력으로 개입한다는 것이 오늘의 국제정세로 보나 국제관계를 규제해야 할 원칙이라는 관점에서 보나 얼마나 위험천만한 방법인가를 다시 한 번 생각해 봐야 될 것으로 믿는다.

첫째로 비록 미국이 만약 카스트로를 건드린다면 대륙간 탄도탄으로 엄호사격을 가하겠다던 흐루시초프의 호언은 한낱 공포에 지나지 않았다는 것이 폭로는 될지 몰라도 소련이 그 보복으로 세계의 다른 지역에서 서방측의 약점을 찔러 분쟁을 일으킬 가능성은 충분히 있다 할 것이다. 한국, 백림시, 라오스 등 소련이 트집 잡을 수 있는 아슬아슬한 '긴장지역'은 얼마든지 있지 않은가?

둘째 미국이 만약 큐바에 전력(戰力)으로 개입한다면 헝가리의 자유투사들을 철궤로 밟아 죽인 소련의 만행을 규탄하던 미국을 비롯한 자유세계의 그 의의가 말살된다고는 할 수 없을지라도 크게 삭감된다는 것을 지적하지 아니할 수 없다.

반카스트로 세력에 의한 큐바 침공작전이 실패한 가장 큰 원인의 하나가 예상과는 달리 큐바 국민이 대거 반군에 가담하지 않고 카스트로에 충성을 다했기 때문이라는 것이 명백한 한 침공세력을 가르켜 '자유투사'라고 부른 다는 것은 올바른 사고양식을 가진 사람에게는 납득이 가질 않는다. 따라서 미국이 카스트로를 쓰러뜨리기 위해서 직접전력을 가지고 개입한다면, 세계의 눈 특히 중립주의자들의 눈에 그것이 어떻게 비칠 것인지는 뻔한 노릇이라 아니할 수 없다.

4월 26일

〈사설〉

「알제리아는 알제리아인의 것이다 — 주(駐)알 불군의 반란은 역사를 역전시키려는 폭거요 우거다」

알제리아, 그것은 불란서가 가슴에 안고 있는 '판도다라의 함'과도 같은 것이다.…

이번의 군부 쿠데타는 전 알제리아 주둔군사령부 모리스 샤르 장군을 위시한 네 명의 장성에 의하여 주도되고 있다고 하며 이번 반란은 드골 대통령의 알제리 정책에 반대하여 일어난 것이라 한다.

드골 대통령을 곤경에 몰아넣고 또 알제리아 분쟁의 평화적 해결의 길을 가로막게 될지도 모를 이번 군부반란이 일어난 직접적인 원인은 지난 4월 11일의 기자회견시에 공언한 "식민지 포기는 이득이 되는 것이며 우리는 식민지 포기를 우리의 정책으로 삼는"다는 드골 대통령의 실질적인 알제리아 포기선언 때문이라 하겠다.

그러나 더 뿌리 깊은 원인은 현지 백인들의 경제적 이익과 권익에 있다.

1830년 이후 불란서 식민주의자들은 알제리아에서 동화정책을 쓰면서 말할 수 없는 수탈을 감행해 왔고 비인도적 억압과 수탈 위에서 불란서의 영화와 사치를 유지하여 왔던 것이 사실이다.

…

"하나님의 것은 하나님에게 씨저의 것은 씨저에게"라는 말대로 알제리아는 알제리아인에게 돌려주어야 한다.

역사의 조류에 거역하는 마지막이 될 이번의 군부폭거를 분쇄진압키 위하여 일어서 싸우는 드골과 알제리아인들을 전폭적으로 지지하며 승리 있기를 확신한다.

2면에 「카스트로 침공받은 후 첫 방송연설, 침략엔 강력히 대응—미국은 스스로 묘혈을 파고 있다」는 기사가 실렸다. 기사에 따르면 피델카스트로 큐바 수상은 23일 약 일주일 전 큐바 해안에 상륙한 반카스트로 군대가 실패한 후 처음으로 라디오 연설을 하였다. 이 연실에서 카스트로는 "미 제국주의는 멸망할 숙명을 지니고 있다. 큐바는 스스로 희생을 내어가면서 미국을 망치려고 하지는 않으나 미국은 우리 나라를 공격함으로써 묘혈을 파는 결과를 초래할 것이다. 만일 미국의 침략이 있으면 큐바는 미국인들이 상상한 것보다 대단히 강력한 힘으로 저항할 것이다"라고 말했다. 또한 카스트로는 이 연설에서 미국을 "정신적으로 침략자와 파시스트적인 성격"을 나타내고 있다고 비난했다.

이 기사의 바로 밑에는 닉슨 전 부통령이 "대군의 큐바 출동을 지지할 것"이라는 중대발언이 소개되었다.

큐바에 관한 결정을 지으시오. 나는 당신이 서반구나 아시아 특히 큐바에 있어서의 공산침투를 저지시킬 국제조약상의 우리의 의무를 수행하기 위하여 제시하는 제안이라면 무엇이나 지지할 것이요.

닉슨의 이 같은 '중대언명' 밑에는 『들어라 양키들아—큐바의 소리』라는 책광고가 실렸다.

드디어 발매!

현대 미국의 예리한 양심을 대표하는 밀스 교수(콜롬비아대학 교수)가 평이한 문장으로 큐바혁명의 본질, 역사적 및 경제적 배경, 미국의 정책, 공산주의의 문제, 문화 등을 쓴 것이다. 큐바혁명은 큐바뿐만이 아니라 전세계〈굶주린 나라 블록〉의 문제이며 세계사적인 문제라고 한다. 날카로운 분석과 유창한 필치로 된 이 책은 격동기에 처한 세계사를 이해하는 데 많은 도움을 줄 것이다.

들어라 굶주린 나라의 절규!

5월 1일

〈사설〉

「정 외무의 노고를 위로하면서」

근 한 달 동안에 걸쳐 세계정치의 중심무대인 유엔과 미국수도 워싱턴에서 우리 나라를 대표해서 외교활동을 하고 돌아온 정 외무의 노고를 솔직한 심정에서 치하도 하고 싶고 위로도 하고 싶다.

코리아 하면 곧 선의로 미국사람들의 '앞잡이'는 아닐지라도 '추종자' 요 정직한 눈으로 보아 미국의 '피보호국'으로밖에 통하지 않는 것이 국제외교 무대에 비친 우리 나라의 이미지라는 것은 불쾌하기 짝이 없지만 누구도 부인할 수 없는 뚜렷한 현실이다. 이러한 바탕 위에서 우리 나라를 대표해서 우리 코리안들의 이익을 대변한다는 것이 얼마나 어려운 일인지 우리는 이해하고 싶기 때문이다.

…

이렇게 보아올 때 정 외무의 이번 유엔행은 우리의 참다운 이익을 대변하러 간 것이 아니고 결과적으로 우리의 '예속성'을 유감 없이 광고하러 간 것이나 다름없다는 결론도 나옴직하다.

이런 의미에서 우리는 원로의 여행에서 돌아온 정 외무에 대해서 비록 그 노고는 위로하고 싶은 마음 간절하지만 혹자가 말했듯이 '대승리'를 거두었다 해서 축하하고 싶은 생각은 도무지 없다.

5월 2일

〈사설〉

「인류는 '우주병기'라는 '길로틴' 하에 살고 있다-미의 라오스 개입설과 중국 본토 폭격론을 보고」

"우리는 산정에 올라야 한다"는 케네디 대통령의 침통하고도 격려적인 아필을 신호로 미국은 지금 '패배의 산비탈'이 아니라 '영광스런 산정'에 오르기 위해 모든 힘을 기울이고 있다.

그런데 이 '산정에로의 노력'은 국내정치면에 그 '혁신의 논리'(뉴 프론티어리즘)를 적용시키면서 전개되고 있는 것보다 오히려 국제정치 분야에 집중 경주되고 있는 형편이다.

큐바의 반카스트로 운동에 개입했다가 실패함으로 단단히 창피를 맛본 미국이 이번에는 다시 명예와 위신을 걸고 라오스 사태에 직접 간접으로 개입하기 위한 태세를 갖추고 있다 한다.

라오스의 적화를 극도로 우려한 케네디 대통령은 이 문제의 토의를 위해 특별국가보안회의를 소집하였고 제7함대와 극동공군은 대기태세에 놓여 있다 한다.

그런가 하면 매카더(맥아더) 장군은 라오스 개입에서 성공을 거두려면 "중국본토를 폭격해야 한다"는 위험하고도 비약적인 주장과 건의를 하고 있다. 이러한 미국의 강경한 태도는 케네디 민주당 행정부와 공화당 월가 재벌들과 펜타곤(국무성)의 일치된 견해에서 이루어진 것이라 볼 수가 있다.

라오스 사태에 관한 정·군·재의 삼위일체적 태도는 미국의 국제정치상에서 보기 드문 주목할 만한 사실이라 하지 않을 수가 없다.…

델레스의 '전쟁일보 정책'과 같은 케네디 정책은 미국의 힘을 내외에 과시하고 실추된 위신을 회복하는 데 도움이 될 수 있을지 모르나, 이것은 미국에게 마이너스를 가져오고 자칫하면 걷잡을 수 없는 결과를 초래할 가능성도 없지 않다.

…

그 첫째는 동갈(위협함)외교의 인상을 주는 면이 있다. 라오스에의 파병과 중공 폭격론쟁은 군사적 실천과는 거리가 있는 정치적 위협이요 동갈이라는 좋지 못한 인상을 주고 특히 중립주의 제국 인민에게 '위기조성'과 '전쟁도발'이라는 오해와 비난마저도 살 우려가 있다.

둘째는 자칫하면 큐바의 전철을 밟을 위험성이 있다. '절대제공권 지상주의' 전략공군이론과 핵무기전략 및 정치현실에 어두운 '보수적 직업군인들의 주장'은 사태를 그릇된 방향으로 이끌어가는 위험성이 많다. 한국동란 때도 매카더 장군은 중국 본토 폭격을 주장했다가 정치지도자들의 현명한 판단에 의해 용납되지 않은 적이 있었다.

셋째 전면적 핵전쟁으로 발전할 가능성이 있다. "제한적 전쟁은 미군이 유리하게 활용할 전략"이라고 주장하는 미국의 전략가와 고급장성이 많으나 한번 국지전이 벌어지고 궁극무기가 사용되면 전면 핵전쟁으로 발전하여 인류비극을 초래할 위험성이 있다.

미국이 자유세계 방위를 위하여 라오스 등에 적극 개입하는 것은 불가피한 일이나 이것이 지나쳐 정당방위를 벗어나 '과잉방위'로까지 되어서는 안 될 일이다.

인류는 '우주병기'라는 이름의 길로틴 밑에서 집행유예의 선고를 받고 살고 있는 판이다. 미국을 비롯한 전세계의 지도자들은 평화의 처방을 마련하면서 전쟁방지 평화수호를 위해 참고 견디면서 신중히 행동해야 옳을 것이다.

5월 3일

〈사설〉(전문)

「라오스 위기와 미국의 고민」

미군을 직접 투입하여 쓰러져 가는 분움 정부를 구할 것이냐 혹은 라오스의 적화를 방관해야 될 것이냐 하는 기로에 서서 내전을 위요(圍繞)하고 케네디 행정부는 그야말로 빼도박도 못할 궁지에 빠지고 말았다. 전자를 택하자니 험난한 앞길이 너무나 뚜렷이 내다보이고 후자를 택하자니 라오스의 적화는 절대로 용납하지 않을 것이라고 소리치던 굳은 약속을 어김으로써 자유세계 영도권으로서의 위신과 체면에 큰 손(損)을 각오해야 되겠기 때문이다.

라오스 위기는 확실히 케네디 행정부가 달라와 무기를 지팡이로 삼았던 지난날의 미국 대외정책으로부터 물려받은 '달갑지 않은 유산'임이 틀림없다.

동남아세아의 일각을 차지하는 소왕국 라오스에 있어서만큼 동서냉전에 있어서 미소양국의 '중립주의'에 대한 태도와 정책이 날카로운 대결을 보인 곳은 없었다. 1954년 인도지나 휴전이 성립된 이래 미국의 대라오스 정책은 언제나 라오스의 중립화란 '고약한 것'은 '부도덕한 것'이란 입장에서 라오스에 친미정권을 유지하기 위해서만 모든 정력을 소모하다시피 해왔다. 그러나 반면 소련과 중공은 속배포는 어떠했든지간에 라오스의 중립화를 주장하여 중립주의자인 전 라오스 수상 수바나 푸마 공을 지지함으로써 이러한 미국정책에 대항해 왔다.

그 결과는 어떠했던가?

미국의 버젓한 대규모 군사원조의 뒷받침을 받은 분움 정부군이 소련과 중공으로부터 내밀적이고 음성적인 도움밖에 받지 못한 중립주의자 수바나 푸마 공을 지지하는 친공 파테르 라오군에게 몰려 마침내 라오스 전역의 5분지 4를 빼앗기고 말았다.

친공의 이러한 승리가 분움 정부에게 전의와 사기가 없고 라오스 인민이 많이 친공군을 은밀히 동정했기 때문이라는 것을 미국무성 자신이 시인하고 있는 바이지만 이는 확실히 라오스 인민이 라오스는 동서 양진영의 틈바구니에서 어느 쪽에도 매달리지 않는 참다운 독립을 유지해야 한다는 푸마 공의 노선을 지지했음을 뜻하는 사실이라 아니할 수 없다.

케네디 행정부는 지난날의 미국의 대라오스 정책이 그릇되었음을 깨닫고 라오스의 중립화를 받아들이겠다고 나섰으나 이미 때는 늦었던 것이다. 라오스 내전이 파테트 라오 군에게 결정적으로 유리하게 기울어진 후였기 때문이다.

더욱이 미국이 요즘에 와서 라오스 사태에 대해서 더욱 초조해진 것은 새
로운 라오스의 주인공이 될 것이 확실해진 수바나 푸마 공이 최근의 언동으
로 보아 진정한 중립주의자라 볼 수 있느냐가 의심스러워진 때문이다. 푸마
공은 최근 모스크바와 북경을 방문하여 공산주의자들의 비위는 맞추면서도
워싱턴도 한번 와 달라는 미국 행정부의 간곡한 부탁은 깨끗이 거절했을 뿐
아니라 마치 앙갚음이라도 하려는 듯이 요즘에 와서는 노골적으로 서방을
비방하기에 이른 때문이다.

그러나 누가 푸마 공으로 하여금 모스크바나 북평에 더욱 가까워지도록
만들었느냐 하는 것은 미국정부로서 한 번 심각히 생각해 봐야 할 문제다.
이 나라에서 잘 통용되는 말로 '멀쩡한 사람을 또 하나의 빨갱이로 만든 것'
은 누구의 죄였던가? 생각해 봐야 될 것이다.

5월 4일

〈사설〉

「일본의 대한 전력차관을 '무조건' 환영하기에는 아직 이르다―미국의
대일 차관을 견질(見質)한 미국의 간접지원에 불과」

그러므로 동차관이 구현된다면, 그것은 일보의 자의에 의한 것이라기보다
는 실질적으로는 미국의 보장 아래 미국의 알선 아래 이루어지는 미국의 간
접적 지원이 될 것임을 알 수 있다. 이것은 미국을 선두로 해서 국제적인 대
한 원조세력이 복수화된다는 것을 의미하며 동시에 앞으로 한국의 경제나
나이기서는 정치까지 전기한 바 같은 국제적인 채권국가들에 의하여 공동감
시 받는 결과가 아니 된다고 장담할 수는 없다. 그리고 채권을 마치 무상공
여시하고 연률 6분에 달하는 이자부담을 도외시하고 무엇이든 얻고 보자는
'약자' 의 근성을 나타내고 있는데 대하여서도 경종을 울리지 않을 수 없다.
"세상에는 공짜라곤 없다"는 평범한 진리에 다시 한 번 눈을 뜨고, '무조건
환영' 같은 비굴을 보이지 않기를 일러두는 바이다.

5월 5일

〈사설〉

「조국통일 선봉들에게 감사한다 — 서울대 민통련의 결의문을 지지하며」

끝으로 남북의 집권자들과 기성인들에게 할 말이 있다. 그것은 다름이 아니라 순수한 민족애에서 나온 이 학생들의 비장한 결의와 행동에 대해 이것을 위험시하거나 경원할 것이 아니라 적극적인 성원과 협조를 보내야 한다는 것이다.

이들이 결코 모스크바에서 훈련받은 공산주의의 선전원들도 아니며 워싱턴의 조종을 받은 미국의 앞잡이들은 더구나 아님은 이들의 결의문이 웅변적으로 말해 주고 있다. 현정부는 서슴지 말고 이들이 이북의 학생들과 만나기 위한 준비를 서두를 수 있도록 모든 편의를 주어 이들의 노력이 열매를 맺을 수 있도록 할 것을 마음속으로 바라는 바이다.

「서울대학 민족통일연맹 대의원 결의문」(일부)

우리들은 강대국의 목적에 대한 수단이 아니라 우리들 자신의 목적이어야 한다. 그들의 목적이 침략이든 집단방위든, 원조이든 착취이든 간에 그것은 그들의 목적이지 우리들의 목적일 수는 없다. 케네디의 뉴 프런티어 정신과 후르시쵸프의 애교(愛嬌)로만이 우리가 잘살게 되리라는 이 허망한 미신이 어디서 연유되었든간에 우리는 우리의 살길을 찾아야 한다. 남북의 내 민족은 증오할 만한 서로의 적이 아니라 이해와 협조와 동정을 아끼지 않아야 마땅한 사람들이다.

5월 8일

〈사설〉

「미국의 인간 로케트 발사와 외기권 평화이용 — 우주개척을 위한 공개적 실험을 높이 평가한다」

'외기권의 평화적 이용'을 보장한다는 것은 인류가 당면한 또 하나의 커다란 과제가 돼 있지만 국제여론은 인류과학이 달성한 이 새로운 놀라운 업적이 군사적 목적이 아니라 평화적이며 건설적인 목적에만 이용되도록 보장하기 위해 우선 우주개척을 위한 일체의 과학적 실험을 공개할 것을 소리 높여 외쳐야 할 것으로 본다.

5월 12일

「큐바의 교훈과 한국」(논설위원실)

"큐바의 소리는 곧 세계의 모든 가난한 백성들의 소리와 통한다."

부질없이 대미감정을 자극한다는 비난을 피하기 위해서 일일이 다 열거하지는 않겠지만 우리 나라 사람들이 미국과 미국인에 대해서 품고 있는 의문은 너무도 많다. 우리는 왜 가난에 쪼들리면서도 우리 마음대로 한번 써보지도 못할 국군을 7십만씩이나 유지해야만 하나? 30억 불에 달한다는 지금까지의 미국의 대한 원조 중에서 참말로 우리 경제의 살이 되고 뼈가 된 것은 얼마나 되나? 등은 그 대표적인 것이라 할 수 있다.

뿐만 아니라 눈꼴사납고 아니꼬운 점이 너무나 많다.

우리 나라 사람들을 도와주러 왔다는 사람들이 자동차도 우리 나라의 털털이 차는 타기 싫다고 영업허가도 없는 특별택시제를 만들어 버젓이 타고 다니며 우리 나라 실정과는 동떨어진 내궐 같은 저택에 철조망을 치고 들어앉아 괴상한 벙거지를 쓴 한국사람들로 하여금 지키게 하고 있는 것은 아무리 생활수준이 높은 사람들이라 할 수 없다고 체념하려고 애써봐도 아니꼬운 꼴이라 아니할 수 없다.

이런 것들은 모조리 시정돼야 한다. 미국이 만약 한국민과의 영속적인 우호관계를 바란다면 이 나라가 제2의 큐바가 됨을 미연에 방지하자면, 이런 것들은 깨끗이 청산돼야 한다.

…

5월 16일

박정희 소장이 한강을 건너던 날 아침의 『민족일보』 1면의 머릿기사는 장면 내각이 한일문제의 최대현안인 어업문제와 재산청구권문제를 해결하는 새 방안으로써 "한국의 재산청구권을 일본의 대한무상경제원조로써 대체하자"는 데 한일 정부당국이 합의하였다는 소식을 접한 정치권의 반응을 싣고 있다. 그리고 그 옆으로는 부산지사의 윤인경 기자가 찍은 「철거작업중인 옛날의 관부연락선 부산잔교(桟橋)」 사진이 보인다. 다음과 같은 사진 설명과 함께.

잔교여 말하라 지난날을─반세기 동안 하루도 쉴 사이 없이 이 강토를 짓밟고 앗아가던 일본 제국주의의 관문 '부산잔교'가 해방 17년 만에 자취를 감추게 되었다. 관부연락선이라고 하던 정기항로의 관문… 이곳을 통해 헤아릴 수 없이 많은 '침략의 첨병'들이 이 강도와 내륙으로 쏟아져 나왔고 수 없는 우리 동포와 고혈을 짠 재화가 일본으로 넘어가지 않았던가?

죽음의 전장으로 탄광으로 공장으로 끌려가던 겨레의 슬픔과 눈물이 열룩진 곳… 현해탄의 거친 파도를 넘어 '대동아공영권'의 제물로 바쳐진 그 많은 청년학생들이 슬픔을 묻고 떠나간 부산잔교가 이제 철거작업에 의해 사라져버린다.

그러나 17년의 연륜은 다시 일본의 경제적 침투라는 새로운 음향을 실어 밀려들어오려 한다. 잔교여… 말하라. 지난날의 그 슬픈 일들을… 그 숱한 눈물들을… 다시 이 땅에 발딛고 오려는 침략의 첨병들을 경계하라고

그리고 잔교의 밑으로는 케네디와 흐루시초프 간의 「미소정상회담이 3주일 내에 개최될 것」이라는 AP발 기사와 함께 로이터 통신이 전한 「월남에 백 명을 유파─밀림전투 위해 특수훈련 받은 미군」이라는 기사를 싣고 있다.

『뉴욕 헤럴드 트리뷴』지는 케네디 대통령이 자유월남에 가도록 밀림전투

의 특별훈련을 받은 1백 명의 미국군인들에게 "자유월남을 이웃의 라오스처럼 할퀴어 죽지 않도록 지키라"고 명령하였다고 보도하였다. 동지는 와싱톤 발신으로 이들 군인이 "공산 월맹군의 소굴을 찾아내서 부수어 버리기 위하여 늪과 밀림으로 가야 할 것"이라고 말하였다.

〈사설〉

「민족의 자주적 노력으로써 남북협상의 단계까지 정세를 발전시키자 — 통일운동의 올바른 목표와 자세를 위하여」

우리 민족은 불행하게도 16년 동안 38선이라는 인위적인 장벽에 의해서 분단되었을 뿐만 아니라 중상과 동족상잔의 피눈물나는 욕된 역사를 겪어왔다. 남북의 불신은 이루 다 형언할 수 없을 정도로 민족간의 고랑은 깊고 넓어졌다. 이 처참한 기억을 한강과 압록강의 물로써 씻어버리지 않으면 안 될 것이 아닌가. 백의민족의 피를 나눈 동족애로써 일제시에도 있었던 그 굳은 연대감을 다시 환기해야 할 것이다. 반목과 적대시만이 조장된 남북의 한겨레가 또다시 접촉하면 동족의 따뜻한 체온을 서로 감득될 수 있을 것은 말할 나위도 없다. 그것은 이념의 상극을 초월하는 공통의 민족감정에서 우러나오는 체온이기 때문이다.

3면에는 「막바지의 보리고개 — 보은서 추풍령까지」(하)라는 기사가 소를 끌며 논가리하는 농부의 사진과 함께 실려 있다. 기사는 추풍령역에서 얼마 멀지 않은 황금면 관리에서 만난 농부의 한탄을 진하고 있다.

"아무리 기를 써서 농사를 지어도 먹고 살 수가 없으니 차라리 논밭을 팔아 빚이나 갚고 지게품이라도 해야겠다.… 농촌이 황폐화하고 마을마다 굶주린 백성들이 나자빠졌어도 정치한다는 사람들은 무엇을 하느냐."

민족통일전국학생연맹 결성준비위원회 명의로 된 「남북학생회담 및 통일축제 개최에 관한 원칙 및 우리 요구」라는 성명서가 의견광고 형식으로 발표되었다. 거기에는 이런 주장들도 포함되어 있다.

─ 정부는 북한의 새 세대를 '공산당원'이라고 보기 전에 우리 민족의 새 세대임을 시인하고 그들을 구제하고 선도할 아량을 보여라.

─ '반공'을 잠칭하는 어용단체는 자기의 진심과는 방향을 달리하는 '금전'과 '출세주의'의 기로에서 더 이상 방황하지 말고 민족의 대열에 참가하여 진정한 민족주의 노선을 지향하라. 우리의 문호는 개방되어 있다.

우리에게는 돈과 권세는 없으나 따뜻한 동지애와 민족의 냄새가 풍기는 통일의 광장을 마련하고 있다. 여러분의 호응을 우리는 기다린다.

5월 16일 화요일에는 이런 영화광고가 실렸다. 〈의적 일지매〉(최은희, 도금봉, 신영균), 〈사랑방 손님과 어머니〉(최은희, 김진규), 〈무기여 잘 있거라〉(록 허드슨, 제니파 존스), 〈고독한 관계〉(폴 뉴만, 조완 우드워드), 〈쟌다크〉(잉그릿트 버그만), 〈대지〉(에폴 프린, 쥬리에트 그레코)

5월 18일

「군사위원회…」라는 제목의 1면 머릿기사가 허옇게 지워진 채 발행됐다.

2, 3, 4면의 주요기사들도 지워졌는데, 박정희 장군에게 유리한 미국관련 기사는 삭제되지 않고 실렸다. 미국이 그린 대리대사의 쿠데타 비판 성명을 승인하기를 회피하고 있다는 내용이다.

「와싱턴 16일 발=동화」이은우 기(記)＝미국은 한국의 쿠데타가 앞으로 수일 동안에 어떻게 진전될지 중대한 관심을 가지고 있다. 미국무성은 16일 장면 정부를 지지한 매그루더 유엔군사령관과 그린 대리대사의 15일(미국시간)의 성명을 공공연히 승인하기를 회피하고 양인의 성명은 그들의 직권과 지위의 테두리에서 나온 것이며 국무성으로서는 아직도 걷잡을 수 없고 불확실한 서울로부터의 보고를 검토중에 있다고 말하였다.

그런데 한국사태는 16일 극동문제담당 국무차관보 매카나기 씨가 케네디 대통령에게 보고하였다.

　백악관은 16일 침묵을 지키고 있었다. 화이트 국무성 공보관은 쿠데타 이후에 한국에 대한 미국의 원조가 중지되었다는 징조는 없다고 말하였다.(이하 삭제).

5월 19일

『민족일보』 마지막호 1면 머릿기사로는 육사생도 전원이 군사혁명을 지지하는 시가행진을 벌인 소식을 사진과 함께 전하고 있다. 이날 육사 생도들이 천명한 구호의 핵심적인 내용은 "전몰장병의 피가 채 마르지도 않은 이 마당에서 공산주의와의 협상은 일절 부인한다"는 것이었으며, 장도영 혁명위원회 위원장은 격려사와 함께 "적색준동을 색출하여 반공체제를 확립"하겠다는 선언을 했다.

　그리고 1면 왼쪽 하단에는 카다나를 방문중인 케네디 미대통령이 한국 군사정권을 "반대할 이유" 없다는 견해를 밝혔다는 기사가 외신기사로 보도되었다.

　「와싱턴 17일 AP발＝합동」 미국관리들은 지대한 관심을 가지고 한국 내 사태를 주시하고 있으나 사태가 '불투명' 하다고 말할 뿐 그 이상의 언명을 거부하였다. 현재 카나다를 방문중인 케네디 대통령은 한국사대에 관하여 국무성과 긴밀한 연락을 취하고 있다. 케네디 대통령은 카나다로 출발하기 전에 전 주한미 대사이며 현재 극동문제담당 국무차관보인 월터 매카나기 씨를 백악관으로 초치하여 협의하였다. 미국의 한국의 민주주의 제도가 흔들리는 것을 원하지는 않으나 서방측과 협조하겠다는 의향을 강력히 밝힌 바 있는 신정권에 반대하려는 아무런 의사도 가지고 있지는 않다.

　위의 기사에 연이어 왼쪽 하단 모서리에는 「全面軍檢 畢」(전면군검 필)이라는 글자가 찍혀 있는 것이 눈에 들어온다.

2면에는 "대한원조는 계속"하겠으며 "혁명위와 접촉중"이라는 미국의
첫 공식반응을 보도하고 있다.

「와싱턴 17일발 AP특전＝동화」미국무성은 17일 미국군대는 한국의 혁명
에 "어떠한 형식으로든 관계되지 않았고, 또 앞으로도 관계되지 않을 것"이
라고 말하였다. 국무성 공보관 조셉 리프 씨는 한국군 봉기에 대한 광범한
분야에 걸친 다른 질문에는 논평을 회피하면서 이와 같은 성명을 발표하였
다.… 국무성은 주한 미국관리들이 그들의 직권 테두리 안에서 행동하고 있
다고 말하였으며 그러나 와싱턴이 장면 정부를 지지한다는 취지와 같은 성
명을 발표하기를 회피하였다.

한편 체스터 보울즈 미국무장관 서리는 미상원 외교위원회에서의 발언을
통해 "현재 한국정부를 운영하고 있는 혁명위원회에 대한 미국의 공식정책
이 '아직 결정되지 않았다' 고 말한 것으로 보도됐다. 그리고 보울즈 씨는 동
비밀회의에서 '부패를 일소하고' 정부에서 물러나겠다는 군부성명에 의하
여 격려를 받았다는 보고를 한 것으로 전해졌다.

반미는 비도덕이던 시대의 잡지 『청맥』

서 ─ 한국형 파시즘, 한국적 민주주의

한국적 민주주의, 이는 한국형 파시즘의 또 다른 말이다. 서중석 교수는 『역사비평』1991년 겨울호 「역사현실과 반지성」에서 한국적 민주주의를 내세운 박정희 군사정권을 '한국형 파시즘'이라 일컬었다. 혁신계 정당조차 보수적인 우익으로 분류될 수밖에 없었던 한국사회의 특수한 정치적 지형 속에서 형성된 한국형 파시즘의 주요 특징은 무엇인가?

이에 대해 서중석 교수는 "폭력성을 속성으로 하여 힘을 숭배하는 것이나, 의회주의와 정치를 비방·반대하고 쿠데타로 권력을 탈취하는 것을 자연스럽게 생각하며, 이성적인 반공을 반대하고 극단적인 반공노선을 걷는 점에서나, 독점자본을 옹호하는 데서는" 유럽의 파시즘과 비슷하지만, 일제 군국파시즘의 아류인 한국형 파시즘은 "대체로 민족의식이 왜곡·도착되어 있거나 희박한 것이 주요한 특징"이라고 보았다.

한국형 파시즘은 일본의 파시즘으로부터 많은 것을 물려받았는데, 그중의 하나는 도착된 언어의 사용이다. 일본 파시스트들은 "한국인의 민족정신을 말살하는 것을 일시동인(一視同仁)이라고 불렀고, 한국과 중국 등에 대한 침략을 대동아공영권의 건설"이라고 하였다. 해방 직후부터 친일부르주아 지주세력은 민족주의자들에 대해 '매국노' '민족반역자' 같은 말들을 사용하며 공격했다. 이러한 도착된 언어는 이승만과 박정희 군부정권에 의해 더욱 정교하게 조직적으로 활용되어 1980년대에 이르게 되었다.

친일파나 반민족행위자가 애국자나 민족주의자로 둔갑하였고, 자유의 파괴자가 자유의 수호신으로 행세하였다. 또한 객관적으로 분석해 볼 때 전혀 자유주의자조차 될 수 없는 가장 반자유민주주의적인 자들이 파시즘 횡포를 부리면서 자신들을 자유민주주의자라고 수없이 강변하였는데, 민주주의를 열망하는 자들이 '자유민주주의'라는 말만 들어도 혐오감을 갖게 되었고, 자유민주주의＝파시즘이라는 기막힌 연상까지 일반화되다시피 하였는데, 자유민주주의자임을 자칭하는 자들은 언론계나 교육계·학계·종교계에도 적지 않음을 목도할 수 있다.[1]

박정희 정권 시기 언어의 도착증세가 심했던 것은 '민족주의', '민족' 이라는 말이다. '민족중흥'을 부르짖은 박정희는 민족주의자 장준하를 눈엣가시 같은 존재로 여겼다. 제대로 된 민족주의자 중에 박정희를 비판하지 않는 경우는 드물다. 김성진은 「그는 반미주의자였는가」에서 민족주의 대 민족주의의 '기이한' 대립을 다음과 같이 적고 있다.

박 정권은 최고회의 시대부터 비록 소박한 표현이었으나 민족주의적 색채를 뚜렷이 표시했었다. 그러나 민족주의적 지식인들조차도 충분한 지지를 받지 못했다. 그 이유는 군사혁명이라는 권력장악 방법 때문이었다. 나중에 가서는 민족주의를 내세우는 정권을 민족주의적 지식인들이 반대하는 기이한 정치투쟁의 양상으로 번져나갔던 것이다.[2]

민족중흥을 내세운 박정희 시대는 민족주의자 수난의 시대였다. 쿠데

---

1) 서중석, 『역사비평』, 1991년 겨울호
2) 김성진, 「그는 반미주의자였는가」, 『박정희시대―그것은 우리에게 무엇이었는가』, 조선일보사, 1994년, 150쪽

타가 일어나자마자 『민족일보』는 폐간됐고, 『민족일보』 사장 조용수는 사형에 처해졌다. 민족주의자 장준하와 그가 발행하던 『사상계』도 수난 의 길을 걷다가 의문사, 폐간당했으며, 60, 70년대를 통털어 가장 민족주 의적 색채가 짙었던 잡지 『청맥』 역시 통혁당사건에 연루되면서 비극적 인 종말을 고했다. 『청맥』에 실린 민족주의적인 기사를 통해 박정희 민 족주의의 허구성, 한국형 파시즘의 언어도착을 바로잡아 본다. 1964년 8 월 창간된 『청맥』은 1967년 7월호까지 28호가 발행되었으며, 그 논조는 '반정부', '낮은 수준의 반미적 성격'을 띠고 있었다.[3]

1. 치자와 피치자의 말
－ 창간사 (1964년 8월호)

『청맥』은 창간사에서 "치자와 피치자 사이에선 그 어의와 가치판단에 현격한 차이가 있었음"을 먼저 밝히고 넘어간다.

그러기에 4 · 19는 당연이라 했고 5 · 16은 부득이라 이름지었다.
그러나 십구 년이란 오랜 세월 동안 겨레의 한결같은 념원은 조국통일과 빈곤에서의 탈피로 집약되었으나 완전자주와 자립은 치자와 피치자 사이에 선 그 어의와 가치판단에 현격한 차이가 있었음은 숨길 수 없는 사실이다.

박정희 정권은 민족의 자주, 자립, 자위를 국가이념으로 전명했고, 박 정희 정권에 반대하는 민족주의 진영도 이 자체를 반대할 이유가 없었 다. 문제는 '그 이의와 가치판단'의 현격한 차이에 있었다. 『청맥』 기사 의 한줄 한줄은 바로 그 차이의 예문이기도 하다.

---

3) 조희연, 「60년대 조직사건에 대한 역사사회적 연구」, 『경제와 사회』, 1990년 7월호

2. 조국을 통곡한다
— 권두언 (1964년 11월호)

『청맥』은 5·16쿠데타 직후 한국사회의 성격을 어떻게 바라보았는가?
1964년 11월호 권두언 「조국을 통곡한다」는 '신판 상전의 고삐'의 굴레
에서 벗어나지 못한 분단국가로 규정하고 있다. 이 권두언은 동경올림픽
에서 남북의 부녀가 비극적으로 상봉한 장면을 통탄하며 쓴 글이다.

광복의 기쁨은 우리 겨레에 무엇을 가져다주었는가? 두 동강이 난 잔등
위엔 세기의 비극이 얼룩졌고 소용돌이치는 세계사는 수혜와 맹방의 이름
뒤엔 언제나 굴욕과 맹종을 우의와 미덕으로 몰아치는 신판 상전의 고삐가
오대양 육대주의 구석구석마다 흐름에 나부끼는 물풀들 위에 사치스레 덮쳐
있다. 우린들 어찌 이 굴레에서 벗어나길 했겠는가?

필자는 다시 부끄러운 자화상을 지닌 우리 모두에게 묻는다." 말구에
우리 자손들에게서 불리워질 최근사 남북한 이십 년! 아니 삼십 년! 오
십 년! 그날에도 과연 오늘의 치자들이 백성의 뜻에 따라 애비와 자식을
갈라놓고 형제와 자매를 떼어놓았다고 큰소리 칠 수 있을까?"
"내 땅을 두고 이국의 하늘 아래서 벌어진 신금단 부녀 상봉의 비극"
은 그야말로 "타율적 작용에 의하여 목매여 통곡하는 조국의 축소판"에
다름 아니다. 이를 보고 조국의 통일을 뼈저리게 느끼지 않는 자 없건만,
"민족통일은 죄악시되어 왔고" 민족주의를 내세우는 박정희 정권 역시
통일을 이단시했다.
예나 지금이나 피는 물보다 진했고, 민족애는 이념에 우선했다. 그렇
기에 필자는 "가령 북한이 이번 동경올림픽에 출전하여 우리의 우방인
미국과 대전하였을 때 미국의 승리를 손 모아 빌 사람이 우리 겨레 가운
데 몇 명이나 될까?" 하는 질문을 던지는 것이다. 선량한 시민들은 너나
할 것 없이 통일을 갈망하건만 통일이 죄악시되는 현실, 필자는 바로
"이 비참한 조국의 현실을 통곡"하는 것이다. '신판 상전의 고삐' 아래

민족성을 상실해 가는 사대주의 분단국가를 통곡하는 것이다. .

우리에겐 우리만의 것이 없어진 지 오래다. 정치도 경제도 문화도 예술도 종교도! 영어의 낱말 나부레기나 주서 삼길 줄 알아야 문화인이 될 수 있는 내 나라! 엉덩이를 흔들며 째즈를 불러야 남과 섞여질 수 있는 퇴폐된 사회 풍조! 이것은 벌써 내가 사는 '내 나라'가 아니라 '남이 사는 내 나라'다.

'내가 사는 내 나라'를 만들기 위해선 무엇을 해야 하나? 경제자립을 위한 경제개발도 중요하다. 그러나 필자는 "우리의 빈곤과 후진성을 초극하는 첩경은 경제개발 오개 년 계획에 앞서 민족통일 오개 년 계획이어야 한다"는 점을 강조하고 있다.

이처럼 『청맥』의 민족주의는 통일을 지향하는 민족주의였다. 반면에 박정희의 민족주의는 통일을 죄악시하고 분단을 눈감아주는 민족주의인 것이다. 『청맥』은 창간사에서 왜정 삼십육 년의 이민족 통치세월은 길고 지루한 것이었다고들 말하면서도, "양단된 조국의 연륜이 십구 년이나 쌓였음을 뼈저리게 느끼지는 못하는" 세태를 질타했다. 바로 여기에 차이가 있는 것이다. 박정희를 민족주의자로 미화하는 사람들은 대개가 분단을 기정사실로 받아들이면서 분단의 세월을 지리하게 여기지 않는데 반해, 박정희에 항거한 민족주의자들은 한결같이 민족의 분단이 자손들에게까지 이어지는 것에 분노와 수치심을 느낀다.

3. 대화 속의 노랑머리

"히야시 사이다나 콜라요!"
"쥬우스 요요깡 카스테라 있습니다!"
"밀크 캬라멜이나 도롭프스!"
"정조(정종), 뿌란듸, 소주(소주) 있습니다!"
"삼강 하아드! 아이스케키!"

　"벤또우 스시벤또우!"

　이것은 기차간에서 단 10분도 안 되는 동안에 장삿군들이 외치고 다니는 소리였지만, 우리 주변에 범람하는 외국어와 왜래어를 주워 섬기자면 한량이 없다.

　아침에 일어나 '가고'를 들고 '다마네기' '다꾸앙' '아부라아게' '뎀뿌라'를 사들여 오는 장 보아오는 일로부터, 일상생활의 모든 용어에 외국어와 외래어는 범람하고 있다.… 이제는 연세가 많은 할머니 입에서도 '빠이빠이' '노오 굳' 등이 마구 튀어나와 모든 게 우리 정신이 아니다.

　연예계의 용어는 더욱 다채로워 '팬' '팬레터' '레파토리' '로케' '핑크무드' '데뷰' 등이 이제는 눈과 귀에 익었고 남녀간의 교제문제에 대해서도 우리말을 볼 수 없게 되어서 '푸로포우즈' '데이트' '아벡크' '보이 프렌드'라고 해야 맛이 나고 책광고도 '붐' '베스트 셀러' '씨리이즈'라는 말이 지상(지상)을 장식하고 있다. 신문기사로는 '데드라인' '크로우즈 업'이니 '인터뷰' '리스트' '리셉숀' '칵데일 아이티'라는 말들이 우리 눈에 비추이게 되었다.[4]

　「대화 속의 노랑머리」의 필자는 "우리말로 능히 할 수 있는 것까지도 일부러 외국어, 또는 왜래어를 사용하는 심리에는 다분히 식민지 근성이 도사리고 있는 것이라고 아니할 수 없다"며 우리말 경시풍조를 개탄해 마지 않는다. 이 같은 '식민지 근성'은 30여 년이 지난 지금에 와서는 오히려 당연시되고, 권장되고 있는 실정이다. 한 프랑스 유학생은 프랑스에 있는 교포들은 '포도주'를 마셨는데, 정작 모국어를 쓰는 한국에서는 '와인'을 마신다며 씁쓰레 한다.

　『신동아』(1995년 2월)에 「양키 문화, 그 매력과 달콤한 독성」을 쓴 소설가 이윤기 씨는 이 글에서 "나는 한 일본학자로부터 들은, 일본이 일찍이 미국을 '米國'이라고 표기하기로 한 것은 일본인의 미의식에 영향을 미치지 않게 하기 위한 부득이한 조처였다는 농담을 좋아한다"고 말

---

4) 강신(성대 조교수), 「특집 : 한국인의 이상기질」, 1964년 11월

했다. 서양 것, 미국 것이 아름답다고 고상하다는 인식을 하게 된 데는 미국을 아름다울 美자로 표기한 데도 그 원인이 있을 것이다.

이윤기 씨는 1994년 크리스마스 이브에 한국에서 방영된 특집 프로그램(토요일 토요일은 즐거워)을 보고 화들짝 놀란 경험담을 전했다. 무대에 등장하는 캐릭터들이 로보캅, 베트맨, 슈퍼맨, 팽귄, 야수, 미녀…와 같이 아메리카의 달러박스 노릇을 하는 미국영화의 주인공들이었기 때문이다. 이 프로그램을 보고 필자는 세 가지 놀라움을 적는다.

첫번째는 미국 대중문화 공세의 집요함에 대한 놀라움, 두번째는 프로그램 제작진이 지니고 있을 법한, '제3의 물결' 시대에 문화상품이 지니는 신식민주의적 공격성에 대한 무신경과 무지에 대한 놀라움, 그리고 세번째는 내 아들 딸을 비롯한 우리 시청자들이 이 프로그램에 보일 법한 무관심과 불감증에 대한 놀라움이다.

이런 현상을 보고 놀라는 사람을 보고 세상 사람들은 놀라지 않을까 궁금하다. 몸둥아리만 한국산이지 속옷부터 생활용품, 거리 간판 등 거의 모든 것이 외국어, 외래어 일색이다.

아침에 일어나면 신문의 'Money' 난에서 코스닥 주가를 확인하고, 안티프라그 치약으로 이를 닦고, 보디가드 이너웨어를 입고, 샤넬로 화장을 하고, 셔틀버스를 타고 E마트에 가서 세일중인 해피아이 코너에서 쇼핑을 하고, 맥도널드에서 햄버거로 점심을 ….

4. 한국판 에덴의 동쪽

한국에서 가장 큰 외인부락은 미군부대를 들 수 있으며 한미행정협정이 쉽게 체결되지 않는한 수년 내는 어쩔 수 없이 외인부락으로 손꼽게 될 것이다.

군인들이란 어느 나라 군인이나 마찬가지지만 미군부대 주변에는 총격사건이 자주 일어난다.

1962년 1월 6일 파주군 운천리에서 나무하러 나선 40여 명의 마을사람들을 사냥하듯 미군 순찰병들이 총을 쏴 그 중 2명이 사망했다.

이보다 나흘 전 임진강에서 고기잡이하던 김모 씨는 미군의 엽총에 맞아 쓰러졌다.

5월 29일 미 제1기갑사단에서는 스 중위가 이모 씨를 절도혐의로 발가벗겨 천장에 목을 매달고 때렸다.

더 기막힌 일은 1960년 1월 6일 동두천의 미군병사에서 김순애와 김정자란 위안부가 미군연인을 만나러 갔다가 영내 목욕탕으로 끌려가 팔을 비틀리고 머리마저 깎였다.

다음날 미 제7사단에서 굳 대위가 자기 부대에 들어온 한국여인의 옷을 벗긴 후 온 몸에 '팽기'칠을 했다.

금년 11월 11일 옥구군 당목리 연못가에서 군산 미공군기지 미군이 자신의 오리사냥에 방해된나고 쏜 엽총에 4명의 한국소년들이 얼굴에 파편상을 입었다.

이상과 같은 끔찍한 미군들의 총격만행사건으로 인해 한미행정협정체결을 요구하는 학생들이 데모를 일으켰다.[5]

「한국판 '에덴의 동쪽'」은 "고대 로마는 모든 외국인을 야만으로 여겼다. 그러나 오늘날 한국인은 모든 외국인을 지상(至上)의 문명인으로 여긴다"라는 말로 시작한다. 최호 기자는 이렇게 한국인의 사대주의 근성을 개탄해 하면서 더군다나 이런 사고방식이 "고려시대의 친원정책이나 이씨왕조의 사대사상에서 유래한 국가존립을 위한 하나의 정책"이 아닌 전체 국민들 사이에 만연한 풍조라는 데 더 우려의 눈길을 보내고 있다. 필자가 소개한 사대풍조의 한 예는 이렇다.

---

5) 최호(『조선일보』 기자), 「특집 : 한국의 타부들 – 한국판 '에덴의 동쪽'」, 『청맥』, 1965년 1월호, 133쪽

먹고 살기 위함이란 대전제 밑에 서양여자처럼 만드느라고 노랑물 드린 금발(?) 머리와 서잔 헤이 워드의 코처럼 뽀족세운 어설픈 서양미인들이 등장한다. 생활방식의 모양도 대단하여 쪼그러진 초가집에서 토스트와 쥬스만 먹고 산다.

그런데 이 같은 사대풍조는 유전적인 것은 아니다. 「한국판 '에덴의 동쪽'」은 "옛날 우리 조상들은 중국을 닮아 모든 외국인들을 야만으로 여겼다"는 점을 환기시킨다. 비록 외교정책상 중국에 사대는 했을지언정 국민들이 사대주의 의식에 빠지지는 않았다는 것이다.

비록 외세의 움직임에는 눈이 어두웠어도 대원군은 4대의 강대국 등에 호통을 쳐보는 무모의 긍지를 가지기까지 했다. 적어도 우리네 조상들의 나라는 제 몸을 살피면서 할말은 했던 것이다. 그러나 그들의 후손은 외인부락에서 보내는 물, 전기세까지 받아내지 못할 정도로 약화돼 버리고 말았다.

이처럼 한국사람들이 "외인부락에 보내는 물, 전기세까지 받아내지 못할 정도로" 그리고 "교통사고가 나도 외교 번호판만 붙었으면 말 한마디 제대로 못하"는 풍조는 어디서 기인한 것일까. 여러 가지 문제가 복합적으로 작용했겠지만 한미간의 불평등한 협정이야말로 구조적으로 사대주의를 양산하게 만드는 주범이라 하겠다.

1950년 7월 2일 주한 미대사관과 한국 외무부 사이에 대전에서 교환한 각서—우리는 이것을 대전협정이라고 부르고 있다—에서 미국측은 "미국군대 및 대한민국 정부의 각기의 권리 의무 및 관할권상의 한계를 정의 내시 규정하는 징식 협정이 결여됨으로 주한 미국군대의 구성원에 대한 배타적 재판권은 미국 군법회의에 의하여 행사하도록 제의"하고 "대한민국 영토 내에 북한인이 침투하는 절박한 사태에 감하여 (미국 군대의 구성원은) 미국 군대 이외의 여하한 기관의 관할에도 복종할 수 없음'을 명백히 하였다.… 그로부터 14년간 주한미군에 대한 관할권은 치외법권으로서 한국정부의 법적 관할 외에서 보존되었다. 그러나 휴전 후

국내질서가 점차로 회복되고 국가기능이 정상화된 현금에 있어서까지 '한국영토 내에 북한인이 침투하는 등의 절박한 사태' 하에서 교환된 한 장의 각서가 한국정부의 법적 기능을 제약하고 있는 현실은 여러모로 논의의 대상이 되지 않을 수 없을 것이다.[6] 이에 대하여 미국측도 새 협정 소위 '행정협정'의 체결의 타당성을 인정하여 수년간의 논의 끝에 1966년 7월 9일 체결했으니, 그 정식명칭이 '한미행정협정' (국회 동의를 거쳐 1967년 2월 9일 형사재판권부터 발효)의 공식명칭은 '대한민국과 아메리카합중국의 상호방위조약 제4조에 의한 시설과 구역 및 대한민국에서의 합중국 군대의 지위에 관한 협정'이다.

그런데 이 한미행정협정은 체결 초기부터 "미군의 한국에서의 의무규정을 정하기 위해 1967년 발효된 한미행정협정은 미군의 의무규정을 정하고 있기보다는 미군이 한국에서 무엇을 할 수 있다는 권리규정을 강조했"으며, 이 협정으로 "한국 내 미군 주둔지역은 일종의 성역으로 국가 안의 또 다른 국가와 마찬가지가 되었다"는 비판을 받았다.[7]

이 같은 우려는 곧바로 현실로 드러났다. 그 중 가장 두드러진 것이 경기도 평택군의 한 위안부(한국여성) 집에 방화한 혐의로 기소된 빌리 J. 칵스 하사의 구금을 둘러싼 행협 22조의 해석문제였다. 행협발효 후 한국당국이 처음으로 재판권을 행사하겠다고 결정한 칵스 하사 사건은 따라서 행협이 어떻게 운영되느냐를 가장 적절히 설명해 줄 모델 케이스로 세인의 관심을 모았다. 한국당국이 재판권을 행사하겠다고 나선 칵스 하사 사건이 협정의 첫 시련이 되고 말았다.

즉 자기가 찾아간 위안부가 집에 없다고 라이터로 방화를 했다는 혐의를 받고 검찰수사 결과 상황증거가 드러난 칵스 하사는 3월 14일 서울지검에 소환, 신문을 받았다. 서울지검은 칵스 하사를 구금하려 하였다. 그러나 이 사실을 알아챈 미군측은 법무관 캘리 중령을 서울지검에 보내 행협 제22조를

---

6) 박준규(서울문리대 교수), 「조약협정으로 본 한미관계」, 『청맥』, 1965년 1월호, 77쪽
7) 법과 사회연구회 지음, 『한미행정협정』, 19쪽

들어 "칵스 하사는 한국측으로부터 재판권 행사의 통고를 받은 직후 소속부대에서 구금하고 있으므로 한국측이 또다시 구금할 필요가 없다"고 맞서고 나왔다. 문제의 핵심은 구금(CUSTODY)에 있었다.

미군측은 영어의 CUSTODY가 반드시 한국처럼 구금시설 안에 수용하는 상태를 말하는 것이 아니고 도주나 증거인멸의 우려가 없는한 출입을 금지하여 자유행동을 제한한다는 정도로 보고 있는 것이다.

이것은 협정의 조그만 용어가 빚어낸 허점을 의미한다. 그래서 "협정을 어떻게 만들어 놓았기에 이러한 난관에 부딪치게 하느냐"는 당국자들의 이야기도 당연한 것 같다. 더구나 행협은 제31조에서 해석에 상위가 있을 경우에는 영어본에 따른다는 결정적인 약점을 결정해 놓았기에 앞으로도 계속 용어상의 신경전이 있는 경우 번번히 우리의 양보로 끝날 것 같다.[8]

조약체결 당시 서인석 의원(공화) 등이 "영어본 우선주의는 주권국가의 체면에 관계된다"며 반론을 폈지만 이러한 정론이 결국 협정에 반영되지 못했다는 것 자체가 한미행정협정의 불공정한 미래를 암시했던 것이다.

이 같은 한미행협의 불공정성은 수십 년이 지난 뒤에도 시정되지 않았다. 1989년의 경우를 보면 1년간 주한미군은 7백여 명(교통사고 등 과실범 4백52명, 폭력범 2백31명, 강도 6명, 성범죄 6명, 지능범 5명, 출입국관리법위반 3명, 기타 20명)이 입건됐으나, 구속된 군인은 한 명도 없는 것으로 드러났다.

5. 베트남전쟁 — "양키 컴 홈"

월남사태에서 극적으로 클로즈업되고 있는 미국의 동남아정책에 대해 공

---

8) 김학준(『조선일보』 정치부 기자), 「왜 구금 못하나 칵스 하사」, 『청맥』, 1967년 4월호, 74~75쪽

산국가는 말할 것도 없지만 서방동맹국까지도 곁눈질(뉴스위크 지)하고 있으며, 국내에서도 찬반의 불뿜는 대결이 나타나고 있다. 에코노미스트 지에 의하면 윌슨 수상이 두 번이나 백악관을 찾았지만 존슨 대통령은 그를 설득시키지 못했고 미국의 월맹폭격을 비판한 샤스트리 인도수상은 방미까지 취소하는 사태가 벌어졌다.

자유를 수호한다는 성스러운 기치에도 불구하고 폭격기와 해병대를 앞세운 미국의 강경외교는 국내에서 더 호된 비판을 받고 있다. 백악관 앞에서 "양키 컴 홈"의 플래카드를 들고 시위하는 학생들은 몽매한 센치멘탈(러스크 장관)이라고 볼 수 있겠으나 지난 5월 15일에 열린 대학교수급들의 정부 정책 토론회의 미국외교에 관한 비판은 국내에 상당한 파문을 일으켰던 것 같다.[9]

베트남전쟁을 국제전으로 만든 미국은 국내의 반대여론과 베트남 민중의 저항에 밀려 월남에서 도망치다시피 철수했다. 그리고 이 전쟁을 주도했던 맥나마라 장군은 1995년에 펴낸 자서전에서 미국은 "베트남사태의 본질을 전혀 이해하지 못했고, 전쟁정책은 전적으로 잘못이었다"며 자신들의 과오를 시인했다. 그런데 월남에서 미군의 '방패막이' 역할을 한 한국은 예나 지금이나 월남전 참전을 비판하는 것을 불온시한다. 1966년 3월 30일 국회가 한국군 파병을 결의했을때에도 공화당의 박종태 의원과 서인석 의원만이 반대표를 던졌으며, 리영희 교수가 국제부 기자로 있던 『조선일보』만이 베트남전쟁에 대해 비판적인 발언을 '조심스럽게' 소개했다.[10] 그리고 수십 년이 지난 뒤에도 한국군의 월남전 참전을 비판한 기사를 실은 월간 『말』[11]에 대해 참전용사들이 경찰의 묵인 아래 '백주의 폭력'을 가하는 사태가 발생하기도 했다.

그 동안 베트남전쟁의 성격은 미국의 침략전쟁으로 역사적 평가가 내려졌지만, 유독 한국에서만큼은 반공을 위한 성전이고, 대한민국 경제발

---

9)「특집 : $와 해병대—동남아의 반작용」, 『청맥』, 1965년 7월호
10)「리영희 선생이 회고하는 '광기의 베트남전쟁'」, 『한겨레 21』, 1995년 5월 4일
11) 김민웅, 「한국군의 월남전 참전, 그 역사적 진실」, 1990년 7월호

전의 밑거름이었다는 식의 긍정적 평가가 주를 이룬다. 이미 1973년『창
작과비평』여름호에 실은「베트남전쟁 2－1956년부터 1972년까지」라는
글에서 리영희 교수는 베트남전쟁의 본질에 대해 규명하고 있는데, 이
글에는 노엄 촘스키 교수의 다음과 같은 글이 인용되어 있다.

　　결국 문제의 핵심은 ‘(남)베트남 정부’라는 것이 한 번도 민족해방전선과
정치적으로 겨룰 수 없었다는 사실이다. 그들 자신이 이 사실을 언제나 자인
하였고 현재의 미국인 고문들은 언제나 이 사실을 알고 있었다. 문제는 간단
하다. ‘남베트남 정부’의 구성을 살펴본다면 어째서 그것이 정치적으로 오
늘에 이르러서조차 민족해방전선과 겨룰 수 없는가의 이유를 알 수 있다. 티
우 키 키엠 대통령에서 시작해서 남베트남 군대의 최고지도자들의 거의 대
부분이 그렇듯이 정부지도자들은 모두가 자기 민족의 해방과 독립을 억압하
는 프랑스 식민국과 베트남 인민과의 전쟁에서 식민국 프랑스를 위해 싸운
자들이다. 남베트남 정부란 부한 자와 부패한 자를 위한 정권이다. 그것을
위해 어느 누가 목숨을 바쳐 싸우려 하겠는가?[12]

　　리영희 교수는 앞서『한겨레 21』에 쓴 글에서 ‘자유베트남’의 반민족
적인 지도인사의 경력에 반해 “미국과 한국인이 ‘베트콩’이라고 멸시하
고 엄청난 폭탄 세례를 퍼부은 남베트남 민족해방전선의 최고지도부 중
앙위원 39명은 한 사람의 예외없이 프랑스와 일본의 지배에 항거하고 총
들고 싸웠거나, 제국주의·식민지 권력하에서 형무소를 사기 집처럼 드
나든 경력을 가지는 베트남의 애국자”였다는 사실을 첨가하여 대비했
다. 결국 ‘민족주의자’로 분장되고 있는 박정희는 베트남의 반민족분자
를 도운 셈이다. 리 교수는 마지막으로 한마디를 더 덧붙인다.
　　“슬픈 일이다. 미국인과 한국인은 아마 지금도 이 사실을 모르는 것 같
다.”

---

12) 노엄 촘스키 교수, 미국 상원 외교위 제2청문회 의사록, 81쪽. 리영희,『베트남전쟁』,
　　두레, 1985년, 60쪽에서 재인용

6. 도미니카의 진보적 군사쿠데타와 미국 해병대

1965년 4월 2일 라틴 아메리카의 한 작은 나라 도미니카에서 4월 2일 포성이 울려 퍼졌다. 하급장교들이 주동이 된 이 도미니카의 반란은 1964년 9월에 쫓겨난 전 대통령 보슈(Bosch)를 다시 복귀시키기 위한 것이었다. 선거를 통해 합법적으로 당선되었던 보슈 씨는 역사의 뒤안길에 있는 라틴 아메리카의 암이기도 한 군부의 부패와 빈부의 격심한 차를 해결하려고 했다. 트루히요의 30년 독재의 그늘 속에서 자라온 장성들의 재산이 부풀 대로 집적되어 있었음은 말할 필요도 없었다.

가난한 일반국민들의 절대적인 지지 위에서 차근차근히 사회평등이란 보이지 않는 슬로건 아래 진보주의적 정책을 밀고 나가는 보슈를 군부가 그냥 둘 수는 없었다. 군장성들은 라틴 아메리카 정권교체의 정석인 쿠데타를 일으켜 보슈를 추방해 버렸다. 그리고는 삼두집정제란 이름 아래 다시 군부독재를 세웠다.

'북방의 거인' 미국은 군부독재가 미국에 화살을 겨누지 않는한, 바꾸어 말하면 친미반공정권이기만 하면 독재는 별로 문제되는 것이 아니었고 따라서 미국은 군부의 쿠데타에 간여하지 안 했다. 그러나 도미니카의 진보적인 하급장교들이 호헌을 앞세워 군부독재를 무너뜨리려고 반란을 일으키고, 또 반란이 성공할 가능성이 짙어지자 미국은 지난번의 군부쿠데타와는 달리 재빨리 개입했다.[13]

1961년에 남한에서 발생한 군부쿠데타는 어떤 군사쿠데타였나? 미국의 눈에는 "미국에 화살을 겨누지 않는" 친미적인 쿠데타로 보였으며, 때문에 남한에 군사독재정권이 들어서는 것에 대해 수수방관했을 것이다.

도미니카에는 1964년과 1965년에 걸쳐 두 차례의 쿠데타가 있었다. 민

---

13) 조순환(『한국일보』 외신부 기자), 「특집 · $와 해병대 — 라틴 아메리카의 포성」, 『청맥』, 1965년 7월호, 48쪽

중들의 지지를 받는 1965년 쿠데타와 미국의 지지를 받는 1964년 쿠데타가 바로 그 것이다. "미국에 화살을 겨누지 않는" 1964년 쿠데타에 대해서는 못 본 척 눈감아 버리던 미국은 군부독재를 타도하려는 진보적인 군사쿠데타에 대해서는 미국시민의 보호란 명분 아래 '해병대 외교'를 폈다. 미국의 시민들이 모두 철수했는데도 해병대의 수는 자꾸만 늘어나 인구 약 48만의 도미니카에 약 2만4천 명의 해병대가 파견됐다.

한 라틴 아메리카 연구가는 "라틴 아메리카가 北美보다 훨씬 많은 유일한 생산량은 강우량일 뿐이다… 그러나 현재의 처지에서는 이 강우량마저 인간을 위해 이용하지 못하고 있다"며 라틴 아메리카의 대미종속성을 풍자했다. 미국은 바로 "달러로 안 되면 해병대가 가는" 도미니카의 경우처럼 무력을 써서라도 라틴 아메리카에 대한 지배를 확립시켰다. 1975년 6월의 보쉬의 표현대로, "도미니카는 친미적이라기보다 미국의 소유물"[14]이었던 것이다. 미국의 도미니카에 대한 영향력은 다른 남미국가와 마찬가지로 테러에 의존했다.

산토 도밍고의 신문 『엘 나쇼날』지는 지난 12월 30일 지면 한 페이지 반 가득히 1970년 동안에 발생한 186건의 정치암살과 30건의 실종사건에 대해 상세히 보도했다. 도미니카의 테러는… 군부와 경찰에 의해 살인부대가 조직되었다는 점에서 과테말라의 요즘 정치살인 추세와 유사한 점이 있다. 양국 모두에 있어서 이들 살인부대는 수년 동안 미국의 막대한 물자 및 고문단 지원을 받아왔다.[15]

미국의 반혁명전략에 입각한 도미니카 공화국에 대한 군사개입은 미국 내에서도 비판을 불러일으켰다. 그 가운데 가장 주목을 끈 것은 당시 미 상원의원인 훨브라이트(Fulbright)의 비판이다. 그의 비판에는 미국 역시 혁명적 변화의 대상이라는 관점이 결여되어 있다는 한계가 있으나,

---

14) 『미국의 제3세계 침략정책』, 28쪽
15) 위의 책, 286쪽

"민주주의적 절차가 실패한 나라에서의 혁명의 본질적인 정통성과 대의에 대해서 미국이 관심을 가져야 한다"는 점을 지적한 것은 일리가 있는 지적이라 하겠다.

우리가 혁명에 대해서 강력하고 불법적으로 개입한 것이 사실이며, 혁명을 진압하는 대신 영향력을 행사하는 것을 모색했더라면, 외국군대의 개입 없이 강력한 대중적 정부를 산출할 수 있었을 것이다. 모든 혁명운동이 공산주의자의 지지를 끌어들일 것 같은 이유로 해서 취해진 우리의 행동은 우리를 모든 혁명의 적으로 만들며 서반구의 모든 비대중적이고 부패한 과두제와의 동맹으로 만든다.[16]

훨브라이트 상원의원의 이 같은 지적에도 불구하고 미국은 도미니카 이후에도 지속적으로 제3세계혁명에 대해 '불법적으로 개입'하고 '부패한 과두제와 동맹'을 맺었다. '북방의 거인' 미국은 "군부독재가 미국에 화살을 겨누지 않는한, 바꾸어 말하면 친미반공정권이기만 하면 독재는 별로 문제되는 것이 아니었고 따라서 미국은 군부의 '쿠데타'에 간여하지 안했"던 것이다. 이는 미국과 제3세계 친미정권의 관계, 미국과 박정희 정권과의 관계를 압축하여 놓은 말이기도 하다. 5·16쿠데타 한 달 전 박정희는 당시 육군사관학교 교관이었던 이동원에게 이 점을 확인했다.

"이 선생, 당신은 미국에서 공부한 미국통이라고 알고 있소. 나 곧 쿠데타 할 거요. 내가 쿠데타 하면 미국이 어떻게 나올 것 같소."
이에 대한 이동원의 답은 "반공만 하면 반대하진 않을 것이다"였다.[17]

박정희는 반공을 혁명공약으로 천명했기에 미국에게서 군사쿠데타를 승인받을 수 있었다. 그런데 단지 반공만으론 안 된다. 미국의 뜻에 순종

---

16) 우충식, 「미국의 도미니카 개입의 원인과 목적에 관한 연구」, 고려대학교 정치외교학과 석사논문, 1987년, 50쪽
17) 오연호, 「박정희 전 대통령 비서실장 이동원의 본격증언」, 『말』, 1993년 7월, 147쪽

하는 정권이어야 한다. 도미니카의 보쉬 정권은 결코 공산주의자가 아니었다. 그러나 미국은 이 정권을 허가하지 않았다. 그래서 『세대』는 묻는다.

그러나 문제는 미국정부가 발표한 것처럼 미군개입이 과연 어떠한 성과를 거두었느냐에 있다기보다 어째서 미국은 도미니카반란을 공산내란으로 착각했느냐 하는 것과 공산내란이면 미국은 내정간섭이란 비난을 받아가면서도 과연 타국에 출병할 수 있느냐 하는 점이다.[18]

"공산내란이면 미국은 타국에 출병할 수 있느냐?" 이 물음에 『세대』는 "대국의 안전이 문제화될 때 국제법이라던가 국제윤리는 자취를 감추고 세력권이란 개념이 현실적으로 작용을 한다"고 답변한다. 그리고 『청맥』은 이렇게 대답한다.

달러가 해결하지 못한 곳에 해병대가 달려가지 않을 수 없었다.[19]

7. 반미는 비도덕?

"일본 천황의 명령에 의하고 또 그를 대표하여 일본제국 정부의 일본 대본영이 조인한 항복문서의 조항에 의하여 나의 지휘하에 있는 승리에 빛나는 군대는 오늘 북위 38도 이남의 조선 땅을 점령한다. 조선인민의 오랫동안의 노예상태와 적당한 기회에 조선을 해방 독립시키리라는 연합국의 결심을 넹심하고 조신인민은 점령의 목적이 항복문서를 이행하고 그 인간적 권리를 보호함에 있다는 것을 새로이 확신하여야 한다"는 맥아더의 포고와 함께 미국이 한국 땅에 발을 들여놓은 지도 20년. 그러나 맥아더의 포고문은 아직도

---

18) 「도미니카 내전과 미국」, 『세대』, 1965년 7월호
19) 조순환, 앞의 책, 49쪽

한미관계를 표현하는 1원리가 되고 있다.

그 동안 "중립주의는 비도덕적이다"는 덜레스류의 터치가 바로 이 '우방으로서의 미국'과 한국의 관계를 생각하는 데에서도 기본적인 터치가 되어 왔다.

'우방으로서의 미국'을 반성하는 것은 자칫하다간 '반미'가 되고, '반미'는 바로 용공이나 친공으로 통하고, 그래서 '비도덕적'이 된다는 감각의 양식이 이러한 터치의 바탕인 것이다.

물론 그것은 성문화된 법률도 아니고 성문화된 어느 정파의 정책이나 정강도 아니지만, 그것은 한국의 모든 정치활동을 규제하고 있는 무드요 불문율이다.[20]

"북위 38도 이남의 조선 땅을 점령했다"는 맥아더의 포고문은 1960년대까지 한미관계를 규정하는 제1원리였다. 때문에 "작게는 '미대사관 앞에서의 산책데모'로부터 크게는 '한일타결'에 이르기까지 한국에서의 정치적인 대소의 '이벤트'에 미국을 의식하는 것이 우리의 상식"이었던 것이다. 그렇다면 지금은 한미관계를 규정하는 제1원리가 바뀌었나? 유감스럽게도 박정희는 물론이고 이후의 권력자들도 쿠데타 세력이든 선거에 의해 권력을 꿈꾸는 정치인들이든, '우방으로서의 미국'을 의심한다는 것은 "자칫하다간 '반미'가 되고, '반미'는 바로 용공이나 친공으로 통하고, 그래서 '비도덕적'이 된다"는 것을 잘 알고 있었기에 미국의 눈밖에 나지 않도록 무진 애를 썼다.

쿠데타를 일으키는 데도 미국의 승인은 필수조건이었다. 5월 18일 미고문단장 하우스 소장을 만난 자리에서 "혁명위원회는 하우스먼 당신 친구들이 거의 전부이니 당신네들 혁명이오"라며 의미심장한 발언을 한 박정희는 자주적 발전을 꾀하기보다는 미국을 의식해서 '용공분자'를 색출, 체포하는 일에 최대의 역점을 둠으로써 자주 · 통일의 지향을 보인

---

20) 조경희(『한국일보』외신부 차장), 「특집 : 현대우방론 · 우방으로서의 미국 — 한계우방론과 냉전체제 속의 한미관계」, 『청맥』, 1965년 12월호, 71쪽

4월민중항쟁의 주도세력을 가장 철저하게 탄압하였다. 박정희 정권은 집권 초기부터 말기까지 철저한 친미노선, 즉 반공노선을 확대 강화했다.

　일종의 착각의 하나로서 한국사회에 광범한 반공주의적 경향 혹은 반사회주의적 분위기가 분단 이후나 한국전쟁의 영향으로 생각하는 경향이 있다. 그러나 전쟁 후 1956년의 대통령선거에서 진보당 조봉암이 획득한 표가 적지 않았으며, 진보주의 정당의 득표율이 제일 높았던 것이 1960년의 총선이었고, 박정희 집권 이후 진보정당이 각종 선거에서 저조한 득표를 하였다는 점에서 반공이념은 박정희 이후에 의도적으로 확대 강화되었다고 볼 수 있다.[21]

　이것은 미국이 쿠데타 세력을 통해서 얻고자 했던 것이기도 하였다. 5·16군사쿠데타는 4월민중항쟁 이후 반미감정이 확산되고 민족통일운동이 고양되면서 미국의 대한지배구조가 흔들리는 상황이 도래하자, 미국이 한국전쟁을 통해 가장 강력한 사회세력으로 성장한 군부의 상층부를 움직여 민중운동을 탄압하는 결정적인 수단으로 채택한 것이다.[22]
　군사쿠데타를 일으키는 장군들만 미국의 윤허를 받는 것은 아니었다. 민간정치인들도 미국의 암묵적 동의를 얻기 위해 무진 애를 썼다. 『청맥』이 고발하고 있는 매판정치인들의 비굴한 정치행태를 살펴본다.

　"존경하는 대통령 각하
　(전략) 진정으로 민주주의를 신봉하고 귀국과 영원한 유대를 유지하며 자유전선 수호를 위해 투쟁한 만한 믿을 만한 사람은 없습니다. (중략) 저를 대통령으로 당선되로록 지원해 주시기만 한다면…(미략)"
　이러한 내용의 서한이 정치활동이 개시되던 1963년 초 워싱턴에 있는 케

---

21) 이우영, 「박정희 민족주의의 반민족성」, 『역사비평』, 1990년 9월호, 238쪽
22) 『말』, 1993년 4월, 107쪽

네디 미국 대통령에게 전해졌다. 또한 같은 시간에 유엔의 우 탄트 사무총장에게도 비슷한 내용의 사한(私翰)이 전달되었다.

"대통령에 당선되기 위해서는 미국 대통령과 유엔사무총장에게 지원을 부탁해야 한다"는 이해할 수 없는 사고방식이 어느 한국 정치인에게는 부끄럽지 않은 사실로 여겨진 모양이다. 이 사한을 보낸 인사가 서울 한복판에서 국회의원에 당선되었고 현재도 모당의 유력한 지도인사로 활약하고 있는 것을 보면 한국 정치인들의 사고, 행위의 일단을 짐작할 수 있다.

자주독립을 한 지 20년이 지나도록 우리 나라 대소 정치인들은 정동(미대사관저) 쪽의 기상(氣象)을 늘 살펴야 했고 자주 찾아가 얼굴을 익혀야 출세가 빨랐다. 집권을 할 욕망이 있는 사람은 물론 비록 집권자일지라도 그 쪽을 무시하면 얼마나 쓴 시련을 겪어야 한다는 것도 충분히 체험을 통해 통감하고 있다.

이것은 12년 동안의 이승만 정권에 의해 뿌리가 굳혀졌고 4·19 당시 이승만의 실각에 매카나기 주한 미국대사가 한몫을 하고 난 후에는 더 표면적이고 노골적으로 드러나버렸다. 친미 반공의 유일한 지도이념으로부터 비롯한 모든 사고, 행위에 대해 지엽적으로라도 상치되면 곧잘 '역적'으로 몰렸다. 어떤 때는 친미 반공을 지주로 하더라도 미국의 극동정책에 비판을 가하기만 하면 이적으로 몰렸으며 반공이 아무리 뚜렷하다 하더라도 반미해서는 인정되지 않는 것이 현실이었다.[23]

이덕주 기자는 일부 정치인의 매판적 성격의 한 예로 월남파병을 둘러싼 정치인들의 처신을 들기도 했다. 1965년 1월 비전투요원 2천 명의 월남파병안을 국회에서 심의할 때 야당의 몇몇 의원들은 즉각 찬성하는 발언을 했다. 그러나 언론계에서 맹렬히 반대하고 나서자 파병 반대의견을 표명했고, 다시 "미국측의 공식요청이 있으면 찬성한다"로 급선회를 했다. 이때 일시적이나마 파병에 반대를 했던 모야당영수는 미대사를 찾아

---

23) 이덕주(경도신문 정치부 기자), 「특집 : 이것이 매판이다-매판정치인」, 『청맥』, 1965년 8월호, 44~45쪽

가 "그래도 한국에서는 나밖에 친미 반공할 사람이 있겠는가"라는 말로
협조를 요청했다. 그러나 미대사는 "그럼 왜 월남파병을 반대했소" 한마
디로 말문을 막아 돌려보냈다는 말이 있다. 이처럼 '데모'를 해도 미대
사관 쪽으로, '산책'을 해도 미대사관 쪽으로 향해 그 쪽의 동정을 사려
는 정치인들의 사고와 행동은 일부 정치인의 매판성을 의미하는 것이다.
  그런데 현실적으로 미국의 비토가 있을 경우 권력을 잡는 것은 불가능
한 것으로 알려져 있다. 미국이 1997년 대선에서 김대중 후보에 대해 비
토를 놓지 않은 것도 미국의 사상검열을 통과했기 때문일 것이다. 이와
관련해 미국의 주한 정보요원으로 활동했던 제널드 리의 발언에 주목해
본다.

  김대중 씨의 미국생활은 타의에 의한 것이었지만 이를 계기로 미국과 김
  대중 씨, 모두 적지 않은 소득을 얻었다. 우선 미국정부의 한국 관계자들은
  김대중 씨를 가까이에서 지켜보면서 그의 정치관과 이념을 검증해 볼 수 있
  었다.… 미국 국무성이나 미 정보부에 김대중 씨와 접촉하고 그의 행동을 면
  밀히 조사한 결과, 그는 절대로 사회주의적인 성향을 지닌 좌익인사가 아니
  라는 결론을 내리게 되었다. 그가 그렇게 비춰진 것은 한국의 정치현실이 만
  들어 낸 하나의 허상일 뿐이라는 결론을 얻은 것이다.[24]

  미국이 김대중 씨의 사상을 세밀하게 검증할 수 있는 소득을 얻었다면
김대중 씨는 미국생활을 통해 무엇을 얻었나? 제너털 리는 그 동인 "독
재자의 손을 들어준 미국"에 대해 서운한 감정을 갖고 있던 김대중 씨가
국제관계에 대한 새로운 시각을 갖춘 "합리적이면서도 현실과 부합하는
정치인"이 될 수 있었다고 말한다. 즉 정권을 잡기 위해서는 '친미'적 인
사로 새로 태어나야 한다는 결심을 하게 된 것이다. 은밀히 입을 맞추고,
배가 맞아서일까. "김대중의 손을 들어준 미국"의 일조에 힘입어 왕년의
'용공분자' 김대중은 1997년 대통령선거에서 승리를 거뒀다.

---

24) 이용수, 『서울에 남겨둔 제너럴 리의 코리아 파일』, 지식공작소, 1996년, 232쪽

8. 공개서한 · 아메리카인에게

― 송인복 (1965년 8월호)

■ 우리들은 무엇이나 말할 수는 없다. 어느 하나도 제대로 말해서는 안 된다. '가능' 한 데까지만 해야 한다.

말(言)과 말(馬). 이 서로 다른 말은 비슷한 속성이 하나 있다. 그것은 둘 다 주인의 뜻에 복종해야 한다는 것이다.

■ 구태여 어휘를 빌린다면 '허용' 이라는 낱말이 적합할지도 모른다. 허용하고 있느나, 그것이 바로 '가능' 한 것이다.

주인에게 복종하는 입장에서 가능성이란 것은 허용하는 범위 내에 있다.

■ 합리적인 아메리카인은 다시 물을 것이다. 그러면 누가 허용하느냐, 누가 천부의 인권을 호령하느냐?

우리들 대답은 단 하나다. 바로 당신들 당신네 나라의 '국가이성' 그것에 절대적 영향을 받는 우리의 국가질서라는 것이다. 아메리카의 '국가이성' 그것은 우리들의 국가체계, 우리들 국가의 질서에 결정적 역할을 해왔다. 당신들은 그것을 잘 알고 있다. 누구보다 잘 알고 있다.

미군정 공보부가 실시한 '미래의 한국 통치구조에 관한 여론조사' (농민, 상인, 전문직, 노동자, 학생 등 8,000명 대상)에서 전체의 13%가 자본주의, 70%가 사회주의, 10%가 공산주의를 지지했으며 나머지 7%는 모름에 응답했다.[25]

그러나 이것은 미국의 뜻에 반하는 여론이었다. 미국의 국가이성은 남

---

25) 『한국현대사강의』, 돌베개, 1998년, 76쪽

한이 반공 전초기지가 되길 원했다. 이승만 같은 투철한 반공투사가 그들이 원하는 남한의 지도자였던 것이다.

한국사람들이 즐겨 찾는 태국도 마찬가지다. 베트남전쟁이 벌어지는 동안 태국은 수만 명의 미군이 주둔하는 미국의 위성국이었으며, 미국의 인도지나 폭격을 위한 '육상항공모함'이었다. 70년대 들어 태국학생들이 민주화와 함께 미군철수를 주장하고 나서자 1976년 10월 6일 우익군사쿠데타가 일어난다. 이 쿠데타의 주동세력은 물론 미국 CIA가 양성한 친미군부였다.

Flood는 『태국에서의 미국과 군사쿠데타 : 배경 연구』(1976)에서 이런 결론적 평가를 내린다.[26]

"보다 장기적인 관점으로 조망한다면, 태국의 모든 군사 및 경찰 구조는 미국이 만들어 낸 것이다. 최근의 유혈 쿠데타와 관련시켜 보다 구체적으로 말한다면, 미국의 후원을 받고, 자금을 받고, 훈련을 받고, 조언을 받은 국내 보안사령부(ISC)-전공산당진압작전사령부(CSOC)-야말로 아시아의 사회적 문제점들에 대한 미국적인 해결방법의 구체적 표현 그 자체였다. 대반란작전 기술이 바로 그것이다. 1950년대에 몇 명 안되는 CIA요원들에 의해 시작되어 1960년대 및 1970년대 초에 태국에서 미국 국방성이 미궁에 빠졌을 때 수천 명의 미국인들이 추진했던 대반란 활동 기술이 한국과 필리핀, 인도네시아 그리고 베트남전쟁 종결 때까지의 인도지나 국가들에서처럼 태국에서 다시 그 모습을 드러낸 것이다. 그것은 토착적 민주주의를 억압하는 기술이며, 민간주권, 인권, 그리고 사회정의에 반대하는 기술이다."

---

26) 노엄 촘스키, 『미국의 제3세계 침략전쟁』, 일월서각, 1992년, 267쪽

　미국이 말하는 자유세계, 세계평화는 거의 언제나 군사파시즘, 전쟁과
일치했다.

■ 한마디로 당신들은 지난 20년간 세계의 담당자였다. 세계평화의 담당자인 동시
에 모든 전쟁의 담당자였다. 당신들이 없이 세계평화가 이루어진다고 생각하는 사
람도 없거니와, 큰 것이든 작은 것이든 전쟁이라면 거기에는 무조건 당신들이 가
있다고 생각하게 되었다.

　미국의 스메들리 D. 버틀러 장군은 1930년대를 회고하면서 어느 미국
잡지에 이렇게 기고했다. "…그 동안의 일들을 회상할 때 나는 알 카포
네에게 몇 가지 힌트도 줄 수 있으리라는 느낌이 든다. 그는 고작 한 도
시의 3개 구역을 무대로 했을 따름이다. 우리 해병대는 3개의 '대륙'에
서 활동을 했던 것이다."
　수많은 전쟁을 치른 미국은 전쟁도사가 되었고, 전쟁 마니아가 되었
다. 베트남전쟁 때 국민들의 반전여론에 곤혹을 치른 미국은 이라크전에
서는 새로운 전술을 개발했다. 언론을 철저히 통제하고 지상전을 피하고
'족집게 폭탄'으로 전자전 위주의 전쟁을 벌임으로써 반전분위기를 차
단한 것이다. 이제 그들은 게임을 즐기듯 전쟁을 할 수 있게 된 것이다.

■ 2차대전 후 당신들은 오늘날 우리들이 갖고 있는 거개의 문물을 당신네 나라에
서 직수입했다. 옳은 것이건 잘못된 것이건 심지어는 우리에게 전혀 무용한 것일지
라도 아메리카에 있어서 효율적인 것이면 거의 맹신적으로 받아들여졌고 또 우리의
것으로 만들려고 했고 그렇게 강요되었다.

　우리는 지금 美國 속에서 살고 있다. 한국 속의 미국이 아니라, 미국
속의 한국에 살고 있다. 문화를 두고 하는 말이지만—.
　가령 오늘 아침 워싱턴에서 도착한 미국청년을 종로거리에 세워놓았대
도 그는 조금도 어색하지 않을 것이다. 불편을 느낄 필요가 없을 것이다.
　뻐스차장의 "오라잇! 스톱" 하는 아우성에서부터 식당의 메뉴에 이르

기까지, 그는 구태여 한국인 통역을 통할 필요가 없다. 영화관에서, 음악실에서, 호텔에서, 백화점에서 그는 그리 불편을 느끼지 않고도 본국에서와 마찬가지의 자유를 누릴 수 있으리라.[27]

■ '오늘의 우리' 들에 대한 최초의 해명은 '분단된 우리' 들에서 시작된다.…

그러나 우리들은 당신들에 감사하기 전에 당신들을 원망하지 않으면 안 되었다. 단순히 원망이 아니라 가장 절망적인 분노를 우리는 우리들의 은인인 당신들에게 퍼붓지 않으면 안 되었다.

하지 장군의 정책고문 스투어트 미참은 이승만은 "전국적 규모의 선거에서 자신이 승리하지 못할 것으로 생각했기 때문에 통일을 방해했던 것"이라고 회고했다. 미국과 이승만은 무엇보다도 반공노선에 의한 통일이라면 모를까 통일을 불원한다는 점에서 뜻을 같이 했던 것이다. 이것은 미국의 정책은 베트남에서도 마찬가지였다. 『워싱턴 포스트』지는 1971년 6월 18일 미국방성의 한 비밀문서내용을 공개했는데 이에 따르면 미국은 1954년 남북월남총선에 반대했다고 한다. 그 이유는 당시 덜레스 미국무장관이 1954년 6월 미외교공관에 보낸 다음과 같은 전문에 잘 나타나 있다.[28]

"전국 선거가 결국에는 호지명 지배하의 남북월남통일을 가져올 전망이 뚜렷한 이상 선거는 휴전협정 체결 후 위협이 제거된 민주선거 실시를 위한 최선의 상태하에서만 실시되어야 한다는 것이 무엇보나 중요하다."

■ 당신들은 그것에 대하여 이렇게 일러왔다. 우리들에게 이렇게 일러왔다. 한국의 분단에 관해서는 아메리카는 군사적 책임은 있어도 정치적 책임은 없다고. 그러나 우리들 한국인은 아무도 믿지 않는다. 믿을 리가 없다. 한 나라의 분단이 그렇게 단순히 이루어질 리가 없을 뿐 아니라 나아가 당신들은 한국분단에 관계된 일체의 문

---

27) 최근덕(한양대 강사), 「특집 : 한미관계의 현단계 – 한국인이 본 미국과 미국인」, 『청맥』, 1965년 1월호, 89쪽
28) 『경향신문』, 1971년 6월 19일

서를 '딜리트' 하고 발표하지 않았다는 것을 한국인은 잘 알고 있기 때문이다.

미국인의 입을 빌어 미국에 의한, 미국을 위한 미국의 분단정책을 들어보자.

사이밍턴(Symington) 상원의원 : 이제 분단국가 문제에 관해 이야기하겠다.… 맨 먼저 우리는 독일을 분단하고 그후 중국을 분단했다. 독일의 경우 수십억 달러의 돈과 수십만 명의 우리 국민을 잔류시켰고, 중국에는 수십억 달러의 돈과 수천 명의 우리 국민들이 남았다. 그리고 그후 한국을 분단했다. 한국에는 미국의 납세자들에게 과중한 부담을 지우는 수십억 달러의 돈을 원조하고, 또 수만 명의 군대를 주둔시켰다.… 또 우리는 베트남을 분단했다.… 이제는 라오스를 분단했다.… 당신은 우리가 금명간 또 어떤 나라를 분단할 계획을 가지고 있는지를 아는가?
포디(Porter) 주한미대사 : 천만의 말씀이다.
사이밍턴 상원의원 : 여러 해에 걸쳐 진행된 우리의 이러한 정책은 매우 흥미로운 것이 아닌가?… 우리의 동맹국들은 결코 이러한 정책을 수행하지 않았다. 그러나 우리는 세계 전지역에서 이 분단정책을 수행해왔던 것이다.[29]

■ 6·25 전란이 발발하였을 때 당신들은 많은 군대를 보냈다.…
그러나 이 전쟁이 코리아만을 위한 전쟁이라고 생각한다면 이것은 너무나 큰 착오다. 이 전쟁은 코리아에서 일어났지만 코리아와 동시에 당신들의 안전을 위한 전쟁이었다. 여기서 쓰러진 아메리카의 병사는 우리와 당시에 당신들, 말하자면 '모든 병사는 각자의 조국' 을 위해 쓰러진 것이다.

한국전쟁이 우리에게 가져다 준 것은 무엇인가. 끔찍한 동족상쟁, 남

---

29) 미상원 91차 총회, 제2회기, 외교위원회 내(미국의 해외조약과 공약)에 관한 소위원회에서의 증언, 1970년— 존 할리데이, 「유엔과 한국」, 『한국현대사 1945~1975』, 사계절

북한의 초토화, 회복하기 어려운 남북간의 이념갈등…. 그렇다면 한국전쟁이 미국에게 가져다 준 것은 무엇인가. 케네스 C. 데이비스는 말한다.

한국전쟁이 가져다 준 것은 무엇인가?
"미군은 5만4천 명의 전사자와 십만 명의 부상자를 냈다. 남한과 북조선 합하여 2백만 명 이상이 전쟁에서 죽었다. 3년 동안의 전쟁이 끝난 한국은 북조선군이 침공하기 전의 상태로 되돌아갔다. 모든 전투와 죽음으로도 변한 것이 없고, 오늘날까지도 그 상태가 그대로 지속되고 있다."
그러나 미국 국내에서는 '뜻밖의' 소득이 생겼다.
"미국 국내에서 한국전쟁이 가져온 것은 대대적인 군국주의화 요구와 재래식 무기 및 핵무기에 의한 군비축전의 촉진, 즉 후에 아이젠하워 대통령 자신이 붙여준 이름대로 '군사산업복합체'의 강화 그것이었다."[30]

■ 이 전쟁의 결과 우리는 자유진영의 전초기지가 되었고, 태평양 방위를 위한 더 나아가서는 당시들의 편안한 수면을 위한 관측소가 되었다.

미국의 레이니 주한미대사가 기자들에게 말했다.
"미국정부는 북한의 돌발상황에 충분히 대처하고 있다. 이에 대비해 주한미군을 증강하면 했지 감축할 수는 없다. 북한의 재래식 무기의 위협은 여전하다.[31]
이 말은 남한에서는 곧 법이다.
그 뒤에 존 틸레일리 주한미사령관 내정사는 미국 상원 군시위의 인준 청문회에서 "주한미군은 한반도 통일 이후에도 재편된 형태로 남아 동북아 안정에 도움이 될 것"이라고 말했다.
이 말 또한 남한에서는 국법과도 같은 힘을 지닌다.
미국인들의 "편안한 수면을 위한 관측소" 역할을 위해 남한은 주한미

---

30) 케네스 C. 데이비스, 『교과서에서 배우지 못한 미국의 역사』, 고려원미디어, 429쪽
31) 『한국일보』, 1994년 11월 9일

군의 기지가 되어야 한다. 미국인이 원하는 한.

■ 우리들의 존경하는 모교수가 어느 대담에서 이야기했다시피 우리의 정치는 90%가 국제정치인 것이다. 우리의 국내정치는 다시 말하면 우리 스스로가 결정할 수 있는 독자적 한계는 겨우 10% 미만으로 되어 있다. 그나마 국제정치의 결정에 따라서 결정되어지는 한계인 것이다. 이처럼 우리가 당신들을 떠날 수도 없고 또 떨어질 수도 없는 불가분의 관계, 그것이 오늘의 우리와 당신들이라는 것이다.

어쩌면 대통령을 결정하는 권한도 우리에게는 10%밖에 없었는지도 모른다.

김구는 왜 죽었는가? 미군정의 단독정부 수립에 반대하고 통일정부를 주장한 김구의 암살 배후는 누구인가? 백범 암살범 안두희는 1984년 『월간조선』(7, 8월호)과의 인터뷰에서 "언젠가는 미국의 비밀자료에 '백범 제거계획 같은 것이 나올지 모른다"는 흥미 있는 증언을 하고 있다.

평화통일을 주장한 진보당 당수 조봉암은 누가 죽였는가? 얼마전 조봉암을 담당했던 수사관 한승격(90) 씨가 조봉암 간첩사건은 조작이라고 양심선언을 했는데 조사과정에서 상부로부터 "진보당을 없애고 죽산을 죽일 만큼 사건을 엮지 않으면 네가 죽을 것"이라는 협박을 받았다고 한다.

그리고 박정희를 제거한 배후는 누구인가? 10·26사건 5일 후인 1979년 10월 31자 교토통신은 박정희를 사살한 김재규의 비상각의 발언을 보도했다. 이 내용은 당시 국내에는 보도되지 않았다.

오후 11시경 비상각의가 시작됐다. 김재규 부장은 '대통령이 사살됐다. 죽인 사람은 나다. 내 배후에는 미국이 있다. 모두 나를 따르기 바란다'는 취지의 연설을 했다. 김 부장은 중앙정보부의 최고책임자가 미국을 배경으로 하고 있다면 누구나 자기를 따를 것으로 과신했던 것 같다.[32]

---

32) 박종열, 「이것이 박 대통령 핵무기 개발의 진상이다」, 『신동아』, 1989년 4월호, 279쪽

암살사건은 성격상 대개 미궁에 빠질 수밖에 없다. 때문에 심증이 유력한 물증이 되는 것이다. 베트남의 우익독재자 고 딘 디엠 대통령 암살사건도 그렇다. 1963년 고 딘 디엠을 미국 CIA가 암살했다는 물증은 없지만 이를 믿지 않는 사람도 없을 것이다.

이처럼 권력을 좌지우지하는 것이 미국이라는 것을 누구보다도 잘 아는 정치인들은 결국 미국의 노선에 자신의 노선을 맞출 수밖에 없는 것이다.

■ 어째서 그들이 배반하게 되었는가. 무엇 때문에 당신들의 은혜와 호의를 감사로써 받아들이지 못하였는가. 그것은 참으로 중요한 문제라고 생각한다. 물론 당신들은 더욱 숙고하고 있겠지만.

미국은 빵을 유상 원조하면서 동시에 테러와 군사정권을 무상 원조했다. 달러와 친미군대가 통하지 않으면 다음엔 테러를 동원하기도 했다. 노엄 촘스키 교수는 "테러의 이용은 우리 핏줄 속에 뿌리 깊이 스며들어 있다"고 고백한다.[33] 백인들은 일찍이 "무지막지한 인디언과 검둥이 무리"를 다루는 데 테러가 "아주 효과적"이라고 부르짖었다.

미국의 원조를 받은 인도네시아의 군부는 1965년~1969년 사이에 자행한 학살로 1백만으로 추정되는 반대파들을 처형했다. 당시 인도네시아의 국가안보기구 의장인 수도모 제독은 네덜란드의 한 TV방송과의 인터뷰에서 50만 명 이상이 살해된 것으로 추정했다.[34]

■ 1953년 이래 한일회담은 처음부터 당신들이 주관해 왔고 또한 정소인(正調印) 직전에 이른 오늘날까지도 당신들의 강력한 뒷받침하에서 실시되고 있다.

1945년 이후 남한에는 일본군 대신에 미군이 주둔했다. 일본군과 미군은 적대적 관계일 텐데 한일회담을 추진하는 데 있어서는 일사천리로 발

---

33) 『우리가 진정 원하는 것』, 한울, 1998년, 57쪽
34) 노엄 촘스키, 앞의 책, 244쪽

을 맞추었다. 그 이유는 뭘까? 『청맥』은 말한다. "$와 圓의 본질은 둘이 아니고 하나이다"라고. 이 둘은 "사소한 이해의 대립에도 불구하고 하나의 공통된 더 큰 이해에 일치하고" 있다. 약체 '원'을 일방으로 키우면서 타방으로 그의 성장부분을 나누어 가지는 것이 그들의 공통의 목적이다. 따라서 한국의 원에게 달러($)와 원(圓)은 둘이 아니고 하나이며 다르지 않고 같다.

"일본의 圓과 미국의 $는 국적을 달리한다. 그러나 그들이 국제적 독점자본의 생리를 버리지 못하는 점에서는 양자간에 다른 것이 하나도 없다. 오히려 그들은 서로 협조자가 되어서 국제적 지배와 예속을 강화하는데 협력할 내연을 가지고 있다고 보아야겠다.

일본의 원은 과거에 한국을 식민지 경제체제하에서 직접 수탈하고 지배한 데 반하여 미국의 $는 동서 양대 진영간의 열전과 냉전이 교차하는 가운데서 우리를 오히려 원조하여 왔으나 대외의존성의 강화라는 면에서는 본질적으로 하나도 다른 점이 없다 하겠다.…"[35]

35년 전에 『청맥』은 말했다. "일본은 종전 이전까지만 해도 반세기 가까이 한국을 식민통치해 왔고 따라서 한국사정에 관한한 미국보다 더 밝다고 할 수" 있기 때문에 "일본자본은 미국자본보다 더욱 집요하게 한국경제를 지배−종속의 관계로 몰아넣을 것이다"라고. 잊지 말자 일본군, 상기하자 경술국치!

■ 남미에서나 서구에서라면 으레 '양키 고 홈'이라는 가열된 구호도 튀어 나왔을 것이다. 그러나 우리들의 학생은 냉정했다. 아무도 당신들을 질타하지도 않았거니와 또한 하려는 기색조차도 거의 들이지 않았다. 애매한 우리 정부에 대해서만 그렇게 격렬된 항거를 하면서 실제 주최자인 당신들에 대해선 일언반구도 없었다는 사실− 이 사실이야말로 중요한 것이다. 후세 사가들이 오늘의 역사를 엮을 때 가장 주시하는 것이 바로 이 점이라고 우리는 공히 믿고 있다.

---

35) 정병수(명지대학 강사), 「달러와 원은 다른가?−달러와 원에의 이중예속에의 가능성」, 『청맥』, 1965년 8월

왜인가? 『청맥』은 말한다.

"우리들에게 있어서 당신들에 대한 도전은 직접적으로 반공체제에 대한 도전인 동시에 근본적으로 우리들 국시에 대한 도전이기도 하다."

■ 그러나 당신네들은 너무나 모르고 있다. 우리들에 관해서 당신들이 알고 있는 것이란 그야말로 옛 동양의 고언대로 조족지혈이다. 도시 당신들은 우리들에 관하여 알려고 하지 않는 것이다.

미국인은 한국인을 어떻게 바라보는가. 많은 주한 미국인은 한국인을 경멸하고 있으며 인종적인 우월감에 사로잡혀 있는 수가 있다. 한국에 20년 이상 산 어떤 미국인은 "한국청년의 꿈은 열이면 열 모두 미국유학에 있으며 도미하여 시민권을 얻어 영주하려는 것"이라고 말하고 있다.[36]

미국인에게 한국인은 비하의 대상이고, 때로는 맹장처럼 귀찮은 존재로 여겨진다. 미국인이 우리를 "너무도 모르고" 있기 때문일 수도 있다. 그러나 조족지혈이 아니라 호족지혈만큼 안다 해도 미국인의 인종적 우월의식이 달라질 게 없을 수도 있다. 그것은 그들의 뿌리깊은 선민의식, 제국주의의식 탓도 있겠으나 우리의 뿌리깊은 사대주의 때문일 수도 있다. 내가 나를 무시하는데 남이 나를 존대할 이유가 무엇이겠는가.

"명태와 조선놈은 때리면 때릴수록 맛이 난다"라는 말이 있다. 일제 관리들이 즐겨 쓰던 이 말은 우리 민족에게 최대의 모욕적인 언사이다. 그런데 "은근과 끈기" "평화를 사랑하고 순박하다"라는 말이 실은 외세와 봉건압제에 의한 굴종을 감수하던 민중들의 의식상태를 "좋게만 묘사한 자기도취"식 표현에 불과하듯이, "때릴수록 맛이 난다"라는 말 속에는 "순박한 백성"이라는 자기도취가 숨겨져 있다.[37] 그리고 이 뿌리깊은 패배주의는 자학증세로 나타날 뿐만 아니라 타인학대로 드러나기도 한다. 군과 관에서의 구타, 고문, 폭력의 일상화가 그것이다. 심지어

---

36) 강인섭, 「미국은 한국을 어떻게 보는가」, 월간 『사월』, 1968년 3월호
37) 조동일, 「특집 : 한국인의 이상기질―골수에 찬 노예근성」, 『청맥』, 1964년 12월호, 103쪽

는 결혼식장에서도 명태로 신랑의 발바닥을 때리면서 즐거워하는 문화
가 자연스럽게 정착이 됐다. 박정희야말로 "명태와 조선놈은 때리면 때
릴수록 맛이 난다"라는 일본놈들의 말을 실천한 장군이다. 그런데 한국
사람들은 웬일인지 자신을 학대한 장군을 그리워하고 칭송해 마지않는
다. 왜 일까? 명태를 좋아하기 때문인가.

■ 우리들은 무엇이나 다 말할 수는 없다. 어느 하나도 제대로 말해서는 안 된다.
'가능' 한 데까지만 해야 한다.

처음으로 돌아가서 생각해 보면 말이란 허용하는 데까지만 가능한 것
이고, 천부의 인권인 말을 호령하는 것은 바로 아메리카의 '국가이성'
그것에 절대적 영향을 받는 우리의 국가질서라는 것이다.
그러나 "때릴수록 맛이 나는 동태"이기를 거부하는 인간의 말을 호령
하는 것은 오지 천지의 명을 받는 자주적인 인간 자신일 뿐이다.

9. 죽음이 말해 준다?

박정희 정권 시기에 발행된 『청맥』에 실린 글들은 '신판 상전'에 의한
예속과 맹종을 질타하고 민족주의를 지향한다. 그런데 민족주의를 내세
운 박정희는 이런 목소리를 듣기 싫어했다. 『청맥』뿐만이 아니라 『사상
계』, 『씨올의 소리』, 『다리』처럼 민족적인 색채가 강한 언론들과는 상극
이었다. 그 이유로 여러 가지를 꼽을 수 있겠지만 박정희가 말로만 민족
주의를 내세웠을 뿐 실제로는 민족주의와는 거리가 먼 인물이었기 때문
이다. 그런데 일각에서는 박정희의 죽음을 민족주의와 결부시키기도 한
다. 즉 박정희가 민족주의를 네세우고 미국에 대항하려 했기에 죽임을
당했을 것이라고 유추한다.
박정희가 일제시대뿐만 아니라 집권 후에도 친일행각을 벌인 것은 앞
서 밝힌 바 있다. 그런데 박정희의 측근들은 그를 애초부터 미국에 반대

한 민족주의자로 보지는 않았다. 박정희가 카터에게서 철군 통보를 받은 뒤 심한 '배신감'을 느꼈는데, 이는 그의 미국에 대한 애정이 컸기에 더 심했다.

"그 순간 박 대통령의 표정은 표현할 수 없는 착잡하고 비장한 것이었습니다. 마치 믿거라 하고 사랑하던 사람으로부터 일방적으로 배신당했을 때 그 심정 그대로였어요. 그래서 나중에는 미국이 두 개의 얼굴을 가진 나라임을 깨달은 것이지요. 하나의 미국을 사랑했고 좋아했으나 또 다른 미국에 의해 배반당한 것을 못내 서운해하는 것 같았습니다."[38]

미국이 심복처럼 여기던 박정희에 대해 재고하기 시작한 것은 언제부터일까. 박정희가 인권을 유린했기 때문일까. 그것은 결코 아니다. 박정희는 미국의 동의 아래 유신을 선포했다.

"박 대통령이 이른바 유신을 선포하기 직전에 그 발표문안을 미리 미국정부에 외교경로를 통해 알려준 사실이 있었다. 그때 미국정부는 유신에 대해 반대의사를 표시하지 않았다.

…그런데 시간이 흐르면서 미국정부는 체제에 대한 내정간섭을 하기 시작했고 의도적으로 미국군부와 개인적으로 친분관계가 두터운 몇몇 군장성 출신 국회의원을 동원하기 시작했다."[39]

그런데 유신 말기부터 미국은 '인권'을 이유로 박정희 정권에 대한 내정간섭을 가해 왔다.

"이토록 박 대통령은 미국을 좋아했고 믿었던 것이지요. 그러나 또 다른 미국은 인권과 민주주의라는 명분으로 내정간섭을 해왔고, 이것을 거부하는 박 대통령에게 비인격적이며 정치적인 제재를 가했습니다. 박 대통령은 여기서 실망하고 고민했던 것입니다."[40]

이런 점을 고려한다면 박정희를 민족주의자로 만든 것은 미국이다. 미국이 박정희를 '비인격적'으로 대해서 박정희의 잠재된 민족주의를 불

---

38) 김성진, 『박정희 시대, 그것은 우리에게 무엇이었는가』, 조선일보사, 1994, 44쪽
39) 위의 책, 125쪽
40) 위의 책, 44쪽

러일으켰다는 추정이 가능하다. 미국은 왜 이런 반응을 예상하면서도 내정간섭을 한 것일까. 필리핀의 예에서 타산지석의 교훈을 찾아본다. 보수강경으로 이름 높은 전 미국 유엔대사 커크 패트릭 여사의 주장을 신봉하던 미국이 필리핀의 독재자 마르코스를 축출하기로 결심한 이유는 결코 필리핀의 민주화를 위해서 그런 것은 아니다. 필리핀의 경제학자 레네 오프레네오는 말했다.

"역사는 우리에게 가르쳐 준다. 장사꾼은 이익만 보장해 주면 어떤 정치제도라도 환영한다는 것을. 예를 들어 1972년 마르코스가 계엄을 선포, 민주인사들에 말할 수 없이 가혹한 탄압을 가했을 때 마닐라 주재 미국 상공회의소는 마르코스에 축전을 보내 계엄선포를 '황야의 서부와 같은' 필리핀에 정치, 사회적 안정을 가져온 구세주적인 조치라고 치켜세우지 않았던가.… 미국이 우리를 돕는다면 우리를 위해서가 아니라 그들 자신을 위해서이다. 미국에 대한 환상에서 이제는 깨어날 때가 됐다."[41]

박정희도 한때는 미국의 눈에는 '황야의 서부와 같은' 남한에 사회적 안정을 가져온 구세주였다. 그렇다면 박정희의 죽음은 무엇을 보여주는 걸까. 그의 죽음은 박정희가 민족주의자라는 것을 보여준다기보다는 한때는 '사회적 안정을 가져온 구세주' 조차도 자신의 이익에 걸림돌이 된다고 판단되면 황야의 무법자처럼 냉정하게 등뒤에서 총을 쏘는 것이 아메리카인의 생리라는 것을 보여준다.

10. 결 ─ 짱구머리 지식인

미국서 돌아온 어느 박사님은 '조국 근대화의 길'을 다음과 같이 말하고 있었다.

"근대화는 곧 서구화이다. 서구화되려면 우선 인간 개체부터 서구화돼야

---

41) 최병권, 「엉클샘의 허상과 실상」, 『월간조선』, 1986년 6월호

한다. 어린애를 키울 때 우유와 빵을 먹이고 미국의 육아방식대로 엎어 재워 머리통이 망치처럼 앞뒤로 튀어나온 짱구가 되도록 키워야 한다."

　미국사람은 모두 머리가 앞뒤로 튀어나왔다. 비교적 납짝한 한국사람들에 비해 그들의 머리통은 옆면에서 보아 둥글다. 어린애들을 엎어 뉘면 숨쉬기가 불편하니까 저절로 옆으로만 넓게 되어 자연히 짱구가 된다는 것이다. 그리고 쌀밥을 먹이는 것보다 우유와 빵과 고기를 먹이면 체격도 월등히 커진다는 얘기였다. 그의 얘기에는 시종 영어단어가 빠지지 않았다.… 그는 자란 뒤에 미국에 갔다와서 미국사람들처럼 짱구머리가 돼오지는 못했으나 자신의 정신만은 완전히 서구화되어 돌아왔다고 크게 자부하는 것 같았다.[42]

　박정희 시대의 근대화는 곧 서구화였다. 농촌의 근대화는 어린아이 없는 농촌으로 귀결됐고, 조국의 근대화는 민족성 없는 인간을 양산하는 것으로 귀착됐다. 짱구머리 지식인들은 한국적 민주주의만 강조했지 한국적 근대화를 토착화시킬 생각은 못했다. 이들 짱구머리 지식인들은 나무를 심어도 외국나무를 선호했다.

　"제주도에는 옛부터 그 토질에 맞아 잘 자라는 고연목이 있다. 그런데 가로수는 포플러라야 된다고만 생각한 관리들이 제주도에 포플러를 심었다. 아무리 심어봐야 나무는 자라지 않는다. 얼마든지 잘 자라고, 향토의 특색도 살릴 수 있는 나무를 베고 포플러를 계속 심어봐야 자랄 리가 없다. 뿌리가 약한 포플러가 강한 해풍에 견딜 리가 없다. 그러나 관리들은 포플러를 강요한다."[43]

　짱구머리 지식인을 가까이 한 박정희 정권에 의해 이식된 근대화 문화 속에 성장한 인간군상의 모습은 어떠한가. 혹 뿌리가 약한 포플러와 같이 주체성 없이 서 있는 것은 아닐까.

---

42) 서철규(경도신문 문화부 차장), 「어두운 아메리카니즘」, 『청맥』, 1966년 4월호, 118쪽
43) 위의 책, 123쪽

〈자료 5〉 이것이 매판이다

우리는 매판자본, 매판경제만이 매판인 줄 알고 있다. 그러나 허영에 젖은 시민의 얼굴에서, 갈 바를 모르는 지식인의 자기상실에서, 아니면 사대의식과 모방에만 급급하는 하자의 비굴성에서, 혹은 집권에 수단을 가리지 않는 정치인의 야욕에서, 우리는 더 많이 그리고 더욱 본질적인 매판을 발견한다. 이 풍토의 拂拭(불식) 없이 그 다음 단계의 논리는 있을 수 없다.

매판시민
─민준기 (경희대 정치학 강사)

매판이라는 말은 일반적으로 외국자본의 '앞잡이'를 말한다. 그 말의 기원적인 면을 살펴본다면 1770년대의 중국을 논하지 않을 수 없다. 당시의 중국은 사회의 안정성도 없고 또 상거래의 질서도 세워지지 안 하였던 것이다. 따라서 외국상인들이 금융면에서나 또는 상업면에서 거래를 할 때에는 일종의 청부인이나 중개인을 사용하였었다. 이러한 청부인이나 중개인 등속을 매판이라고 불렀다. 매판들은 외국상인들로부터 고율의 수수료를 받았었다. 그러나 그 고율의 수수료는 전가되어 결국 대중의 부담이 되었던 것이다. 그러므로 중국의 토착자본은 말하자면 이 매판에 의해서 축적되었고 상업자본은 동시에 매판자본화하였던 셈이다.

20세기 초에 이르러서는 군벌의 기반이 이 매판이었던 것이고 사회적으로는 하나의 계층을 형성할 정도로 강대해졌었다. 따라서 당시 중국에 있어서는 '매판은 제국주의의 직접적 대리인'이라고까지 생각되었던 것이다.

1930년대 중국에 있어서 근대화를 운운하는 한편 낡은 봉건세력과 잔인한 식민세력을 구축하기 위해 군벌제도와 이 매판을 집중적으로 공격한 것은 결코 우연한 일이 아니다. 말하자면 매판이 군벌의 기반이 되고 또 그 군벌이 낡은 봉건세력이나 또는 잔인한 식민세력과 결부되었다는 점에서 당연한 일이라는 말이다

그후 중국에서는 이 문제가 여러 각도에서 논의되었던 것이다. 즉 그것은 개개의 상업자본의 매판성이 논의된 것이 아니라 '중국의 대자본 일반이 매판화'하였다는 점이었다. 그것은 더 말할 필요도 없이 매판자본이 당시의 중국정부와 결탁되었기 때문에 산업자금·은행자본과도 연결되었던 까닭이다. 따라서 심지어는 '표면은 민족자본이지만 실질적으로는 매판자본'이라는 말까지 나왔었다. 오늘날에 있어서도 여러 후진국가에 있어서는 이 문제가 항상 논의의 대상으로 되어 있다. 그것은 결국 자본의 축적이 자본주의적 생산력의 정상적인 발전 위에서 이루어진 것이 아니라 낡은 수탈의 방법 즉 봉건적인 수탈이나 또는 식민지적 수탈 위에 기생 또는 결부되어 있기 때문이다.

…

매판시민이라고 하면 매판의 이와 같은 원초적인 해석과는 달리 현대 후진자유주의 국가에서 거의 공통적으로 당면하고 있는 일반시민의 매판성이다. 시민의 매판성은 일반적으로 두 가지로 나눌 수 있다. 其一(기일)은 외국상인이나 자본의 앞잡이 노릇을 하는 시민, 기이는 무조건 국산이라면 외면해 버리고 외제라면 탐닉하는 시민의 허영심과 사치풍 그리고 전시효과의 콤플렉스다. 여기서 시민이라고 하면 일반국민 전체를 말하는 汎稱的(범칭적)인 명사로 쓰이는 것이 보통이다.

…

무서운 것은 이렇게 병들어 버린 시민정신이다. 나라야 어떻게 되든, 국가산업이야 붕괴하든 말든, 우선 좋은 것이면 무어든지 쓰고 보자는 이 부패한 정신이야말로 마침내 시민을 매판시민으로 만들어 버린 결과가 되었다. 따지고 보

면 매판이란 따로 있는 것이 아니다. 거대한 재벌이나 정상배만이 매판이고, 일반시민의 소비생활은 이와 연관이 없는 것으로 생각해 온 데서 우리 사회의 오늘과 같은 매판의 풍조는 짙고 깊게 침투된 것이다. 하나의 예로 혼례에 있어서 예물의 교환을 보라. 반지라든지, 시계라든지 목걸이, 귀걸이 등 으레 국산이 되어서는 안 되는 줄 알고 있다. 우리 나라에 백금이 나고 다이아가 생산되고 사파이야가 만들어지는 것이 아니다.

매판문학
-김경민 (문학평론가)

우리 문학은 근대화 과정에서 이미 매판적으로 될 수 있는 요인을 보여주었다. 자기의 전통을 기반으로 하지 않고 외래문학의 압도적인 충격으로 근대문학이 이루어졌다는 점은 널리 지적되고 있으면서도 그 결과 어떤 잘못된 길로 들어서게 되었는가에 대해서는 인식이 부족하다.

이광수는 말했다. "조선에는 문학도 예술도 없었다"고. 바로 이런 생각에 함정이 있었다. 이광수 이전에도 문학이 있었음은 말할 필요가 없는데도 불구하고 이렇게 단정하게 된 이면에는 근대문학의 담당자 자신이 민족적 전통의 계승자가 될 수 없는 일제에 의해서 양성된 층이라는 사실이 개제되어 있다.

우리에게는 정철-김만중의 전통도, 허균-박지원의 전통도, 廣大文學(광대문학)의 전통도 있었다. 그럼에도 불구하고 이광수는 이를 일단 전부 다 부인했고 그 이후의 작가들은 새로운 문학을 창조해야 된다는 구실 아래 외래문학의 사조를 대량으로 수입했다.

…

서구의 극단적인 현대문학(예컨대 조이스, 카프카, 초현실주의 등)은 한때 세계를 지배하던 세력이 황혼기에 들어서자 불가피하게 오는 절망을 표현한 것이다. 이런 절망은 우리에게는 거리가 멀다.

흉내를 내려고 해도 될 수 없다. 절실한 자기의 문제를 떠나서 문학은 성숙되기 어려우며 현대인의 고민이란 극히 포괄적인 개념이란 사실 공허한 것이다. 현대인 중에는 절망에 빠진 식민지 상인도 있고 정신적인 몰락에 번민하는 신학도도 있고 아프리카의 각성되고 있는 대중도 있다. 이들은 서로 생각이 다르고 문제를 달리하고 있다. 마찬가지로 우리에게는 우리의 문제가 있으며 우리의 문제를 버리고 뉴욕이나 파리에서 유행하는 병을 수입해다 앓는다는 것은 문학의 기본적인 요구마저 외면한 사기에 불과하다.

…

비평에서는 매판적인 가치관의 피해가 더욱 크다.… 말은 장황하지만 핵심적인 내용은 간단하다. 월평에서 시작해서 어떤 평문에든지 외국어의 원문 인용이 많을수록 우수한 비평이 되고, 외국 문학이론가의 견해를 빌리지 않고서는 자기 주장을 한마디도 합리화시킬 수 없다. 최종적으로는 한국문학의 장래 또는 한국어의 가능성을 의심한다는 기괴한 결론에까지 이른다. "조선놈은 어쩔 수 없다"는 식의 철저한 식민지 관리의 사고방식이다.

그렇다고 해서 조국을 떠나 멀리 가서 그렇게라도 숭배하는 영어나 불어로 문학활동을 하겠다고 나서는 예도 보지 못했으며 모두들 여전히 서울의 중심가를 돌아다니며 최고의 지식인으로 자부하고 마치 한국문학의 장래는 자기에게 달려 있다고들 주장하니 더욱 식민지 관리를 연상시킨다.

…

물론 한국문학도 세계문학의 일부이며 앞으로는 이 점이 더욱 중요시 될 것이다. 하지만 민족적이 아니면서 세계적일 수는 없다는 역설이 진실이다. "가장 민족적인 것이 가장 세계적인 것이다"라는 평범한 말은 매우 중요한 암시를 하고 있다. 충실한 민족문학을 전제로 하지 않는 매판적인 태도로는 세계문학의 건설에 참여할 수 없는 것이다. 이른바 '대동아공영권'이 세계평화에 대한 범죄를 저질렀다는 것은 미국과 싸웠다는 데 그 원인이 있는 것만은 아니다. 그 속에 강제로 표현된 각 민족의 노예화를 통해서 그런 연합체가 이루어졌기 때문이다. 각 민족이 다 정치적 경제적 독립은 물론이고 문화적 독립 또는 문학적 주체성을 확립할 때에만 세계문학을 위한 성실한 대화는 시작될 수 있을 것이다.

매판윤리

―서윤택 (한국장로교신학대 철학 교수)

해방 이후 우리는 숨가쁘게 구미의 문화를 받아드렸다. 그 중에도 우리는 거개의 문화를 아메리카에서 직수해 왔다. 그러나 그런 문화는 우리들의 뼈와 살이 되기에는 너무도 해독이 컸다는 말이다.

여기에 꼭 말해 두어야 할 몇 가지가 있다. 그것은 첫째 영화다. 길거리마다 나붙어 있는 영화 PR에는 으레히 벌거숭이가 된 나체가 묘사되고 있다. 그리고 벌거숭이의 원시인이 얼싸안고 육체의 향연을 벌이고 있다. 이것은 먼저 우리들의 시각을 자극하는 것이지만 그 다음에는 간지럽도록 성적 흥분을 자아내게 한다. 이러한 영화는 주로 아메리카에서 제작된 것이다. 여성에게 성적 수치를 가르쳐 왔던 우리의 모랄은 이국적인 原始畵(원시화)에 대하여 처음엔 치욕을 느낀다. 그러나 그것도 시간이 흐름에 따라 얼마간의 흥미와 흑심을 품게 된다. 다음에는 그것을 정당시한다. 그리고 그런 영화를 즐기게 되고 그런 장면을 연출하고 싶은 강렬한 충동을 느낀다. 그리하여 우리의 모랄은 황폐해지며 아메리카의 모랄과 동질화된다. 그리고 관능의 향락이 지상의 명령이 되고 인간은 관능만을 예찬하게 된다. 따라서 모든 생활은 말초적으로 변질되며 질서와 숭고성을 상실하고 만다.

…

거개의 영화는 성문제에 대하여 너무 게으르며 때로는 폭력적으로 세술하고 있다. 영화의 악영향이 성에만 국한하는 것은 아니다. 갱영화나 스릴러영화의 경우에는 그것이 비록 결과를 악당의 패배로 끌고 간다 하더라도 청소년의 심리를 자극하는 것은 살인의 스릴과 영웅심에 있다. 美畵(미화)의 분별없는 亂輸(난수)는 살인을 몰랐던 우리들에게 살인을 교사해 주었다. 날마다 신문 라디오에 보도되는 끔찍한 살인사건은 그런 영화에서 받은 영향이 그러했던 것이라 하여도 과언은 아니다. 서부영화도 그런 살인의 영웅화를 촉진시키는 중요한 계기를 마련했다.

(『청맥』, 1965년 10월호)

〈자료 6〉 문화식민론 ― 문화사대와 지배자철학

─ 한영우 (서울대학교대학원 · 국사)

우리 나라의 사대주의는 본고의 모두에서 잠깐 말한 바와 같이 고려말 몽고의 지배시기로부터 비롯되었다고 생각한다. 이때 고려의 왕궁과 귀족(문신)들은 스스로 몽고의 앞잡이가 되어 국가의 기밀을 누설하고 進軍(진군)을 안내하고 혈육을 팔아 몽고에 至誠事大(지성사대)하였으며 그 대가로 그들은 자신의 특권을 지키고 늘일 뿐 아니라 국내에서 토지와 노비를 자유로이 약탈할 수 있었다. 그런데 봉건지배층은 이때 가장 간악한 반민족성을 드러냈다. 전국도처에서 노예와 초적들이 자신의 신분적 해방과 외세로부터의 해방을 위해서 투쟁하고 있을 때 지배층은 그 외세와 손잡고 민중을 탄압하였다. 따라서 사대주의 하의 민중의 저항은 이중의 적을 상대로 하는 것이 특성이나(기전위, 「한국사에 있어서의 외압과 저항」, 『사학연구』, 1953년 참조)

…

그후 몽고가 망하고 명이 중국의 지배자로 군림하게 되었으며, 반도에서는 고려가 망하고 이성계가 조선왕조를 창건하였다. 그러자 이성계 일파는 친원사대주의 대신에 친명사대주의를 국시로 내걸었다. 그러나 이 '사대'는 단순한 외교정책에서 그치는 것이 아니었고, 주체의 지아를 망가한 '사대주의' 바로 그것을 의미하는 것이었다. 지배자 자신이 '사대'를 대의명분으로 내건 일은 한국역사상 일찍이 없던 일이었다. 물론 거기엔 까닭이 있었다. 이씨왕권이 본래 약체정권이었기 때문에 구귀족들과의 대립항쟁에서 자신의 미약한 지위의 강화와 권위의 뒷받침으로서 외세의 권위를 빌어온 것이다. 숭유정책은 사대주의의 구체적 표현이었다. 숭유는 단순한 유교의 숭상으로 그치는 것이 아니라, 반유교주의자에 대한 엄격한 응징으로 나타나는 것이며, 사대(사대주의)와 표리를 이루면서 적대세력 제거의 중요수단이 되었던 것이다. 근세 소선 5백년은 실로 우리 역사상 사대주의의 황금기였다고 해도 과언이 아닐 것이다.

…

청일전쟁(1894)을 계기로 조선의 사대는 질적으로 바뀌는 동시에 사대주의 대 사대주의의 투쟁으로 변모하였다. 국내의 재배층은 자신의 지위를 보존하기 위하여 단순히 외세와 결탁하는 정도에서 그치는 것이 아니라 국권을 파는 데 광분하였다.

…

일본 제국주의의 완전한 지배 아래에서 사대주의는 디욱 발진하였다. 이세는 권력의 자리는 남에게 빼앗겼으나 대지주·관료·자본가·중소상인 등이 새로운 사대주의 계급으로 탄생하였다. 이들은 제국주의자들에게 젖줄을 대고 갖은 섬김을 다하여 그들의 민중수탈을 음으로 양으로 방조하였다. 실로 일제 36년간은 사대주의자에게는 안일과 영화의 시간이었지만 민중의 입장으로서는 미증유의 암흑의 시대였다. 일제시대의 사대주의자들은 대개가 이전 봉건시대의 사대주의자들의 후예들이었으며, 그들의 후예 또는 그들 자신이 해방 이후 한국사대주의 집단의 중핵을 이루었다는 데에 우리는 주목하지 아니할 수 없다.

…

하여간 일제로부터 국권을 되찾고 해방을 맞았다. 민중의 적이 지배자의 벗이 되는 불합리한 현상은 더 이상 없어야 했으며, 지배자가 자신의 지위보존을 위해서 국권을 농락하는 저주할 악습은 이 이상 용납될 수 없어야 했을 것이다. 그러면 해방 이후 이 땅에서 사대주의는 영영 자취를 감추었는가?

해방 이후 사대주의는 그 옷을 갈아입었을 따름이다. 이제는 위정자건 지식인이건 사대주의를 표면적으로 내거는 사람은 한 사람도 없지만 사대주의 현상은 그 어느 때보다도 질적으로 심화되고 양적으로 확대되어 가는 일면이 있다.

…

봉건시대의 사대주의는 그것이 아무리 심한 것이라 하더라도 경제력까지 지배당하는 일은 거의 없었다. 그것은 피차가 자급자족적 자연경제를 토대로 하고 있었기 때문이다. 그러다가 일제하 자본주의 세력의 침투 이후로 사대주의는 점차 경제력에 중점이 놓이기 시작하였으며 오늘날의 사대주의는 경제력의 외세의존에서 가장 특징적인 양상을 드러내기에 이르렀다.

…

경제의 대외의존성은 그것만으로 그치는 것이 아니다. 문제의 심각성이 바로 여기에 있다. 매판자본은 권력과 결탁하는 것을 제2의 속성으로 갖는다. 권력으로부터 온갖 특혜를 받고 그 대가로 권력의 정치자금을 공급한다. 여기에 권력의 부정부패가 발생하는 필연성이 있다. 민족산업자본가의 육성보다도 기성 소수 재벌에게 보다 많은 특혜와 융자를 줌으로써 권력과 재벌의 결탁은 또한 권력의 대외의존성을 가중시키는 현상을 초래할 가능성이 있다. 매판자본과 그에 결탁된 권력의 유지를 위해서 외국의 원조라는 것은 잘못 유용되기 쉬우며 그 원조를 보다 많이 얻기 위하여 아부와 굴종이 그림자처럼 뒤따르게 마련이다.

…

원조와 재벌, 그에 결탁된 권력의 속성이 이런 것이라면 위정자가 아무리 선의의 목적을 가지고 정치에 임한다 하더라도 또 아무리 민족주체나 자주·자립을 외친다 해도 위와 같은 경제구조의 근본적 모순을 타개하지 않는한 결국은 외세에 휘말려 들고 날 운명에 필연적으로 놓이게 되는 것이다. 더욱이 원조라는 것은 어느 나라의 경우에서건 주는 자의 발언권을 증대시키며 받는 자의 주체를 상대적으로 약화시킨다.

주는 자는 준 것을 지키기 위하여 받는 자의 내정에 간여하게 된다. 그 간여는 권고로서 그치는 경우도 있지만, 심한 경우에는 정권의 교체에까지도 영향력을 가진다. 새로운 집권자가 선거나 또는 무력을 통해서 등장하게 되면, 그 정권은 반드시 강대국의 승인을 받아야 한다. XX정권을 지지한다는 강대국의 지지성명서는 조선의 국왕이 등극한 후 중국황제의 재가를 얻던 것과 비슷한 점이었다. 이 지지성명서를 얻지 못하면 그 정권은 내내 불안에 싸이게 되며 자칫하면 결국은 국내외의 반대세력에 부딪치게 된다. 새로운 집권자가 주체를 선양하기에 앞서 외세에 아부·추종하게 되는 소이가 여기에 있는 것이다. 그리하여 일단 집권자와 강대국 간에 결합관계가 맺어지면 거기에 소응하는 지배자의 철학이 구축된다. 지배자의 철학의 특징은 조선의 역대 왕들이 중국황제의 正朔(정역)을 받들 듯이 강대국의 이념을 충실히 좇는 데 있다. 어느 때는 섬김을 받는 자가 무색해질 정도로 그 충성이 과잉스러워 질 때가 있다. 지배자철학에 반대하는 것은 흔히 '반국가적'이라는 낙인이 찍힌다. 현대판 斯文亂賊(사문난적)이라 해도 좋을 것이다.

...

지배자철학은 지배자철학에서 그치는 것이 아니다. 그 철학에 소응하는 학문·교육·문화시책이 뒤따라 형성된다. 학문은 지배자철학에 위배되지 않는 한도 내에서 자유스러우며, 강대국의 이데올로기 일반이 가장 유가치한 것으로 주입된다. 강대국의 문화는 그것이 좋은 것이든 나쁜 것이든 일방통행적으로 들어오며, 또 들어오도록 권장된다. 선진국의 것은 다 좋고 내 것은 다 나쁘다는 일방적 가치관이 형성된다. 남의 것에 대한 미화와 더불어 내 것에 대한 불신과 천대가 조장되며 이것이 골수에까지 침습하여 열등감과 패배감·자조의식으로 재생산되어 나타난다. 마침내 사대의타심과 주체상실이 열등의식과 표리를 이루면서 모든 행동거지를 규제하게 된다. 이제는 남의 사대주의도 나의 사대주의도 사대주의로 느껴지지 않으며, 이리하여 사대주의는 점차 고질화되어 가는 것이다.

(『청맥』, 1966년 6월호)

『씨올의 소리』의 미국관

1970년 4월호를 발간하면서 세상에 선을 보인 『씨올의 소리』에는 박정희 정권에 항거하던 당대 지식인의 고뇌와 양심, 지성과 비판정신이 살아 숨쉬고 있었다. 1971년 10월호에는 발행인 함석헌이 쓴 「군인 정치 10년을 돌아본다」가 실려 있는데, 그 서두는 이렇다.

'군인정치'라 했지만 내 참 느낌대로 한다면 '정치'라고 하고 싶지도 않다. 어떻게 이것을 정치라고 하겠는가? 차라리 '지배'라 하든지 '억누름', '짜먹음'이라 하는 것이 옳을 것이다. 그러나 올바른 전체의 의견을 이끌어 내기를 목적으로 하고서 하는 말에 너무 내 느낌만을 내세울 수는 없고, 또 공공연하게 내놓고 하는 말에는 일반 세상이 통용하는 말을 따라 씀으로써 이해에 이르기가 쉽기 때문에 그냥 정치라고 부른다. 그러나 이 십 년 동안 그들의 한 일을 정치라고 승인해 줄 마음은 절대로 없다.

나는 가장 밸 일어서는 것이 소위 '旣定事實(기정사실)'이라는 말이다. 씨올의 목을 비틀고, 아니다 제 양심을 비틀고, '해 먹는' 계급이야 물론 그러겠지만 신문 잡지까지 그러는 데는 참 답답하다. 만일 돼진 일은 다 다시 말할 것이 없이 단념해 버리고 말 것으로 생각한다면 무엇이 사람인가? 생각해 보라, 만일 일본에게 정복당했을 때 몇 날 못 가 곧 기정사실로 인정해 주고 나라 찾을 생각 아니했다면 오늘이 있을 수 있었겠나? 따질 것은 십 년

이 지나가서도 따지고 아니라 할 것은 백 년이 되고 죽으면서도 아니라 하는
것이 사람이다.

　5·16을 "와서는 아니 되는 것"이라고 신랄하게 비판하는 이 글은 지금
읽어보아도 속이 다 후련해진다. 그만큼 정곡을 찌르는 글이기 때문이
다. 그런데 이처럼 박 정권을 정면 비판하는 『씨올의 소리』지만 정작 문
제의 본체인 민족문제, 미국문제를 직접 거론하는 글은 많지 않다. 그중
씨올의 소리 주요 필진의 미국관을 드러내 주는 것은 1976년 미국독립
200주년 특집 「미국독립 200돌과 한국」을 통해서이다. 여기에 실린 글
중 「순례의 할아버지들」에서 함석헌은 현대 미국을 '황금족의 나라' '기
업국가' '제국주의'라며 비판적으로 보았으나 그 뿌리가 '자유'인만큼
새로운 자유를 찾아 '탈출'할 가능성이 있다고 보았다. 김찬국은 「미국
질서의 기독교적 근원」에서 미국사람들이 자신들을 "하나님의 새 이스
라엘 백성"으로 보는 선민의식에 수긍하면서 "미국은 옛 구약역사의 이
스라엘이 '이방의 빛'으로 봉사하는 사명을 하나님으로부터 받았던 것
과 같이, 오늘도 세계에 빛을 주는 나라가 되어 자유와 평화의 질서를 견
지하는 사명을 다해야 할 것"이라는 희망사항을 밝히고 있다. 대체로 기
독교인들은 미국을 비판하면서도 그 뿌리와 근본정신에 대해서만큼은
신뢰하는 경향이 있지 않나 싶다. 또 한 명의 기독교인인 김동길의 글에
는 원색적인 친미발언이 많다. 이렇게 반공 친미적인 식견을 지닌 사람
도 박정희 정권에 의해 반정부인사로 내몰린 현실이 오히려 희극적으로
느껴지기도 한다. 본뜻을 날 것 그대로 전달하기 위해 김동길의 글 일부
를 그대로 인용했다.
　씨올의 소리는 곧 함석헌의 소리였다고도 할 수 있다. 그의 역작 『뜻으
로 본 한국사』에는 미국에 대한 짧막한 언급이 있는데, 이를 통해 그가
미국과 소련을 넘어서는 새로운 질서를 꿈꿨음을 짐작할 수 있다. 그는
"6·25의 폭격소리는 사실은 새 시대가 임하는 소리였다"며 한국전쟁이
한쪽의 승리가 아닌 무승부로 끝난 이유에 대해 다음과 같이 풀이한다.

까닭이 무슨 까닭일까? 미국이 이겨도 아니 되고, 소련이 이겨도 아니 된
다는 말이다. 둘의 대립은 대립함으로 낡은 사상, 낡은 세력을 소모시키고,
그 동안에 새 것을 키우자는 것이다. 미국의 자본주의도 소련의 공산주의도
한 대 인류역사에 그 할 일이 있어서 나왔다. 이제 자본주의 꽃 필 대로 활짝
꽃이 피었고, 공산주의는 그 위에 서리를 칠 대로 쳤다. 꽃도 늘 있을 꽃이
아니요, 서리도 늘 서슬을 부릴 서리가 아니다. 둘이 다 가고 말 것이요, 그
안에 새 씨올이 영글고 있을 것이다. 미소의 대립을 보고 그 누가 이기나 그
것을 기다리고, 더구나 그 형편을 보아 어느 이기는 편에 가 붙자는 생각은
어리석은 생각이다. 소련·중공이 이기지도 못할 것이다. 6·25는 순전히 소
모전이었다. 그것은 두 진영의 대립의 뜻을 표시한 것이다. 두 놈은 서로 과
학내기, 물자내기, 정책내기, 선전내기를 하여 그 힘을 다 써버리고야 말 것
이다. 그리하여 그 물질과 사상이 다 닳고 바닥이 나와야 그 때에 새 문화의
탑을 쌓기 시작할 것이다. 하나는 돈이요. 하나는 칼이다. 둘이 다 민주주의
를 주장하지만 그것은 간판에 불과하며 사실은 돈과 칼의 싸움이다. 둘이 다
없어져야 정말 민주주의가 살아나올 것이다.

1. 순례의 할아버지들
    －함석헌 (『씨올의 소리』 발행인)

함석헌은 미국이 어띤 나라냐 하는 것을 말하기 전에 미국을 바라보는
마음에 대해 이야기하고 있다. 예수는 "네 이웃을 네 자신과 같이 사랑
하라" 했고 공자는 "의젓한 이는 두루하고 끼리끼리하지 아니하며 덜된
사람은 끼리끼리하고 두루하지 아니한다(君子는 周而不比하고 小人은
比而不周라)"고 했다. 그런데 현대 세계를 휩쓰는 것은 "내 편이냐 그렇
지 않으면 적이냐 하는 눈초리로" 보고 있다. 그러다 보니 "온세상이 서
로 다 내 원수니 세계가 어지러운 것은 당연한 일"이다. 함석헌은 인간
을 의심이나 미움이 아닌 사랑, 협동, 이해의 마음으로 바라볼 것을 강조
한다.

그러기 때문에 미국은 우리 우방이다 하는 눈으로 보아도 잘못이요, 적국이다 하는 눈으로 보아도 잘못입니다. 그래서는 참 미국의 모습을 못 봅니다. 우리가 미국을 위해 있는 나라가 아니듯이 미국은 우리 위해 있는 나라가 아닙니다. 모든 개인 모든 나라는 전체 안에 있어서만 제 노릇을 할 수 있고 남을 위할 수가 있습니다. 이웃은 자아의 또 다른 하나의 몸이요, 이웃 나라는 '그 나라'의 또 다른 하나의 표현이기 때문입니다.

이런 마음가짐으로 먼저 함석헌은 미국의 건국정신을 살펴본다. "참나무는 도토리알에서 나온 것이요, 박넝쿨은 박씨에서 나온 것"이고 "우리나라를 알려면 백두산 천지가에부터 가야" 하듯이 미국의 건국정신을 알려면 "뉴잉글랜 마싸츄세츠주의 바닷가 풀리머스 바위 등에 가서 '순례의 할아버지들'의 발자취를 찾아야 한다는 것이다.

사람들은 "미국 하면 맨 먼저 딸라를 생각"한다. 황금이야말로 미국이 세계를 호령하는 저력이라고 여기는 것이다. 그런데 함석헌은 미국은 황금의 나라이기 이전에 "자유의 나라"임을 지적한다.

앞서 말한 순례의 할어버지들은 바로 이 "자유, 특히 신앙의 자유를 찾아" 영국에서 탈출해 온 사람인 것이다. 이 순례의 할아버지들은 "죽기 전부터 죽을 준비를 하고 있던 사람들"이다. 무얼 위해? 바로 자유를 위해서다. 그들의 비문에는 그래서 흔히 "죽을 준비를 하고 나를 따라오라"(Prepare to die and follow me)"고 써 있다.

그런데 동북부의 뉴잉글랜드에 순례의 할아버지들을 들여보내는 역사는 그와 대각적인 서남지방에는 또 정반대의 탈출자를 보내들인다. 이들은 황금을 겨누는 자들이다.

"새벽부터 일어나 부지런히 부지런히 선을 할 생각을 하는 것은 순(舜)의 무리요, 새벽부터 일어나 부지런히 이(利)를 얻기를 힘쓰는 것은 투(妬)의 무리"라는 말이 있습니다마는 인류는 빛깔로 가를 것 아니라 선이냐 이냐로 갈라야 합니다. 순례의 할아버지가 순의 무리라면 서남방 금광꾼 목화농사꾼은 투의 무리였습니다. 그들이 겨누는 것은 오직 황금이었습니다.

선과 이의 운명적인 충돌에서 승리자는 이(利)다. 즉 황금족이 순례족을 덮어 눌러버린 것이다. 그래서 "적어도 외양상으로는 오늘의 미국"은 황금족의 나라인 것이다. 이런 황금족의 나라인 미국과 소련은 모두가 새로운 탈출을 강요하는 사회이다.

미국도 제 이상에 충실치 못해 제국주의라는 말을 듣고, 소련도 본래 공산주의의 주장을 내버리고 역시 해묵은 국가주의의 종이 돼버렸습니다. 이제 이 두 나라가 서로 대립하여 세계를 지배하려 하고 있는 것은 결코 우연한 일이 아닙니다. 그 씨름이 의미하는 것은 다시 새로운 탈출의 강요 아닐까?

함석헌이 보기에 200돌을 맞은 미국은 새로운 탈출에 직면한 사회이다. "제2차세계대전 초기만 해도 미국은 스스로 자유의 기수로 자임하는 기색이 보였는데 적어도 중엽 이후부터는 스스로 그것을 포기"한 나라다. 때문에 미국은 '기업국가'로 전락했으며, "제국주의 국가라는 비난을 들어도 변명할 여지가 없"는 나라이다.

그렇지만 함석헌은 미국이 자유를 찾아 새로운 탈출을 할 수 있는 여지를 남겨둔다. 워테게이트 사건과 월남패전이 역설적으로 그 희망을 보여준다고 말한다. "승전보다는 패전을 능히 행하는 데 큰 것"이 있다고 보는 것이다. 그는 마지막으로 선조들의 유언을 빌러 200년 축하의 말로 삼는다.

"Prepare to die and follow me."

2. 미국질서의 기독교적 근원
－김찬국 (전 연세대신학대 학장)

미국의 질서는 어디에서 출발하고 그 근원을 어디까지 소급하고 있는가? 이 물음에 대한 답변으로 김찬국 교수는 『미국 질서의 뿌리』를 쓴 러셀 킬크 교수의 견해를 인용하고 있다. 언론가 소설가이기도 한 이 사람은 미국의 도덕적 질서와 시민사회 질서의 뿌리가 "히부리인에게서 받은 유대교, 기독교적 질서와 희랍, 로마에게서 받은 고전문화의 유산, 중세기 및 종교개혁 시대 이후 특히 영국풍토에서 받은 교회적 전승"에 있다고 보았다.

김찬국 교수는 이 중에 히부리적인 전승인 성경에 뿌리를 박고 있는 기독교적 질서가 미국 질서와 어떤 관련이 있는지에 대해서 말하고 있다.

미국의 과거와 미래를 연결시켜 본 책 중에 『하나님의 새 이스라엘』 (미국 운명에 대한 종교적 해석, 1571년)이 있다. 아메리카대륙으로 건너온 이주민들은 마치도 자신들이 새 나라를 세우기 위해 출애굽한 이스라엘 백성과도 같다고 여긴 모양이다. 매사츄세스주의 초대 주지사인 윈드롬은 1630년에 "우리는 이스라엘의 하나님이 우리 중에 계심을 발견한다"는 말을 했다.

미국인은 그들 역사를 통해서 미국인은 하나님이 선택한 백성이라는 확실한 의식에 사로잡혔으며 그들 자신을 '새 이스라엘'이라고 생각해 왔으며 '모든 나라들에게 빛' (이방의 빛, 이사야 42:6)으로서 봉사할 책임을 가진 뽑힌 선민이라고 생각해 왔다는 것이다.

그래서 미국의 지도자들은 "우리 미국 이스라엘"이라는 말을 즐겨 쓰기도 했다. 1776년 미국의회로부터 미합중국을 상징하는 표상을 고안해 달라는 청을 받은 제퍼슨은 "낮에는 구름기둥, 밤에는 불기둥으로 인도받은 광야에서의 이스라엘 백성"을 표상으로 하자고 제안했다고 한다. 그만치 초창기 미국 건국의 조상들은 미국의 탄생을 "새 출애굽의 역사적 사건으로 해석하여 하나님이 새 이스라엘인 미국을 탄생시킨 하나임의 역사적 사건"으로 보려고 했던 것이다.

미국인들의 이 같은 선민의식을 수긍하면서 김찬국 교수는 "하나님의 새 이스라엘이 되고자 하는 미국의 노력은 계속 자유를 향한 출애굽의 노력과 평화를 향한 탈출의 움직임을 요구한다"는 점을 상기시킨다.

미국 자체 안에서만 아니라 세계 도처에서 아직도 차별과 학대로 인간의
기본적 인권과 자유가 유린당하고 있는 부끄러운 수치가 있다고 하면, 미국
은 옛 구약역사의 이스라엘이 '이방의 빛'으로 봉사하는 사명을 하나님으로
부터 받았던 것과 같이, 오늘도 세계에 빛을 주는 나라가 되어 자유와 평화
의 질서를 견지하는 사명을 다해야 할 것이다.

3. 한국인의 미국관
－김동길(전 연세대 교수)

(1) 미국사람 좋은 사람

오늘날 유엔을 위시한 각종 국제무대에서도 한국을 싸고도는 나라는
역시 미국이다. 자유진영 자유진영하지만, 만일 우리가 영국이나 불란서
나 일본만 가졌다면 우리는 이미 골로 간 지 오래였을 것이다. 해방 후
30년도 줄곧 우리가 미국을 진정한 친구로 믿고 의지하고 살아온 사실을
부인하기는 어려울 것이다. 그들의 돈, 물자, 기술비호가 오늘의 한국을
건설하는 데 크게 공헌한 사실을 아니라 할 수는 없을 것이다. 그래서 우
리는 '미국사람＝좋은 사람'이라는 항등식에 의심을 품지 않는 것인지
도 모른다. 만일 3,500만 남한사람들을 상대로 여론조사를 실시하되, 미
국사람이 좋으냐 나쁘냐 둘 가운데 하나만 골라보자고 한다면 필경 그
중의 3,495만은 "좋다"고 할 것이 분명하다. 북한에서도 공산당의 개입
이나 감시 없이 여론을 조사해 본다면 결과는 비슷할 것이라고 짐작한
다.

(2) 미국사람 나쁜 사람

공산주의자들의 미국에 대한 편견이나 비방은 여기서 크게 문제삼을
바가 되지 못하지만, 소위 자유진영에 속했다고 자처하는 여러 나라에서
도 반미감정은 결코 무시하지 못할 형편이다. 제 것 주고 뺨 맞는다는 속
담이 있기는 하지만, 우리가 보기에도 분명히 도움을 받은 나라에서 "양

키 고 홈(Yankee Go Home)"의 달갑지 않은 구호가 나붙게 되는 것은
어쩐 연고이뇨?

      …

  소련이 남의 나라를 도울 때에는 아무 조건이 붙지 않느냐 하면 소련
의 경우에는 더욱 까다롭고 가혹하고 무자비하다. 그런데 어째서 미국만
이 욕을 먹고, 소련에 대해서는 아무런 불평이 없는 것인가?
  사람들이 미국에 대해서 기대하는 것과 소련에 대해서 기대하는 것이
전혀 다르기 때문이다. 전과 10범이 다시 강도질을 하다가 잡혔다는 것
은 당연하게 받아들이지만, 만일 수도원의 수녀가 양말 한 켤레를 훔쳤
다면 그것은 신문이 대서특필할 특종꺼리가 되는 것이나 다름없다.

      …

  그런데 우리 나라에서도 공산주의자는 아니지만 미국을 못마땅하게
여기는 사람들의 수효가 점차 늘어나고 있는 것은 극히 경계할 만한 추
세요 현실이다. 그들과의 경제협력의 규모가 적었을 때에는 "원조액에
서 그네들의 인건비가 차지하는 비중이 너무 크다"는 정도의 불평이었
으나, 이제는 우리의 경제가 크게 성장함에 따라 그들과의 협력의 스케
일도 엄청나게 커졌는데, "결국은 미국놈 좋은 일 하는 거야" 하는 일종
저주에 가까운 악담이 파다하게 나돌고 있는 것이다.
  특히 미국이 중공을 승인함으로 대만정권을 모욕하고 월남과 캄보디
아의 아우성치는 민중을 버리고 달아난 후로 한국국민의 대미감정은 급
격히 악화되고 있다. "못 믿을 손 미국이라."

      …

  그러나 미국을 '하늘처럼' 믿고 바라보고 연명해 오던 한국 같은 나라
는, 그전 미국의 입장을 이해하려고 하기에 앞서 먼저 버림받은 민중이
공산군의 손에 무참이 학살되고 간단없이 시달리는 광경을 머리 속에 그
려보면서 "미국사람 참 나쁘다"는 말만 되풀이하고 있다. 아직은 "죽일
놈들" 하는 험한 말은 채 나오지 않는 것 같다.

  (3) 아메리카의 비극

미국작가 데오도오 드라이저가 1925년에 쓴 작품에「아메리카의 비극」
이라는 것이 있다. 출세를 꿈꾸는 한 젊은이가 시골서 올라와 공장에서
일을 하면서 기회를 노리는데 때마침 사장의 아름다운 딸과 눈이 맞아
성공의 문턱에까지 다다르지만 이미 어느 여공과 결혼하여 그녀는 임신
중인지라 자연 고민하게 된다. 여기서 이 청년이 해결책으로 구상한 방
안이 곧 아메리카의 비극인 것이다. 그는 교묘한 방법으로 그녀를 뱃놀
이에 유인하여 익사시키고 마는데 물론 그 범죄는 탄로가 나고 주인공은
비극적 종말을 맞이하게 된다는 줄거리다.
    여기서 작가 드라이저가 묘사코자 시도한 미국적 비극은 반드시 성공
하려는 야심에 있는 것이 아니라 그 성공을 실현시키려는 악착스런 방법
에 있다. 어떤 의미에서는 미국 자본주의에 대한 고발이라고도 할 수 있
을 것이다.
    …

    그런데 '아메리카의 비극'이 곧 '코리아의 비극'이 되지 않겠는가 하
는 의구심이 지성 있는 이땅의 많은 인사들의 잠자리를 불안하게 만들고
있는 것이 아닌지?

(4) 그래도 다시 한 번
    '진보적'이라고 자처하면서 주한미군의 조속한 철수를 주장하는 미국
인들을 가끔 만나게 된다. 철수해야겠다는 이유는 다 똑같은 것은 아니
지만 하여간 미군이 한반도에 주둔할 까닭이 없다는 것이다. 그런 사람
들을 향해 나는 태연한 어조로 이렇게 말을 해 준다.
    "마음대로 하시오. 당신네 군대를 당신네가 데려간다고 하는데 우리가
무슨 더 할말이 있겠어요.…
    북을 어거할 우리들 자신의 힘이 충분히 형성되기 전에 미국이 손을
뗀다는 것은 적화통일의 지름길이 될 것은 사실이고, 그렇게 되면 전체
주의 내지 독재정치에 순응할 수 없는 상당한 수효의 남한인사들이 목숨
을 잃게 될 것이오.…"
    …

　그 '행복의 추구'가 미국만을 국한된 꿈일 수는 없다. 제1차세계대전에 미국의 개입이 불가피하게 되었을 때 윌슨 대통령은 개입의 목적과 동기를 "이 세계를 민주주의를 위해 안전한 곳이 되게 하기 위하여"라는 유명한 말을 한 일이 있다. 미국은 미국만의 미국이 아니다. 세계 어디서나 행복의 추구를 위해 불가결의 조건인 '생명, 자유'가 위협을 받거나 천대받는 곳에서 미국은 과감하게 싸워야 할 역사적 사명을 지니고 있는 것이다. 독립선언문을 기초한 이들이 "만인은 다 동등하게 지음을 받았다"고 밝혔을 때 그들은 의식했건 못했건 전세계를 다 그 품안에 안은 것이나 다름없다.

　…

　더블린의 대주교를 지낸 바 있는 트렌취는 영국을 두고 이렇게 노래한 일이 있다.

England we love thee better than we know.

　(영국이여, 우리 알기보다는 더욱 그대를 사랑하노라.)

　우리가 미국을 두고 하고 싶은 말이 바로 그것이다. 미국인에 대한 한국인의 사랑은 생각보다 훨씬 깊고 두터움을 새삼 느끼면서 미국독립 200주년을 축하하는 바이다.

〈자료 7〉 내외통신으로 읽는 북한의 반미선전

'6·25'를 '미제반대투쟁의 날'이라 하여 전국적으로 반미운동을 전개

북괴는 이번 '6·25' 24주년을 맞아 이날을 '미제반대투쟁의 날'이라 하여 전국 각지에서 '성토대회'를 열고 각종 사회단체를 동원, '성토성명'을 내는 등 반미운동을 전례 없이 대대적으로 벌렸다. 이들은 한결같이 6·25는 '미제'가 일으켰다고 기만성토하고 주한미군이 '평화통일을 가로막는 기본장애물'이라고 생떼를 쓰면서 대미적개심 고취와 미군철수를 요구하는 구호를 외쳤다.

특히 종교인집단 학살사건으로 악명 높은 '신천'에서도 소위 '미제침략책동 규탄성토대회'라는 연극을 벌이고 그들이 6·25 당시 신천군 내의 수많은 교인들을 '반동'으로 몰아 처형 학살한 것을 '미제가 군내 인구 4분의 1에 달하는 3만5천여 명을 무참히 학살했다'고 기만하면서 미국에 대한 적개심 고취에 열을 올렸다.

신천은 원래 종교인들이 많았던 곳으로서 6·25 당시 북괴군이 교인을 닥치는대로 학살하였던 것이다. 그런데 북괴는 휴전 이후 그들의 잔학했던 만행을 미군의 소행으로 기만선전하기 위해 전시관을 지어 북괴에 의해 살해된 주민들의 유물, 사진 등을 전시하고 있다. (제14호, 1974년 7월 3일)

북괴, '크메르 루즈'를 공식지지

― 미제는 론놀 도당에 대한 원조를 중지하라

북괴는 전 캄보디아 국가원수 노르돔 시하누크와 함께 '크메르 루즈'의 키우 삼판을 처음으로 지지하는 외교부 성명을 지난 9일 발표했다.

북괴방송에 의하면 이 성명은 "지난 2월 25일 3월 3일 시하누크 친왕이 캄보디아에 대한 미국의 군사적 간섭을 강력히 규탄한 성명과, 지난 2월 24일과 25일 캄보디아 민족해방인민무장력 총사령관인 키우 삼판이 사회한 제2차 국민대회가 반미 구국항전에 더욱 과감히 떨쳐 나설 것을 호소한 성명에 대해 이를 전적으로 지지한다"고 밝혔다.

이 성명은 이와 함께 "미제는 캄보디아에 대한 침략과 간섭을 당장 그만 두고 론놀 도당에 대한 온갖 형태의 원조를 중지하며, 캄보디아 문제는 캄보디아 인민 자신이 해결하도록 해야 한다"고 주장했다.

그런데 북괴가 시하누크를 지지해 오기는 했어도 키우 삼판을 지지하는 태도를 공식으로 보이기는 이번이 처음이다. (제64호, 1975년 3월 13일)

북괴, 미일안보조약을 비난

북괴방송은 20일 '미일안보조약'을 해설하면서, "이는 미제와 일본 반동지배층이 공모 결탁해서 일본 군국주의를 재무장시키고, 조선인민과 아시아인민들을 반대하기 위하여 꾸며낸 침략적인 군사동맹조약"이라고 비난했다.

이 방송은 이어 "이는 조선 침략전쟁에 일본의 군사경제적 잠재력을 적극 동원하려는 미제의 흉악한 속셈을 그대로 내비친 것"이라면서, 이 조약이 노리는 침략 대상의 첫째는 북괴라고 주장했다. (1975년 3월 13일)

북괴, 군중집회 열고 사이공 점령을 축하

― 전쟁이 일어나면 잃을 것은 군사분계선이고 얻을 것은 조국통일이다

북괴는 지난 3월 2일 2만여 명의 근로자 청년학생 · 군인들을 동원, 베트콩의 사이공 점령을 축하하는 평양시 군중집회를 열었다.

4일 북괴방송에 의하면 이날 연설자로 나온 북괴군 총정치국장 이용무는 "만일 저들이 전쟁을 일으킨다면 잃을 것은 군사분계선이고, 얻을 것은 조국의 통일"이라고 호언하고, "우리는 앞으로 계속 투쟁하여 남조선에서 미제를 몰아내고 통일을 반드시 성취하고야 말 것"이라고 말했다.

이는 이어 "미제가 더 큰 참패를 바라지 않는다면 인지 침략전쟁에서 교훈을 찾고 남조선에서 당장 물러가야 한다"고 주장했다. (제92호, 1976년 5월 6일)

"사격 목표판이 미제의 가슴팍"

– 북괴, 체육경기에도 적개심 고취

북괴방송은 11일 "4월의 명절(김일성 63회 생일)을 기념해서 열린 체육경기대회 사격경기에서 2중 붉은기 2·8국방체육선수단 사격선수들이 우승, 만경대상 우승컵과 금메달을 탔다"고 보도했다.

이 방송은 이어 "2·8체육선수단 사격선수들은 첫 경기부터 목표판을 미제의 가슴팍으로 여기고 복수의 명중탄을 안기고 안겨서 백발백중의 사격술을 보여주었다"고 보도했다 .

이 방송은 또 "권투·여자배구·남녀농구·여자탁구·역도·레스링·유도·남녀기계체조 부분에서 2·8체육선수단이 우승, 만경대상 우승컵과 금메달을 탔다"고 보도했다. (제95호, 1975년 5월 13일)

"조선은 반제투쟁에의 치열한 전선"

– 김일성, 루마니아 군중대회서 연설

루마니아를 방문중인 북괴 김일성은 24일 군중대회에서 연설, "조선은 사회주의 동방의 초소이며 반제투쟁의 가장 치열한 전선"이라고 말하고, "사회주의 나라들은 세계 모든 인민들의 민족해방투쟁을 적극 지지해야 한다"고 주장했다.

26일 북괴방송에 의하면 김일성은 이어 "남조선을 강점하고 있는 침략세력은 있지도 않은 남침위협에 대해 반공 소동을 벌이고 있다"고 주장하고, "세계 사회주의 인민들의 지지 아래 통일을 이루기 위해 모든 노력을 다하겠다"고 다짐했다.

김은 또 "사회주의 나라들이 굳게 단결해 투쟁한다면 승리를 앞당길 수 있다고 확신한다"면서, "유엔 등 국제무대를 통해 남조선에서 외군을 철거시키고 통일을 돕기 위해 애쓰고 있는 루마니아와 굳게 손잡고 나갈 것"이라고 말했다. (제103호, 1975년 5월 27일)

주한미군을 '식인종' 등으로 묘사
– 북괴의 소위 '고소장'에서

북괴에서 소위 '조국통일위' 등 각종 사회단체들은 19일 주한미군의 철수를 주장하는 '고소장'이란 것을 발표하면서 주한미군을 '승냥이'와 '식인종'으로 묘사했다.

북괴방송에 의하면 소위 이 '고소상'은 "인간의 탈을 쓴 흉악한 승냥이들이며 식인종들인 미제침략군은 지금도 남조선 천지를 제멋대로 싸다니며 발길이 닿는 모든 곳에서 무고한 주민들을 총으로 쏘아 죽이고 몽둥이로 때려죽이며 자동차로 깔아죽이고 있을 뿐만 아니라, 주민 부락을 습격하여 살림집을 파괴하고 재물을 약탈하며 부녀자를 농락하는 등 온갖 야수적인 만행을 아무 거리낌없이 감행하고 있다"라면서, "참으로 오늘 남조선에서 살아 움직이는 모든 것이 미국군대의 살륙의 대상으로 되고 있으며 값있는 것은 무엇이던지 그들의 파괴와 약탈의 대상이 되고 있어 오늘 남조선에서 무고한 주민들의 피가 흐르지 않는 날이 없다"고 사실을 터무니없이 날조했다. (제130호, 1975년 7월 22일)

북괴, 종교계를 모략 비방
– "미제의 통제 아래 반동사상 주입" 운운

북괴방송은 20일 "미제는 종교를 통한 사상침략을 위해 남조선에다 기독교와 천주교 계통의 수많은 학교들을 만들어 놓고 이를 통해 청소년들의 사상의식을 흐리게 하고 있다"는 등 한국의 종교를 모략 비방하고 나섰다.

이 방송은 "남조선의 80여 개 종교와 교파들은 남조선 주재 미국선교부가 통제하고 있다"고 날조하면서, "이 종교들은 온갖 위협·기만·회유·공갈 등 방법으로 남조선인민들을 끌어들여 그들 속에 반동사상을 주입하기 위해 집요하게 책동해 왔다"고 모략했다.

이 방송은 이밖에 "미제는 귀중한 문화유적들을 그들의 유흥장으로, 군사시설로 만들었고 우리의 민족예술과 조선말까지 말살하기 위해 날뛰어 왔다", "또한 남조선의 모든 방송들이 그들의 요구대로 움직이도록 강요하고 있다", "뿐만 아니라 영화관까지 통제하며 패륜으로 가득 찬 미국영화들을 대대적으로 퍼뜨려 놓고 있다"는 등 터무니없는 사실들을 날조, 비방선전에 열을 올렸다. (제190호, 1975년 11월 22일)

라오스 사태 인용, 반미투쟁을 선동

북괴『로동신문』은 9일 사설을 통해 라오스의 연정붕괴 및 공산화에 언급, 이를 "봉건군대제도의 폐지", "민족해방을 위한 인민의 위대한 승리"라고 주장하면서 "이 승리는 미제를 반대하여 싸우는 세계 혁명적 인민들에게 커다란 고무로 된다"고 주장했다.

이 신문은 이어 "미국은 새로운 조선전쟁을 도발하기 위한 준비책동을 발광적으로 진행하고 있다"고 왜곡·비방하면서 "이와 같은 정세는 아시아 인민들이 반미반제투쟁의 혁명적 기치를 높이 추켜들고 미제를 우두머리로 하는 제국주의 반동을 반대하는 투쟁을 적극적으로 벌임으로써 민족해방과 진보의 위업을 발전시켜 나갈 것을 요구하고 있다"고 선동했다. (제198호, 1976년 12월 11일)

북괴, "세균전" 운운, 주한미군을 중상모략

북괴 평양방송은 20일 지난해 10월 경기도 일부지역에서 발생한 '바이러스성 폐염'과 관련, 이를 남조선에서 세균전쟁을 감행하기 위한 미제의 세균무기 실험이며 세균전쟁의 예비연습"이라고 모략했다.

이 방송은 "이 세균무기 실험목적은 북반부의 지형과 기상도 같고 민족도 같은 남반부 인민들을 대상으로 배양균의 역량을 조사하기 위한 것"이라고 날조 주장하면서 "미제는 50년 말부터 52년에 걸쳐 조선인민을 반대하여 실로 야만적인 세균전쟁을 거리낌없이 감행했다"고 무근한 사실까지 조작, 예로 들었다.

그런데 이 병은 당시 보사부 당국의 임상 및 역학조사 결과 '바이러스성 폐염'으로 밝혀졌었다. (제219호, 1976년 1월 22일)

키신저 발언 비난

북괴방송은 12일 "미국의 국가적 이익과 관련되는 경우는 국지전에서라도 핵무기 사용 가능성은 배제될 수 없다"고 한 키신저 미국무장관의 최근 발언에 대해 "화약내 풍기는 침략적 폭언"이라고 모략, 비난했다.

이 방송은 또 "키신저의 이 같은 망발은 조선을 가리킨 것에 틀림없다"고 주장하고 "이는 북조선을 반대하는 미국의 전쟁도발책동이 매우 엄중한 단계 이르고 있음을 말해 준다"고 주장했다. (제242호, 1976년 3월 16일)

미국의 '힘의 균형론'을 모략

북괴당 기관지 『로동신문』은 20일 최근 소련 군사력의 급격한 팽창과 관련, 미국 조야에서 거론되고 있는 '힘의 균형론'에 언급, "이는 한 손에 감람나무가지, 다른 한 손에는 총칼을 쥐고 휘두르는 미국의 전통적 침략술책의 변종"이라고 모략, 비난했다.

이 신문은 "아시아 태평양에서의 힘의 균형유지에 필요한 기본요소는 미국의 힘"이라고 밝힌 키신저 미국무장관 발언에 대해 "미국의 새 아시아 침략방침을 실현하기 위한 파렴치한 넋두리"라고 비난했다.

이 신문은 또 따라서 조선에서도 힘의 안정을 위해서는 미국이 계속 남쪽 땅에 남아 있어야 한다"고 한 그의 발언도 "조선을 통째 삼키려는 미국의 흉계를 드러낸 것"이라고 모략했다. (제258호, 1976년 4월 22일」

북괴, 주민들에 적개심 고취

북괴는 지난 22일 평양에서 소위 '미제반대투쟁의 날 복수모임'을 갖고 주민들에게 "원수 미제들을 천백 배로 복수할 것"을 다짐케 했다.

23일 북괴 중앙방송에 의하면 이날 보고자로 나온 '직맹' 평양시위원장 이병찬은 "미제가 2백여 만의 대병력으로 침략전쟁을 도발했다"고 왜곡하면서 "황해도 신천군에서만 전체주민의 4분의 1에 해당하는 3만5천 명을 가장 악독한 방법으로 학살했다"고 주장했다.

그는 이어 "우리는 이 철천지 원쑤들과 절대로 한 하늘을 이고 살 수 없다"면서 미제와 남조선당국을 몽땅 바닷물에 처박아야 한다"고 악랄하게 욕설을 퍼부었다. (제286호, 1976년 9월 26일)

북괴, 반미사상 고취에 혈안

'8·18' 사건 이후 북괴는 전 주민들에게 반미사상 고취에 더욱 혈안이 되고 있다.

7일 북괴 중앙방송은 "미국은 샤만 호의 침입으로부터 오늘에 이르기까지 1백여 년간 우리를 침략해 온 인민의 철천지 원쑤"라고 전제, "지금 모든 당원들과 노동자들이 이들과 싸우도록 상상교양사업을 진공적으로 벌이고 있다"고 보도했다.

이 방송은 이어 "당조직들은 모든 인민들에게 미국을 극도로 미워하고 원쑤들을 반대·투쟁하도록 교양하는 데서 직맹·시로청 조직들을 잘 반동시키고 있다"면서 득히 이들 조직들은 옹변모임·시낭송모임·기동선동대활동을 통해 모든 인민들의 가슴속에 원쑤 미국에 대한 증오심과 적개심이 더욱 강하게 타번지게 하도록 적극 교양해야 한다"고 선동했다. (제377호, 1976년 11월 9일)

카터의 대한 정책을 처음 비난

북괴의 평양방송은 17일 공산 라오스신문 『인민의 소리』 최근호를 인용, 카터 미대통령의 주한미군 단계감축계획에 처음으로 언급하고 "카터는 앞으로 5

년 안에 육군을 단계 철수시키고 공군만은 그냥 남겨두겠다고 함으로써 결국 그의 4년 임기 안에 미군철수를 피해 볼 속셈"이라고 비난했다.

이 방송은 이어 라오스신문이 "카터는 만약 그가 재선되는 경우에 이르면 남한에 미군을 영구히 눌러두기 위한 또 다른 구실을 찾아내려 할 것이 분명하다"고 주장했음을 덧붙였다.

북괴가 외국신문 논평을 인용하긴 했으나 주한미군 문제와 관련, 카터정책을 비난한 것은 이번이 처음이다. (제485호, 1977년 3월 18일)

핵무기 존치 가능성에 불안감, 북괴 '철군·핵철거' 병행주장

북괴는 11일 주한미군의 철수는 '핵무기의 철거'와 병행, 실시되어야 한다고 주장하고 나옴으로써 카터 미대통령이 그의 지상군 철수계획에도 불구하고 한국에 핵무기를 존치시킬지도 모른다는 최근의 일부 외신보도와 관련, 처음으로 불안감을 나타냈다.

북괴의 평양방송은 이날 한반도의 전쟁위험이 남북한간의 '무력축소'로써만 해소될 수 있을 것이라는 등 허구에 찬 종래의 이른바 '군축론'을 들먹이는 가운데 주한미군 문제를 언급, 이같이 주장했으나 카터 미대통령의 한반도 철군계획을 직접적으로 언급하지는 않았다. (제557호, 1977년 6월 13일)

"미제는 문명의 원쑤이며 우리 시대의 첫째가는 야만"

북괴관영 '중앙통신'은 29일 그들의 연례적인 소위 '반미공동투쟁월간' (6월 25일~7월 27일)에 즈음, 대외적인 대미적개심 고취를 겨냥한 온갖 어구들을 나열 대미비난에 열을 올렸다.

이날 이 통신은 '아프리카의 한 문필가' '팔레스타인 해방기구 조직원' '이탈리아 기자' '미국의 한 평화인사' '포르투갈의 한 사회인사' 등의 '말'을 인용한다면서 극렬한 대미비난 어구들을 나열했는데 그 주요 내용은 다음과 같다.

△"미제는 자유를 떠벌이고 있지만 오직 착취와 고문의 자유만을 아는 승냥

이며 범죄자이다"△"미제는 자신을 문명의 수호자라고 떠들고 있으나 사실은 문명의 원쑤이며 우리 시대의 첫째가는 야만이다" △"미제는 2백 년도 못 되는 사이에 무려 1백14차례의 침략전쟁을 일으키고 인민살륙을 위한 9천여 회의 군사행동을 벌여 다른 나라 인민들을 수없이 학살하고 자기 영토를 10배 이상으로 늘린 날강도이다" △"미제는 자기의 피묻은 손아귀에 저들의 군대와 제국주의가 지배하에 있는 큰 감옥으로 전변시키고 있다" △"미제를 반대하는 투쟁을 떠나서는 세계평화를 수호할 수 없으며 해방과 독립, 민주주의의 승리도 있을 수 없다" 등등.

한편 북괴는 미국을 이처럼 '철천지 원쑤'로 규정하면서 이른바 '천배만배의 복수'를 다짐하는 한편 이와 같은 '미제의 강대국으로서의 콧대'를 최초로 꺾어놓은 것이 바로 김일성 '자신'이라면서 그로부터 '미제'는 "내리막길을 걷고 있다"는 식의 '논리'를 전개하고 있다.

북괴, 영화 〈맥아더〉에까지 생떼

○ 요즘 주한미군철수 문제에 편승, '반미공세'에 더욱 혈안이 된 북괴가 이번엔 미국에서 제작된 화제의 영화 〈맥아더〉까지 물고 늘어지면서 추태─.

○ 지난 8일 북괴 중앙방송은 미국영화 〈맥아더〉는 한국동란 때 "피비린내 나는 살인두목이었던 '더글러스 맥아더'를 영웅으로 묘사한 영화"라고 트집을 잡고는 "오늘도 미제 호전광들이 전쟁광증을 일으키고 있는데 그 하나의 실례가 영화 〈맥아더〉의 상영"이라고 억지 생떼─.

○ 하는 짓거리가 세 살 믹은 어린아이 같이 굳이 탓하고 싶진 않지만 그럼 미국에서 김일성 우상화영화 만들지 않았나─. (제581호, 1977년 7월 11일)

미군은 "두 발 가진 짐승" 운운

○ 주한미군철수에 편승, 대미적개심 고취에 혈안이 된 북괴는 지난 1일 평양방송을 통해 미군이 "세계에서 가장 야만적인 군대"라면서 온갖 욕설을 늘어놓았는데─.

○ 이날 이 방송의 욕설 중엔 "미제침략군이야말로 사람잡이를 업으로 삼는 인간백정들이며 20세기의 식인종들이다." "이 두 발 가진 짐승의 무리들과는 결코 한 하늘을 이고 살 수 없다." "포악하고 무지막지한 야수의 무리"등등—.

○ 도끼 살인의 이론적 근거(?)가 여기에 있는지 묻고 싶기도—. (제601호, 1977년 8월 3일)

한반도 분단 '영구화' 운운, 뉴욕 '비동맹외상회의' 서

북괴 '외교부장' 허담은 지난달 30일 뉴욕에서 열린 비동맹외상회의에서 연설을 통해 미국이 이른바 '두 개의 한국'을 조작, 한반도 분단을 영구화하려 하고 있다고 비난한 것으로 북괴 평양방송이 보도했다.

허담은 이날 중동 평화문제에도 언급, 이스라엘측이 요르단강 서안과 가자지구에서 동지역을 병탄할 목적으로 유태인 정착촌을 건설하는 등 '불법활동'을 계속하고 있다고 비난하고 세계 비동맹세력들의 아랍측에 대한 지원강화를 촉구하기도 한 것으로 이 방송은 전했다.

그는 이어 미국이 한국뿐만 아니라 이스라엘에 대해서도 종래의 '범죄적인' 군사장비의 지원 등을 자제토록 해야 할 것이라고 주장했다고 이 방송은 덧붙였다. (제655호, 1977년 10월 6일)

북괴의 팀스피리트 비난 희극

○ 북괴의 신문·방송 등 각종 선전기관들은 요즈음 오직 팀스피리트 78 비난에 붓이 닳고 목소리마저 쉬어가고 있는데—.

15일 북한의 당기관지 『로동신문』은 역시 이에 대한 이른바 논평기사에서 마치 한 줄의 코메디 대사와도 같은 웃지 못할 대목을 연출.

○ "우리 인민은 평화애호적이며 남이 우리를 해치지 않는한 남을 먼저 건드린 일이 없으며 미국본토에 돌멩이 하나 던진 적이 없다. 그런데 미제는…" 운운으로 미국 비난에 게거품을 품은 것이 바로 문제의 걸작 구절(?).

○ 그래서 미국 아닌 동족을 골라 그것도 모두들 잠든 일요일 새벽에 돌멩이

아닌 총알을 마구 퍼부어댔었나. (제791호, 1978년 3월 17일)

'철군' 계획 보류 이후
—북괴, 대미자세 재회전

북괴의 대미태도가 미·중공 수교 직후 보인 한때의 유화 제스처로부터 다시 종래의 강경자세로 서서히 회전, 주의를 모으고 있다.

북괴의 이러한 태도변화는 미국정부의 주한 미지상군 철수계획이 오는 80년 이후 무기한 보류될 것임이 밝혀지면서 표면화, 한때 자취를 감추었던 '미제'라는 용어가 다시 빈번히 나타나는가 하면 "미군철수 공약을 백지화, 한국을 계속 강점하려는 가운데 북침 야망을 실현하려는 저의가 노골화…"(28일자 '통혁당' 방송) 등등으로 종래의 극렬한 대미논조가 되살아나고 있다.

북괴의 이 같은 움직임과 관련, 관측통들은 북괴가 중공세(勢)에 편승한 대미접근 시도가 뜻대로 되지 않는 가운데 주한 미지상군 철수마저도 사실상 중단되고 있는데 불만, 종래의 강경자세로 되돌아서고 있는 것인지도 모른다고 풀이하고 있다. (제1107호, 1979년 3월 30일)

북괴, 카터 대통령에
—육두문자로 인신공격

○ 북괴는 카터 미대통령의 방한 이후 미국의 한반도정책과 관련, 격렬한 대미비난을 가열시키고 있는데—.

최근 북괴의 평양방송은 카터 대통령에 대해 입에 담을 수도 없는 욕설들을 마구 늘어놓아 욕설이라면 결코 뒤지지 않는 북괴방송의 속성을 최대로 발휘하여 가관.

○ 지난 31일 북괴의 이 방송은 카터 대통령의 주한 미지상군 철수동결 조치를 비난하는 한 프로에서 카터 대통령을 가르켜 "파렴치한 정상배"니 "우둔하고 미련한 사기꾼"이나 "너절한 협잡꾼", "교활한 배신자"라느니 "못된 당나귀 새끼"라느니 하면서 말끝마다 '놈' 자들 붙여가며 공개적으로 육두문자를 늘어

놓았던 것.

○ 욕구불만에서 오는 '카타르시스'를 욕설로 내뱉는 데에는 북괴방송이 단
연 추종을 불허할 듯. (제1241호, 1979년 9월 4일)

북괴, 이란 정부의 대미감정 부채질

북괴는 24일 현재 악화일로에 있는 미 · 이란 관계에 언급, 미국이 이란에 '부
당한 간섭'을 계속함으로써 야기된 사태라고 비난하고 아야툴러 호메이니옹이
이끄는 일체의 이란측 입장을 지지한다고 말해 이란의 대미감정 부채질에 열을
올렸다.

북괴 당기관지 『로동신문』은 이란사태에 처음으로 언급한 이날자 장문의 논
평기사를 통해 그같이 비난하고 미국은 전 이란황제 팔레비를 즉각 테헤란으로
송환시켜야 하며 일체의 대이란 군사위협과 경제봉쇄조치 등을 철회시켜야 할
것이라고 주장했다.

이 신문은 이어 테헤란주재 미대사관에 억류중인 인질문제에 언급, 미국정부
가 자초한 것이라고 주장하고 미국은 현재 한반도에서도 방대한 군사력을 동
원, 북괴를 위협하고 있는 중이라고 비난했다. (제1311호, 1979년 11월 26일)

북괴, 또 반미 선동영화 제작

북괴는 반미 적개심 고취를 내용으로 하는 선동영화 〈혈육〉을 제작, 이를 곧
북한주민들에게 집단 관람시킬 것이라고 5일 북괴의 중앙방송이 보도했다.

북괴방송이 밝힌 이 영화의 내용은 이른바 "미제에 의해 고통받는 한 가족의
비극"을 묘사함으로써 "철천지 원쑤 미제에 대한 끝없는 증오심"을 담았다는
것이다.

북괴는 이 영화를 북한주민들에 대한 주한미군철수 주장을 합리화하는 선전
수단으로 활용할 심산인 것으로 보인다. (1979년 11월 7일)

이란인질 구출작전 관련
북괴, 대한·미 비난

북괴는 30일 미국의 이란인질 구출작전 실패사실과 관련, "이란인민을 반대하는 노골적인 무력침공이며 중근동의 평화를 위협하고 긴장상태를 격화시키는 도발행위" 운운의 격렬한 대미비난을 퍼부었다.

북괴 당기관지『로동신문』은 카터 미대통령이 자신의 대통령 재선을 위한 정치적 목적하에 이 작전을 직접 고안 지휘했다고 비난하면서 "남한 당국자들은 이란에서의 미군들의 죽음을 애도, 이란혁명에 반대하는 자신들의 입장을 드러냈다"고 모략, 한·이란 간의 이간책동을 자행하기도 했다. (제1443호, 1980년 5월 2일)

한반도 긴장 고조책임을
북괴, 미국에 전가

북괴는 최근에 그들의 방송 등을 통해 미국이 대아시아 전략의 초점을 한반도에 맞추고 이 지역에서 전쟁을 일으킴으로써 아시아 지배체제를 수습하려 하고 있다고 한반도 긴장고조의 책임을 미국에 전가하는 등 대미비난에 열을 올리고 있다.

북괴방송들은 미국이 최근년간 아시아에서 중요한 전략적 거점들을 연이어 상실함으로써 전선(前線)방위선이 붕괴되었다고 주장하고 이에 미국은 한반도의 군사전략적 위치의 중요성을 인성, 한국을 전초기지로 하여 주변 공산권들을 견제하는 한편 일본에 대한 통제를 깅화하려히고 있다고 비난했다.

북괴방송들은 이어 미국이 이러한 대아시아 군사전략에 따라 최근에 신속반응 무력을 단시간내에 투입, 북괴를 기습공격할 준비를 끊임없이 강화하고 있다고 비난함으로써 소련의 극동에서의 군사력 증강과 북괴의 대남적화 야욕에 따른 군비 증강책동을 합리화하기 위해 열을 올렸다. (1980년 5월 2일)

'미, 전두환 장군 뒷받침'
북괴, 치열한 비난

북괴는 11일 미국이 대한국 지원정책을 지속, "오늘에 와서는 전두환 장군을 뒷받침해 주고 있다"고 비난을 퍼부어 주목을 끌었다.

북괴『로동신문』은 미국이 한국으로부터 손을 떼고 그들과의 이른바 평화협정체결에 응해야 할 것이라고 종래의 대미접촉 주장을 되풀이하면서 그같이 비난했는데 북괴의 이 같은 반응은 미국이 한국의 전두환 장군을 지지하고 있음을 그들이 공식적으로 인식하게 됐음을 나타낸 것으로 보인다. (제1531호, 1980년 8월 13일)

미의 대한군사차관 증액에
북괴, '북침준비' 운운

북괴는 11일 미국의 82회계년도 대외안부지원계획 중 대한군사관매치관이 전년도에 비해 7백50만 달러나 대폭 증가 책정된 것으로 최근 알려진 데 언급, "북침전쟁을 도발키 위한 준비책동" 운운으로 모략, 비방하는 민감한 반응을 나타냈다.

북괴방송은 레이건 미행정부가 전두환 대통령이 이끄는 한국의 현정부를 군사적인 측면에서 강력히 지원, 한반도에서의 긴장상태를 고조시켜가고 있다고 상투적으로 비방하는 가운데 그같이 비난했다. (제1709호, 1981년 3월 13일)

북괴, 레이건 피격에 파렴치한 반응
―저격범 소행 '옹호' 등

북괴는 레이건 미대통령의 피격사건과 관련 31일 그들의 한 방송을 통해서 레이건 대통령에 대해 '호전광', '전쟁광신자', '인권유린자' 운운의 악의에 찬 욕설을 늘어놓으면서 그의 피격은 이에 대한 '응당한 징벌'이라고 저격범의 소행을 옹호하는 등 파렴치한 반응을 나타냈다.

한편 소련의 모스크바방송과 중공의 북경방송은 북괴와는 대조적으로 레이건 대통령의 피격사실과 함께 그의 건강 회복상태를 동정적으로 보도한 데 대해 유독 북괴만이 이 같은 야비한 반응을 보였다. (제1726호, 1981년 4월 2일)

북괴, 대미비난 가열

─ '교차승인' 격렬 비방

북괴의 대미비난 선전이 최근들어 일층 가열되고 있다.

북괴는 최근 연일 당기관지 『로동신문』에 논설, 사설, 논평 등을 게재, 한반도 긴장상태 지속책임전가, 주한미군철수 주장, 북괴의 위장평화선전을 되풀이하면서 북한주민들의 대미적개심 고취를 적극 선동하고 있다.

이와 관련 북괴는 28일자 『로동신문』에 장문의 논설을 게재하고 남북한 UN 동시가입과 교차승인문제를 '민족분열정책'이라고 주장하는 가운데 미국의 이 같은 '두 개 조선정책'과 '북침'을 위한 전쟁정책강화로 한반도가 "임의의 시각에 전쟁이 터질 수 있는 엄중한 상태"가 조성되고 있으며 평화통일에 저해요인으로 가로놓여 있다고 강변 대미비난선전을 펼쳤다.

북괴는 이 같은 대미비난선전에서 주한미군철수 주장 및 이른바 '고려연방국안' 등 위장평화선전에 열을 올리면서 북한주민들에 대한 대미적개심 고취를 적극 선동하는 한편 한반도의 통일을 달성키 위해 끊임없이 '투쟁'을 계속해 나갈 것을 선도, 무력에 의한 적화야욕을 버리지 않고 있음을 재삼 드러냈다. (제2629호, 1982년 11월 29일)

북한지역 핵사찰 앞서

북한, 주한미군 '핵무기' 사찰 요구

─북한 내 핵시설 · 핵무기 존재 부인

북한은 16일 주한미군의 '핵무기'가 아시아의 평화와 안전을 위협하고 있다고 주장하면서 북한지역 핵사찰보다 주한미군의 '핵무기' 사찰이 선행돼야 한다고 강조했다.

북한은 이날 '조선반핵평화위원회'와 '조선평화옹호전국민족위' 명의로 비

망록이란 것을 발표, 북한지역 내 핵시설 및 핵무기의 존재를 강력히 부인하면
서 "미국이 우리(북)를 핵무기로 위협하면서 우리에 대해 핵안전협정 조인과
일방적 핵사찰을 강요하는 처사는 어리석은 망상"이라고 비난한 것으로 평양방
송이 보도했다.

북한은 이어 주한미군의 '핵무기' 철수 및 한반도 비핵화가 "한반도와 아시
아에서 핵전쟁의 위험을 근본적으로 제거하고 평화와 안전을 보장하기 위한 근
본방도"라면서 한미측에 대해 한반도 비핵화 제의에 호응할 것을 촉구했다. (제
7432호, 1991년 8월 17일)

북한, 한미간 특허비밀보호협정 가서명 비난

북한은 18일 한미 양국이 군사상의 발명과 기술에 관한 특허비밀협정(PSA)
에 가서명(11월 6일, 워싱턴)한 것과 관련, "남조선의 산업을 철저히 미제의 침
략정책에 봉사하는 식민지산업으로 내맡긴 범죄행위"라며 비난했다.

북한의 중앙방송은 특허비밀보호협정이 군사상의 발명이나 기술을 상대방으
로부터 제공받으면서 일정기간 공개하지 않을 것을 약속하는 특례적 공업소유
권에 관한 협정이라고 지적하고 한미간에 가서명된 이 협정은 "미국이 한국의
군수산업을 그들 군수독점체제의 하청기업으로 전락시킬 타산하에 강요한 불
평등협정"이라고 강변했다.

또한 이 협정은 미국이 적은 달러를 들여 서방국가들의 국방산업체를 모두
전략방위계획(SDI)에 최대한 동원, 이용하려는 속셈을 보여주는 것이라고 주
장했다. (제7575호, 1991년 11월 19일)

미우주왕복선 아틀란티스호 발사에
북한, "모험적인 전쟁준비에 광분" 비난

－군사목적 위한 실험강행 주장

북한은 28일 미국 우주왕복선 아틀란스호 발사(24일)와 관련, 미국이 "완화
된 군축의 막뒤에서 모험적인 전쟁준비에 더욱 광분하고 있다"며 맹렬히 비난

했다.

북한의 평양방송은 이날 이 우주왕복선을 이용해 적의 핵미사일들을 탐색·포착해서 알려주는 또 하나의 군사정찰위성을 적도상공에 배치했을 뿐만 아니라 12월 4일까지로 예견되는 비행기간에 이 우주왕복선으로 우주에서 적의 군사시설물에 대한 탐색방법 등을 비롯한 일련의 군사적 목적의 실험들을 감행할 것이라고 주장했다. (제7594호, 1991년 11월 30일)

"북한은 테러국가"

북한, 미국무부 인권보고서 맹비난

– 외교부대변인 '중앙통신'과 회견, "주권침해이자 내정간섭" 주장

북한은 9일 미국이 최근 국무부 연례인권보고서를 통해 북한의 인권상황을 '비참한 것'으로 그리고 북한을 '테러국가'로 표현한 데 대해 "이는 우리의 주권에 대한 주권침해이자 내정간섭"이라며 맹렬히 비난했다.

북한 외교부 대변인은 이날 관영 중앙통신과의 회견을 통해 미국이 근거 없이 그들을 모독하고 있다며 그같이 비난했다.

이 대변인은 또한 미국이 북한의 인권상황을 문제삼는 것은 "우리에게 '민주주의'와 '다당제'를 강요하여 우리를 내부로부터 와해시킴으로써 결국 사회주의를 좌절시키고 자본주의를 부흥시키려는 의도"라고 주장했다.

이와 함께 북한 사회주의 제도가 인민들에게 진정한 자유와 권리를 주는 가장 안정된 제도라면서 "우리의 사회주의 정책이야말로 최대의 인권정책"이라고 강변했다. (제7695호, 1992년 2월 10일)

북한, 주한미군이 "불행과 고통의 화근" 주장

–"김구 선생 암살사건 배후도 미국" 중앙방송 논평

북한은 21일 주한미군이 한국민들에게 "불행과 고통을 주는 화근"이라고 주장하면서 미군의 즉각 철수를 요구했다.

북한은 이날 중앙방송 논평을 통해 주한미군이 한국사회에서 감행되고 있는

테러와 학살의 배후조종자라고 지적하고 특히 최근 범인 안두희에 의해 사건의
진상 일부가 공개되고 있는 백범 김구 선생 암살사건만 보더라고 "미제의 지령
과 뒷받침 없이는 그 같은 암살행위가 감행될 수 없다"면서 이 사건의 실질적
인 배후가 미국임을 주장했다.

　북한은 이어 "주한미군을 남조선에 그대로 두고서는 남조선인민들이 절대로
편안할 수 없다"면서 "남조선 청년·학생들과 인민들은 과감한 대중적 투쟁으
로 미제를 징벌하고야 말 것"이라고 강조, 한국민들의 주한미군철수 투쟁을 부
추겼다. (제7806호, 1992년 4월 22일)

북한, 미국주도 국제질서 재편에 우려

－미 중심질서 "돌이킬 수 없는 후과 초래", 『노동신문』 논설
－개별국가 '제도선택 자유' 강조 폐쇄체제 합리화

　북하은 8일 소려의 붕괴로 동서냉전구조가 무너진 상황에서 국제무대에서
주권국가들간에 불평등현상이 적지 않게 나타나고 있다고 강조하고 미국 주도
하의 새로운 국제질서 수립에 경계와 우려를 표시했다.

　북한은 이날 당기관지 『노동신문』에 '새로운 공정한 국제질서를 수립하자'
제하의 논설을 게재, 국제무대에서 힘의 균형이 파괴된 것을 계기로 "미국이
세계 유일의 초대국을 자처하면서 미국 중심의 새로운 질서를 세우려 하고 있
다"고 지적하고 이렇게 될 경우 국제사회와 국제관계는 미국의 독무대가 될 것
이며 인류발전에도 돌이킬 수 없는 후과가 초래될 수 있다고 강조, 공정한 새
국제질서 수립을 역설했다.

　북한은 이어 새로운 국제질서를 세우는 기본목적은 "국제사회를 자주화하고
국제관계를 민주화하는 데 있다"고 전제하고 이를 위해서는 무엇보다도 국제정
치분야에서 자주적이고 민주적인 새 질서가 수립돼야 한다면서 특히 "국가와
민족 간의 대소 강약 빈부의 차이에 관계없이 자주권과 영토안정 내정불간섭
평등의 원칙이 지켜져야 한다"고 주장했다.

　또한 개별국가와 민족은 '제도선택의 자유'를 가져야 한다면서 "어떤 사상과
제도에 의거하여 어떤 방식으로 나라를 발전시켜 나가는가 하는 것은 전적으로

그 나라 인민이 결정할 문제"이며 "자기의 사상과 제도를 남에게 강요하는 것은 자주권에 대한 노골적인 유린이며 난폭한 내정간섭"이라고 주장, '우리식 사회주의'의 미명 아래 폐쇄적인 1인독재체제를 고집하고 있는 북한의 입장을 애써 합리화했다.

북한은 이와 함께 군사·안보분야에서 국제분쟁의 평화적 해결과 외국군대의 철수를 주장하는 한편 국제경제분야에서도 상호의존적 국제경제질서의 개선을 촉구하면서 이를 위해 세계의 거의 모든 나라를 망라하고 있는 유엔이 국제경제개념과 원칙을 새롭게 설정하는 등 새로운 국제질서 수립에서 주도적 역할을 담당할 것을 기대했다. (제7785호, 1992년 4월 9일)

LA 흑인폭동
북한, "미의 심각한 인권문제 드러낸 것" 비난
- 외교부 대변인 중앙통신과 회견 통해

북한 외교부 대변인은 6일 최근 미국 로스엔젤레스에서 발생한 대규모 흑인폭동사건은 "미국이 직면하고 있는 심각한 인권문제를 세계에 보여준 것"이라고 비난했다.

이 대변인은 이날 관영 중앙통신과의 회견을 통해 이번 LA사태를 "인종차별정책에 반대하는 흑인들의 폭동"으로 못박으면서 "우리(북)는 인권을 옹호하고 항상 다른 나라의 국내문제에 개입하고 있는 미국에서 비극적인 유혈충돌이 발생했다는 데 대해 놀라움을 금할 수 없다"며 그같이 비난했다.

이 대변인은 이어 "미국은 다른 나라의 인권문제를 거론하기에 앞서 자신들의 인권문제부터 해결해야 할 것"이라고 주장했다. (제7828호, 1992년 5월 7일)

"통일 후 미군주둔 필요" 그레그 대사 발언
북한, "군사강점 영구화하려는 폭언" 비난
- 중앙통신, "미 호진계층 아심 대변" 주장

북한은 24일 도널드 그레그 주한미대사가 지난 22일 미2사단에서 가진 간담회에서 "통일 후에도 지역안정을 위해 소규모 미군이 한반도에 계속 주둔하는 것이 필요하다"고 밝힌 데 대해 "군사적 강점을 영구화하려는 폭언"이라고 비난했다.

북한은 이날 관영 중앙통신을 통해 그레그 대사의 발언을 소개하면서 "이는 조선인민의 통일위업에 도전하는 폭언이며 남한의 현 식민제도를 북에까지 연장하려는 범죄적 기도를 드러낸 것"이라고 주장했다.

북한은 이어 현재 세계의 모든 진보세력들이 주한미군철수를 주장하고 있다고 지적하면서 그레그 대사의 발언이 결국 이 같은 시대적 흐름을 무시하고 힘으로 다른 나라와 민족을 지배하려는 미국의 호전계층의 야심을 대변한 것이라고 주장했다. (제7904호, 1992년 6월 25일)

"핵잠함 기지 없다" 국방부 주장에
북한, "어리석은 궤변" 비난
—『노동신문』, 핵기지 철거 · 전면사찰 수용 촉구

북한은 17일 한국 국방부가 지난 14일 "진해에 미핵잠수함 기지가 있다"고 주장한 북한 외교부 대변인 담화(9일)를 반박하는 성명을 발표한 데 대해 "핵전쟁 하수인의 어리석은 궤변"이라고 비난했다.

북한은 이날 당기관지『노동신문』논평을 통해 윤창노 국방부 대변인이 북한의 주장을 일축하면서 "대한민국 영토에는 하나의 핵탄두도 존재하지 않으며 어떠한 핵잠수함 기지도 없다"고 반박한 데 대해 "어떠한 궤변으로도 조국강토를 외세의 핵기지로, 핵전쟁 마당으로 내맡긴 반민족, 반평화적 범죄행위를 가리울 수 없다"고 주장했다.

이 신문은 이어 한국측에 "우리의 주장대로 진해의 미핵잠수함 기지를 철폐하고 남조선의 모든 핵무기와 핵기지에 대한 전면사찰을 받아들일 것"을 촉구했다. (제8034호, 1992년 9월 18일)

제너럴 셔먼호 사건 1백6주 맞아
북한, 한국민 반미자주화투쟁 선동
─평양방송, "미국의 선조도 후손도 침략자" 주장

북한은 3일 제너럴 셔먼호 격침사건 1백6주(9월 2일)를 맞아 이 사건이 "우리 민족의 자주권에 대한 침해행위"라고 주장하면서 한국민들의 반미자주화투쟁을 선동했다.

북한은 이날 대남매체인 평양방송을 통해 제너럴 셔먼호의 격침을 '반미투쟁 역사에서 우리 민족의 첫 승리'라고 규정하면서 과거역사와 오늘의 현실은 "미국의 선조도 후손도 침략자이며 전조선에 대한 미제의 침략야망은 변하지 않았다는 것을 그대로 보여주고 있다"고 주장했다.

이어 한국의 청년학생들과 인민들은 반미자주화의 기치를 더욱 높이 들고 미제식민지 통치를 끝장내기 위해 더욱 힘차게 싸워나가야 할 것이라고 강조, 반미투쟁을 선동하는 한편 미국에 대해서는 주한미군철수를 요구했다.

북한은 제너럴 셔먼호가 김일성의 증조부인 김응우를 비롯한 평양시민들에 의해 격침됐다고 주장하고 있는데 이를 기념하기 위해 지난 1986년 9월 대동강변에 높이 6.6m, 너비 4m의 기념비를 건립하기도 했다. (1992년 9월 3일)

'93팀스피리트훈련 준비관련
북한, 대미비난 공세 강화
─힘의 공백론은 "미군 주둔 위한 침략론" 주장

북한은 15일 한미 양국이 제24차 연례안보협의회에서 북한의 핵개발 포기를 위한 압력용으로 '93팀스피리트훈련을 준비키로 한 것과 관련, "미국이 한반도에서 긴장을 격화시켜 냉전을 유지하려 하고 있다"고 비난했다.

북한은 이날 「미국은 조선반도에서 힘의 대결정책에 매달리고 있다」는 제목의 『노동신문』 논설을 통해 한미 양국이 93팀스피리트훈련 준비와 함께 주한미군 2단계 감축계획유보, 유사시 한반도에 '신속전개역제력(FAD)' 투입 등에 합의했다고 지적하면서 미국이 대한반도정책에서 추구하는 목적은 "남조선을 발판으로 하여 우리 공화국을 힘으로 압살하며 나아가 침략적인 아시아·태평양전략을 실현하려는 것"이라고 주장했다.

북한은 이어 주한미군철수 문제도 거론, 미국이 미군철수를 회피하기 위해 최근 "주한미군이 철수하면 한반도에서 힘의 공백이 생겨 지역분쟁이 발생한다"는 '힘의 공백론'을 내세우고 있지만 이는 본질상 "남조선에 미군을 장기적으로 주둔시켜 힘의 대결정책을 유지하기 위한 침략론"이라고 강조했다. (제8077호, 1992년 10월 16일)

"혁명의 운명과 관련"
반제·반미투쟁 지속적 강화 촉구

북한은 12일 제국주의에 대한 반대투쟁이 "혁명의 운명, 민족의 운명과 관련되는 원칙적 문제"라고 강조, 지속적인 반제·반미투쟁 강화를 촉구했다.

북한은 이날 평양방송 논설을 통해 반제투쟁이 당의 일관된 혁명적 입장이며 주민들의 철석 같은 의지라고 전제하면서 "미제를 반대하는 투쟁을 강화하지 않고서는 피로써 쟁취한 혁명의 전취물을 수호할 수도 없고 사회주의·공산주의를 성과적으로 건설할 수 없으며 통일위업도, 민족적 자주권 확립도 이룩할 수 없다"고 강조했다.

따라서 반제·반미투쟁을 지속적으로 강화해야 하며 특히 혁명경험이 전무한 새 세대들이 미국을 비롯한 제국주의자들과 '계급적 원쑤'들을 미워하며 비타협적으로 끝까지 싸워나가도록 사상적으로 튼튼히 준비할 것을 촉구했다.

북한은 이어 정세변화에 따라 제국주의자들의 반사회주의 공세의 형태가 다양하게 변하고 있음을 지적, "정세가 복잡할수록 반제입장을 더욱 확고히 견지하면서 창에는 창으로, 양면전술에 대해서는 혁명적 원천으로 단호히 대처할 것"을 역설했다. (제8169호, 1992년 12월 14일)

"제국주의는 스스로 멸망하지 않는다"
국제적인 반제혁명투쟁 강화 촉구

북한은 26일 냉전이 종식되고 긴장완화가 시대의 추세로 되고 있는 현실 속에서도 사회주의와 제국주의, 진보와 반동 간의 첨예한 대립과 투쟁은 지속되고 있다고 주장하면서 국제적인 반제혁명투쟁 강화를 촉구했다.

북한은 이날 '제국주의 본성은 변하지 않는다' 제하의 평양방송 논평을 통해 국제무대에서의 힘의 균형이 파괴된 것을 계기로 제국주의자들은 자신들의 지배권을 확대하려는 야망을 더욱 노골적으로 추구하고 있으며 그로 인해 "세계 인민들의 자주위업은 엄중한 도전에 직면해 있다"고 강조했다.

북한은 이어 자신들의 핵문제를 둘러싼 미국의 태도와 일본의 핵무장 · 군사대국화 등을 지적, "승냥이가 양으로 변할 수 없듯이 제국주의자들의 본성도 절대로 변할 수 없으며 따라서 지구상에 제국주의가 남아 있는한 침략과 전쟁의 위험은 사라질 수 없다"고 주장했다.

또한 "제국주의 국가가 멸망하는 것은 역사적 필연이지만 제국주의는 스스로 멸망하지 않는다"면서 "제국주의는 오직 인민대중의 혁명투쟁에 의해서만 멸망할 수 있다"고 강조, 국제적인 반제혁명투쟁을 촉구했다. (제8366호, 1993년 4월 27일)

세계전략 일환으로 "미국이 일 · 독 국수주의 부추켜" 비난

최근 일본 · 독일 등에서 국수주의가 대두되고 있는 것과 관련, 북한은 9일 미국이 세계지배전략을 실현하기 위해 이를 부추키는 범죄적인 정책을 실시하고 있다고 비난했다.

북한의 중앙방송은 이날 현재 일본에서는 국민회 · 협화협회 · 국가기본문제 동지회 등 각종 국수주의 단체들이 소직돼 지난날의 친황중심주외를 복구하고 대동아공영권의 옛 꿈을 실현하기 위해 군국주의를 고취하고 있으며 독일에서도 국수주의적이며 광신적인 반공산주의적 풍조가 만연되고 신나치주의가 대두되어 대외팽창의 칼을 벼르고 있다고 주장하면서 그같이 비난했다.

이 방송은 특히 일본의 이 같은 분위기는 "지난날 군국주의자들이 감행한 침략전쟁을 미화분식하는 행동으로서 아시아와 세계평화애호인민들에 대한 노골적인 도전"이라고 지적히면서 과거 죄악의 역사를 되풀이하려는 어떤 책동도 절대로 용서하지 않을 것이라고 강조했다. (제8385호, 1993년 5월 10일)

소말리아 사태 관련 유엔군 철수요구 상보

북한은 17일 최근 소말리아 사태와 관련해 유엔평화유지군의 활동을 비난하면서 철수를 요구한 소말리아측 라디오방송의 주장만을 부각 소개, 미묘한 입장을 나타냈다.

북한은 이날 중앙방송을 통해 소말리아서 발생한 무장충돌 및 미군의 대규모 공습을 논평 없이 상세히 소개하는 가운데 소말리아 라디오방송이 "유엔에 대해 소말리아에서 손을 뗄 것"을 호소하면서 소말리아 인민들은 마지막까지 자기 나라를 보위할 것이라고 결의를 표명했다"고 전했다.

중앙방송은 이어 "미국과 유엔이 인도주의적 원조를 주기 위해 소말리아에 왔다고 하지만 진짜 목적은 소말리아를 식민지화하는 데 있다고 밝혔다"고 강조하면서 이 라디오방송은 소말리아문제를 어떤 외국의 간섭도 없이 스스로 해결할 의지를 천명하고 유엔작전에 참가중인 외국병사들의 철수를 호소했다고 덧붙였다. (제8477호, 1993년 6월 18일)

"미 어린이 총격피살 빈발" 보도
—사회풍조 타락 · 인간증오사상 범람

북한은 25일 미국에서 최근 어린이가 총에 맞아 죽는 사고가 빈발하고 있다고 보도했다.

북한의 중앙방송은 이날 하오 뉴스를 통해 "미국에서 부패 타락한 사회적 풍조와 극도의 인간증오사상이 범람해서 수많은 어린이들이 총에 맞아 무참히 죽어가고 있다"고 전했다.

이 방송은 이어 미국의 『USA TODAY』지 보도를 인용, "미국에서 매 두 시간마다 한 명의 어린이가 총에 맞아 죽고 있으며 지난 1979년부터 1991년까지 13년간 거의 5만 명의 어린이가 총에 맞아 죽었다"고 보도했다.

또한 "미국에서 다섯 살부터 열네 살에 이르는 어린이의 주요 사망원인의 하나는 살인"이라고 이 방송은 주장했다. (제8786호, 1994년 1월 26일)

미 방사능 인체실험 "야만행위" 비난

북한은 28일 미국의 방사능 인체실험 사실을 비난하면서 관련자 처벌을 촉구했다.

북한은 이날 『노동신문』 논평에서 "미국의 방사능 인체실험은 핵무기로 세계를 제패하려는 미국 호전광들의 악랄한 범죄행위였으며 무고한 인민들을 그 희생물로 삼은 천인공노할 인간 살육만행이었다"면서 "미국정부는 응당 이 반인류적 행위에 대해 책임을 느껴야 하며 책임 있는 자들을 처벌해야 한다"고 강조했다.

이 신문은 이어 미국이 핵군축의 막 뒤에서 새로운 성능 높은 핵무기를 연구, 제작해 왔다고 주장하고 "이것은 미국에서 지난날에 감행된 것보다 더한 방사능 인체실험이 감행될 수 있다는 것을 시사해 주고 있다"고 말했다.

또한 미국이 방사능 인체실험을 실시한 목적은 "핵무기 생산을 대대적으로 늘려 핵독점 야망을 실현하기 위한 데 있다"면서 "미국은 핵독점 야망을 포기하고 다시는 방사능 인체실험과 같은 야만행위를 되풀이하지 말아야 한다"고 주장했다. (제8792호, 1994년 1월 29일)

이스라엘 레바논 공습 "중동평화 도전" 비난

― 외교부 대변인, "북핵보다 이스라엘 만행 주목해야"

북한은 9일 이스라엘 전투기들이 지난 2일 레바논을 공습한 사건과 관련 "레바논의 자주권에 대한 난폭한 침해이자 중동평화과정을 파괴하는 도전으로 이를 규탄한다"고 밝혔다.

북한 외교부 대변인은 이날 중앙통신과의 회견을 통해 이번 공습으로 무고한 레바논인 다수가 죽거나 다쳤다면서 이스라엘은 아랍국가들에 대한 침략행위를 중지하고 강점한 아랍 땅에서 즉각 물러나라고 촉구했다.

이 대변인은 레바논에 대한 이스라엘의 군사적 공격이 종식되지 못하고 있는 것은 미국의 부당한 친이스라엘 정책 때문이라고 지적하고 "미국이 문제도 되지 않는 북한의 핵문제에 대해서는 유엔안보리 제재까지 운운하면서 규탄과 제재를 받아야 할 이스라엘의 군사적 만행에 대해서는 눈감아 주려 하고 있다"고 말했다.

이어 미국이 진정으로 세계평화와 안정을 고려한다면 북한의 핵활동을 문제시할 것이 아니라 세계평화를 교란하고 있는 이스라엘과 같은 나라들의 침략행위를 저지하는 데 먼저 주목해야 할 것이라고 강조하고 북한은 중동문제의 평화적 해결을 위한 아랍인민들의 투쟁에 지지를 보낸다고 밝혔다. (제8986호, 1994년 6월 10일)

"어떤 제재에도 놀라지 않을 것" 강조
－중앙방송, "이미 50년대부터 사실상 제재받아"

핵문제에 대한 국제사회의 대북제재 움직임에 반발, 국제원자력기구(IAEA) 탈퇴를 선언한 북한은 15일 "미국과 서방의 제재가 가해진다 해도 우리는 결코 놀라지 않을 것"이라고 강조했다.

중앙방송은 이날 영국 국제관계연구소의 한 전문가의 말을 인용해 "국제원자력기구의 제재결의로 북에 대한 제재는 일단 그 문을 열었다고 말할 수 있지만 제재로 우리(북)을 굴복시킬 수 있을 것이라고 생각한다면 오산"이라고 말했다.

이 방송은 북한에 대한 제재상황을 쿠바에 대한 미국의 금수조치와 연계, 미국이 30년 동안 쿠바에 대해 제재를 가해오고 있지만 쿠바를 전복시키지 못하고 있으며 북한은 쿠바에 비해 더욱 철저한 미국의 무역금지 제재를 거의 50년 가까이 받아오고 있다고 주장했다.

이어 북한은 세계에서 미국과 서방의 압력과 제재를 가장 오래 받고있는 공산중의 국가라면서 "북한은 이미 오래 전부터 사실상의 제재를 받고 있기 때문에 어떤 제재에도 절대 놀라지 않을 것"이라고 말했다. (제8994호, 1994년 6월 16일)

김창준 미하원의원 맹비난
－미북합의문 '수정 가능성' 언급에 민감반응

북한은 29일 미국의 중간선거에서 재선된 김창준 미공화당 하원의원이 방한 중 미의회 내에서 미북기본합의문의 수정 가능성을 언급한 데 대해 민감한 반응을 보이며 '용납될 수 없는 발언'이라고 격렬히 비난했다.

북한 중앙방송은 이날 김창준 미하원의원이 방한기간중 가진 기자회견에서 클린턴 미행정부의 외교정책에 불만을 표시하면서 "북미기본합의문이 수정될 가능성이 있다고 뇌까렸다"면서 "이것은 조미기본합의문을 달가워하지 않고 그 이행에 제동을 걸려는 수작이 분명하다"고 강조했다.

이 방송은 이어 김창준 미의원에 대해 '너절한 인간' '정상배' 등으로 저급한 인신공격을 가한 데 이어 그의 발언은 "동족에게는 대결을 부추키고 미행정부에는 삿대질을 하는 것"이라고 말했다.

한편 북한은 최근 미중간선거에서 상하원을 석권한 미공화당측의 제네바 미북핵협상 결과에 대한 강경대응 입장에 초조감을 나타내며 대미비난공세를 적극 강화하고 있다. (제9251호, 1994년 11월 30일)

한국군의 '평시작전통제권' 환수 비난

－중앙방송, "빈껍데기뿐인 형식적인 통제권"

그 동안 한미연합사령부가 행사하던 한국군의 평시작전통제권이 지난 1일자로 한국군에 환수된 것과 관련, 북한은 "빈껍데기뿐인 형식적인 통제권"이라며 맹비난했다.

북한은 1일 중앙방송 논평을 통해 이번에 이양되는 작전권에는 핵심적인 것이 모두 빠졌다고 주장하면서 "평시작전통제권이니 넘겨받는다고 해서 미국의 완전한 식민지인 남조선이 하루아침에 주권국가로 둔갑할 수 없다"고 말했다.

이어 평시작전통제권 이양과 관련한 김영진 국방부대변인과 마이클 설리번 한미연합사 대변인의 공동기자회견을 거론, "순전히 내외여론을 오도하기 위한 기만술책에 지나지 않는다"면서 평시작전통제권 이양의 의미를 애써 평가절하했다.

이 방송은 또 "지금 세계적으로 외국군사기지와 외국군대를 철수시키는 것이 하나의 추세로 되고 있다"고 지적하고 그럼에도 불구하고 한국정부는 이 같은 추세에 역행, 주한미군의 주둔을 실질적으로 보장하는 조치들을 취하고 있다고 비난했다. (제9255호, 1994년 12월 2일)

보비 홀 준위 '자백서' 발표
─ 중앙통신, "북 영공 침입사실 인정" 주장

북한은 29일 미군헬기 불시착사건과 관련, 생존 조종사 보비 홀 준위의 '자백서'를 발표하고 '홀' 준위는 북한 땅을 불법침입한 사실을 인정한 후 관대한 용서를 애원했다고 밝혔다.

북한은 이날 보비 홀 준위가 지난 25일 작성한 자백서 전문을 공개했는데 이 자백서에서 홀 준위는 헬기가 격추되던 17일에 '감시정찰 비행임무'를 수행했으며 이에 앞서 11월 초 한국에 파견된 후에도 여러 차례에 걸쳐 정찰비행을 했었다고 말했다.

북한 중앙통신이 보도한 홀 준위의 자백서 요지는 다음과 같다.

"우리가 조선민주주의인민공화국 영공 깊이 침범한 것은 조선민주주의인민공화국의 자주권에 대한 엄중한 침해이며 국제법에 대한 난폭한 위반으로 된다.

이러한 침범행위는 조선인민군대에 대한 엄중한 도전으로 된다고 본다. 우리가 저지른 이러한 범죄행위는 그 무엇으로서도 변명할 수 없으며 용서받을 수 없는 범죄가 된다고 인정한다.

그러나 고향에서는 저의 부모 처자들이 제가 돌아오기를 손꼽아 기다리고 있다. 저는 조선민주주의인민공화국을 반대하는 행위를 다시는 저지르지 않겠다는 것을 다짐한다.

저는 조선인민군측에 나의 불법침입행위를 관대하게 용서해 주며 제가 고향에 돌아가 하루빨리 부모처자들을 만나게 해주기를 애원한다." (제9296호, 1994년 12월 29일)

냉전종식 후 "미영 갈등, 미독 접근" 주장
─ 중앙방송, 미영간 관계악화 상세 보도

북한은 16일 최근 미영 사이에 표면화된 일련의 갈등을 상세히 보도하면서 냉전종식 후 미국이 "영국보다 독일을 더 중요시하고 있다"고 지적했다.

북한의 중앙방송은 이날 해설프로를 통해 북아일랜드 문제, 보스아니아-헤르체고비나문제, 대이라크 제재문제 등을 둘러싼 미영 양국간 의견대립을 조목조목 열거, "최근 미국과 영국 사이에 의견 상이로 냉전시대의 특별관계가 깨어지고 쌍방간 불신이 더욱 깊어지고 있다"고 강조했다.

이 방송은 이어 외신보도를 인용, 이 같은 현상은 미국이 대유럽정책에서 더 이상 영국을 필요로 하지 않음을 나타내는 것이라고 지적하고 "실제로 냉전종식 후 미국은 구라파에서 발언권을 잃고 있는 영국을 점점 멀리하면서 영향력을 날로 확대하는 독일을 끌어당기고 있다"고 주장했다.

이와 함께 미영 관계 냉각의 원인에 대해 지난 1992년 미 대통령선거 당시 영국의 현 보수당 정권이 클린턴의 적수였던 전 부시 대통령을 지원한 사실도 작용했다고 분석하면서 앞으로도 "미국과 영국관계는 좀처럼 풀릴 가망이 없다"고 전망했다. (제9456호, 1995년 4월 17일)

김정일, "미 침략적 본성 불변" 비난
-『노동청년』 보도, '승냥이'에 비유

북한 김정일이 최근 미국을 '승냥이'에 비유하면서 "미제국주의자들의 침략적 본성은 절대로 변할 수 없다"는 요지의 대미 강경입장을 밝힌 것으로 알려져 관심을 끌고 있다.

북한의 청년조식인 사로청(사회주의노동청년동맹) 기관지 『노동청년』 최근호는 김정일이 지난 1월 "승냥이의 본성이 변할 수 없는 것처럼 미제국주의자들의 침략적 본성은 절대로 변할 수 없다"고 역설하면서 주민들이 제국주의에 대한 사소한 환상도 갖지 못하게 사상교육을 강화할 것을 지시한 것으로 보도했다.

김정일은 특히 이 자리에서 새 세대인 청소년들에 대한 교양사업을 더욱 활발하게 벌여 이들이 미제국주의의 침략본성을 한시도 잊지 않도록 하며 "견결한 계급의 수호자로 튼튼히 준비시킬 것"을 강조했다고 이 신문은 전했다.

김정일은 이에 앞서 지난해 12월에도 주민들에 대해 사회주의 체제 고수에 대한 사상교육을 지시했으며 미군헬기 격추사건 때에는 "격추병사의 위훈을 제일 먼저 기뻐하고 그를 공화국 영웅으로 내세워 주었다"고 『노동청년』지는 강조했다.

이 같은 김정일의 언급은 김일성 사후 미국에 대한 자신의 생각을 처음으로 직접 밝힌 것으로 앞으로 북한체제를 이끌 김정일의 대미관을 보여준다는 점에서 의미를 지니는 것으로 평가된다. (제9474호, 1995년 4월 28일)

'미국식 생활양식' 도입에 우려
－『노동청년』, "건전한 정신도덕 마비시키는 사상독소"

북한은 최근 '미국식 생활양식'의 도입에 우려의 시각과 비판적 입장을 나타냈다.

북한의 사로청 기관지 『노동청년』 최근호는 부르주아 사상과 생활양식은 자본가계급의 생활양식이면서도 가장 탐욕스럽고 포악한 미제의 생활양식"이라고 지적하면서 이에 대해 "강도적, 기생적이고 부패하며 해독한 것"이라고 비판했다.

이 신문은 이어 부르주아 사상과 생활양식은 "근로인민대중의 자주적인 지향과 건전한 도덕정신을 마비시키는 반인민적인 사상독소"라면서 제국주의자들이 사회주의 나라들에 부르주아 사상을 퍼뜨리려 하고 있다고 주장했다.

특히 새 세대들에 대한 사상·문화적 '침투'를 통해 "자본주의 지배에 순종하는 노복으로, 사상정신적 불구자로 전락시키려 책동하고 있다"면서 "밖으로부터의 온갖 불건전한 사상들과 생활양식이 우리 내부에 침습해 들어오지 못하도록 혁명적 경각심을 더욱 높여야 한다"고 강조, 청소년들의 사상적 '변질'에 강한 우려를 표시했다. (제9576호, 1995년 9월 7일)

"미, 대아주 사상문화공세 강화" 주장
－『노동신문』, 미국식 가치관 주입

북한은 미국이 최근년간 아프리카 국가들을 대상으로 사상문화공세를 강화하고 있다며 미국의 해외홍보활동과 문화교류를 '제국주의 문화침투'로 규정, 비난했다.

북한은 당기관지 『노동신문』 최근호에서 미국이 신문·방송과 각종 출판물, 인적교류 등을 통해 아프리카 국가들에 미국식 가치관에 기초한 민주주의와 자유, 시장경제, 부르주아 문화를 이식시켜 이들 나라를 '미국화'하는 데 주력하고 있다고 말했다.

이 신문은 일례로 미국이 40여 개 아프리카 국가들에 54개의 위성텔레비전 안테나를 설치하고 있으며 그것을 통해 이들 나라에 사상문화침투를 진행하고 있다고 주장했다.

또한 미국은 각종 출판물과 인적교류, 학술교류를 통해 '반동적인 부르주아 사상문화'를 유포시키고 있다면서 실제로 지난 94회계년도에 4백50여 명의 아프리카 젊은이들을 미국에 불러들여 미국식 생활양식을 주입시켰다고 강조했다.

『노동신문』은 미국의 사상문화적 침투가 '협조'와 '교류'의 미명 아래 이루어지고 있다면서 개도국들이 자주적 발전을 위해서는 미국의 사상문화공세를 철저히 배격해야 한다고 주장했다. (제9733호, 1995년 10월 7일)

유엔평화유지활동에 부정적 태도
– "미제의 전횡과 독단" 배격 촉구

북한은 최근 유엔의 평화유지활동(PKO)에 부정적 입장을 나타내면서 '미국의 전횡과 독단'을 배격할 것을 촉구했다.

북한은 월간 대중잡지 『천리마』 최근호에서 "미제는 지금까지 유엔평화유지군 조직과 활동을 유엔헌장의 규정과 어긋나게 다른 나라들에 대한 지배와 간섭의 수단으로 이용하여 왔다"고 비난하고 "유엔의 평화유지활동에서 미제의 전횡과 독단은 용납되지 말아야 한다"고 주장했다.

이 잡지는 이어 유엔의 평화유지활동이 유엔안전보장이사회에서 취급될 문제임에도 미국의 책동으로 유엔총회에서 다루어지고 있다면서, 이로 인해 유엔의 평화유지활동은 "유엔헌장에 지적된 대로 평화와 위협, 평화의 파괴를 방지하며 분쟁을 평화적으로 조정하는 데 실질적인 도움을 주지 못하였다"고 강조, 유엔의 평화유지활동에 부정적이고 냉담한 태도를 보였다.

또 유엔군과 평화유지군의 차이점을 조목조목 열거하면서 "유엔안전보장이사회는 공정성을 회복해야 하며 다른 나라들의 자주권을 침해 유린하려는 미제의 책동에 주목을 돌려야 한다"고 주장했다. (1996년 3월 22일)

서방의 '북개방' 주장에 "거꾸로 된 논리" 비난

―중앙통신, "개방하지 않은 것도, 할 것도 없다"

북한은 10일 서방에서 최근 한반도 정세안정을 위해서는 북한이 개방으로 나가야 한다는 주장이 제기되고 있는 것과 관련, "거꾸로 된 논리"라며 반발하고 나섰다.

북한은 이날 관영 중앙통신 보도를 통해 서방 일부계층늘이 그 동안 반북선전공세를 강화해 왔다고 말하고 최근 제기되고 있는 북의 개방주장도 "저들의 봉쇄정책과 공조체제의 음흉한 목적을 가리우려는 저급하기 짝이 없는 거꾸로 된 논리"라며 신경질적인 반응을 나타냈다.

이 통신은 이어 "우리에게는 특별히 개방하지 않은 것도 없고 또 개방할 것도 없다"고 주장하고 "실제적인 개방문제는 우리에게가 아니라 개방을 운운하는 서방측에 있다"고 반박했다.

이 통신은 또 최근 한반도 정세가 악화된 것은 서방의 대북 적대시 정책과 봉쇄정책의 결과라고 강조하면서 "서방의 일부 계층들은 그 누구의 개방에 대해 떠들기 전에 저들의 봉쇄정책이 무엇 때문에 파탄지경에 이르게 되었는가를 돌이켜보는 것이 좋을 것"이라고 말했다. (제10091호, 1996년 6월 11일)

북, 무장공비사건에 대미평화협정 체결공세

―중앙통신, "피해자로서 보복은 지당" 보복위협

북한은 11일 무장공비 침투사건과 관련, 대남보복 위협을 되풀이하면서 미국에 대해 새로운 평화보장체제 수립에 호응할 것을 촉구했다.

북한관영 중앙통신은 이날 이번 무장공비 침투사건이 명백한 정전협정 위반이며 고의적 군사도발이라는 비난에 대해 발뺌하면서 "낡아빠진 정전협정을 가지고서는 조선반도에서 우발적 사고 및 무력충돌을 방지할 수 없으며 새로운 평화보장체계가 수립될 때에만 그 어떤 군사적 충돌도 방지할 수 있으며 그 어떤 우발적 문제도 쉽게 해결할 수 있다"고 주장했다.

이 통신은 이어 "새로운 평화보장체계가 수립됐다면 잠수함사건은 협상을 통해 해결됐을 것"이라면서 "미국은 사태의 중요성을 인지하고 더 늦기 전에 조속한 시일에 새로운 평화보장체계를 위한 우리(북)의 제안에 답해야 한다"고 강조, 미북간 평화협정 체결공세를 펼쳤다. (제10278호, 1996년 10월 122일)

미 자유아시아방송 개시에 대미비난
−『노동신문』, '대북 적대시정책의 표현'으로 매도

북한은 12일 미국이 최근 자유아시아방송의 한국방송을 시작한 것과 관련, 이를 '사회주의 진지'를 불식 · 와해시키려는 대북 적대시정책의 표현이라고 비난했다.

당기관지 『노동신문』은 이날 논평을 통해 미국이 얼마 전부터 북한을 대상으로 한 한국어방송을 시작한 것은 "사소한 변화도 없는 미국의 대조선 적대시정책과 압살정책의 표현"이라고 비난하고 "자유아시아방송이 아무리 나발"을 불어대도 거기에 귀기울일 사람은 없으며 가소롭기 그지없는 행위가 아닐 수 없다"고 강변했다.

이 신문은 이어 미국이 한국어방송을 시작한 목적은 "미국식 가치관과 퇴폐적인 사상문화를 우리(북) 내부에 퍼뜨려 자주화된 사상의식을 마비시킴으로써 사회주의 진지를 불식 · 와해시켜 보려는 것"이라고 주장하고 미국에 대해 "헛수고를 하지 말라"고 요구했다.

『노동신문』은 또 "미국의 대조선 적대시정책이 노골화될수록 우리 인민은 인민대중 중심의 우리식 사회주의를 건설하고 지키며 빛내어 가는 긍지와 자부심을 더 깊이 간직하게 된다"고 주장했다. (제10507호, 1997년 3월 13일)

북, 대인지뢰 매설 한반도 제외 반대

－주러대사 손성필, 이타르 타스 회견서

러시아주재 북한대사 손성필은 '대인지뢰 전면금지 협약'(노르웨이 오슬로)에서 미국이 한반도를 대인지뢰 금지 예외지역으로 할 것을 주장하고 있는 것과 관련, "조선(북)은 반도를 반보병 지뢰금지지역에서 제외하는 것을 반대한다"고 밝혔다.

손성필은 최근 러시아 이타르 타스 기자와의 회견에서 이같이 밝히고, "세계 공동회가 준비한 그 반보병 지뢰금지조약은 반도를 제외할 때면 포괄적인 조약으로 되지 못할 것"이라고 주장한 것으로 러시아방송이 15일 보도했다.

북한의 중앙방송도 14일 미국이 북한의 남침을 우려, 한반도를 유일하게 대인지뢰 매설의 예외 지역으로 하는 대인지뢰 매설 금지법안 마련을 추진하고 있는 데 대해 "철두철미하게 전쟁광신자로서의 제 놈(미국)들의 더러운 정체를 스스로 드러내 놓은 것"이라고 비난했다. (제10790호, 1997년 9월 18일)

미북회담과정 '총포성 없는 대결전' 주장

－평양방송, '김정일 영도로 승리' 찬양

북한은 20일 90년대 초부터 시작된 회담과정을 '치열한 대결전'이었으며 여기서 결과적으로 승리를 거두었다고 주장했다.

이날 평양방송은 김정일 찬양기사에서 미국과의 회담과정에 대해 '비록 총포소리는 울리지 않았어도 치열한 대결전이었다"고 주장하고 "이 대결과정에서 우리는 한 방의 총탄이나 포탄도 날리지 않고 그 어떤 희생도 내지 않고 우리의 의도를 관철시켰다"고 강조했다.

평양방송은 이어 이 같은 미국과의 대결에서의 '승리'가 김정일 영도의 결과라며 김정일을 "천재적인 지략과 강철의 담력, 필승의 기상을 한 몸에 체현하신 천출위인"이라고 찬양했다.

이 방송은 지난 1993년 한미 팀스피리트합동훈련과 관련, 북한군에 '준전시상태'가 선포된 것에 대해서도 '실로 오만무례한 도발자들에게 가해진 응당한 보복이고 폭탄이었다"고 술회하고 "백두산장군(김정일)의 명령을 높이 받들고 일떠선 우리 인민과 인민군대의 필승의 기상 앞에 적들은 갈팡질팡하던 끝에 드디어 무릎을 꿇었으며 우리 인민은 빛나는 승리를 쟁취했다"고 주장했다. (제 10979호, 1998년 1월 21일)

미군유해 송환관련 대미 비난

북한은 16일 평북 구장군에서 최근 발굴된 미군유해 2구에 대한 송환이 15일 판문점을 통해 이루어지지 못한 책임을 미국에 전가했다.

북한군 판문점대표부 대변인은 16일 담화를 발표, "조미 사이의 실무회담 합의에 따라 평북 구장에서 진행된 1차공동작업(4.21~5.14)에서 2구의 미군유골을 발굴했으나 발굴된 미군유골들은 미국측에 인도인수되지 못했다"면서 "이것은 미국측의 부당한 처사 때문이다"고 주장한 것으로 관영 중앙통신이 이날 보도했다.

대변인은 이 담화에서 "우리(북)는 올해 유골 공동발굴작업과 관련한 합의가 조선인민군측과 미국방성 간에 이뤄질 법률적 조건에 맞게 미국방성 대표가 판문점에 나와 유골을 받아갈 것을 제기했으나 미국측은 발굴된 미군유골들을 유엔군측에 넘겨줄 것을 주장했다"고 말하고 "공동발굴작업을 위한 합의서의 법률적 당사자가 조선과 미국이며 그러므로 유엔군측이 개입할 하등의 근거는 없다"고 주장했다.

대변인은 또 "미국이 조미 사이의 유골문제에 유엔군을 끌어들이는 것은 인도주의 문제를 저들의 불순한 정치적 목적에 이용하려는 것으로밖에 달리는 해석될 수 없다"고 비난하고 "우리는 인도수의적 성격을 고려하여 성의 있게 협력하려는 입장이지만 정치적 성격을 띤 미국의 부당한 주장은 절대로 받아들이지 않을 것"이라고 강조했다. (보 11155호, 1998년 5월 18일)

미에 무조건적 대북제재 완화 요구

북한은 22일 외교부 대변인 '담화'를 발표, 미국의 대북경제 완화 조치를 미북기본합의문 의무사항이라고 주장하며 무조건적인 대북경제제재 완화를 요구했다고 중앙통신이 이날 보도했다.

북한 외교부 대변인은 담화에서 "우리(북)에 대한 미국의 제재완화 문제는 조미기본합의문에 따라 응당 하게 되어 있는 핵심적인 의무사항"이라며 "미국이 우리에 대한 제재를 완화하면 그것은 곧 우리에 대해 더는 적대시정책을 실시하지 않겠다는 미국의 의지를 증명하는 것으로 될 것"이라며 그같이 요구했다.

외교부 대변인은 이어 이 담화에서 북한은 미북기본합의문에 따라 흑연 감속로와 연관시설들을 전부 동결시켰고 폐연료봉을 안전하게 보관하는 등 대북제재의 완화를 위한 충분한 명분을 제공하였음에도 불구하고 "미국이 대조선 적대시정책을 근본적으로 바꿀 정치적 결단을 내리지 않고 오히려 그 무슨 정치적 양보를 받아내 보려고 집요하게 시도하고 있다"고 비난했다.

외교부 대변인은 특히 미국이 대북경제제재 완화 선결조건으로 '관계정책'(한반도에서의 군사적 위협·미사일 수출·테러지원 포기)을 내세워 이를 미루고 있다고 비난하며 "미국이 합의문에서 지닌 의무에 따라 응당 하게 되어 있는 우리에 대한 적대적 제재정책을 철회하지 않고 우리에게 그 어떤 양보를 받아내려 한다면 불가피하게 우리가 선택한 길로 나가지 않을 수 없다"고 강조했다. (보 11210호, 1998년 6월 23일)

북 인공위성 위협설에 "언어도단"

—중앙방송, 미의 군사위성 발사 거론

북한은 23일 미해군이 최근 군사위성을 쏘아 올렸다고 주장하면서 자신들의 인공위성 발사로 인해 새로운 위협설이 제기되고 있는 데 대해 '언어도단'이라고 일축했다.

중앙방송은 "미군이 20일 또 하나의 군사위성을 지구 주위 궤도에 배비했다"면서 "이 위성은 정찰사진들과 미사일의 목표에 관한 정보를 미군에 고속 전송하는 사명을 가지고 있다"고 주장했다.

이 방송은 이어 "이처럼 군사위성을 계속 우주공간에 올려놓으며 전쟁책동을 강화하는 미국이 우리의 인공위성 발사가 그 무슨 위협으로 된다고 떠드는 것은 완전한 언어도단이 아닐 수 없다"고 강조했다.

중앙방송은 이에 앞서 22일에도 "미행정부는 2002년부터 2006년 사이에 간첩위성으로 추측되는 6개 정도의 비밀위성을 우주에 배비하려 하고 있다"면서 "미국의 이러한 책동들은 그들의 침략적 본색을 그대로 보여주고 있다"고 비난한 바 있다. (1998년 10월 23일)

북한군, "미제와의 성전" 호언
-고위군간부 총참모부 대변인 성명 '반향'

미작전계획에 대한 인민군 총참모부 대변인의 대미위협성명(12. 2) 이후 북한군 고위간부들이 미국에 대한 '섬멸적 타격'을 다짐하는 반향을 잇달아 내보내고 있다.

인민무력성 부상 정창렬(대장)은 3일 관영 중앙통신에 소개된 반향에서 "오늘 우리 인민군대는 미제침략자들과의 성전에 용약 떨쳐나설 만만한 투지를 가다듬고 있다"면서 "만약 미제가 끝끝내 전쟁의 도화선에 불을 단다면 우리 인민군대는 미국 땅을 통째로 날려보내겠다"고 호언했다.

또한 인민군 소장 이경환과 강세록 등도 3일 중앙방송 반향을 통해 "미제는 5027작전계획에 따라 북침전쟁의 불집을 터뜨리기 위한 구실을 마련하고 있다"고 비난하면서 "인민군대는 침략자들이 우리의 하늘과 땅, 바다를 0.001mm라도 침범한다면 섬멸적인 타격으로 대응하고야 말 것"이라고 위협했다.

이에 앞서 김일성정치대학 총장 옥봉린(상장)은 2일 반향에서 "미세의 직진계획은 그 규모가 전례없이 방대할 뿐 아니라 세부화되어 이제는 완전한 침략단계로 넘어갈 수 있는 실동적 단계에 이르렀다"면서 "인민군 총참모부 대변인 성명에 접한 전체군인들은 지금 미제침략자들에 대한 치솟는 분노와 적개심으로 가슴을 불태우고 있다"고 주장했다. (제11463호, 1998년 12월 4일)

<자료 8> 주한미군철수

「미군진주 1주년을 기념하여」

오늘 9월 8일은 미군이 우리의 해방을 위하여 아니 우리 민족의 자주독립완성을 위하여 조선에 진주한 일주년 기념일이나. 성의의 십자군 미국군이 40만 젊은 청년의 귀중한 생명의 희생과 막대한 금전물자의 손실을 불고(不顧)하고 민주주의 정의를 위하여 세계평화의 재건을 위하여 다른 연합군과 함께 용감히 싸운 결과 일·독·이 등 침략적 추축국(樞軸國)을 무조건으로 항복받고 약소민족의 참된 해방을 위하여 이 땅에까지 진주하게 된 그 연유를 회고할 때에 우리의 감격으로 표시되는 말 '감사' 하다는 문구는 너무도 부족하고 미약한 느낌이 있다. (『민주일보』, 1946년 9월 8일자 사설)

「철병안이 던지는 파문」

지난 26일 미소공위 소측 대표 슈티콥호 대장의 성명으로 제시된 미소 양국 조선주둔군의 동시철퇴안은 국제적으로나 국내적으로나 중대한 파문을 일으키고 있다. 이는 곧 "1948년 초순에 만일 미측 대표가 전외군철퇴제의에 동의한다면 소련군은 미군과 동시에 조선에서 철퇴할 수 있다는 것"인데 미측으로서는 아직 이에 대한 회답이 없으나 일부 소식통에서는 금주일 중에 제안을 환영하는 성명서를 발할 것이라고 추측하는 모양이다.…

요컨대 철병문제 그 자체만은 미소 양측이 함께 반대하지 않는 바일뿐 아니라 우리 국내의 좌우 어떤 정당에서나 쌍수를 들어 찬동하는 방이나 문제의 핵심은 철병에 관한 구체적 조건에 있는 것이다. 소련의 근거로 말하면 "조선에서 미소 양군이 철퇴하는 조건하에서만 연합국의 원조참가—막부(莫府)협정의 실천—가 없이 조선인민 자체가 정부를 수립하도록 그들에게 가능을 부여할 수 있다"는 논리에서 출발하는 것이지만 미측은 이를 가리켜 "미소공위의 정돈(停頓)상태를 UN에 제출한 까닭으로 문제의 진상과 진실한 정세를 은폐하려는 선전공작에 불과한 것"으로 인정은 하되 공산화 방지의 보장이 있는한 동시철병에 찬동한다는 것이다.…

그러나 돌이켜 우리의 처지를 볼 때 철병이야말로 본시 우리의 원하는 바이나 미소 양국의 처한바 입장과 종래의 대립관계로 보아 허울 좋은 한울타리처럼 한 외교적 술책이 아니면 말썽 많은 조건을 방패로 하는 다른 복선이 없기를 바라마지 아니한다. 이번 UN총회에서 벌써부터 험구를 연발하면서 대치하기 시작한 희랍문제로부터 독일문제, 조선문제에 많은 파란이 예기되는 미소 양세력의 상극은 용이하게 완화될지가 실로 문제의 문제인 것이다.

이는 전후 구열(龜裂)이 격화된 이원의 세계가 바로 이상의 제지구에서 마주 접촉하여 무장의 경계를 형성하고 있는 현실로써 미루어볼 때 일보를 그릇하면 폭발의 인화점이 바로 이 몇 곳에서 있을 수도 있고 이런 위험성이 많은지라 … 그뿐만이 아니고 나아가서는 양대 인력에 휩쓸려 우리의 마음까지 갈라지고 우리의 골육끼리 상잔의 비극을 발전시켜 옳을 것인가. 불행은 불행이로되 이 불행을 줄여야 할 것이며 우리의 종체적 노력여하에 따라서는 비록 싱빈되는 인력이나마 이력제력(以力制力)의 묘용도 빌휘힐 수 있을 것이다. 우리의 숙원인 철병문제도 우리의 자주적 역량을 집결시켜야만 비로소 이를 추진시킬 줄 확신하는 바이다. (『서울신문』, 1947년 10월 2일)

「통일정부 수립만이 민족의 강령이다」

미군주둔 연장을 자기네의 생명 연장으로 인식하는 무지 몰각한 도배는 국가 민족의 이익을 염두에 두지 아니하고 박테리아가 태양을 싫어함이나 다름이 없이 통일정부수립을 두려워하는 것이다. 그리하여 그들은 음으로 양으로 유언비어를 조출(造出)하여 단선단정의 노선으로 민중을 선동하여 유엔위원단을 미혹하게 하기에 전심력을 경주하고 있다. 미군정의 난익하(卵翼下)에서 육성된 그들은 경찰을 종용하여서 선거를 독점하도록 배치하고 인민의 자유를 유린하고 있다. 그래도 그들은 태연스럽게도 현실을 투철히 인식하고 장래를 명찰(明察)하는 선각자로 자임하고 있다. 그러나 이러한 선각자는 매국매족의 일진회의 선각자일 것이다. (1948년 2월 10일)(엄항섭,『김구 주석 최근 언론집』, 8~9쪽.『통일독립의 현대사』, 지성사, 1995, 196쪽에서 재인용)

「문화인 108인 연서 남북협상 지지성명」

명목과 분장은 여하튼지 남방의 '단정'이 구성되는 남방의 '단선'인 것은 말할 것도 없는 바이니 38선의 법정적 시인인 것도 두말할 것도 없는 것이다. 38선의 실질적 고정화요, 전제로 하는 최악의 거조(擧措 : 행동거지)인지라 국토양단의 법리화요, 민족분열의 구체화인 것도 분명한 일이다. 그리하여 그후로 오는 시대는 저절로 민족상호의 혈투가 있을 뿐이나 내쟁 같은 국제전쟁이요, 외전 같은 동족전쟁이다.

…

양군의 동시철퇴를 실제적으로 가능케 할 기본토대를 짓기 위하여 우선 우리 자신의 체제를 단일적으로 정비강화하자! 이 길은 오직 남북협상에 있다. 남북통일을 지상적 과제로 한 정치적 합작에 있다. 남북상호의 수정과 양보로써 건설되는 통일체의 새 발족에 있다. 이번에 협상운동을 지지하고 성원하는 우리의 념원과 의욕도 여기에 있는 것이다. 자주독립을 달성할 때까지 후속을 위한 3·1선언의 고사를 인용하거니와 '최후의 일각까지' 북남협상의 대도를 추진하여 통일국가의 수립을 기필(期必)하자! (『새한민보』, 1948년 4월 중순호.『통일독립의 현대사』218쪽)

「전조선동포에게 격함」

우리 조국에 위험이 박두한 이 엄숙한 순간에 만일 우리가 조금이라도 주저한다면 우리 후손들은 어찌될 것이며 그들은 얼마나 우리를 원망할 것인가. 우리 후손들은 우리의 국토를 양단하며 우리 조국을 또다시 새로운 식민지 예속물로 되게 하는 것을 도와주는 놈들을 민족 천추의 죄인으로 저주할 것이며 자자만대의 반역자로 낙인할 것이다. 우리 조국 강토에서 외국군대를 철거케 하고 어떠한 외국의 간섭도 없이 우리 민족끼리 우리의 문제를 해결할 것을 요구하라. (남조선단독선거반대투쟁전국위원회 발표, 『조선일보』, 1948년 4월 27일)

「민주주의 민족전선의 1948년 2·7 구국투쟁에 즈음한 선언」

…괴뢰적 단선, 단정을 분쇄하고 외제의 앞잡이 유엔위원단을 국외로 구축하고 미소 양군을 철병시켜 조국의 주권을 방어하고 통일·자유·독립을 쟁취하기 위하여 성스러운 투쟁에 기립하였다. (『남로당 연구 1』, 305쪽)

여수·순천 봉기군의 성명서

우리는 조선의 노동자, 농민의 아들이다. 우리는 우리들의 사명이 국토를 방위하고 인민의 권리와 행복을 위해서 생명을 바쳐야 한다는 것을 잘 안다. 우리는 제주도 애국인민들을 무차별 학살하기 위하여 우리들을 출동시키려는 작전에 조선사람의 아들로서 소선동포를 학실하는 것을 기부하고 조선인민의 복리를 위하여 총궐기하였다. 동족상쟁 결사반대! 미군 즉시 철거! (『동아일보』, 1948년 11월 30일)

「미군철퇴설에 대하여」

외군철퇴 없이 화평통일을 기할 수 없으니 또는 X인이 주둔하고 있더라도 외군은 외군이라는 일부인사의 주장은 표면상으로 그럴듯하겠거니와 이는 냉엄한 현실을 도외시하는 일종의 이상적 원칙론일 것이다. 외군철퇴라는 것은 민족자주적 입장에서 삼척동자라도 부르짖을 수 있는 말이겠으나 그후에 오는 객관적 사태를 누가 보장할 수 있다는 말인가? 거듭 말하거니와 이 대통령도 주장하는 바와 같이 우리의 국군이 충실되어 어떠한 침략에 대해서도 이를 방어할 군사력을 보유하게 된다면 미군은 우리가 철퇴하라고 하지 않아도 그들은 물러가게 될 것이라는 것을 오인은 의심하지 않는다.

우리의 해방이 우리의 독립이 외력에 어느 정도 의뢰(依賴)되었을진대 우리는 그들의 호의적 원조를 거절할 수 없을 것이며 또 따라서 외군의 무조건 철퇴를 부르짖을 수 없는 처지에 있는 것이다.

그렇다고 해서 오인은 미군의 영원한 주둔을 바라는 것도 아니오 다만 38선이 철폐될 때까지 동족유혈의 참극을 불원하는 의미에서 수효의 다과(多寡)를 논하지 않고 표식정도라도 주둔하게 될 것이 아닌가 하고 생각되는 바이다. (『연합신문』, 1949년 4월 15일)

「미군철퇴에 제하여」

작(昨) 29일 아침 주한미군 잔여부대 전부는 마침내 인천항을 출발하여 귀국하게 되었고, 유엔한위(韓委) 제5분과 위원단은 이 철퇴를 감시하였다.

이로 말미암아 1945년 9월 7일 이 나라에 진주하여 일군을 철거시키고 치안을 확보하여 우리 나라에 대한 유엔결의를 추진시켜 대한민국의 주권을 확립하는 등 여러 가지 어려운 과제를 완수하고 이제 그들은 완전히 철퇴한 것이다.…

우리는 이제 우리 자신의 힘에 자신을 가지고 용왕매진(勇往邁進)할 시기에 봉착한 것이다. 우리는 얼마나 오랫동안 이 시기를 학수고대하였던고. 이제 그 시기는 온 것이다. (『동아일보』, 1949년 6월 30일자 사설)

『로스엔젤레스 타임스』 사설

애그뉴 부통령은 금주로 주한미군의 감축계획에 관해 협의키 위해 서울에 도착하였을 때와 마찬가지로 출발하였을 때도 불만스러운 기분이었다. 그 불만의 책임은 애그뉴 쪽에 있지 않다. 한국사람들은 미군감축의 대가로 비현실적인 엄청난 군사원조를 요구하고 있다.

한국인들이 주한미군철수 이전에 요구하고 있는 것은 앞으로 5년간에 걸쳐 3억 달러의 새로운 군사장비 지원을 보장해 달라는 것이다. 남한군대가 어느 정도 현대화되어야 한다는 데는 누구나 공감하고 있지만, 그들의 요구는 군사상 필요하다고 인정되지 않으며 의회가 정치적인 이유로 승인할 것 같지도 않다.

한국전이 재발할 위협을 전혀 배제할 수는 없다. 그러나 전면적인 충돌의 가능성은 약하다. 보다 더 가능한 것은 북한인들이 적은 단위의 게릴라를 계속 침투시켜 테로, 선동, 사보타지를 일삼으리라는 것 정도이다. 이것은 남한인들이 대처할 수 있는 사태인 것이다.

1954년에 체결한 한미방위조약은 5만3천의 주한미군이 철수한다 해도 남한 방위를 위해 유효하다. 남한의 60만 군은 비무장지대에 걸친 전면공격에 대처할 수 있을 만큼 수적으로도 크다. 해군과 공군은 한반도의 넓은 해안을 경비하기 위해 어느 정도 보강되어야 한다. 그러나 이 같은 보강은 한국인들이 요구하고 있는 것과 같이 그렇게 많은 원조를 필요로 하지는 않는다.

남한은 한동안 원조자금을 유용하기도 하고 잘못 처리하여 미국인의 한국주재에 의존해 왔으나, 이제는 군사 경제 정치적으로 자립할 수 있는 단계에 이르렀다. 서울측이 이 사실을 부인해도 미국정부는 그것을 확신하고 있다.

남한의 관리들로부터 나오는 성명에는 이해하기 어려운 오만불손함이 분명히 곁들여 있다. 지난 20년 동안 월남을 제외하고 남한만큼 미국의 도움을 받은 나라는 없다. 오늘날 한국정부의 과대한 요구와 책망은 조심스럽게 말해서 그동안 우리가 도와준 데 대한 무례한 답례이다. (1970년 8월 28일)(『신동아』 1982년 1월호 별책부록 『한미수교 100년사』, 농아일보사, 209쪽)

「기지촌엔 찬바람이」

미군철수, 그후의 문제들, 모든 것이 착잡하기만한 부대주위의 표정들. 경기도 운천에 주둔했던 캠프가이저 부대 병사들이 철수를 서두르고 있다.

가뭄에 콩나듯 드문드문 보이는 미국병사. 철수설이 있기 전만 해도 미군부대 주변거리는 액조틱한 멋까지 풍기던 위안부의 거리였다. 미병사 30명에 1명의 비율이던 위안부의 시세(?)가 요즘은 거꾸로 됐다. 1명의 미군에 30명의 여자. 치열한 경쟁이다. 이들도 경기 찾아 떠나야겠지만 어디로 향할지 모르는 후조(候鳥)처럼 가련하기만 하다. (월간『중앙』, 1970년 12월호 화보 설명)

「미군 주한의 객관적 요청」

여기서 우리는 주한미군의 필요성을 재론하지 않을 수 없다. 우선 북괴는 한국 공산화의 길을 뚫는 기회를 얻고자 혈안이 되고 있음은 주지의 사실이거니와 승산을 가진 전쟁을 도발하기 위해서 주한미군의 철수를 그토록 요구하고 있는 것이다. 그리고 주한미군이 없는 가운데서는 정규전의 승산을 갖지 못할 경우에 있어서도 한국의 제2의 월남화를 겨냥하고 결국 전쟁을 도발하고 말 것임은 비정규군을 대대적으로 강화하고 있는 사실 등으로 입증되고 있는 것이다.

따라서 주한미군은 전쟁을 예방하는 데 거의 결정적인 역할을 하고 있다고 하지 않을 수 없다. 물론 주한미군이 없는 가운데 북괴가 전쟁을 도발할 경우에도 미국은 한미공동방위조약에 따라 어떤 형태로든 참전할 것으로 믿어지지만 그에 의한 서로의 귀중한 희생을 생각한다면 최선책은 전쟁의 예방임은 말할 나위도 없다. (『서울신문』, 1976년 11월 22일자 사설)

「북괴의 주한미군철수 투쟁」

북괴는 언필칭 주한미군은 평화통일에 장애가 되고 있을 뿐만 아니라 한반도의 긴장과 전쟁의 요인이라고 뇌까리고 있으며 그 자신은 이 같은 주장이 대내외적으로 호소력을 갖고 있는 것으로 믿고 있는 것 같다. 그러나 한반도 문제에 대해서 다소라도 관심과 지식이 있는 사람에게는 그것이 엉뚱한 위선이고 모략임이 간파될 수 있는 것이다. 북괴가 말하는 평화통일이란 한국의 반공정권을 공산 내지 용공세력의 주도로 폭력으로 전복시키고 다음에 남북이 합작함으로써 마치 월남전쟁 후 베트남의 공산화통일과 같은 방식으로 통일한다는 것을 뜻한다. 이렇듯 북괴가 주장하는 평화통일은 한국을 전쟁 아닌 폭력혁명으로 강점하자는 것이며 더욱이 그 기도는 전쟁의 위험을 갖고 있는 것이다.… 여기서 우리가 꼭 국제적 이해를 촉구하고자 하는 것은 주한미군과 그에 의한 막강한 한미공동방위체제의 과시는 북괴의 주장과는 반대로 평화통일의 장애가 아니라 한반도의 평화정착과 이를 바탕으로 한 평화통일의 노력을 주효(奏效)시키는 보장으로 된다는 사실이다. (『서울신문』, 1976년 11월 19일자 사설)

「미군철수… 그때와 지금 3 – 메아리 없는 한국민의 반대외침」

카터 대통령이 철군정책에 명쾌한 논리를 제시하지 못하고 있듯이 트루만 대통령의 정책결정에도 다분히 그런 요인이 없지 않다.

"나는 항상 외국군대건 자기 나라 군대건 원하지 않는 군대가 눈앞에 있는 것 만큼 쉽사리 반항심을 자아내는 것이 없다고 믿어왔다."

한국민의 반항심은커녕 국민적인 열정으로 계속 주둔을 바랐는데도 그런 감성적인 이유를 제시한 것은 피도 눈물도 없는 나라와 나라 사이의 비정을 웅변해주고 있다. (『동아일보』, 1977년 6월 23일)

「표면화한 철군반대 – 스트래튼소위 결의는 경고적이다」

어떻게 보면 (미국의)국론이 완전히 분열됐던 월남문제와는 달리 철군을 반대하는 '전문적 평가'와 철군을 내세우는 '정치적 평가'가 맞서고 있는 형편이다. 전문적 평가에 대한 정치적 평가의 대안이 바로 '막강한 기동타격대' 전략이고 '한반도 평화체제의 징치적 타결'로 심작된다. 군사직으로는 지상군을 빼되 어느 때건 지상군을 두입할 태세를 갖춘다는 팀 스피리트 전략이다. 그것은 다시 말해서 19세기 말의 소위 '함포외교전략'으로 되돌아간다는 것을 뜻하는 것이기도 하다.

우리가 묻고 싶은 것은 이러한 '함포외교전략'이 20세기 후반인 오늘에도 과연 성립될 수 있느냐 하는 것이다. 두말할 것도 없이 미국의 상당수 정치인들과 전문가, 그리고 직업관료들의 의견은 이러한 전략에 의문을 제기하고 있는 것이다. 지난 6일 미국하원 스트랜튼군사소위의 철군반대결의가 바로 그것을 말해 주고 있다. (『한국일보』, 1978년 4월 11일)

「미의회 내의 철군반대론」

우리의 일관된 주장은 미국의 카터 행정부가 사리를 올바르게 파악하여 한반도에 확고한 평화보장책이 마련될 때까지 주력부대를 무기한 잔류케하거나, 남북 군사력 균형유지와 전쟁억지를 위한 제도적 장치를 설정한 후 철군을 하도록 정책을 수정해야 한다는 것이다. (『경향신문』, 1978년 4월 12일 사설)

「카터의 결단」

카터 미국 대통령은 지난 20일 드디어 주한미군 지상전투병력의 철수를 1981년 말까지 중지시킨다고 발표했다. 이 발표는 한국국민들 사이에서 큰 환영을 받고 있다. 대통령후보 카터는 3년 전 선거전에 나서면서 한국으로부터의 철군을 내세웠던 것인데 대통령에 당선된 후에는 미국민들에 대한 선거공약을 지켜야 할 입장에 서게 되었다. 그리하여 그가 취임한 1977년 1월부터 현재에 이르기까지 주한 미지상군은 모두 3만4천 명에서 4천6백 명이 철수했던 것이다.…

미군이 남쪽으로부터 철수하면 중소 두 동맹국의 힘을 빌어 대한민국을 제압해보려는 이른바 남조선혁명, 남조선해방이란 이름의 전쟁정책이 남아 있는한, 미군은 떠나고 싶어도 떠날 수 없다. 김일성에 의하면 대한민국이 미국과 동맹관계를 강화하는 것은 '사대주의'요 '분열주의'며 자기들이 중소에 매달리는 것은 '혁명적 유대의 강화'요 '국제적 단결'이다. 이런 유치한 선전으로 평양은 주한미군을 철수시켜보려고 갖은 책동을 다 시도했으나 당연히 좌절되고 말았다. 주한 미지상군의 계속주둔은 무엇보다도 김일성의 망상을 깨뜨린 점에서 큰 의의가 있다. (『조선일보』, 1979년 7월 22일자 사설)

「남북한 휴전협정 대체 땐 미군작전권 이양」

－메네트리 사령관 NBC회견

루이스 메네트리 주한미군 사령관은 18일 유엔군사령관과 북한 및 중국군 사령관이 서명한 한국전 휴전협정이 다른 협정으로 대체될 때 한국군에 대한 미군의 작전권행사에 변화가 올 수 있을 것이라고 말했다.

메네트리 사령관은 이날 서울올림픽을 중계하고 있는 미 NBC TV와의 회견에서 많은 한국사람들은 특이한 한미군사작전체계에 변화가 있어야 할 때라고 주장하고 있는 데 대해 어떻게 생각하느냐는 질문을 받고 그같이 답변했다.

메네트리 사령관은 또 유엔군사령관과 중국군사령관, 그리고 북한의 김일성이 서명한 휴전협정을 바꾸기 위한 움직임이 어느 정도 있다고 밝히고 그러한 움직임이 활성화되기를 바란다고 말했다.

메네트리 대장은 주한미군이 철수할 경우의 사태에 관해 전쟁억지를 위해 필수적인 역할을 해온 주한미군의 철수는 한반도에 전쟁발발을 가져올는지는 아무도 알 수 없지만 전쟁억지력이 줄어들 것은 분명하다고 밝혔다.

주한미군철수 데모에 관해 메네트리 대장은 극소수인 과격파들이 미군철수를 주장할 뿐 대다수의 한국인들은 미군주둔을 이해하며 감사하고 있다고 주장하고, 최근 점증하고 있는 한국 내의 반미감정 분위기에 대해 우려하기보다는 '실망'하고 있다고 말했다.(워싱턴-연합) (『조선일보』, 1988년 9월 20일)

「주한미군 계속주둔 확인 - 남북한 긴장완화의 선행을 촉구한다」

미행정부는 워싱턴에서 열린 제21차 한미연례안보협의회의(SCM)를 통해 미군의 한국 주둔방침을 재확인했다. 이로써 미의회 일각에서 대두된 주한미군 철수 문제에 관해 미행정부는 현시점에서는 불가라는 입장을 확고히 했다.…

주한미군철수론이 제기될 때마다 가장 우려되는 사항은 북한의 기습공격에 대한 조기경보능력이었다. 현재로서는 주한미군에 이를 전적으로 의존하고 있으며 우리가 논을 주고노 사기 힘든 고도의 징밀기술체계다.

왜 주한미군을 필요로 하는가를 설명해 주는 기술분야의 중요한 요소이다. 그 요소들은 이외에도 얼마든지 있다. 서독이나 일본 같은 기술선진국이 미국과의 군사동맹체제 안에서 그들의 방위능력을 상호의존적으로 강화하고 있는 이유도 여기에 있다.

국방의 경제학도 고려해야 한다. 전문가들은 주한미군이 철수 또는 대폭 감축되었을 경우 최소한 연 10억 달러의 추가 국방비가 소요될 것으로 추산하고 있다. 50억 달러의 무역흑자를 냈을 때 이에 대한 순가득액이 불과 몇억 달러임을 감안하면 10억 달러가 얼마나 큰 규모인지를 알 수 있다. 바꾸어 말하면 주한미군은 그만큼 우리의 국방비를 절약해 주고 있는 셈이다.

여기에 주한미군의 국제정치적 역할을 소홀히 할 수 없다. 소련 고르바초프의 동아시아 주둔군 일방감축선언에 따라 동아시아의 냉전구조에 변화가 일어날 것으로 예상되고 있지만 아직은 중국의 새로운 사태 등으로 인해 일본의 대역이 경계되는 시점이다. 그리고 소련은 여전히 북한에 대해 고성능무기를 지원하고 있고 북한은 핵개발능력을 개발시키고 있다.

주한미군의 중요성에 관한 이 같은 몇 가지 요인을 부분적으로라도 고려할 때 한미 양국방장관의 공동성명대로 "북한의 군사적 위협을 억제하기 위해 주한미군이 필요한한" 미군을 계속 주둔시킨다는 원칙은 불가피한 것이다.(『동아일보』, 1989년 7월 20일)

「'철수론'과 엇나가는 미군기지 이전」

미군철수에 관해서는 여론이 나뉘어져 있음이 사실이다. "미군철수 운운하는 자는 민족반역자"라는 현수막이 거리에 나부끼는데, 이런 주장은 지금 세계의 거대한 흐름을 이루고 있는 긴장완화와 화해의 정신에 어긋난다. 민족의 문제는 궁극적으로 민족 스스로 풀어야 한다. 남한에 주둔하는 미군이 자주적 통일을 도울 뜻이 있다면 가능한 빠른 시기에 철수해야 할 것이다. 따라서 용산기지는 미군철수를 전제로 처리될 문제이다.…

지난 수십 년 동안 역대정권은 미군이 철수하면 곧 전쟁이 터질 듯이 '위기의식'을 부채질해 왔다. 우리는 민주화와 민족자주의 이념에 충실한 권력만이 '정권안보'를 위해 외국군에 의존하는 자세를 떨칠 수 있다고 믿는다. (『한겨레신문』, 1990년 6월 28일자 사설)

「주한미군은 누구인가」

어디 그뿐인가. 미국의 기막힌 정보망과 조기경보능력은 북한의 사소한 움직임까지도 탐지해 우리에게 알려주고, 나아가 안전보장의 최후수단인 핵우산을 제공해 주고 있지 않은가.

결국 주한미군은 단지 존재한다는 것만으로도 훌륭한 '공포의 균형' 구실을 하고 있는 것이다.

그러니까 김일성 집단은 기회 있을 때마다 주한미군의 철수를 주장하고 마치 한반도의 자주적 평화통일이 미군 때문에 안 되고 있는 양 국제사회에 악선전을 하고 있는 것이다. 이는 흡사 쥐들이 고양이를 내쫓아달라는 요구와도 같으며 도둑이 맹견을 둔 집을 불평하는 이치와도 같다.

하지만 북한측의 그런 맹랑한 주장과 생떼는 입장을 바꾸어놓고 생각하면 이해가 가기라도 한다. 한데 너무도 어처구니없는 일은 국내의 일각에서도 "미군은 물러가라"고 외치는 구호가 일부학생층 사이에서 들려오고 있다는 것이다. 동기야 다르겠지만 결과적으로는 북한의 주장을 그대로 대변해 주고 있다는 점에서 결코 예사롭게 귓등으로 흘려버릴 소리가 아니다.

대체 그런 위험한 발상이 어떻게 해서 입을 통해 표출될 수 있는 것일까. 물론 미군이 언제까지나 이 땅에 남아 있기를 바라는 의존적 국방론에도 문제는 없지 않을 것이다. 궁극적으로 조국은 우리의 힘으로 지켜야 하기 때문이다. 그러나 그것은 어디까지나 우리 국군의 독자적인 전력이 북괴군의 그것을 능가, 문자 그대로 자주국방능력이 완성되는 90년 이후에야 거론될 문제가 아닌가 본다.

그 이전까지는 극단적으로 말해서 주한미군이 철수하는 날이 곧 북괴가 남침을 행동으로 옮기는 결정적 시기가 될 것이라고 보면 틀림없을 것이다. (지용우 논설위원, 『경향신문』 12475호)

「남북통일 후도 미군주둔 – 코언 미국방」

윌리엄 코언 미국 국방장관은 29일(현지시각) "남북한이 통일된 이후에도 주한미군은 계속 한반도에 주둔하게 될 것"이라고 말했다. 코언 장관은 이날 미국 로스엔젤레스 외교협의회 연설에서 "아시아 지역의 정세안정을 위해 10만 명의 미군을 아시아에 주둔시킨다는 방침에는 앞으로도 계속 변함이 없을 것"이라며 이같이 말했다.

코언 장관은 특히 "한국의 김대중 대통령은 그 동안 남북한 통일이 실현되더라도 주한미군을 계속 주둔케 할 것이라는 입장을 수차례 표명했다"며 "주한미군은 지역 안정을 위해 중요하기 때문에 한반도 통일 후에도 계속 주둔해야 한다"고 말했다. 이 같은 코언 장관의 발언은 최근 워싱턴 내 일부 한반도 전문가 등을 중심으로 제기되고 있는 단계적인 방안을 통한 주한미군의 완전철수 주장 등을 일축하는 것으로 풀이된다.(워싱턴—박두식 기자)(『조선일보』, 1998년 7월 1일)

「나토와 주한미군」

이 문제는 주한미군의 장래를 생각하는 데 있어서도 중요한 교훈을 담고 있다. 김대중 대통령은 통일된 이후에도 주한미군이 계속 필요하다는 견해를 밝힌 바 있다. 그런데도 주한미군에 대한 논의를 보면 많은 사람들은 북한의 위협만 사라지면 주한미군의 역할은 끝나는 것으로 생각하는 것 같다. 매우 논리적인 입장같이 보인다. 그러나 역사는 논리적으로만 움직이는 것은 아니다. 인간들이 만들어 놓은 제도는 원래의 필연성이 사라진 후에도 새로운 기능을 수행하게 되면서 진화해 나가는 것을 볼 수 있다. 그러니까 냉전을 위해 만들어 놓았던 나토를 새로운 용도와 기능을 찾아 활용하는 서방지도자들의 사려 깊은 지혜를 생각해 볼 필요가 있는 것이다…

하물며 강대국들의 이익이 교차하는, 세계에서 가장 민감한 지정학적 균형의 분점에 살고 있는 우리들로서는 무슨 이유에서 만들어졌건 우리가 갖고 있는 가장 강력한 안보자산을 단순한 논리를 위해 스스로 포기하는 일은 없어야겠다.(김경원 고려대 국제학대학원 석좌교수, 『조선일보』, 1999년 4월 21일)

「통일장애 주한미군철수해야」

정전협정을 평화협정으로 대체하자는 북한측 제의는 아주 원칙적이고 옳은 것이다. 진정으로 현재의 긴장국면을 근원적으로 해소하려면 북미간의 불안한 정전협정을 평화협정으로 대체하고 주한미군을 철수시켜야 하기 때문이다. 미국이 우리 민족의 통일과 동북아의 평화를 원한다면 그들의 군대를 철수시켜야 한다.

해방 직후 미국은 자주정부 수립을 향한 우리 민족의 열망과 노력을 짓밟고 분단강점, 군정을 실시했으며 친미정권을 세워 반세기 넘은 오늘에 이르고 있다. 더구나 이 땅을 미국의 군사기지로 삼아 우리 민족의 생존자체를 위협하고 허울좋은 한미상호방위조약을 비롯해 갖가지 불평등협약과 협정을 맺어놓고 시시각각 진행되는 전쟁연습으로 긴장을 고조시켜 남북의 군비경쟁을 부추키고 있다.

미국의 군사강점으로 인해 우리의 의식은 미국에 예속됐고 미국에 반대하면 곧 좌경용공이 되고, 국가보안법 위반으로 가혹한 처벌을 받는 것이 예사로이 될 정도이다.

통일이 아무리 어렵고 힘들다 해도 민족문제는 우리 민족끼리 해결할 문제다. 화해를 하든 싸움을 하든 우리 스스로 알아서 할 일이지 외세가 끼어들어 간섭할 일이 아니다. 그런데 미군이 철수하면 당장 큰일날 것처럼 떠들면서 우리 운명을 외세에 맡기려는 자들이 있다. 이는 겉과 속이 다른 미국의 본성을 모르거나 반민족적 사대주의 습성에서 나오는 궤변일 뿐이다.

미군주둔은 우리 민족화합에 장애일 뿐 아니라, 군비경쟁으로 국력을 소모시키고, 전쟁분위기를 고조시켜 민족의 평화적 자주통일을 방해하는 만악의 근원임은 민족의 양심을 지닌 사람이라면 부인할 수 없을 것이다. (권중희 민족정기구현회 회장, 『조국과 민권』, 2000년, 65쪽)

〈자료 9〉 웹진의 미국 보도

21세기에는 인터넷 언론의 역할이 더욱 확대될 것으로 예상된다. 미국에 대한 기성언론의 보도가 정치적 상업적인 이유 등으로 매우 제한적인 상황에서 인터넷 언론은 성역 없는 보도를 가능케 하는 측면이 있다. 인터넷 웹진과 단체들의 홈페이지에 소개된 미국관련 보도를 몇 가지만 소개한다.

1. 주한미군범죄 그리고 노란색 변기
－〈대자보〉 20호 (http://www.jabo.co.kr)

제주도 4·3사건은 공산주의자들이 남한의 5·10총선거를 교란시키기 위해 일으킨 무장폭동으로서 진압과정에서 무고한 주민들까지도 희생되었으며 제주도 일부지역에서 총선거도 실시되지 못했다.(1999년 3월 1일 발행 고등학교 국사교과서 하편, 196쪽)

민주화를 열망하는 국민의 요구는 광주에서 비롯된 5·18민주화운동으로 이어졌다. 이때 민주헌정체제의 회복을 요구하는 시민들과 진압군 사이에 충돌이 이어졌으며 이 과정에서 다수의 무고한 시민들도 살상되어, 국내외에 큰 충격을 안겨주었다.(위 교과서 207쪽)

우리 나라 현대사의 대표적 비극이라 할 수 있는 두 가지 사건은 오늘날까지 교과서에 엉터리로(사건 자체의 왜곡) 기술되어 있다. 피해자의 배상과 가해자의 사과 등을 차치하고라도 객관적 사실마저 제대로 정리되어 있지 않다는 점에서 위의 사건들은 여전히 미제이며 따라서 현재 진행중인 사건들이다. 비무장 민간인에 대한 학살은 반인류적 범죄이며 공소시효도 없는 전범으로 취급받아야 함에도 불구하고 위 사건의 가해집단은 전혀 그렇게 되지 못하였다. 심지어 제주 4·3의 경우는 진상규명마저 이루어지지 않았다. 두 사건의 공통점은 미국이 사건 깊숙이 개입되어(교사, 배후조종) 있었으면서도 교과서에는 미국의 문제가 전혀 기록되지 않았다는 점이다. 주한미군범죄는 분단과 민족주권 그리고 위에 적은 역사적 경험들과 연결된 '창(窓)'을 통해서 주목해야 한다. (일부)

(정유진, 1999년 9월 14일)

※ 인터넷 상의 진보적 주간지를 표방하는 〈대자보〉는 창간사(1999년 1월 17일)에서 매체명을 대자보라 한 이유를 다음과 같이 설명했다

"형식에 얽매이지 않는 자유로운 글쓰기와 상호토론을 최대한 보장하는 인터넷 언론, 누구라도 글을 실을 수 있는 민주적인 언론, 현실을 더 나은 방향으로 변화시키는 합리적 대안을 모색하는 진보적인 언론, 민족적 토대 위에 범인류적 가치를 지향하는 언론, 우리는 이 새로운 언론을 〈대자보〉라 부른다. 잘 알려진 바와 같이 '대자보'는 언론매체를 소유하지 못한 민중들이 자신의 의사를 표현하던 지극히 민중적인 언로였다. 따라서 우리 인터넷 〈대자보〉도 기성언론으로부터 소외받고 선택된 정보만을 주입받던 피동적 언론수용자들에게 자신의 이익을 대변하고 자신이 직접 참여하는 언론을 제공하는, 문자 그대로의 '대자보' 역할을 담당할 것임을 분명히 천명하는 바이다."

2. 미국시각 전파하는 외신보도가 우리 눈을 멀게 한다
–〈Ohmynews〉 창간준비호 (http://www.ohmynews.com)

1999년은 국제적으로 어떤 해였는가? 2천년을 맞이하는 전야라고 할 1999년

은 미국이 주도하는 질서가 전세계적으로 확산되는 동시에 이에 대한 저항 또
한 매우 격렬하고도 전진된 형태로 전개된 시기였다. 이러한 저항은 정의로운
세계질서를 갈망하는 인류사회의 중대한 도전이라는 점에서 상당한 주목을 받
아야 하는 사태였다. 그리고 이는 미국의 패권질서 밑에서 유지되고 있는 식민
지 또는 준식민지 체제의 극복이라는 의미를 갖는다는 차원에서 20세기적 야만
과 폭력의 유산을 청산하는 과정이라고 할 수 있다. 그러나 서방언론들을 비롯
하여, 이를 그대로 받아적다시피 하는 국내언론들의 외신보도는 세계적 전환의
결정적 흐름을 외면하거나 또는 짚어내지 못한 채 미국편향의 보도태도를 제대
로 극복하지 못하고 있는 실정이다. 그것은 한마디로 우리의 국제정세 인식이
식민지적 사고에서 벗어나고 있지 못한 것을 입증하는 것이다.

   …

   지난 11월 말과 12월 초, 미국 워싱턴주 시애틀에서 벌어진 세계무역기구
(WTO)와 이 기구가 수행하고 있는 신자유주의 세계화에 대한 시민단체들의
시위사태에 대한 보도는 그러한 경우의 하나이다. 미국언론들을 비롯한 외신들
은 시간이 흐르면서 정작 중요한 본질보다는 시위의 폭력성과 시위조직 내부에
도 이견이 엇갈렸다는 식의 보도가 주를 이루어 나갔다. 이는 초국적 대자본의
지배하에 놓여 있는 서방의 유수언론들의 이해관계를 그대로 반영하는 동시에
이 시위를 통해서 제3세계 국가들이 어떤 문제를 제기했는가에 대한 명확한 조
명이 결여된 결과였다.

   …

   미국이 지배해 왔던 파나마운하가 1999년 12월 31일자로 파나마에게 영구히
복귀했다. 이로써 파나마에 대한 미국의 식민지배는 일단 종식되게 되었다. 그
리고 파나마운하로 인해 미국에 종속적인 국가로 지내왔던 나라가 이제 자신의
자산에 대한 권리를 되찾음으로써 중요한 국가적 발전의 기회를 얻게 된 것이
다.… 그런데 외신을 비롯, 국내언론들의 파나마운하 반환보도는 매우 간략했
고, 그 보도의 중심도 라틴 아메리카 정책에 있어서 미국의 권리가 약화되었다
는 식이었다. 이것은 파나마가 그간 주권국가로서 권리를 행사하지 못하고 미
국에 종속되어 온 역사의 수난사에 대한 이해가 전혀 없는 인식을 보여주는 예
였다.

파나마는 원래 콜롬비아에 속한 땅이었다. 그러나 파나마운하 개발과 이에 대한 권한을 독점하려 했던 미국은 당시 씨오도르 루즈벨트 대통령의 함포외교 정책으로 해서 해군함대를 파견, 콜롬비아를 군사적으로 압박하여 파나마 지역을 따로 독립시켜 미국의 식민지 국가로 만들었다.

…

지난 1940년대 이래 미해군의 폭격훈련장으로 사용되고 있었던 비크섬 문제를 둘러싸고 미국과 미국의 자치령 푸에르토리코 간에 긴장이 높아지고 있다. 이와 함께 푸에르토리코 독립문제가 다시 제기되고 있는 상황이다. 푸에르토리코인들은 미해군의 철수와 비크섬 폭격훈련장 사용 영구금지를 요구하고 있는 반면, 미국은 비크섬을 폭격훈련장으로 사용하되 잠정적으로는 실탄사용을 하지 않고 훈련하는 동시에 5년 뒤 이 문제를 재검토한다는 제안을 내놓고 있다. 그러나 푸에르토리코인들은 미국의 그러한 제안이 결국에는 비크섬을 계속해서 미군의 훈련장으로 묶어두려는 계략이라고 보고 이에 대하여 격렬하게 반대하고 있다.… 푸에르토리코는 1898년 미국과 스페인 간의 전쟁 이후 미국이 지배하는 영토가 되었고 이후 자치령이라는 식민지 상태로 존재해 왔다. 그런데 최근 카리브 해안 국가들의 결속을 비롯하여 라틴 아메리카 전반에 걸친 연대의 강화와 이들이 미국에 대하여 보이고 있는 자주적 경향이 푸에르토리코인들에게 자신감을 서서히 불어넣고 있다.… 우리에게도 경기도 화성군 매향리 미군 폭격장의 문제가 심각하게 제기되고 있는 현실인데도 이를 국내언론들은 이러한 상황과 푸에르토리코 비크섬의 상황을 연결하여 조명하고 분석하는 노력을 일체 기울이지 않고 있는 것이다. 일반인들의 경우에도 독노의 문제는 민감하게 반응하면서도 현실적으로 주권이 유린되고 있는 지역이 존재하고 있는 것에는 무지하거나 무감각한 반응을 보이고 있다. 이는 우리가 카리브해의 작은 섬 푸에르토리코인들보다 못한 자주의식의 수준에 머물고 있음을 반증하는 예라고 하지 않을 수 없는 것이다.

…

한편, 멕시코에서도 미국에 대한 저항운동이 연속적으로 전개되고 있다. 북미주 자유무역협정체제인 NAFTA는 북미대륙간의 경제불력의 중심을 미국이 주도해 나가는 체제라 하겠다. NAFTA는 미국, 캐나다, 멕시코 세 나라가 연

결되어 있는 자유무역체제인데 이 NAFTA를 구성하고 있는 한 축인 멕시코에
서는 지난 4월부터 미국에 대한 시위가 지속적으로 일어나고 있어 북미주에서
미국의 패권적 위상에 도전이 되고 있다. 더욱이 이들 시위대들이 멕시코의 수
도인 멕시코시티 내 미국 대사관을 연일 공격하고 격렬한 폭력시위로 확대되면
서사태의 심각성이 더해지고 있는 중이다.… 멕시코의 학생들과 진보적 지식인
들은 NAFTA 체제가 멕시코의 노동력을 미국기업에 의해 저렴하게 착취당하
게 하는 구조이자 멕시코를 결국 미국의 식민지로 만들어 가는 장치라고 비판
해왔다.… 그러나 국내언론들은 이러한 멕시코 현실에 대한 관심은 없고 멕시
코가 IMF의 정책에 따른 외환위기를 극복한 모델이라는 인식에서 벗어나고 있
지 못하며, 이로써 멕시코가 오늘날 어떤 위기와 곤경에 처하고 있는지 주목하
고 있지 못한 것이다.

　　…

　지난 11월 필리핀의 마닐라에서는 동남아시아 국가들의 안보 및 경제협력회
의체인 ASEAN의 비공식고위회의가 열렸다. 그런데 이 아세안회의의 기본정
책이 동남아시아의 가난한 민중들에게 깊은 고통을 주고 있다고 지적하고 그
정책의 기본방향을 바꿀 것을 요구하는 시위사태가 회의장 주변에서 열려 필리
핀 정부당국이 진압에 나서 동남아시아 내부의 긴장과 고민을 드러냈다. 그렇
지만 국내언론들은 이러한 시위사태와 필리핀 민중들의 고난에 대하여 한 줄도
보도하지 않았다. 『한겨레』조차 김대중 대통령의 아세안회의 참석에만 관심을
나타냈을 뿐 이에 대한 보도와 논평이 일체 없었다.

　　…

　베네수엘라의 개혁정치 또한 매우 주목되는 국제적 사건이다. 그러나 외신들
과 국내언론들은 베네수엘라의 개혁정치 실험에 대한 관심을 보이지 않았다.
특히 정치권에 대한 대수술이 베네주엘라 민중들의 대대적인 지지를 받는 현실
에 대하여 깊이 주목하지 않는 모습을 보였다.… 과거 70년대에 칠레의 아옌데
대통령이 이러한 방향으로 칠레의 정치를 개혁하려고 하다가 미국과 군부의 견
제에 제동이 걸려 암살당하고 피노체트의 군부쿠데타로 넘어갔던 것과는 매우
대조되는 상황이라 하겠다. 차베스의 개혁이 철저하게 베네수엘라 국민들 다수
의 뜻을 믿고 의지하면서 진행시켜 나가고 있다는 점에서 그의 정치적 기반은

안정되어 있다고 하겠다. 물론 이번 국민투표에서 나타난 것처럼 20%에서 30%의 반대세력이 있으나 이들은 거의 다 기존의 부패한 정치와 경제로부터 이득을 얻고 있었던 세력이라는 점에서 이들의 의사를 반영해야 민주주의라는 것은 설득력이 없다. 도리어 이들 개혁저항세력들이 정치적으로 정리되지 않으면 베네수엘라의 미래는 계속 발목이 붙잡힌다는 점에서 기존의 의회해산은 매우 중요한 의미를 지닌다고 하겠다. 이러한 베네수엘라의 정치개혁과 경제정책의 헌법적 변화를 지켜보면 정치의 근본을 어디에 두고 노력해야 할 것인지를 주목하게 된다. 정치인들이 자기들끼리의 기득권을 지키는 일에만 잔뜩 관심을 가지고 밤낮 정쟁을 일삼고 있는 조국의 정세에 대하여 베네수엘라의 개혁정치가 의미 있는 자극과 반성의 계기가 될 수 있는 것이다. 그러나 외신을 통해 이 소식을 접하고 있는 국내언론들은 베네수엘라의 개혁정치가 갖는 역사성과 의의에 대해 주목을 하지 않았으며 이를 오늘날 우리의 현실에 접목시켜 비판적인 논의를 제기하는 일에 성공하지 못하고 있는 것이다.

(김민웅 목사 · 재미언론인)

※〈Ohmynews〉 창간준비 1호는 1999년 12월 21일 선을 보였다. 월간『말』지에서 '반미기자'로 활동하던 오연호 기자가 대표기자를 맡고 있다. 기존언론의 꽉 막힌 틀과 권위를 허물기 위해 가장 적합한 매체가 인터넷 언론이라 보고 〈Ohmynews〉를 창간한 오 기자는 수백 명의 시민들이 뉴스 게릴라로 활동하면서 생산하는 뉴스로 기존 보수언론의 위선을 벗겨내고 정보 불균형을 바로 잡는 것을 목표로 하고 있다.

3. 주한미군철수의 당위성
－주한미군철수국민운동본부 (http://www.onekorea.net)

첫째, 군부 및 고위 지배층 인사들은 주한미군이 남북한 사이에 전쟁이 터지는 것을 막기 위하여 절대로 필요하다는 주장을 한다. 이들은 주한미군이 없으면 북한이 남한을 무력침공할 것이라고 보고 있다. 그러나 필자는 주한미군이 철수하더라도 북한이 남침할 가능성은 거의 없다고 본다. 왜냐하면 그것은 북한의 자살행위이기 때문이다.

1997년 북한은 국민총생산(GNP)은 한국은행 추계에 의하면 겨우 177억 달러이고 남한의 1997년 군사비는 170억 달러이다. 또 1999년의 북한 예산은 겨우 94억 달러에 불과하다. 예산의 30%를 군사비로 쓴다 하더라도 북한 군사비는 28억 달러밖에 되지 않는다. 이러한 군사비의 남북격차는 한두 해가 아니라 80년부터 지금까지 누적해서 북한이 열세에 놓여 있었다는 점을 고려하면 북한 군사력의 정도는 쉽게 짐작할 수 있다.

…

둘째, 주한미군은 전쟁을 억지하기보다는 오히려 한국을 남의 전쟁에 휘말리게 할 위험성을 더 높이고 있다. 호전적인 레이건 미국 대통령 재임 당시 국방장관이었던 와인버거는 주한미군은 북한보다는 소련을 겨냥하고 있다고 발표한 바 있다. 그는 만약 중동에서 소련과 전쟁이 일어난다면 미국은 한반도에서 전쟁을 일으킬 것이라고 했다. 그것도 일본군, 미군, 한국군이 합동으로 북한을 침공하고는 이곳 한반도에서 소련에 대한 핵공격까지 벌릴 것이라고 했다.

…

셋째, 너무도 잘 알려진 것처럼 주한미군이 있기 때문에 우리의 군사작전권이 미국에게 넘어가 한국은 군사주권을 제대로 행사할 수 없는 절름발이 주권국가가 되었다는 점이다. 세계 어느 나라도 우리처럼 작전권을 다른 나라에 이렇게 50년 이상 넘겨주고 있는 나라는 없다.

…

넷째, 한국은 주한미군 때문에 미국군산복합체의 이해에 따라 최신병기의 구입을 강요당하고 남북한 군비축소가 방해를 받고 있다. 이뿐 아니라 주한미군이 존재함으로써 북한은 남한과의 군사문제 해결에 소홀할 수밖에 없고(군사문제에 관한한 핵심은 미국이지 남한이 아니므로) 남한은 미군의 존재에 의존해 안보의 허상 속에서 군축을 통한 진정한 남북간 군사적 긴장완화에 소극적이 된다. 이런 상황은 한반도 평화정착을 더욱더 힘들게 한다.

…

다섯째, 주한미군은 우리 민족사의 숙원인 민족통일의 걸림돌이다. 미국의 입장에서는 앞에서 본 바대로 주한미군의 존재가 그들의 이익을 위해 엄청나게 중요하다. 그러나 통일이 되면 통일한국에 미군이 주둔해야 할 핑계가 사라지게 되고, 주한미군철수를 통일한국 국민들이나 주변국가들이 강력하게 요구하게 될 것이다. 이 경우 미국은 어쩔 수 없이 철군을 해야하므로 남북한을 계속 분단시킨 채 미군을 주둔시키려는 전략을 구사하고 있다고 보아야 한다. 물론 겉으로는 한반도 통일을 지원한다는 그럴듯한 이야기를 하지만 그것은 어디까진나 사탕발림에 지나지 않는다.

…

여섯째, 주한미군은 한반도의 군사적 긴장을 끊임없이 높인다. 탈냉전의 시대인 90년대에도 우리는 북한과 미국 사이, 또 남북한 사이에 1994년 6월 영변핵위기, 1998년 금창리핵위기, 미사일위기 등과 같은 전쟁위협 또는 군사적 긴장이 지속되는 것을 목격하였다. 미군의 한국주둔을 정당화시키기 위해서는 북한으로부터 군사적 위협이 계속되고 있다는 것을 보여주어야 하기 때문에 이들 위기는 미국이 필요 이상으로 조장한 측면이 짙다.

…

이제까지 주한미군이 주둔함으로써 한반도에서, 그리고 우리의 일상의 삶 속에서 발생되는 대표적인 문제점들을 간략히 살펴보았다. 이것만으로도 우리에게 주한미군이 더 이상 허용되어서는 안 된다는 논거는 충분하다고 본다. 그럼에도 불구하고 아직도 사회 일각에서는 주한미군 옹호론자들이 적지 않다. 이들은 주로 군부, 정치권, 지배세력 등으로 이제까지 주로 반공과 친미 및 친일 등으로 자신들의 특권과 지위라는 기득권을 유지해 온 집단이다. 또 이들은 민족의 진정한 장래를 고려하기보다는 자신들의 기득권 유지에만 집착한 무리들이나. 이들 특권층에게 우리와 민족의 미래를 더 이상 맡겨둘 수는 없다. 이제는 우리 보통사람들 모두가 주한미군철수를 위한 구체적인 실행운동에 나서야 할 때이다.

(강정구 동국대 교수)

4. 민족사의 반성과 민족자주사상의 각성

－통일학연구소 (http://www.onekorea.org)

「민족자주사상의 깨우침 : 국가주의의 민족사적 반역성을 깨뜨리고 민족주의의 한계를 넘어서」

지금까지 남(한국)사회에서는 민족의 자주화 위업을 교란·방해하고 민중의 자주역량을 짓눌러 없애려는 반역의 논리가 판을 쳐오고 있으니 그것은 다른 게 아닌 국가주의라는 것이다. 발해가 멸망한 뒤로 천 년 동안 끊임없는 외세의 침탈에 시달려온 민중의 눈에는 외세와 갈등을 빚고 있는 세력은 앞뒤를 잘 살펴볼 필요도 없이 자기 편으로 인정하는 사회 심리적 반응이 나타나게 되었다. 국가주의 세력은 바로 이러한 불투명한 반응점을 이용하여 자신을 민족주의자로 둔갑시켰다. 민중의 자주역량이 장성하고, 그것의 사회사적 운동방식인 반일민족해방운동이 궤도에 오르기 이전의 과도기에 나타난 것은 민족주의와 그 사회사적 운동방식인 민족주의운동이었다. 민족주의와 민족주의운동은 일정한 수준과 범위에서 반외세·반침략의 투쟁양상을 띄고 있었으므로, 국가주의 세력은 자기의 민족사적 반역성을 감추기 위해 자기의 정체를 곧잘 민족주의 담론으로 변장하곤 하였다.

그러나 여기서 우리가 국가주의의 민족사적 반역성을 배격하면서 국가주의와 민족주의의 구분선을 분명하게 그어야 하는 까닭은, 국가주의 세력은 스스로를 민족주의 담론으로 교묘하게 위장하면서 민중을 기만하였으며, 더 나아가서 일제 식민지시대 이후 분단시대에 이르는 전과정에서 민중의 자주역량을 짓눌러 없애려 했으며, 다른 한 편으로 민족주의 세력을 이른바 '반국가사범'으로 내모는 데 주저하지 않았기 때문이다.

8·15 이후 조국의 자주독립과 통일을 실현하려는 민중의 자주역량을 압살하려고 나선 미군정과 그 앞잡이 이승만은 모스크바 삼상회의 결정을 유엔헌장 제75조에 나와 있는 신탁통치조항과 결부시켜서 민중의 반외세 민족감정을 자극·선동하고 이른바 '즉시독립을 위한 반탁운동'을 전개하면서 스스로를 민족주의로 위장하고 민중을 기만하였는데, 이것이 남(한국)사회에서 민족주의로 위장한 국가주의 세력이 정치세력화에 성공한 첫 번 사례에 든다고 볼 수 있다. 이승만을 우두머리로 한 반민중적 국가주의 세력은 1948년 8월 이 땅에 친미예속적인 분단정권을 세웠고, 반공·반북의 구호를 민족주의 담론으로 위장했으며, 정권유지에 필요한 때마다 반일적인 발언도 내뱉곤 했는데, 이러한 경

향은 모두 민족주의로 변장한 국가주의에서 흘러나온 더러운 분비물에 지나지
않는다.

　1961년 5·16군사반란을 일으켜 정권을 빼앗은 박정희 군부세력의 집권시대
로 넘어오면서 남(한국)사회에서는 국가주의가 더욱 맹위를 떨치게 된다. 이
시기의 국가주의는 북(조선)의 공격으로부터 '조국'을 지키고 경제를 건설해
야 한다는 주장으로 요약된다. 반공·반북을 국책으로 삼은 군부출신의 국가주
의 세력은 입으로는 '자주국방'이니, '부국강병'이니, '민족중흥'이니, '조국
근대화'니 하는 그럴듯한 구호를 외치고 있었지만, 그 모든 것들은 민족자주와
조국통일을 실현하는 방향과는 정반대의 방향인 민족사적 반역으로 줄달음치고
있었다. 그들이 말하는 민족주의 담론은 실제로는 집권연장을 획책하는 국가주
의의 기만술에 지나지 않았다. '국가안보와 근대화'를 앞세운 박정희 군사독재
정권의 부국강병론이 일본 메이지시대의 국가주의자들이 주창했던 부국강병론
을 서툴게 흉내낸 반역성을 담고 있었다는 사실을 이미 세상이 다 아는 사실이
다. 박정희는 그의 글「우리 민족의 나아갈 길」에서 이렇게 말한 적이 있다.

　"차제에 우리 민족 전체가 일대 반성을 하지 않으면 안 된다는 것을 강력히
주장하고 싶다. 공산주의의 도전에서 우리 민족을 수호하고, 주권자로서 다시
는 실정과 부패를 되풀이하지 않게 하기 위해서는 일대 민족적인 각성이 요구
되는 것이다. 혁명은 민족적 각성에서 출발하지 않으면 안 된다."

　말만 얼른 들어서는, 국가주의자의 논리와 민족주의자의 논리를 가려내기 힘
들 만큼 정교한 변장술을 동원한 것으로 보인다. 그렇지만 박정희가 말한 '민
족'이라는 개념 속에는 북(조선)이 봉일의 대상이 아니라 배격과 소멸의 대상
으로 등장한다. 박정희식의 국가주의에서 북(조선)은 언제나 '침략외세'와 동
의어로, '민족'의 대립항으로서만 존재한다. 박정희식의 국가주의 담론에 자주
나오는 '민족적 자아'니, '자립정신'이니, '주체의식'이니 하는 따위의 민족주
의적 용어들은 통일민족국가 건설을 원천적으로 배제하고 있다는 사실을 우리
는 놓쳐서는 안 된다. 박정희는 민족주의 언술로 변장한 철저한 반통일적 국가
주의자였다. 이 반통일적 국가주의자가 수호하겠다고 했던 '민족', 근대화를
통하여 번영과 발전의 길로 이끌겠다고 했던 그 '민족'은 실제로는 민족이 아
니었다. 그것은 민중의 자주역량을 짓누르며 민족의 사회역사적 발전을 가로막

고 있는 분단과 예속의 국가주의 체제였다. 오늘도 매국적 외교행각이라고 배척을 받고 있는 '한일기본조약'의 타결을 이끌어내던 무렵 박정희는 이렇게 말했다.

"오늘날 우리가 대치하고 있는 적은 국제공산주의 세력입니다. 우리는 이 나라를 어느 누구에게도 다시 빼앗겨서는 안 되지만 더욱이 공산주의와 싸워 이기기 위하여서는 우리와 손을 잡을 수 있고 벗이 될 수 있다면 누구하고라도 손을 잡아야 합니다. 우리의 자유와 독립을 수호하고 내일의 조국을 위해서 도움이 될 수 있는 일이라면 어려운 일이기는 하지만 과거의 감정을 참고 씻어버리는 것이 진실로 조국을 사랑하는 길이 아니겠습니까. 이것이 나의 확고부동한 신념이올시다. 더구나 중공의 위협이 나날이 증대하여 가고 있고 국제사회가 이른바 다원적 양상으로 변모하고 있는 이 시점에서 우리의 위치를 냉정하게 파악하고 반세기 전에 우리가 겪은 민족의 수난을 다시 되풀이하지 않기 위해서는, 국가의 안정보장과 민족의 번영을 기약하는 현명한 판단이 절실히 요청되는 것입니다."

박정희가 대중 앞에 나설 때는 곧잘 민족주의적 언술로 변장했지만, 실제로는 민중의 자주역량을 짓눌러 없애는 데 열을 올렸다. 그런데도 유신독재 말기에 미국의 카터 정권과 갈등을 빚으면서 '자주국방건설'과 핵무기 독자개발에 열을 올리던 국가주의자 박정희와 그 집권세력에게 무슨 민족주의적 성향이 있었던 것으로 착각하는(또는 그렇게 의도적으로 조작하는) 분위기가 아직도 성행하고 있다는 것은 매우 심각한 일이다. 오늘 남(한국)사회에서 지난 시기 군사독재정권 아래서 정치감각의 자율신경이 길들여진 언론과 지식인들은 국가주의가 민족주의의 탈을 쓰고 대중을 기만하는 치졸한 사기극을 부채질하기에 정신이 없으며, 심지어는 일부 진보적인 지식인들마저도 국가주의와 민족주의를 혼동하면서 민족주의는 국가주의와 그 뿌리가 같은 부국강병론의 이념적 기초이므로 이를 경계·배척해야 한다고 주장하는 잘못을 저지르고 있다.

8·15 이후 남(한국)사회에서 국가주의의 흐름은 이승만→박정희→전두환→노태우→김영삼으로 대표되는 분단독재세력으로 이어지고, 오늘의 집권세력에게 흘러들었다. 이 계승의 역사를 살펴보면 국가주의 세력은 언제나 자주적 통일국가를 건설하려는 민중의 자주역량을 짓눌러왔던 것은 말할 것도 없고, 김

구→조봉암→장준하→문익환으로 대표되는 통일민족주의의 주체적 맥락마저
도 끊어버리려 광분했다. 이처럼 국가주의와 민족주의가 대립관계에 놓일 수밖
에 없었던 까닭은, 지난 시기 민족주의가 일정한 수준과 범위에서나마 민중의
자주적 요구를 대변하고, 민족의 이익을 위하여 투쟁해 온 반면에, 국가주의는
언제나 민중을 지배와 수탈의 대상으로 보면서 민중에게 국가주의 이념을 강제
로 주입하려 했기 때문이었다.

요즈음 나돌아다니는 세계화 담론은 국경 없는 자본의 이동, 국가의 개입과
통제를 차단하는 신자유주의를 떠들고 있으므로, 국가주의와 정면으로 배치되
는 초국가적 담론이라고 착각하기 쉽지만 실상은 전혀 그렇지 않다. 세계화 담
론은 약소국의 국가주의를 완전히 무너뜨리려는 강대국의 국가주의를 위해 복
무한다. 세계화란 강대국의 국가주의가 약육강식의 야만적 법칙을 전세계적 판
도에서 한층 견고한 지배와 수탈의 질서로 만들어내려는 세기적 음모다. 박정
희식의 '부국강병 근대화론'에서부터 세계화 담론에 이르기까지 모든 국가주
의적 담론 안에서 민중은 사회역사발전의 주체가 아니라, 지배계급이 국가주의
적 부국강병책을 수행하기 위해 동원하는 대상이 되며, 강대국의 국가주의가
마구 휘두르는 약육강식의 야만적 법칙 아래서 약소민족, 약소국은 지배와 수
탈의 희생물이 된다.

분단과 예속이 뒤엉켜 있는 낡은 체제를 혁파하고 자주적 통일민족국가를 건
설하는 오늘의 민족사적 과업을 외면하는 지배계급, 민중의 자주역량과 그 운
동에 대립하는 정치세력은 비록 그들이 일시적으로 반외세 경향을 보이면서 그
럴듯한 민족주의적 구호를 내뱉는다고 하여 우리가 민족주의라고 속아서는 결
코 아니 된다. 국가주의자가 일시적으로, 부분적으로 반외세의 경향을 내보인
다고 하여 민족주의자로 둔갑하는 것은 아니다. 문제는 외세를 반대하는 근본
목적이 무엇인가를 밝혀내는 데 있다. 통일민족주의자는 외세를 반대하는 목적
을 민족문제의 해결, 곧 자주적 통일민족국가의 건설에 두고 있지만, 분단국가
주의자는 부국강병책을 동원하여 분단현실을 무한정 유지·연장하려 하고 있
다. 이것이 양자의 근본적인 차이며, 이것이 또한 우리가 국가주의를 마땅히 배
격해야 할 이유가 된다.

돌이켜보면, 분단시대 남(한국)의 사회정치사는 분단국가주의와 통일민족주

의가 대립·투쟁해 온 역사라고 할 수 있다. 이 시기의 정치사는 반통일적 국가주의 세력이 권력을 장악하고 나서, 조국통일을 지향하는 민족주의를 압살하려는 폭정과 억압의 역사며, 민중이 좌절과 굴종의 상처를 씻고 자주화 위업을 수행할 주역으로 다시 일어서는 자기해방의 역사다.

그런데 이처럼 민족주의가 국가주의의 민족사적 반역성과 맞서 싸워왔는데도 현실적으로는 민족주의와 국가주의가 명확하게 구분되지 않고 거듭 혼동에 빠져드는 까닭은 무엇일까? 그것은 민족주의가 시대적, 이론적 한계를 벗어나지 못했기 때문이다. 민족주의가 지향하고 있는 민족의 자주화 위업은 어디까지나 민중이 자신의 힘으로 수행해야 할 민중 자신의 과업인데, 민족주의자들은 민족의 자주화 위업을 지향하면서도 그 위업을 수행하는 주역이 민중임을 인식하지 못했다. 민족주의는 자주역량은 민중에게서 나온다는 진리, 민족의 자주화 위업을 실현하는 주체가 민중이라는 진리를 투명하게 반영하지 못했다. 그런 까닭에 민족주의는 민중의 자주역량과 그 운동사적 경험을 자기의 사상으로 정립하지 못했다. 바로 이것이 민족주의의 시대적, 이론적 한계다. 민족주의는 민중의 자주역량과 그 운동사적 경험을 전면적, 총체적으로 체현한 민족자주사상의 출현, 민중을 사회역사발전의 주역으로 이끌어갈 민족자주사상의 출현을 기다리고 있던 과도기에 사상의 미숙아로 존재했다. 분단과 예속이 짓누른 어두운 대지 위로 민족자주사상의 아침해가 눈부시게 떠오르면 그 동안 어둠 속을 비추던 민족주의의 촛불은 빛을 잃고 자기의 존재를 끝마치게 된다.

옛조선으로부터 오늘에 이르기까지 수천 년 세월 동안 이 땅의 민중은 자주화의 길을 피땀으로 개척해 오는 역사적 과정, 집단적 경험 속에서 자주역량을 끊임없이 키워왔다. 이제 민중의 자주역량은 민족주의라는 작은 그릇으로 담아낼 수 없는 거대한 힘의 원천으로 새로운 세기의 역사 무대 위에 나서기 시작했다. 민중의 자주역량은 민족주의의 껍질과 분리되어야 하며, 민족자주사상의 새로운 지평을 향해 진보의 발걸음을 옮겨야 한다. 새로운 세기의 민중은 민족자주사상을 깨우침으로써 민족의 자주화 위업을 최고 수준에서 완수할 것이다. 민족자주사상으로 무장한 민중운동은 국가주의의 민족사적 반역성을 깨뜨리는 전투적 임무를 수행할 것이다. (9장 전문)

(한호석 통일학연구소 소장, 2000년 2월호)

단상

나와 미국

나와 미국

1. 들어라 양키들아!

나는 4월혁명이 발발한 다음해인 1961년 소띠해의 10월생이다. 『현대문학』 1961년 10월호의 목차 앞에는 '혁명공약'이 흉물처럼 버티고 앉아 있다.

일. 반공을 국시의 제일의로 삼고 지금까지 형식적이고 구호에만 그친 반공태세를 재정비 강화한다.
이. 유엔헌장을 준수하고 국제협약을 충실히 이행할 것이며 미국을 위시한 자유우방과의 유대를 더욱 공고히 한다.

그해 5월에는 5·16군사쿠데타가 일어났던 것이다. 누구는 친미주의자라 하고 누구는 민족주의자라고 하는 박정희 장군은 '부패와 구악을 일소'한다는 미명 아래 총을 잡았다. 김수영은 쿠데타가 일어나기 며칠 전인 5월 1일 다음과 같은 일기를 남겼다. 김수영은 미군을 향하여 "나가다오 너희들 다 나가다오"라고 직설한 시인이다.

『들어라 양키들아』(C.라이트 밀스) 독료. 뜨거운 마음으로, 무수한 박수를 보내면서 읽었다. 思想界사에 BOOK REVIEW를 썼다. 아아 "들어라 양키들아."

『사상계』 1961년 6월호에 김수영이 쓴 「북 리뷰 · 들어라 양키들아 ― 큐바의 소리」는 이렇게 끝을 맺는다.

또 하나의 시원한 말이 있다.
"우리는 양당제도의 매 4년마다 선거되는 그런 제도가 자유로 통하는 유일하고 불가피한 길이라고는 생각지 않는다. 당신들도 그렇게 생각 않고 다른 사람들도 그렇게 생각 안 한다. 그러나 그런 것만이 자유라고 믿는다는 것은 사실상 추상만을 일삼는 바보천치요, 역사에 무지한 풋내기 어중쭝한 페시미스트(비관주의자)가 되는 것이다."
카리브해협에 있어서나, 도오바해협에 있어서나, 하바나대학에 있어서나 서울운동장에 있어서나 인간의 심장에는 하등의 다를 것이 없고, 오늘날의 전세계의 후진국가들은 너무나도 유사한 공통적인 질곡하에 놓여 있으며 쿠바가 의욕하고 추구하는 것은 곧 우리들이 의욕하고 추구하고 있는 것에 틀림없을 것이다. 여러 가지 상이한 양국간의 여건과 독자 각자의 세부적인 주견의 차이에도 불구하고 여러 독자들이 오늘의 난국을 타개해 나가는 원칙적인 기준을 모색함에 있어서 많은 시사와 공명을 본서 안에서 발견하게 되리라는 것을 필자는 조금도 의심하지 않는다. 들어라 코리안들아, 평범한 혁명의 진리를 배우라!

나는 그로부터 25년이 지난 뒤인 1986년에 사회과학서점 글사랑에서 『들어라 양키들아』를 사 보았나.

한국에서는 학생들이 양키의 괴뢰정권인 이승만 부패정권을 타도했다. 지금 그는 물러났다.

이 때문에 우리는 우리의 혁명은 적색이 아니고 올리브 나무 빛깔의 녹색이라고 말하고 있는 것이다.

큐바에서 손을 떼라!

이 세 마디 말은 우리가 당신들에게 다른 무엇보다도 꼭 하고 싶은 말이다.

그러다가 1987년 대선이 끝난 직후에 영등포 남부지원 법정에서 재판을 받았다.

"피고는 미군이 해방군이 아니라 점령군으로 이 땅에 주둔했으며…라는 내용의 유인물을 작성하고…."

판사가 읽는 판결문을 들으며 피고석에서 법정에 앉아 계신 아버지를 돌아다보았더니 고개를 푹 숙이고 계셨다. 출소 후에 들으니 어머니에게 하신 말씀. "내가 밥을 빌어먹어도 더러운 데서 빌어먹은 건가?"

2. 아버지와 미군부대

아버지는 군제대 후 내가 태어나기도 전인 50년대 말엽부터 미군부대에서 녹을 받아 살아오셨다. 나의 출생지가 파주인 것도 바로 아버지가 다니던 직장인 미군부대가 파주였기 때문이다.

파주에서는 일곱 살까지는 새터라는 산골마을의 방 한 칸짜리 초가집에서 살다가 법원의 사거리로 이사와서 아홉 살까지 살았다. 양색시, 미군부대, 초콜릿이 널려 있던 파주군 천현면 법원리에서 나는 한 번 가출을 시도한 적이 있다. 동네어른들의 "용주골 다리 밑에서 주워왔다"는 놀림을 곧이곧대로 믿고, 용주골행 버스를 탔던 것이다.

용주골까지 가기 전에 동네 아주머니 손에 이끌려 집으로 돌아온 내가 용주골을 다시 만난 것은 소설 「황구의 비명」을 통해서다. 이십대의 청년에게 용주골(경기도 파주군 연풍리와 문산읍 선유리 근방을 말함)은 정치적인 의미를 지닌 마을이었다. 이십대의 내게 유년의 기억은 단순한 향수가 아니라 분단의 신경망으로 작용을 했다. 밤이면 출근했다 낮에는 내 손을 잡고 동네극장을 다니곤 하던 미스 조 아줌마, 곳곳에 진주하고 있던 미군기지들, 초콜릿과 10원짜리 지폐를 날려주던 양키들.

내가 세상을 직시하게 도와준 것은 매일같이 발행되는 신문이 아니었다. 「황구의 비명」, 「들어라 양키들아」와 같은 책과 김수영, 신동엽의 시였다. 도대체 신문의 활자들은 무엇을 말해 주었는가?

종교는 아편이라는 말이 있다. 나는 종교를 믿지만 또한 "종교는 아편이다"라는 말의 역사적 진실성도 믿는다. 신문 또한 아편이다. 나는 신문을 읽지만 "신문은 아편이다"라는 말을 또한 믿는다. 아편과 마찬가지로 신문은 인간의 정신을 망가트린다. 50년간 분단의식으로 말린 아편에 중독된 국민들의 사고방식은 어떠한가. 미국을 우상으로 여기고, 영어를 모국어보다 귀하게 여기는 사대주의자들의 천국이 바로 이 땅 아닌가.

3. 양색시

파주군 천현면 법원리 사거리에는 미군홀이 하나 있었다. 동네아이들과 함께 문을 살그머니 열고서 훔쳐본 홀은 별천지였다. 색색의 반짝거리는 조명등 밑에서는 시커먼 흑인과 양색시들이 부둥켜안고 춤을 추고 있었다. 한 번은 동네꼬마들과 함께 무슨 맘에선지 홀 안으로 흙이며 잔돌을 한 움큼씩 집어던지다 잡힌 적이 있다. 화가 머리끝까지 난 양색시한테 끌려가면서 손이 발이 되게 빌던 기억이 난다.

미군기지가 널려 있던 파주에는 이처럼 양색시(혹은 양갈보, 양부인이라고 부름)를 흔히 볼 수가 있었다. 진짜 양색시는 동네 미군부대 뒷산에 가면 볼 수 있었다. 이곳은 아이들의 전쟁놀이터이기도 했는데, 매복을 하며 총쌈을 하다 보면 미군들과 양색시들이 팔짱을 끼고 올라오는 것을 볼 수 있었다. 미군들은 군용 담요를 말아서 옆에 끼고 있었다. 여덟 살 남짓한 때이지만 뭔가 이상야릇한 느낌이 들곤 했다. 담이 큰 애들 중에는 미군들이 있을 법한 곳으로 짱돌을 날리곤 줄달음질 쳐 도망가기도 했다.

그로부터 30년이 지난 뒤 나는 '담요부대' 일을 했던 한 양색시의 수기를 읽으며 어릴 적 장난기로 바라봤던 '누이'들의 비극적인 삶을 떠올린다.

동두천에는 당시 미7사단이 주둔하고 있었다. 미군이 팀스피리트훈련을 할 때면 우리는 담요를 들고 미군을 따라나서야 했다. 일명 '담요부대'. 미군이 가는 곳이면 산 속이든, 해변이든 어디든 따라다녔다. 이때 우리를 관리하는 포주가 항상 따라다녔다. 차디찬 땅바닥에 담요 한 장을 깔고 황소만 한 미군의 몸무게를 감당하면서도 나는 등뒤에 깔린 달러의 감촉에 위안을 삼아야 했다. 담요를 들고 미군을 따라다닐 때 어머니는 동두천 골방에서 '폐렴2기'를 앓으면서 피를 토하고 있었다. 어머니는 내가 보낸 편지의 우체국 소인을 들고 동두천을 찾아왔었다. 어머니를 골방에 두고, 나는 병원비를 마련하러 미군을 찾아나서야 했다. 어머니 또한 이미 매춘을 하고 있는 것을 알고 있었다. 매일 아픈 몸을 이끌고 새벽기도를 나가던 어머니. 어머니는 아마도 "좋은 미군을 만나 결혼이라도 하게 되기를…"하며 기도했을 것이다.[1]

60년대 양색시들의 생활단면을 보여주는 자료로 『아세아여성연구』 1965년 12월호에 이응 씨가 쓴 논문 「특수 윤락여성에 대한 실태조사─일선지구 주한미군 상대 윤락여성을 중심으로」가 있다. 이 논문의 조사대상자는 동두천읍 광암리의 윤락여성 305명과 파주군 내주면 연풍1리(일명 용주골)에 집거하고 있는(1965년 7월 현재) 윤락여성 392명 등 총 697명을 상대로 한 것이다. 이 조사에 따르면 기지촌 윤락여성의 학력은 국졸이 45.3%, 불취학 33.9%, 중졸이 5.7% 순으로 집계됐으며, 1인당 평균 월수입은 7천4백16원이었다. 그리고 이들의 희망사항은 결혼이 48.5%(이 중 국제결혼 8.4%), 상업, 돈벌이, 미용사 순으로 나타났다.

---

1) 김연자, 「증언─흔들리는 대지」, 『위대한 군대 위대한 아버지』, 주한미군범죄근절운동본부

4. 혼혈아

파주에 살 때 동네에는 '튀기' 아이들이 많았다. 어릴 때는 피부색깔 가리지 않고 섞여서 놀지만 당장 학교만 가도 그들은 이방인이 되어버린다. 혼혈아들은 한국사회에서 조선시대의 백정과도 같은 존재였고, 영원한 아웃사이더였다. 특히 검은 피부를 지닌 아이들은 자신들의 피부를 하얗게 만들려고 수세미로 수도 없이 문지르며 자신의 운명에 자학하곤 했다.

1959년 1월 18일 『평화일보』에는 「한국혼혈아에 대한 펄벅 여사 발언을 박함」이라는 사설이 실렸다.

지난 십오일 워싱톤으로부터 UPI 통신이 전한 바에 의하면 미국의 저명한 일류소설가인 펄벅 여사는 과거, 전란중에 한국에 주둔하였던 미국군인과 한국여성 사이에 출생한 혼혈아문제 대하여, 심히 부당하고도 어불성설적인 견해를 공석상에서 발언을 하였다고 한다. 즉 펄벅 여사 말에 의하면 현재 한국 내에 있는 미국인과 혼혈아들은 우리 정부의 무정책과 무성의로 말미암아 '파리 목숨같이' 죽어가고 있다는 것이며 또한 그러한 결과를 조성한 이유로써는 그 혼혈아들을 '태평양에 던져버리는 한이 있더라도' 조속히 한국 내에서 없어지기를 바란다는 우리 이 대통령의 발언에 기인된 것처럼 주장하면서 그 발언에 대한 사과까지를 요구하였다는 것이다.

이 사설은 벌벅 여사의 발언을 '허무맹랑한 망언'이라고 비판하는 한편, 그들 혼혈아가 생겨난 이유가 "미군인의 '방탕적 산물'로서의 '무책임한 유기'에 의해서 우리 사회에 남게 된" 데 있으니 "혼혈고아에 대한 특별한 고려는 미국 자신이 취해야 할 것"이라는 점을 강조하고 있다.

미군이 주둔하고 있는 지역, 특히 동양에서 혼혈아 문제는 양국간의 두통거리일 수밖에 없다. 특히 이민족에 대한 배타심이 심한 한국사회에서 혼혈아가 살아간다는 것은 너무도 막막한 일일 것이다. 한국전쟁 직후 3천여 명의 혼혈아가 입양됐는데, 70년대 말 보건사회부가 공식집계한 혼혈아 수는 2천1백43명인 것으로 집계됐다. 이들 중 백인계가 6백62명, 흑인계가 4백18명, 기타가 54명이었다.[2]

한국인들이 미국인에게 배워야 할 첫번째는 입양문화가 아닐까 싶다. 가문을 중시 여기는 문화적 차이도 있겠으나 세계적인 고아 수출국이라는 오명을 씻지 않는한 대한민국 사람들이 말하는 평화와 친선은 불완전한 것일 수밖에 없다. 나는 이따끔 미국인들이 한국의 고아, 그것도 장애아를 선택해서 입양하는 것을 보고 부끄러움을 감출 수가 없었다. 미국 백인들의 눈에 황인종은 튀기보다 더 하위 인종이 아닌가? 그런데 우리 사회에서 혼혈아를 어떻게 대하고 있나. 간혹 성공한 가수도 있지만, 대부분의 혼혈아들은 인간 이하의 대접을 받고 살아간다.

그리고 흑인혼혈이 유독 더 천대받는데 거기에는 우리의 인종주의가 작용하고 있다. 한국사람들이 외국인에 친절하다고 하지만 실제로는 백인종에 사대주의적이거나 우호적이지 황인종, 특히 흑인종에게는 멸시의 눈초리를 보내는 경향이 있다.

'점령군 미군'으로서의 흑인에게는 민족적 반감도 있을 수 있지만, 따지고 보면 이들도 제국주의 미국의 희생양이기에 측은한 마음도 든다. 『조선일보』, 1963년 5월 9일자 사설 「"자유를 달라"는 미국흑인의 데모」에서 한국민중에게는 제국주의 침략군으로 비쳐지는 흑인에 대한 측은지심을 느낀다.

미국에서도 "자유를 달라는 데모"가 있다면 누구나 기이하게 생각할 수 있는 일이지만 미국 남부에 있는 알라바마주 버밍햄에서는 월여에 걸친 흑인들의 파상적인 시위가 계속되고 있는 것으로 알려졌다. 여태까지 약 2천4백 명의 흑인들이 구속되었다고 하므로 그 시위의 규모가 얼마나 큰 것인지는 능히 짐작할 수 있다.…

이들 흑인들은 그 뿌리부터가 제국주의의 식민지 수탈정책에 희생된

---

2) 『동아일보』, 1978년 4월 22일

미국의 민중이고 세계의 민중인 것이다. 미국 남부의 어느 교회 목사는
이렇게 말했다.

구약성서의 창세기에 의하면 노아는 햄의 피부가 검은색을 한 자식들을
영원히 풀리지 않는 노예로 만들지 않았던가? 이리하여 창조주의 뜻이 이스
라엘의 족장들을 통하여 나타난 것이 아니었던가?

5. 10원, 만화방, 월남전

파주 시절의 기억 중에 가장 신나는 것은 하늘에 뿌려진 10원짜리 지
폐를 한 장 낚아채던 일이다. 동네의 홀 앞에서 놀던 아이들은 장대처럼
키가 커다란 미군들이 10원짜리 지폐 몇 장을 쥐고 흔들면 서로 한 장이
라도 차지하려고 까치발을 하며 난리를 피운다. 술취한 미군은 아이들이
발버둥치는 것이 재미있는지 한참을 강아지 갖고 놀 듯이 손을 올렸다
내렸다 하다가는 10원짜리 지폐 몇 장을 공중으로 날려보낸다. 이것 한
장 줍는 날은 횡재한 날이었다. 어쩌다 10원짜리 한 장 낚아채는 날이면
나는 잽싸게 만화방으로 달려갔다. 촌동네에선 유일하게 도서(어른들은
불량도서라 하지만)가 비치된 곳이 만화방이었다.
이 당시 본 만화들의 내용은 거의 생각이 안 나지만 대부분이 '귀신 잡
는 따이한 용사' 들을 주인공으로 한 것이었다. 국민학교 4학년 때까지는
거의 매일 만화방을 가다시피 했는데 그 동안 내가 본 만화책에서 사살
당한 베트콩만 해도 수만 명은 되지 않을까 싶다.
만화방에서 내가 베트콩이 따이한들에게 총맞아 죽는 것을 손가락에
침발라가며 탐독하고 있는 그 순간에 베트남에서는 실제로 귀신잡는 따
이한이 베트남 인민을 상대로 전쟁을 벌이고 있었다.
1990년 7월호『말』지에는 재미언론인 김민웅 씨가 쓴「한국군의 월남
전 참전, 그 역사적 진실」이라는 글이 실렸다. 이 기사가 나간 뒤 따이한
중앙회 소속 역전의 용사들은『말』지 사무실에 쳐들어와 "불을 질러버

리겠다"라는 폭언을 하며 공포분위기를 조성했다. 필화를 일으킨 이 글의 일부 내용을 인용해 본다.

　퀘이커 교도로서 베트남 현지에 찾아가 한국군의 작전현황에 대한 증언을 수집한 마이클 조운즈 부부의 기록 「우방이라고 불린 한국─베트남 현지보고」는 한국군이 베트남 민중들의 삶을 얼마나 잔혹하게 파괴했는가를 전해 주고 있다.

　내용이 워낙 끔찍해 이 글에서 자세히 밝히기에는 부담을 주는 이들의 기록 가운데 사례 증언 두 가지를 간략히 정리해 보면 다음과 같다.

　1966년 11월 푸옥 빈 마을에 일단의 한국군이 들어섰다. 마을에 있는 사람이라고는 여자·노인 그리고 아이들뿐이었다. 이들이 마을에서 나서기 전 기관총소리가 하늘을 찢는 듯했고 그리고 나서 마을 한가운데에는 1백40구 가량의 시체가 즐비했다. 아이들의 입에는 케익이나 캔디가 물려 있었고 노인들의 입에는 담베기 물려 있었다. 아바도 안심시키면서 마을사람들을 모으려 한 방법이었던 것 같다.

　안타깝게도 이들이 바로 만화 속의 귀신잡는 따이한이었던 것이다.

6. 미군기지 철수 따라 이사

　출생지인 파주를 떠난 것은 1970년 초였다. 닉슨독트린 발표 이후 미군철수가 시작되었는데, 70년 말에 1만여 명이 철수하고 1971년 3월 27일까지 미 제7사단의 철수가 완료되었다. 미군이 철수하면서 아버지는 안양의 미군기지로 직장을 옮겼고 우리집도 안양으로 이사를 한 것이다. 법원리 사람들은 미군이 철수하기 시작하자 전쟁이 언제 터질지 모르는 위기감을 느꼈다. 전쟁 나면 피난 갈 여유가 없는 동네로 이사 오는 사람도 없었다. 내가 살던 집은 수년 후에 팔았는데, 돈을 더 보태서 흑백 텔레비전을 한 대 살 정도의 시세밖에 나가지 않았다. 그 집 마당 한가운데에는 채송아, 다알리아, 칸나, 봉숭아가 피는 동그란 꽃밭도 있었다. 그 뒤 남북대화가 무르익고 전쟁은 터지지 않을 것이라는 낙관적 분위기가 형성되자 그 집은 땅 한 평에 컬러 TV 한 대 값 이상을 호가하게 되었다.

1970년 그해 미국에서는 3백여 개교 이상의 대학들이 닉슨의 인도차이나 개입정책에 항의하는 학생들의 반전시위로 휴교에 들어갔다.

7. 노천명

고등학교 때 내 앨범에는 세 명의 사진이 꽂혀 있었다.

여류시인 노천명, 민족주의자 장준하, 만해 한용운.

"모가지가 길어서 슬픈 짐승이여 / 언제나 점잖은 편 말이 없구나…"

교과서에도 나오는 시 「사슴」이 실린 노천명의 시집을 꽤나 즐겨 읽었다. 그런데 그 시집에는 노천명의 '반미시'는 실려 있지 않았다. 만약에 이 시를 십대의 나이에 읽었다면 나는 일찌감치 '반미전사'가 되었을 것이다. 그리고는 의식의 혼돈상태에 빠져들었을 것이다. 노천명의 반미는 곧 친일이었기에.

노천명의 시 「싱가폴 함락」[3]을 감상해 본다. 노천명은 "쌓이고 쌓인 양키들의 굴욕과 압박 아래" 신음하는 남방의 국민들에게 "일장기가 나부끼는" 새 세상의 노래를 들려준다.

아세아의 세기적인 여명은 왔다
영미의 독아에서
일본군은 마침내 신가파(新加坡)를 뺏아내고야 말았다

동양침략의 근거지

---

3) 『매일신보』, 1942년 2월 19일

온갖 죄악이 음모되는 불야의 성
싱가폴이 불의 세례를 받는
이 장엄한 최후의 저녁

싱가폴 구석구석의 작고 큰 사원들아
너의 피를 빨아먹고 넘어지는 영미를 조상하는 만종을 울려라

얼마나 기다렸던 아침이냐
동아민족은 다같이 고대했던 날이야
오랜 압제 우리들의 쓰라린 추억이 다시 새롭다

일본의 태양이 한번 밝게 비치니
죄악의 몸뚱이를 어둠의 그늘 속으로
끌고 들어가며 신음하는 저 영미를 웃어줘라

점잖은 신사풍을 하고
가장 교활한 족속이여 네이름은 영미다
너는 신사도 아무것도 아니었다
조상을 해적으로 모신 너는 같은 해적이었다

쌓이고 쌓인 양키들의 굴욕과 압박 아래
그 큰 눈에는 의혹이 가득히 깃들여졌고
눈물이 핑 돌면 차라리 병적으로
선웃음을 쳐버리는 남양의 슬픈 형제들이여

대동아의 공영권이 건설되는 이날
남양의 구석구석에서 앵글로 색슨을 내모는 이 아침 ―

우리들이 내놓는 정다운 손길을 잡아라

젖과 꿀이 흐르는 이 땅에
일장기가 나부끼고 있는 한
너희는 평화스러우리 영원히 자유스러우리

얼굴이 검은 친구여!
머리에 터번을 두른 형제여!
잔을 들자
우리 방언을 서로 모르는 채
통하는 마음 — 굳게 뭉쳐지는 마음과 마음 —

종려나무 그늘 아래 횃불을 질러라
낙타 등에 바리바리 술을 실어 오라
우리 이날을 유쾌히 기념하자 —
2월 16일밤

8. 김석원 장군

사춘기의 후반기라 할 수 있는 고등학교 시절에 나는 겉으로는 내성적이었지만 속으로는 반골기질이 배어 있었다. 그 나이 대부분의 학생들이 그렇듯이 특히나 기성세대에 대한 반감이 거셌다. 그런데 지내놓고 보니 기성세대가 파놓은 우물 안에서 주먹질해댄 셈이었다.

내가 다니던 학교의 이사장은 1사단장을 지닌 김석원이었다. 그는 우리들에게 대단한 카리스마를 지닌 '위인'이었다. 카이저 수염을 한 김석원 장군이 지팡이를 짚고 천천히 걸어갈 때면 1백미터 전후방에서도 그가 지나갈 때까지 거수경례를 했다. 고 2때 김석원 이사장이 사망했다는 부고소식을 듣고는 방학중인데도 대부분의 학생들이 애도의 마음으로 달려와 장례식에 참석했다.

그런데 고등학교를 졸업한 뒤 우리들의 영웅이 일제시대 때 일본군 장교였다는 사실을 알게 되고는 씁쓰레한 입맛을 다지지 않을 수 없었다. 물론 교과서 속에서 추앙받던 인물 중에 친일파가 한두 명이었던 것은 아니었다. 그렇지만 직접 거수경례를 바치던 김석원 장군이 친일파였다는 사실을 아는 순간 착잡한 마음이 드는 것은 어쩔 수 없었다. 김석원 (김산으로 창씨 개명)은 일군의 대좌(대령급) 출신이다. 이삼성 교수가 그의 저서에서 김석원에 대한 '역사적인' 평가를 내리는 것을 읽으면 왠지 모르게 낯이 뜨거워짐을 느낀다.

한국전쟁 전야에 한국군의 주요 지휘관이 되어 북진을 하게 되면 "아침은 개성에서, 점심은 평양에서, 그리고 저녁은 신의주에서 먹겠다"거 허풍을 떨었던 김석원은 일제시대에 일본군 장교가 되어 당시 만주에서 항일무장투쟁을 지휘하던 김일성 게릴라부대를 토벌하는 임무를 띤 '김일성 토벌대'의 대장이었다. 한국군대의 주요 '지도자' 인 김석원이 그처럼 독립군을 잡으러 다니며 깊은 반민족석 만행을 저질렀던 인물이었던 것을 알고 있는 남한사람들은 과연 얼마나 되는가?[4]

9. 독도와 제주도

흔히들 남한에서 대중적인 반미감정을 촉발시킨 것은 광주민중항쟁을 거치면서라고들 말한다. 그런데 내 경우에는 1985년에 광주비디오를 보고는 주체할 수 없는 정신적 충격을 받고 그 자리에서 인생의 항로를 전환했지만 그때까지도 미국의 정체를 바로 보지는 못했다. 광주항쟁 비디오에는 "전두환을 찢어 죽이자"는 구호는 등장하지만 미국에 대한 대중적인 항의는 들을 수가 없었다. 학살의 주연으로도 또는 엑스트라로도 단 한 명의 미군도 등장하지 않았기 때문에 미국의 보이지 않는 손길을

---

4) 이삼성, 「일본의 군사대국화와 미국의 역할」, 『미래의 역사에서 미국은 희망인가』, 당대, 1995, 282쪽

느낄 수가 없었던 것이다.

내가 미국에 대해 '적개심'을 품었던 것은 1986년경 제주도 4·3항쟁에 대한 팜플렛을 읽은 뒤부터다. 그때는 4·3에 대한 시가 비합법적으로 발표되고 「잠들지 않는 남도」와 같은 운동가요가 심심찮게 불려졌는데, 이를 따라 부를 때면 제주도민들의 처참한 죽음이 머릿속에 떠오르곤 했다. "외로운 대지의 깃발 흩날리는 이념의 땅"

그런데 나중에 알고 보니 제주도만 학살의 섬이 아니었고, 독도도 민중들의 피가 배어 있는 섬이었다. 1948년 6월 독도에서는 한국의 무고한 어민들이 미군 전투기 조종사들의 연습용 타깃으로 떼죽음을 당한 일이 발생했다. 이 사건은 이데올로기가 개입되지 않은 까닭에 제주 4·3사건과는 달리 『조선일보』(1948년 6월 12일)에도 상세히 보도되었다.

어제 본사 특파원이 울릉도에서 보도해 온 바 독도 근해에서 이러난 정체 몰을 비행기의 폭행으로 우리 어선어부들의 참담한 피해사건은 별항과 같은 속보에 의하여 우리 동포의 격분을 사는 동시에 그 불상사의 전모가 드러나 이 사건이 심상치 않음을 느끼게 하고 있다.

동보도에는 다만 "모국 비행기의 연습행위인 듯하다"고 했으니 아직 진상은 모호하나 어떠한 가도로 따져보드라도 그 불법만행임에 철저한 규명이 이써야 될 것임은 다시 마랄 것도 없다.

가상 군사연습이였다면 실전에 있어서도 비전투원에게 포화를 가함은 공법상 불법이여든 하물며 개인적 작란이라면 예서 더한 야만행위가 있으랴! 너그럽게 실수라 보기에는 목격자가 전하는 그때의 참경이 너무나 눈에 앞으다. 언 듯 생각되는 것은 이 독도가 문헌상으로 보나 기타 지리적 조건으로나 우리 영토에 속함이 분명한데 해방 후 한 때 일본정부가 자기들 것이라고 억지를 부려 말성이 되었든 것이다.

어쨋든 과연 무엇인지 비행기의 정체가 규명됨에 따라 진상도 드러나려니와 전시도 안인 이때 동포의 이 어굴한 개죽엄 앞에 겨레들은 오직 이 사건의 철저한 규명과 책임추궁을 바라는 소리가 자못 높은 바 있다.

사건 직후 『조선일보』에는 「동해여 말하라! ─ 독도사건 동포애사」(신영철)가 실리기도 했다.

동해여 말하라! 나의 사랑하는 동포 사십 명은 어찌하여 뉘손으로 그 생명을 빼앗기었는가?
나의 동포는 무삼 죄 있기에 수천 년 조상의 피로 지킨 내 나라의 바다 위에서 이방인의 총탄에 피를 토하고 쓰러졌는가?….

피빛 역사를 알고 제주도나 독도에 가면 아무 데나 함부로 오줌싸기도 두렵다.

10. 매카나기 미대사에게 보내는 박수

한창 감수성이 예민한 사춘기시절, 청소년기에는 책 한 권이 던져주는 파문이 해일과도 같이 거대한 충격을 안겨줄 때가 있다. 김소월 시집, 『젊은 베르테르의 슬픔』과도 같은 낭만적인 분위기의 책에 푹 빠지던 시절 나는 전혀 다른 분위기의 책을 읽고는 정신적 몸살을 앓았다. 그 책은 헌책방에서 구해 읽은 4·19혁명 관련서적이었다. 4·19혁명 1주기를 기념해 발간된 이 책을 읽은 뒤 세상을 바라보는 내 가치관의 잣대는 4월혁명이었다. 4월혁명이 추구했던 진리, 자유, 정의, 민주 같은 말들은 절대선이 되었고, 4월혁명이 반대했던 독재, 허위, 부정 그리고 4월혁명을 뒤집었던 박정희, 군사쿠데타는 절대악이 되었다.

그런데 지금도 잊혀지지 않는 한 장면은 반독재투쟁을 벌이던 시위대가 미국대사가 탄 차를 발견하고는 환호하며 박수를 치던 모습이다. 4월혁명의 투사들에게도 미국은 민주주의의 수호자로 비쳤던 것이다.

『진상』 1960년 6월호의 앞표지 안쪽에는 「오늘의 표정─ 미국대사 맥카나기 씨」 제목과 함께 매카나기 대사의 사진이 실려 있다. 그리고 커다란 활자로 다음과 같은 설명을 달고 있다.

　　사월민주혁명의 우호적 조언자!

　　내정간섭을 하느니 안 하느니가 문제더냐?

　　살림을 할 줄 모르는 망해 가는 집안에

　　살림을 도와준 사람이 한마디 없을 손가…

　　이제 여기 보람 있는 우정이 이루어지도다

　이것이 4·19 직후 평균적인 민주시민, 애국학생들의 의식이었던 것이다. 이들은 반독재는 외쳤지만 결코 반미는 아니었다. 반미는커녕 친미의식으로 똘똘 뭉쳐 있었다. 매카나기 대사의 사진을 대문짝만하게 실은 『진상』 6월호의 권두언 제목은 「정부라는 이름의 강도단」이다.

　이승만을 두목으로 하는 대한민국 정부와 이기붕을 두목으로 하는 자유당이라는 떼가 「흉기를 가지고 폭행, 협박을 하여 남의 재물을 빼앗는 도둑」과 조금도 다름이 없었다는 사실이 4월민주혁명으로 밝아지는 아침에 드러난 것이다.

　이처럼 이승만 일당에 대해서는 가차없는 비판을 가하면서도 미국에 대해서는 우호적인 것이 4·19 직후의 언론과 시민, 학생의 평균적인 의식이었던 것이다. 정치인들은 일반시민보다 더 미국에 우호적이었다. 권력의 생리를 일반인보다 깊숙이 이해하고 있는 정치인들은 미국이야말로 남한 권력의 심장부라는 것을 잘 알고 있었으며, 때문에 이들은 진신우호관계의 친미를 넘어서 예속적이고 굴욕적인 친미도 감수했던 것이다. 『경향신문』 1963년 2월 16일자 「오늘의 정정(政情)—미묘한 미대사의 동정」은 정치인들의 이러한 습성을 잘 드러내주고 있다.

　'오늘의 정정'이 그 한 초점을 미국대사의 거동에 두고 주목한 습성은 이정권 말엽 때부터 비롯되었다.

　한국에 정치적 위기가 내습할 때마다 국민은 미대사관 주변의 동정을 살피지 않을 수 없었고, 또한 미국은 즉각적이고 구체적인 관심을 표명치 않을 수 없었던 이유는 설명이 무색한 하나의 숙명일지도 모른다. 후진국만이 갖는 그것은 아니더라도…. 4·19 전후의 '매카나기' 대사, 5·16 전후의 버거 대사는 이와 같은 사실을 국민 앞에 실연했다.

국내 정치무대에 뛰어든 미국대사들을 가리켜 '내정간섭'이라고 지적하는 내셔널리스트들이 각계각층에 없지 않으나 냉정한 분석자들은 내정간섭 이전의 가당여건(可當與件)을 인정하고 그것을 소재로 이해를 성립시켜 왔던 것이다.

이것은 1980년 권력쟁탈기에도 마찬가지다. 1999년 12월 13일 한·미 양국에서 회고록 『알려지지 않은 역사』(영어명 : Massive Entertainme -nt, Marginal Influence Carter & Korea in Crisis)를 동시 출간한 글라이스틴 전 주한 미국대사의 회고담은 이를 여실히 시사해 주고 있다.

글라이스틴은 이 책에서 "1980년 1월의 마지막주 약 30명의 장성급 장교들이 전두환 제거를 모의한다는 정보를 입수했다. 며칠 후 고위 전투지휘관을 지낸 한 인사가 우리에게 접근해 미국의 지원을 묵시적으로 요청했다"는 증언을 하고 있다. 역쿠데타 성공 가능성도 적고 자칫 군부의 갈등만 영속화시킬 위험이 높다고 판단한 글라이스틴은 "본국 정부(미국)의 승인을 거쳐 이들 역쿠데타 세력들에게 경고"를 전달했다고 한다. 결국 쿠데타도 미국의 승인이 있어야 가능했던 것이다.

11. 푸에블로호 사건

운동권이 되면 흔히 말하는 의식화 학습, 즉 사회과학 세미나를 한다. 이때 학교에서는 가르쳐 주지 않는 사실들을 많이 알게 되는데, 그 중의 하나가 푸에블로호 사건이다. 이 사건은 국사 교과서에는 나오지 않지만 1968년 한반도를 전쟁 일보 직전까지 몰아넣었던 중대한 사건이다. 이 사건에서 북한이 미국에 외교적 승리를 거둔 것을 보면 핵과 미사일 문제를 둘러싼 북한의 외교술이 하루 아침에 이뤄진 것이 아님을 알 수 있다. 당시 언론들은 미국의 굴욕적인 양보에 분통을 터트렸다.

> 푸에블로호 승무원의 82명이 23일 상오에 귀환되었다. 지난 1월 22일 북괴에 의해 강제 납치된 푸에블로호 승무원은 피랍된 지 만 11개월 만에 판문점을 거쳐 자유를 되찾게 된 것이다.…
> 미국은 드디어 굴욕적인 양보를 했음이 드러났다. 미국측은 북괴측이 요구한 영해침범을 시인하고 이에 대한 사과를 했으며 또한 앞으로는 그러한 행위를 하지 않기로 서약하였다고 전해지고 있다.…
> 세계 최대의 강국이요, 우리와 혈맹관계를 맺고 있는 미국이 한낱 야만적인 북괴도당에 이처럼 싱겁게 굴복하고 말았다는 것은 오욕이라고 말하지 않을 수 없다.[5]

미국에게 오욕인 것이 한국국민에게도 오욕인 것일까. 세계 최대의 강국인 미국이 북한에 '싱겁게 굴복'한 장면을 떠올릴 때 어떤 마음이 들어야 자연스러운 걸까. 이 사설을 쓴 보수 언론인처럼 '더럽혀지고 욕된' 마음은 분명 아니다. 그럼 무어냐고 물으신다면?

그냥 웃지요.

12 포드 대통령 만세!

1974년 11월 22일, 이날은 미국의 포드 대통령이 방한한 날이다. 남산 중턱에 있던 ㅅ중학교에 다니던 나는 이날 전교생과 함께 환영대열에 강제 동원되었다. 잠깐 스치고 지나가는 미국 대통령을 보기 위해 검정교복, 빡빡머리의 중학생들은 추운 날씨에 서너 시간씩을 기다려야 했다. 드디어 미국 대통령이 탄 차가 도착했다는 신호와 함께 우리는 열심히

---

5) 사설 「푸에블로호 승무원의 귀환」, 『경향신문』, 1968년 12월 23일

태극기를 흔들어댔다. 아마도 시속 60Km정도로 달린 차량들의 대열을 제대로 볼 수 있던 시간은 10초 이내였을 것이다. '야외수업'이 끝난 뒤 급우들은 서로 물어보았다. "누가 포드야?", "…" 누구도 자신 있게 포드라고 말하지 못했다. 개중에 목소리 큰 친구들이 앞에 탔느니 뒤에 탔느니 하며 우기기는 했지만, 의견의 일치를 이루기는 어려웠다. 왜냐하면 포드의 차에는 비슷한 색깔의 바바리에 비슷한 생김새를 한 경호원 너댓 명이 서 있었기 때문이었다. 그런데 당시 포드 방한을 보도한 신문기사를 들춰보니 신촌로타리에 도착한 포드가 차에서 내려 학생, 시민들과 악수를 나누기도 한 것으로 나와 있다.

포오드 대통령은 오전 11시 10분쯤 신촌로우터리에 도착, 서강로 입구 쪽에 차를 대고 차에서 나와 연도에선 시민들에게 다가서 남강고 1년 이길복군(17)과 악수하는 등 5분 동안 1백여m를 걸어가면서 50여 명의 시민과 악수를 나눴다. 포오드가 차에서 내려 시민들과 악수하자 주위에 서 있던 시민들은 환호를 지르며 "포오드 만세"를 외쳤다.[6]

이 날의 행차에 대해 『조선일보』는 「1백80만 인파가 뜻하는 것—포드 대통령을 환영한 한국민의 우의」라는 제목의 사설로 맞이했다.

어느 아나운서가 말했듯이 청자빛으로 맑게 갠 한국의 초겨울 하늘 아래 22일 한국국민은 원로에서 온 귀빈을 맞았다. 포드 미합중국 대통령 일행을 맞기 위해 김포국제공항에서 숙소인 서울 소공동 조선호텔에 이르는 연도에 이른 아침부터 운집, 도열한 1백80만의 한국시민은 포드 대통령 및 그 일행에게 마음으로부터의 친근감과 함께 열렬한 환영의 환호를 보냈다.

그런데 이것은 한 국민들의 열광적인 환영에 대해 외신들은 인위적인 환영이라며 평가절하하기도 했다. 포드 방문에 대한 『조선일보』 취재기

---

6) 『동아일보』, 1974년 11월 22일

자 여담에도 이에 대한 언급이 있다.

외신들도 이번 인파의 규모를 대개 1백만에서 2백만 명으로 보고 있어. 그런데 외신들은 이번 인파를 동원시켰다고 보고들 있어. 플래카드나 슬로건이 똑같고 대부분 학생들이 나왔다는 점에서 그렇다는 거야. 그런데 중요한 것은 어떤 동원도 이처럼 열광적일 수 없다고 평하고 있다는 점이야.

비록 동원된 환영인파긴 했지만 "어떤 동원도 이처럼 열광적일 수 없다"는 외신기자의 평은 어느 정도 사실과 부합되는 측면도 있다. 적어도 1970년대까지는 미국 대통령의 방문에 대해 대놓고 반대하는 한국민들은 없었다. 『조선일보』(1974년 11월 22일)는 사설 「미국의 극동정책과 한국—포드 대통령을 환영하면서」에서 한국민들의 친미성향을 스스로 대견스럽게 평가하고 있기도 하다.

그러므로 1960년 아이젠하워 대통령과 1966년 존슨 대통령의 방한시에도 한국민들은 한결같이 열렬한 환영의 뜻을 표시했던 것은 결코 우연이 아니며, 그간의 많은 정치적 소란 속에서도 단 한마디의 '양키 고 홈'이 들려오지 않은 이례적인 나라가 바로 한국이라는 것은 주목할 만한 사실이다.

『조선일보』의 눈에는 '양키 고 홈 없는 나라, 우리 나라 좋은 나라'인 것이다. 박 정권에게 환대를 받은 것은 포드 대통만이 아니었다. 일본에서는 하루 44달러 하는 호텔비를 꼬박꼬박 물던 백악관 출입기자들도 서울의 조선호텔에서는 숙박비부터 일체의 경비가 공짜였던 것이다. 뿐만 아니라 기자들의 방에는 한국의 토산품으로 된 선물이 놓여 있었다고 한다.
그런데 이처럼 공짜대접을 받은 미국기자들이 박정희의 입맛에 딱 맞는 기사를 쓴 것은 아니었다. 당시 『조선일보』의 워싱턴 특파원이었던 김대중 기자(현 주필)는 미국기자들의 이 같은 '배은망덕'한 보도태도에 불만을 털어놓기도 했다.

특히 포드가 서울에 도착하던 날 『뉴욕 타임스』, 『워싱 턴포스트』지 등 신문과 CBS, BBC, ABC 등 TV방송 등은 주한 미국대사관에서 있었던 구속자 가족들과 미국신부의 데모 및 연행을 큰 사진과 생생한 TV필름으로 보도함으로써 포드의 방한과 인권문제에의 영향을 자극적으로 다루었다. 이 것은 "포드의 방한이 의례적이고 정중한 것이 될 수 있는 상황에 찬물을 끼얹는 격이 됐고, 미국여론에 좋지 못한 인상을 주었을 것"이라고 한 외교소식통은 말했다.

당시 『한국일보』(1974년 11월 22일)는 「미대사관 앞뜰서, 구속자 가족들 찬송가 시위」라는 기사를 내보냈다.

21일 낮 12시 30분께 구속자 가족 50여 명이 서울 종로구 세종로 80 미대사관 앞뜰에 들어가 "더 이상 못 참겠다 구속자 석방하라" "애타게 기다린다 우리 가족 석방" "포드는 한국지도자에게 우리 뜻 선해 달라" 등 플래카드를 들고 찬송가를 부르며 약 20분간 시위를 벌이다 경찰에 해산당했다.

이들은 서울 종로 5가 기독교회관에서 이날 상오 10시부터 2시간 동안 구속자를 위한 기도회를 가진 후 미대사관으로 몰려갔는데 경찰은 대사관 구내로 들어와 시인 김지하 씨의 어머니 정금성 씨(51) 박형규 목사의 부인 조정하 씨(47) 등 19명과 가톨릭 인천교구 부주교 미국인 진필세 신부를 연행했다.

경찰은 조사 후 하오 1시 30분부께 이들을 돌려보내려 했으나 "포드 대통령의 방한을 계기로 구속자들이 석방되도록 호소하기 위해 미대사관으로 갔다"며 구속자들이 석방되어 손을 잡고 같이 나가기 전에는 안 간다"며 이중 17명은 경찰에서 계속 버티다 밤 10시 30분께 돌아갔다.

박정희의 철권통치 아래 신음하던 국민들이나 민주인사, 학생들에게 미국은 마지막으로 기댈 언덕과도 같은 존재로 비쳐졌다.(포드가 방한하던 날인 11월 22일자 『동아일보』 사설은 「학생데모와 조기방학사태」이다. 박 정권의 철권통치에 항의하는 대학생들의 시위로 일부 학교가 조기방학에 들어가는 등 시국이 어수선한 가운데 포드가 방한한 것이다.)
한국민들은 이후로도 오랫동안 마치 미국이 민주주의의 수호자라도 되
는 듯한 착각에 빠져 살았다. 1980년 광주를 겪기까지는. 그리고 80년대
에 방문하는 미국 대통령들은 대규모의 동원된 환영단 대신에 대학생들
의 기습적인 방한 반대시위에 직면하게 된다.

13. 청와대 도청사건과 관제반미시위

1978년 교련복을 입고 '반미시위'에 참가한 적이 있다. 소위 말하는 관
제데모였다. 미국의 청와대 도청에 항의해 박 정권은 고등학생들을 동원
해 데모를 시킨 것이다. 그때 대학생들이 반미시위를 벌였다는 소식은
듣지 못했다. 대학생들은 모이는 것 자체를 금기시했기 때문이다.

관제데모긴 하지만 반미시위까지 불러일으킨 청와대 도청의 경위는
1976년으로 거슬러 올라간다. 1976년 10월 27일자 『워싱턴 포스트』지는
미국 정보기관이 전자도청 비밀녹음을 통해 청와대를 도청했다는 보도
를 했다. 이 사건은 박동선사건 및 김상근사건과 함께 한미간에 3대 쟁
점사항이었는데, 그해 12월 28일 한미간에 외교적인 결말을 보았다. 당
시 미국정부는 이 청와대 도청사건에 대한 박 정권의 공개적인 해명요구
에 대해 미국정보기관의 관례 때문에 공개적으로 해명할 수 없다는 입장
을 취하고 외교경로를 통해 비공식적으로 이를 부인했다. 결국 청와대
도청 보도는 근거 없는 추측보도로 마무리 된 셈이다.

미국정부의 공식부인으로 일단락되었던 청와대 도청사건은 포오터 전
주한 미대사가 『뉴욕 타임스』와의 인터뷰를 통해 "내가 서울에 부임하
기 전 도청은 중지됐다는 말을 들었으며, 도청을 재개하지 말라는 특별
명령을 내렸다"는 발언을 함으로써 도청이 의심할 수 없는 사실이 되어
버린 것이다. 스턴 주한 미대사대리는 포오터 전 대사의 도청발언을 부
인했지만 이를 믿은 사람은 아무도 없었다.

당시 신문들은 다시 불거진 도청사건에 대해 대대적인 보도를 하면서

미국을 비판했다.『동아일보』도 1978년 4월 5일자 사설「청와대 도청과 한미관계」를 통해 "상대방의 잘못은 끈질기게 물고 늘어져 한 국민에게 공개적으로 갖은 모욕을 가하면서 자기들의 잘못은 강대국의 위세로 덮어버려도 좋다는 논리는 성립되지 않는다"며 미국의 성의 있는 해명을 촉구했다. 그러나 이같은 국민적 항의가 일정한 수위를 넘지 않을 것을 주문하기도 했다.

우리 정부는 포오터 씨의 발언을 계기로 미국에 대해 대응책을 강구하고 있다고 들리는 데 때가 때인 만큼 그 어느 경우든 흥분을 가라앉히고 냉정하게 대처해야 할 것이다. 이 사건에도 불구하고 한미우호관계는 유지되어야 하며 더구나 북괴가 우리와 미국 사이를 이간시키려고 갖은 책동을 벌이고 있는 만큼 이에 역이용되지 않도록 현명하게 대처해 주기를 바란다.

『조선일보』는 1978년 4월 5일자 사설「청와대 도청―다시 붙은 꺼진 불」을 통해 "깰 수 없는 '현실적 벽'에 도전하는 용기보다는 한미우호관계의 회복이라는 실리에 집착하는 게 더 낫다는 판단"하며 제 목소리를 못내는 정부를 비판하고 나섰다.

그러나 이는 '외교 당국자'의 실무적 입장이며 국민적 자존심의 차원에서는 다른 얘기가 나올 수밖에 없을 것 같다. 한 관계자는 과거 이광요 싱가포르 수상이 미기관의 도청사실을 TV에 나가 전국민에게 공개, 결국 미국이 '엎드려 빌었던' 사실을 지적, 우리도 국회 등에서 공청회를 열어 당시의 주한 미대사관 고용원이나 도청관계 전문가들을 동원 조사를 해야되지 않겠느냐는 주장을 하고 있다. 이것이 '국민감정'의 실체라면 정부측에서도 무언가 해야 되지 않겠느냐는 얘기다.

『한국일보』는 1978년 4월 5일자 사설「청와대 사건의 충격―주권은 대등하며 상하가 없다」에서 "우리는 청와대 도청사건에 관한 진상구명이 미국측에 의해 흐지부지된다고 할 때 이를 계기로 한국인의 주체의식이 커다란 손상을 입고 급기야 미국의 대국주의적 사고가 비난받을까 우려해마지 않는다"면서 철저한 진상규명을 주장했다.

1978년 4월 4일자 『경향신문』에 실린 「양키 고 홈 소리 없는 유일한 나라―포터 전대사의 '청와대도청장치' 시인을 들은 충격」(최석채 · 『경향신문』 회장)은 70년대 제도권 신문에 발표된 대미관련 글 중에 주목할 만한 내용을 담고 있다.

나는 오늘 아침, 집에 배달된 조간신문을 읽고, 몹시 심한 충격을 느꼈다. 나의 판단으로서는 한미우호관계 30여 년에 지금 이 순간처럼 위험한 고비는 다시 없을 것으로 생각했기 때문이다.

'양키 고 홈 소리 없는 지구상의 유일한 나라'…이것이 지금까지의 한국이다. 이 말은 내가 한 소리가 아니다.

1970년 『뉴욕 타임스』의 주필 존 오크스 씨가 한국을 방문하고 돌아간 후 『뉴욕 타임스』지에 쓴 칼럼의 제목이다.

반쯤은 한국을 칭찬하고 반쯤은 한국을 비꼬는 투의 '양키 고 홈 소리 없는 지구상 유일한 나라'였다.

'양키 고 홈' 없는 나라에 살고 있는 언론인 최석채 씨, 그는 미국에 의해 청와대 도청이라는 수모를 당한 것이 바로 국민여론을 오도해 온 자신과 같은 언론인이 아니겠는가 하는 자책을 한다.

보다 큰 목적과 반공을 위해서, 동양의 미덕인 의리와 도덕을 위해서 미국의 나쁜 점을 보아도 못 본 체, 미군병사가 기지촌에서 위안부 머리를 빡빡 깎는 사형을 가한 일이 있어도 못 본 체, 웬만큼 무리한 요구를 해와도 한 · 미유대를 위해서 어쩔 수 없지 않느냐…의 식으로만 대미언론관의 신조로 삼아왔던 지금까지였기에 오늘 이런 오만무례한 짓까지 할 수 있도록 국민여론을 오도한 것이 아니겠느냐 하는 내 자신의 가슴 터질 듯한 분함이다.

최석채 회장은 이제는 "우리의 주권의식 때문에 어떠한 고난이 가해지고 여건이 어려워져도 우리 국민이 이를 악물고 허리띠를 졸라 맬 각오"
를 가질 것을 주문한다. 그러나 이런 '각오'도 잠시뿐이다. 정부와 언론
은『동아일보』가 지적한 것처럼 곧바로 "흥분을 가라앉히고 냉정하게 대
처"한다. 도청사건에도 불구하고 "한미우호관계는 유지되어야 하며 더
구나 북괴가 우리와 미국 사이를 이간시키려고 갖은 책동을 벌이고 있는
만큼 이에 역이용되지 않도록 현명하게 대처"해야 한다는 의견이 더 지
배적이기 때문이다.

고등학생들의 관제데모는 포터 전 주한 미대사의 청와대 도청발언에
대해 스나이더 주한미대사가 서한을 외무부에 전달, 도청사실이 없었음
을 거듭 해명한 뒤 곧 수그러들었다. 그리고 언론지상에서도 고등학생들
의 반미시위 기사가 사라졌다.

14. '박정희 대통령 유고'와 미국

박정희 하면 생각나는 기억이 몇 가지 있다.

첫번째는 국민학교때 같은 반이었던 박정희라는 여자애였다. 얼굴도
잘 기억나지 않지만 선생님들이 "박정희" 하고 부르면 괜시리 창피스러
워하던 모습이 떠오른다. 처음에는 정희가 남자이름이라 여겼는데, 그
여자아이를 보면서 정희는 여자이름이란 생각을 하게 됐다.

두번째는, 국민교육헌장. 국민학교 시절 "우리는 민족중흥에 역사적
사명을 띠고…"를 잘 외워야 빵을 타 먹을 수 있었다.

세번째는 유신헌법이다. 고등학교 때 정치경제 교과서에는 헌법이 실
려 있었다. 장래희망 난에 1순위, 2순위, 3순위 모두 공무원이었던 나는
시험과 무관하게 헌법을 즐겨 보았다. 그런데 아무리 읽고 또 읽어도 확
인할 수 없는 것이 하나 있었다. 대통령의 임기가 몇 회, 몇 년인지를 확
인할 수 없었는데, 유신헌법에는 대통령의 연임 회수제한이 없었던 것이
다. 총통제라고 가르치지 않아 헷갈릴 수밖에 없었다.

그리고 또 여러 가지 기억이 있지만 마지막 기억은 1979년 10월 26일

아침의 신문이었다. 커다란 활자로 "박정희 대통령 유고"라고 적혀 있었다. 친구들은 '유고'의 뜻을 해석하고, 그 내용이 무엇인지 몹시도 궁금해했다. 그리고 몇 시간 뒤 '유고'가 '사망'이라는 사실이 교실로 알려졌다. 이때 나는 몇몇 친구들과 박수를 쳤다. 그런데 친하게 지내던 경상도 친구아이가 내게 눈물을 흘리며 달겨드는 것이었다. "…"

박정희의 죽음에 대해 박수를 쳤거나, 눈물을 흘렸거나 가릴 것 없이 같은 반 친구들의 가장 큰 고민은 똑같았다. 쉬는 시간이면 삼삼오오 모여서 "북한 공산당이 쳐들어오면 어떻게 하나" 하며 우국충정을 토로했다. 저마다 투철한 안보의식으로 무장한 학도호국단의 애국청년들이었던 것이다. 이들 '애국청년'들은 소설가 한수산이 「독립만세와 천황만세」라는 글에서 썼듯이 식민지 말기에 자기정체성을 상실해 독립운동을 하다가 형장의 이슬로 사라지기 전에 "대한독립만세"와 "천황폐하만세"를 함께 외쳤던 한 식민지 청년처럼 가치관의 난마(亂麻)가 극심했던 것이다.

세간에는 박정희의 죽음과 미국의 관련설에 대해서 떠돌았지만 그런 얘기까지 고등학생들 귀에는 들려오지 않았다. 설령 미국과 관련이 있다 해도 그것이 공작이었다면 결코 쉽사리 진실이 밝혀지지는 않을 것이다. 그런데 주한미대사를 역임하기도 했던 정통 CIA요원 그레그가 1976년 10월 6일 텍사스대학에서 행한 강연에서 우연하게도 박정희의 '암살'을 예언한 것이 추후에 주목을 끌었다.

만약 박정희 대통령이 차기 6년 임기에 다시 노선한다면, 물론 박정희 대통령은 도전할 것으로 예상되지만, 아마도 그는 임기를 다 채우지 못하고 암살당할 것이라고 경고한다. 그러나 베트남에서 암살당한 고딘 디엠의 경우와 마찬가지로 박대통령에 대한 모반계획을 CIA가 지원할 것인지의 여부에 대해서는 언급을 생략한다.[7]

---

7) 「신임 주한미대사 그레그 그는 누구인가」, 『사회와 사상』, 1989년 3월호, 176쪽

15. 1980년 광주와 미국

1980년 5월 나는 대학생이 아니고 재수생이었다. 군사쿠테타로 서울의 봄을 짓밟은 전두환에 대해서 잠 못 이뤄가며 분노하면서도 서울역에서 데모하는 대학생들 때문에 열을 받던 스무 살의 재수생이었다. 대학생들이 못마땅한 이유는 다른 게 아니라 "북한 공산집단이 남침할지도 모르는데…"라는 이유에서였다. 그러나 이 두 가지 분노는 전두환 일당이 광주를 능욕하고 난 뒤로는 오로지 전두환에게로만 향했다.

그런데 나는 광주학살과 미국이 연관이 있을 것이라고는 꿈에도 상상하지 못했다. 어느 누구도 내게 귀띔해 주지 않았으며 언론에도 미국에 대해서는 일언반구 나오지 않았기 때문이다.

결론적으로 말한다면 나는 스무 살의 나이에 1980년 광주의 역사를 겪었지만 두 눈 뜨고도 기만당한 것이다. 역사적 혼돈기에 아무것도 할 수 없었던 무기력한 스무 살의 젊은이는 낙서장에다 감정을 쏟아 붓곤 했는데 그 낙서장 어디에도 미국이라는 말은 단 한 번도 안 나온다. 대신 언론은 1차 표적이었다.

"영악한 언론인들에겐 더러운 잉크세례를 퍼부어라"

"한국의 언론기관 혁명이 있는 날엔 제일 먼저 불타리라"

"신문이 오면 그저 TV 안내나 읽고 외국영화 광고를 읽은 다음 가위로 난도질해 버린다"

당시에 언론이 행간의 사이사이에 단 한마디의 암시, 힌트를 흘려놓았다면 진실을 찾아 헤매는 사람들은 단번에 알아챘을 것이다. 광주의 배후에 미국이 있다는 사실은 그 뒤 1982년 부산 미문화원방화사건을 거치면서, 그리고 재야운동권과 언론의 폭로를 접하면서 알게 됐다. 예나 지금이나 보수언론은 좀처럼 광주와 미국을 연결시켜 보도하지 않는다. 마찬가지로 광주학살에 대한 책임을 묻는 미국의 답변도 불성실하기 짝이 없다.

광주에서의 진실이 무엇입니까? 미국이 광주탄압에 관여했습니까? 아닙니다. 미군장교가 광주에서 부대를 지휘했습니까? 아닙니다. 광주에 있던 부대가 미군작전지휘권 아래 있었습니까? 아닙니다.[8]

광주학살과 미국의 책임에 관련된 질문을 미국학 전문가인 이삼성 교수(가톨릭대)에게 던져보자.

'광주학살 승인설'에 대해 미국은 어떻게 해명해 왔나?

"1989년 국회 광주특위는 1980년 당시 주한 미국대사 윌리엄 글라이스틴에게 신군부의 5·17음모를 사전에 알았느냐는 등의 질문이 담긴 질의서를 보냈다. 미국정부는 글라이스틴을 대신해, 전혀 알지 못했다고 답변했다. 이 답변은 미국정부가 지난 1996년 공개한 자료만 보더라도 거짓말이 드러난다. 미국정부가 한국 국회의 질문에 대해 '위증'을 한 셈이다.

어떤 점이 거짓이었나?

"미국방부 정보조사국 비밀문서에 따르면 미국은 광주항쟁 10일 전인 5월 8일 이미 신군부가 '법질서 회복을 위해 군을 투입하는 것'을 승인했으며, 특전사의 이동을 포함한 비상계획도 신군부로부터 사전 통보받고 있었다."[9]

16. 팀스피리트훈련

군복무 기간중에 두 차례의 팀스피리트 훈련을 나갔다. 처음 나간 팀스피리트 훈련은 11사단 훈련소에서 이등병 세급장 달고 9연대로 자대배치 받은 직후였다. 제대 후에 알고 보니 이 9연대는 거창에서 719명의 양민을 학살하는 데 '수훈'을 세운 부대이고, 제주 4·3항쟁진압의 주력부대였다. 리영희 교수도 빨치산 소탕에 혁혁한 공을 세웠다는 바로 이 9연대 출신이다. 행군이 많기도 하고 11자를 연상하게 해서 그런지 젓가

---

8) 릴리 전 주한미대사 인터뷰, 『동아일보』, 1988년 5월 27일
9) 『한겨레신문』, 1998년 8월 15일

락부대라고 불리던 11사단의 9연대 소속의 화기소대원으로 1983년 초에 팀스피리트 훈련을 나가서 한 일이라곤 걷는 것밖에 없었다. 박달재를 넘고 제천 의림지를 지나 걷고 또 걷던 기억밖에 안 나는 그 훈련에 대해서 설명들은 것이라곤 딱 하나였다. 남침을 개시한 적군의 공격을 받고 '작전상 후퇴' 하다가 다시금 반격을 가해 북상한다던가….

　두번째 팀스피리트 훈련은 1984년 초에 받았다. 이때는 군단직할연대 소속으로 가상적군이 되어 침투하는 역할을 맡았다. 땅 속에 비트를 파고 숨어 지내다가 이따끔씩 민가로 김치 보급투쟁하러 가는 게 주요한 작전임무였다.

　밤낮으로 행군하는 병사들에게 팀스피리트가 무엇 하는 훈련인지는 알려주지도 않았지만 알려준다 해도 애써 숙지해야 할 일도 아니었을 것이다. 그것을 알게 된 것은 제대 후에 군대도 안 갔다 온 운동권 친구들에게서였다. 팀스피리트 훈련장 근처도 안 가본 이들은 "팀스피리트 훈련은 미국의 핵전술훈련"이라며 그 핵심을 찔렀다.

　나는 이런 예를 통해서 경험이란 것이 때로는 얼마나 보잘 것 없는가 하는 점을 다시 한 번 깨닫게 된다. 6·25를 겪었다고, 4·19와 5·16을 직접 체험했다고 그 의미에 대해 사건의 본질에 대해 파악하는 것이 아니듯이.

17. 자민투

　1986년 봄 서울대 자민투를 중심으로 "반전반핵 양키 고 홈" 구호가 터져나올 때 나는 이런 슬로건을 외쳐본 적이 없다. 내가 다니던 학교는 민민투 계열이 강세를 보였기 때문이다. 이런 구호를 처음 들어본 것은 1986년 인천 5·3집회장에서였다. 이날 집회에서는 대규모 집회장에서는 처음으로 "미제축출 파쇼타도"와 같은 반제 구호가 난무했다. 그리고 억세게도 재수 없이 연행되어 수감됐던 인천 학익동 구치소에서 자민투 계열의 학생과 한 방을 쓰게 됐다. 이 친구는 자민투와 민민투의 차이에 대해 나름대로 내게 설명해 주었지만 그 내용은 하나도 기억나지 않고, 단지 그때 새로 배웠던 노래 「꽃도 십자가도 없는 무덤」만 생생하게 기억이 되살아난다.

"꽃도 없고 이름도 없고 눈물도 없고 총소리도 없고…."

1986년 봄 대학가에서 반미구호가 폭발적으로 터져나오자 제도권 언론들은 학생들의 주장이 자유민주주의를 부정하는 것이며, 북괴의 주장과 같은 노선이라며 매도했다.

입소거부의 격렬한 몸부림 끝에 99%의 학생이 일단 전방으로 가기는 했으나 격렬시위와 과격행동이 남긴 충격과 상처는 크다. 특히 학생들이 입소거부의 이유로 내건 반미구호와 '미제용병교육' 거부라는 대목에 이르러서는 일부학생들의 주장이 분명히 자유민주주의적 테두리를 넘어서고 있다는 절박감마저 갖게 한다.[10]

대한민국이 '미제의 괴뢰정권'이라면 우리의 국가적 정통성은 어디에서 찾을 것이며 지금까지 북괴가 내세워온 억지주장과 무엇이 다른지 묻고 싶다. 그리고 대한민국 국군이 '미제의 용병'이라면 국립묘지에 잠들고 있는 영령들의 죽음도 한낱 헛된 죽음에 지나지 않는다는 얘기다.[11]

그런데 이 같은 언론의 파상적인 공세에도 불구하고 대부분의 학생운동 진영은 1987년에는 자민투 계열로 합류했다. 이들이 "국가적 정통성을 어디에서" 찾았고, 무엇 때문에 "자유민주주의적 테두리를 넘어"섰는지는 알 수 없으나, 대부분의 학생운동가들은 남한이 미제의 (신)식민지라는 주장을 받아들인 것이다. 나도 그들 중의 한 명이었다.

---

10) 사설 「극렬학생운동—폭력은 폭력만을 부른다」, 『동아일보』, 1986년 4월 29일

11) 사설 「국기 흔드는 극좌·과격시위—'입소거부' 투쟁으로 더욱 심각해진 학원사태」, 『경향신문』, 1986년 4월 29일

18. 유인물

사람들은 저마다 가슴 떨리던 경험이 몇 번씩은 있을 것이다. 짝사랑,
합격자 발표, 첫날밤…. 내게 있어 가슴 떨리는 경험에 포함되는 일 중
한 가지는 처음으로 유인물을 받아 보던 일이다. 대학교 1학년 때 시위
현장에 다녀왔다는 친구가 주머니 속에 꼬깃꼬깃 접어서 간직하고 있다
전해 주던 너덜너덜해진 유인물 한 장. 등사기로 밀어 글씨가 원래 희미
한데다 누군가의 발에 짓이겨진 자욱까지 남아 있는 그 유인물은 아무리
애써 해독하려 해도 그 내용을 제대로 파악할 수는 없었다. 그러나 중간
중간 눈에 들어오던 '민주'니 '독재'니 하는 말들이 내 가슴을 얼마나
설레이게 했는지 아직도 기억이 생생하다. 간접적으로나마 살아 있는 역
사의 현장을 호흡할 수 있었기 때문에 심장이 고동쳤던 것이다. 1981년
그 당시 어느 신문도 어떤 책도 그같이 살아 있는 감동을 내게 불러일으
키지는 못했다.

이처럼 기록은 살아 있는 기록이라야 생명력이 강한 것이다. 후일담으
로 전해 주는 정치기사는 한낱 소일거리에 지나지 않는 경우가 많다. 80
년대의 상황에서 '반미' 주장은 유인물에서 시작됐다. 이 유인물을 쓴
사람들이야말로 참된 역사의 증언자이고 기자이며, 이 유인물이야말로
진실된 역사자료인 것이다. 그러나 유감스럽게도 역사는 이들을 기억하
지 않는다. 그저 하늘이 알고 땅이 알아줄 뿐이다. 1987년 6월항쟁 당시
서울의 가두에는 이런 유인물이 뿌려졌다.

　지나간 한반도 역사를 얼룩지게 만든 미국의 정치개입이 다시금 노골화되
고 있는 이 시점에서 우리는 다시금 소리 높여 경고한다. 제국주의적 작태를
즉각 중단하라! 우리는 이미 4·13호헌조치가 미국의 비호 및 방조에 의해
가능했다는 점을 알고 있으며 지금에 와서 또다시 더윈스키, 시거 등을 통해
새로운 공작을 벌이고 있음에 주목한다. 한국의 상황은 한국민에 의해 해결
되어야 한다고 떠벌이다가도 상황이 위기에 처했다고 판단되면 지체없이 해
결사를 보내고 구체적으로 이래라 저래라 간섭함으로써 우리 나라 자주성을

여지없이 짓밟아 온 역사를 우리는 기억하고 있다.

1987년 6월 23일

서울지역대학생대표자협의회

그리고 유인물을 쓴 '민중기자' 들은 이렇게 외쳤다.

"독재조종 내정간섭 미국놈들 몰아내자"

"반전반핵 양키 고 홈"

19. 이라크와 북한

미국·이라크 전쟁이 일어난 때였다. 『말』지에 있던 나는 동료기자와 기획회의 때 언쟁을 벌였다.

"이러다가 미국이 북한도 공격하는 거 아냐."

"그걸 말이라고 하나. 절대로 그런 일은 없어."

"…"

당시 북미관계는 북핵문제 때문에 갈등을 빚고 있었다. 나는 미국과 이라크의 갈등이나 북한과 미국의 갈등을 마찬가지로 보았고, 미국이 이라크를 공격한다면 북한을 공격하지 말라는 법은 없다고 판단했다. 그런데 이런 정세인식이 일반적인 것은 아니었다. 왜 미국이 이라크와는 달리 한반도 문제는 항상 평화적인 방법으로 풀 것이라는 믿음을 지니고 있을까? 내게는 미국의 북폭 가능성을 고려하지 않는 이들의 태평스러움이 불가사의하게 여겨졌다.

역으로 전쟁발발 가능성에 노심초사하는 나를 보고 동료기자는 면전에서 말은 안 했지만 하늘이 무너질까 봐 걱정하는 격이라고 안타까워했을지도 모른다. 어쨌든 미국이 이라크를 공격했을 당시 대세는 '강 건너 불구경 하기' 식의 관전태도였다. 그런데 엉뚱한 방향에서 한반도의 발발 가능성을 연관시키기도 했다. 그것은 미국의 이라크 침공을 당연시하는 한편 이라크의 후세인과 같은 독재자 김일성의 남침위협을 거론하는 것이었다.

『조선일보』(1991년 1월 17일)는 사설 「전쟁이 터졌다」에서 "유엔의 결의를 이행하려는 미국의 전쟁목표가 성공될 때 미국의 공약과 미국의 안보우산이 강력함을 입증할 수"있으며 이를 위해서 우리는 "유엔과 미국을 도와야" 하며, "무력으로 침략하려는 독재자의 야욕은 반드시 분쇄되어야 하고 반드시 분쇄된다는 역사적 교훈이 살아 숨쉴 때 한반도의 일차적인 안보도 튼튼해질 수 있"음을 강조하고 있다.

그리고 『동아일보』(1991년 1월 18일)는 사설 「강 건너 불이 아니다」에서 남침에 대한 '물샐틈 없는 경계의식'을 역설하면서, 반미의식의 확산에 우려의 눈초리를 보내고 있다.

대통령이 직접 나서고 전군에 비상경계령이 내려졌지만 이 마당에서 가장 긴요한 일이 안보에 대한 물샐틈 없는 경계의식이다. 페만전쟁을 미국이 주도하고 있고 우리의 안보가 주한미군에 의해 상당 부분 유지되고 있는 마당에 우리는 그들과의 관계에 어느 때보다 큰 배려를 해야 한다. 자칫 반미감정을 유발하는 외교상의 허점을 보여서도 안 되지만 학생운동이나 농민 근로자운동에서의 반미적인 성향도 자제되는 것이 마땅하다.

며칠 후 『동아일보』(1991년 1월 22일)에는 서울대생 2백여 명이 성조기를 태우며 반전시위를 벌이는 것을 보도한 짤막한 기사가 실렸다. 학생들은 '걸프전쟁 반대, 예속정권 규탄대회'를 갖고 걸프전은 "경제이익을 강화하기 위한 제국주의 침략전쟁"이라고 규정하는 한편, "현 정권은 미국의 강요에 따라 군의료진을 파견하는 등 예속된 정권의 속성을 드러내고 있다"고 주장했다.

이라크전이 끝난 뒤 미국국민들은 TV화면을 통해 전자게임을 즐기듯 미국의 미사일이 이라크의 군사시설물로 여겨지는 목표물을 명중시키는 장면을 되풀이해서 시청했다. 승리감에 도취된 미국인들은 미국의 미사일이 이라크의 군사시설을 폭파시키듯이 말썽 많은 북한의 핵시설도 날려버리지 못하는 미정부의 태도에 불만을 표시했다.

그들은 TV화면에서의 전자게임처럼 점이 하나 없어지는 것으로 생각하고 그 현장에는 수십, 수백 명의 어른과 아이들, 그리고 여자들이 팔, 다리가 잘리고 피를 흘리며 죽어간다는 사실은 관심 밖이었다. 그러니 '북한 핵 시설에 대한 선제 공격'을 떠드는 미 의원들의 선동에 쉽게 동조했던 것이다.[12]

그런데 미국인들의 인도주의 정신 때문에 강경파 미의원들의 선동이 무위로 끝난 것은 결코 아니다. 미국인들은 이라크인처럼 마소만도 못한 북한인민들의 "팔, 다리가 잘리고 피를 흘리며 죽어간다"는 사실보다는 이라크와는 달리 북한을 공격할 경우 주한미군들의 "팔, 다리가 잘리고 피를 흘리며 죽어간다"는 끔찍한 사실 때문에 북폭을 포기한 것이다. 전쟁발발 후 1개월이 지나면 휴전선에 배치된 "미군 3만5천 명이 사망"할 것이라는 주한 미군사령관 게리 럭의 충격적인 보고에 매일 아침 방송에 나와 북폭을 주장하던 매파의원들이 입을 다물어버린 것이다. 북폭을 주장하는 것은 즉, 자신의 선거구 주민들의 아들을 죽이자는 말과 다름없기 때문이다.

20. 교도소의 정치수와 또 한 번의 전쟁위기감

미국의 1994년판 작전계획 5027은 훈련용이 아닌 실전용이었다는 것이 이젠 거의 정설이다. 50여만 명의 미군이 참전하여 북한을 섬멸시키려던 이 작전계획은 시행직전에 카터와 김일성이 북핵문제에 극적 타결을 봄으로써 보류됐다. 이와 관련해 김영삼 전 대통령은 『중앙일보』(1999년 7월 13일)와의 단독 인터뷰에서 흥미로운 사실을 털어놨다. 1994년 북한 핵 위기 때 전쟁 일보직전까지 갔고 "이 문제 때문에 클린턴과 나 사이에 비화(秘話)전화를" 설치했다는 것이다.

---

12) 이용수, 『코리아 파일』, 지식공작소, 1996년, 208쪽~209쪽

─미국의 표적은 영변이었습니까.

"영변이지. 비행기와 함포로 영변을 박살내려고 했지. 그 무렵 어느 날 보고를 받으니까 레이니 주한 미국대사가 미군가족을 그날로 철수시킨다는 내용이라는 거라. 큰일이더군. 가족철수는 미군이 전쟁시작 전에 취하는 조치요. 급히 레이니를 불렀지요. '절대 안 된다'고 그랬어요. 그날 밤에 미 대사의 기자회견이 연기됐습니다."

당시의 상황을 고려해 볼 때 근거 있는 말이라 하겠다. 나는 당시 부산교도소에 수감중이었다. 유난히 전쟁위기감에 예민했던 나는 잠시 망상에 잠겼다. '이러다 전쟁 나면 어떻게 되는 거지', '과거에 그랬듯이 공안사범들에게 특단의 조치를 내리는 건가', '설마…. 그래도 세상이 변했는데'.

그리고 채 5년이 지나지 않아 사람들은 1994년의 일촉즉발의 위기상황을 회고담식으로 한가이 얘기한다. 반세기 전에 터진 전쟁의 후휴증이 여전하건만.

2000년 1월 벽두부터 신문 방송은 대전형무소에 수감중이던 수천 명의 정치범들이 전쟁발발과 함께 처형되는 사진과 집단 살해된 뒤 구덩이에 파묻혀 있는 주검들을 보여주었다. 신문 방송에 나온 사진들은 주한미군 사고문단(KMAG) 소속 군사고문이 촬영했다고 한다. 1950년 대전형무소에서의 학살과 미국은 무관한가. 강만길 교수는 『한겨레 21』(2000년 1월 20일)과의 인터뷰에서 말한다.

미군이 학살현장에서 사진을 찍어 본국에 보고한 만큼 미국에 대한 책임소재 여부가 제기되지 않을 수 없다.

21. 「胸註」

1995년 겨울 석 달 동안 1백 권의 시집을 구해서 읽은 적이 있다. 그런데 그 모든 시집의 상징보다 김남주의 전투적인 직설법에서 나는 여전히 시대의식의 진수를 맛볼 수 있었다.

그때는 모두가 반미를 낡은 외투처럼 벗어버리던 때였다. 미국의 어느 공공기관을 '불지른 남자'도 이제는 세상이 변했으니 그만 앙탈을 부리라며 점잖게 충고했다. 자주, 민주, 통일의 대의 때문에 동지가 됐던 사람도 이제 자주의 깃발은 내려야 되는 거 아니냐고 물어왔다. 여전히 미군은 서울 한복판에 주둔하고 있으며, 여전히 작전지휘권은 미군에게 있는데. 그래서 나는 '여전히' 김남주의 옥중시집에서 「각주」를 애송했다.

그러나 헤겔도 마르크스도
다음과 같이 각주 붙이는 것을 잊어버렸다

식민지 사회에서는
단 한 사람도 자유롭지 못하다고

그런데 김남주는 자유로울까. 식민지 사회에서 죽은 시인은 자유로울까.

22. TV를 보다가

무심코 TV를 보다가 깜짝 놀라 귀를 기울였다.
"38선은 38선에만 있는 것은 아냐…."
김남주의 시 「38선은 38선에만 있는 것이 아니다」를 노랫말로 한 안치환의 노래였다. 1999년 MBC 대학가요제 초대가수으로 나온 안치환은 38선 철조망을 녹여버릴 듯한 격정적인 열창으로 노래를 불렀다. 세상이 변하긴 변한 건가…. 그런데 다음에 출연한 대학생의 가사는 절묘한 대조를 이뤘다.
"Why are you crying, baby…."

운동가요를 부르는 안치환과 영어를 섞어가며 노래하는 대학생은 극
히 예외적인 방송 출연자로서, 다양한 문화의 한 요소로 볼 수 있을까?
그러나 그 뒤로 TV를 보며 새삼스럽게 흥분을 하고야 말았다. 인기가요
순위에 드는 곡들의 상당수가 영어를 섞어 부르는 것이었다.

"I just like the way you are sexy baby."(「Gimme! Gimme!」, 컨
츄리꼬꼬)

"Get up, now, get up."(「Reolution」, 유승준)

이런 일 가지고 흥분하면 촌놈이 되는 건가.

23. 사족

지하철 신문가판대에 가면 그렇게 신문도 많고 잡지도 많은데, 아직도
재야언론에서만 만져볼 수 있는 글이 있다. 『자주민보』 2000년 1월호에
미국에서 발행되는 『민족통신』의 노길남 편집인이 쓴 「한국언론은 이
제 정신 차리자」라는 글을 읽다가 월척 하나를 건져 올렸다.

그렇다면 우리 민족문제의 본질은 과연 무엇인가? 1999년 12월 9일 『민족
통신』 독자란에 올라온 글 가운데 한 독자가 지적해 준 짧은 투고가 핵심을
말해 준다.

"우리 사회의 기본모순은 남북간의 모순이 아니고 우리 민족과 미제국주
의 간의 모순이다. 따라서 통일의 문제도 기본적으로 남북간의 문제라기보
다는 한민족과 미국 간의 문제이다. 통일의 실마리는 남한이 대미 예속상태
에서 벗어나는 데 있다. 이 점을 외면하면 우리 나라 문제의 본질을 제대로
파악하지 못하고 있는 것이다."

한국의 수많은 언론들, 그 속에서 일하는 헤아릴 수 없이 많은 언론인들
가운데 우리 사회의 기본모순을 올바르게 규정할 수 있는 언론인들은 몇 명
이나 될까?

한국언론의 미국관

처음 찍은날 · 2000년 3월 10일
처음 펴낸날 · 2000년 3월 15일
지은이 · 최진섭
펴낸이 · 송영현
펴낸곳 · 살림터
주소 · 121-220 서울시 마포구 합정동 387-10 (2층)
전화 · 3141-6553~4
전송 · 3141-6555
등록번호 · 제2-1008호 (1990년 5월 15일)

인쇄 · 신화인쇄공사
제본 · 한국제책사

값 13,000원

ⓒ 최진섭, 2000

▶ 잘못된 책은 바꾸어 드립니다.
▶ 지은이와 협의하여 인지를 붙이지 않습니다.
▶ ISBN 89-85321-64-1   (03300)

※ 이 책은 언론인고용지원센터의 지원을 받아 출판되었습니다.